# Plato's Phaedo

## Greek Text with Facing Vocabulary and Commentary

Geoffrey Steadman

Plato's Phaedo
Greek Text with Facing Vocabulary and Commentary

First Edition

© 2015 by Geoffrey Steadman

The Greek text is the Oxford Classical Text edition by John Burnet first published in 1903.

ISBN-13: 978-0-9913860-5-5

Published by Geoffrey Steadman
Cover Design: David Steadman

Fonts: Times New Roman, Times-Roman, GFS Porson, New Athena Unicode

geoffreysteadman@gmail.com

# Table of Contents

# Text and Commentary[1]

[1]Outline from R. S. Bluck's Plato's *Phaedo*

# Preface to the Series

The aim of this commentary is to make Plato's *Phaedo* as accessible as possible to intermediate and advanced Greek readers so that they may experience the joy, insight, and lasting influence that comes from reading one of the greatest works in classical antiquity in the original Greek.

Each page of the commentary includes 12 lines of Greek text (Burnet's Oxford Classical Text) with all corresponding vocabulary and grammar notes below the Greek on the same page. The vocabulary contains all words occurring 19 or fewer times, arranged alphabetically in two columns. The grammatical notes are organized according to line numbers and likewise arranged in two columns. The advantage of this format is that it allows me to include as much information as possible on a single page and yet insure that entries are distinct and readily accessible to readers.

To complement the vocabulary within the commentary, I have added a list of words occurring 10 more times at the beginning of this book and recommend that readers review this list before they read each section. An alphabetized form of the core list can be found in the glossary. Together, this book has been designed in such a way that, once readers have mastered the core list, they will be able to rely solely on the Greek text and commentary and not need to turn a page or consult dictionaries as they read.

The grammatical notes are designed to help beginning readers read the text, and so I have passed over detailed literary and philosophical explanations in favor of short, concise, and frequent entries that focus exclusively on grammar and morphology. The notes are intended to complement, not replace, an advanced-level commentary, and so I recommend that readers consult an advanced-level commentary after each reading from this book. Assuming that readers finish elementary Greek with varying levels of ability, I draw attention to subjunctive and optative constructions, identify unusual aorist and perfect forms, and in general explain aspects of the Greek that they should have encountered in first year study but perhaps forgotten. As a rule, I prefer to offer too much assistance rather than too little.

**Better Vocabulary-Building Strategies**

One of the virtues of this commentary is that it eliminates time-consuming dictionary work. While there are many occasions where a dictionary is absolutely necessary for developing a nuanced reading of the Greek, in most instances any advantage that may come from looking up a word and exploring alternative meanings is outweighed by the time and effort spent in the process. Many continue to defend this practice, but I am convinced that such work has little pedagogical value for intermediate and advanced students and that the time saved by avoiding such drudgery can be better spent reading more Greek, reviewing morphology, memorizing vocabulary, mastering principal parts of verbs, and reading advanced-level commentaries and secondary literature.

As an alternative to dictionary work, I recommend that readers review the core vocabulary lists. In addition to the running list of words occurring 20 or more times in this volume, there is a running list of words occurring 10 or more times on the website. I encourage readers to single out, drill, and memorize these common words before they encounter them in the reading and devote comparatively little attention to words that occur once or twice. Altogether, I am confident that readers who follow this regimen will learn the *Phaedo's* vocabulary more efficiently and develop fluency more quickly than with traditional methods.

**Print on Demand Books**

Finally, this volume is a self-published, print-on-demand (POD) book, and as such it gives its author distinct freedoms not available in traditional publications. Since this book is no more than a pdf file waiting to be printed, I am able to respond very quickly to readers' recommended changes and create an revised edition that is available for sale within 24 hours. If you would like to suggest changes or download a free .pdf copy of this commentary, please see one of the addresses below. All criticisms are welcome, and I would be very grateful for your help.

Geoffrey Steadman Ph.D.
geoffreysteadman@gmail.com
www.geoffreysteadman.com

# An Overview of the *Phaedo*

The dialogue opens in the town of Phlius in the northeast Peloponnessus as Phaedo, the dialogue's namesake, recent from Athens encounters Echecrates and agrees to offer a first-hand account of Socrates' final day and execution. The remainder of the conversation is Phaedo's recollection of that day.

As Phaedo recounts, a group of Socrates' friends enter the prison at daybreak with the knowledge that Socrates' death will be imminent. Every year the Athenians garland a ship and send it to Delos, an island sacred to Apollo, to commemorate Theseus' victory over the Minotaur, and during this time the city is not allowed to perform executions. Since Socrates' trial occurred just as the ship set sail, Socrates has remained in prison for as many as thirty days awaiting his own execution. Now that the ship has returned, the Athenians will proceed as planned.

As the group enters, they find that Socrates has just been released from his shackles and that his wife Xanthippe, who has been sitting beside him with a child in her arms, is being led from the room in tears. When Socrates remarks that he has been spending time putting Aesop's fables into verse, Cebes asks why, and Socrates explains that he repeatedly received a dream encouraging him to pursue a musical life. While he had always assumed that the dream was urging him to pursue philosophy and had lived accordingly, he wanted to try his hand at verse just in case he had misinterpreted the vision. During the course of this reply, Socrates makes the provocative suggestion that philosophers wish to die as soon as possible, even though they are not permitted to end their own lives. Cebes and Simmias are greatly dismayed by Socrates' remarks, and, when pressed, Socrates suggests that there may be something more rewarding after death.

It is at this point that the dialogue takes a turn that requires considerable more attention and mental effort from readers than the conversation to this point. Socrates departs from his usual method of questioning-and-answering and offers not one but three lengthy arguments for the immortality of the soul, which we today call the Cyclical argument (or Argument from Opposites), the Argument from Recollection, and the Affinity Argument.

Under the circumstances we expect Socrates' friends to listen attentively, nod approvingly, and provide Socrates whatever solace they can to make his last moments as comfortable as possible, but Cebes and Simmias will not be silenced. Neither man is convinced by Socrates' arguments, which suggests that we readers should not be persuaded either. At first with gentle laughter and whispers and later in open disagreement, the two young men offer lengthy objections of their own. Simmias proposes that, contrary to Socrates' arguments, the soul is nothing more than a harmony of the body, which dissipates shortly after death, and Cebes argues that the soul is analogous to a garment, which is renewed by the weaver while he is alive but will not survive once the weaver perishes.

As if expressing the collective disappointment of all present in the prison, Echecrates interrupts Phaedo's narrative to lament how Socrates' arguments, which seemed so persuasive, have now fallen into doubt. Far from being unaware of the sollemnity that the occasion requires, Simmias and Cebes have shown themselves to be earnest participants in the inquiry, and Socrates celebrates their efforts. He warns the others not to be misologists, who hate *logos* and are quickly deterred from rational discussion. Socrates is well aware of the Herculean task that lies ahead but insists on the need for courage and a desire for soundness (90e) when an argument fails. He urges Simmias and Cebes to "give little thought to Socrates and much more to truth" (91c).

Socrates replies first to Simmias' objection and then to Cebes' and in doing so adds the most detailed argument yet for the immortality of the soul, the so-called Final Argument, which involves a discussion of the nature of causes, explanations, and Platonic Forms and ends with the identification of the soul as the imperishable Form of life. Then, Socrates unexpectedly concludes with an elaborate myth of the afterlife, which promises rewards for the virtuous—if their souls are truly immortal.

Readers eager to learn of any objections are soon disappointed: there is simply no more time to talk. While Socrates removes himself to visit his family one last time, his friends discuss what has been said. Readers, however, are not privy to their replies. When Socrates rejoins the group, they marvel at how calmly and cheerfully he drinks the hemlock (117c). The task to continue the inquiry is left to us.

# Characters

## Outer Frame

**Phaedo of Elis (b. 419/8)**: In the dialogue, Phaedo was a close associate of Socrates and present at the philosopher's execution. According to a later account, Phaedo became a slave in Athens when his native city of Elis in the northwest Peloponnesus was captured during Athens' war with Sparta. It was shortly after this time that he met Socrates and was freed—perhaps even at Socrates' behest. Phaedo later formed a school of philosophy in Elis and was said to have written his own dialogues.

**Echecrates of Phlius (fl. 399- )**: We know very little about Echecrates except what is mentioned in the *Phaedo*. Diogenes Laertius (VIII.46) says that Echercrates was a member of a community of Pythagoreans in Phlius. If true, Echecrates is a suitable choice to listen attentively as Phaedo recalls Socrates' arguments on immortality.

## Inner Frame

**Simmias of Thebes (b. 430s's)**: Xenophon, a contemporary of Plato, describes Simmias, along with Crito, Phaedo, and Cebes, as an associate (ὁμιλητής) of Socrates (*Mem.* 1.2.48). In the *Crito*, Simmias and Cebes offer to provide the funds necessary to help Socrates escape from prison (45b), and in the *Phaedrus* Socrates notes that Simmias is particularly fond of *logoi* (242b). Later accounts claim that both Simmias and Cebes associated with the Pythagorean teachers Philolaus and Eurytus, but Simmias' advocacy of the non-Pythagorean view of the soul-as-a-harmony may cast some doubt on this identification.

**Cebes of Thebes (430s's – 350's)**: Mentioned in several of Plato's works along with Simmias, Cebes is described in the *Phaedo* as a "young man" (νεανίσκος, 89a) who speaks in a dialect peculiar to Thebes (62a).

**Crito of Athens (~70 years old, b. 469)**: Crito is an intimate friend of the same age as Socrates. In the *Apology*, Crito offers to pay Socrates' fine (38b), and in the *Crito* he promises to use his own influence to help Socrates escape execution (44b-46a). In the *Phaedo*, Crito is silent throughout much of the discussion but remains close by Socrates' side when the philosopher finally sends away his friends, visits his family one last time, and consumes the hemlock.

## Socrates of Athens (70 yrs. old; 470-399)

**Xanthippe of Athens (b. ~440)**: Mentioned no where else in Plato's work, Xanthippe was the young wife of Socrates, with whom she had three children: Lamprocles, Sophroniscus and Menexenus. The ages of the boys, one teenager and two children (μειράκιον...παιδία, *Ap.* 34d), suggest that Xanthippe was between 30 and 45. The fact that the eldest son was named after his maternal grandfather rather than after his paternal grandfather, as was the custom in Athens, suggests that Xanthippe's family enjoyed a higher status in Athenian society than Socrates'.

# How to Use this Commentary

Research shows that, as we learn how to read in a second language, a combination of reading and direct vocabulary instruction is statistically superior to reading alone. One of the purposes of this book is to encourage active acquisition of vocabulary.

**1. Master the list of words occurring 10 or more times as soon as possible.**

A. Develop a daily regimen for memorizing vocabulary before you begin reading. Review and memorize the words in the running list that occur 10 or more times *before* you read the corresponding pages in Greek.

B. Download and use the digital flashcards available online in ppt or jpg formats. Research has shown that you must review new words at least seven to nine times before you are able to commit them to long term memory, and flashcards are efficient at promoting repetition. Develop the habit of deleting flashcards that you have mastered and focus your efforts on the remaining words.

**2. Read actively and make lots of educated guesses**

One of the benefits of traditional dictionary work is that it gives readers an interval between the time they encounter a questionable word or form and the time they find the dictionary entry. That span of time often compels readers to make educated guesses and actively seek out understanding of the Greek.

Despite the benefits of corresponding vocabulary lists there is a risk that without that interval of time you will become complacent in your reading habits and treat the Greek as a puzzle to be decoded rather than a language to be learned. *Your challenge, therefore, is to develop the habit of making an educated guess under your breath each time before you consult the commentary.* If you guess correctly, the vocabulary and notes will reaffirm your understanding of the Greek. If you answer incorrectly, you will become more aware of your weaknesses and therefore more capable of correcting them.

**3. Reread a passage immediately after you have completed it.**

Repeated readings not only help you commit Greek to memory but also promote your ability to read the Greek as Greek. You learned to read in your first language through repeated readings of the same books. Greek is no different. The more comfortable you are with older passages, the more easily you will read new ones.

**4. Reread the most recent passage immediately before you begin a new one.**

This additional repetition will strengthen your ability to recognize vocabulary, forms, and syntax quickly, bolster your confidence, and most importantly provide you with much-needed context as you begin the next selection in the text.

**5. Consult an advanced-level commentary for a more nuanced interpretation**

After your initial reading of a passage and as time permits, consult the highly readable notes in books by Rowe. Your initial reading will allow you to better understand the advanced commentary, which in turn will provide a more insightful literary analysis than is possible in this volume.

## Plato's *Phaedo*
## Core Vocabulary (10 or more times)

The following is a running list of all 297 words that occur ten or more times in *Phaedo*. All words occurring twenty or more times are not included elsewhere in the commentary. Words occurring 10-19 times, however, are found in this list as well as in all corresponding vocabulary lists throughout the book. The number of occurrences, indicated at the end of the dictionary entry, were tabulated by the author. The left column indicates the page number where the word first occurs.

01 ἀκούω, ἀκούσομαι, ἤκουσα, ἀκήκοα, ἠκούσθην: to hear, listen to, 42

01 ἄλλος, -η, -ο: othother, 200

01 ἄν: modal adv., 264

01 ἀνήρ, ἀνδρός, ὁ: a man, 31

01 ἀπο-θνήσκω, -θανοῦμαι, -έθανον, -τέθνηκα: to die off, perish, 39

01 ἄρα: then, therefore, it seems, it turns out, 51

01 αὐτός, -ή, -ό: -self; he, she, it; the same, 455

01 ἀφ-ικνέομαι, ἀφίξομαι, ἀφικόμην, —, ἀφῖγμαι, —: to come, arrive, 32

01 γάρ: for, since, 322

01 γε: at least, at any rate; indeed, 172

01 γίγνομαι, γενήσομαι, ἐγενόμην, γέγονα: come to be, be born, 143

01 δέ: but, and, on the other hand, 474

01 δή: indeed, surely, really, certainly, just, 169

01 δίκη, ἡ. justice; lawsuit, trial, penalty, 11

01 ἐγώ: I, 201

01 εἰμί, ἔσομαι: to be, exist, 680

01 εἶπον: *aor.* said, spoke (aor. λέγω, φημί), 41

01 ἐκεῖνος, -η, -ον: that, those, 109

01 ἐν: in, on, among. (+ dat.), 179

01 Ἐχεκράτης, ὁ: Echecrates, 24

01 ἔχω, ἕξω, ἔσχον, ἔσχηκα:: have, hold, possess; be able; be disposed, 161

01 ἤ: or (either...or); than, 265

01 ἡμεῖς: we, 139

01 θάνατος, ὁ: death, 35

01 καί: and; also, even, too, in fact, 1371

01 νῦν: now; as it is, 55

01 ὁ, ἡ, τό: the, 2279

01 οἷος, -α, -ον: of what sort, as, 56

01 ὅστις, ἥτις, ὅ τι: whoever, whichever, whatever, 30

01 ὅτι: that; because, 116

01 οὐ-δέ: and not, but not, nor, not even, 73

01 οὔ-τε: and not, neither...nor, 34

01 οὐδ-είς, οὐδε-μία, οὐδ-έν: no one, nothing, 94

01 οὖν: and so, then; at all events, 130

01 οὗτος, αὕτη, τοῦτο: this, these, 459
01 πάνυ: quite, entirely, exceedingly, 70
01 παρα-γίγνομαι, -γενήσομαι, -εγενόμην: to come near, be present, 11
01 περί: around, about, concerning, 123
01 πίνω, πίομαι, ἔπιον, πέπτωκα, πέπομαι, ἐπόθην: to drink, 16
01 πρό: before, in front; in place of (+ gen.), 13
01 πῶς: how? in what way?, 34γίγνομαι
01 σαφής, -ές: clear, distinct; certain, reliable, 16
01 Σωκράτης, -ους, ὁ: Socrates, 117
01 τελευτάω, τελευτήσω, ἐτελεύτησα, τετελεύτηκα: to end, finish, die, 31
01 τις, τι: anyone, anything, someone, -thing, 283
01 τίς, τί: who? which? 117
01 τρόπος, ὁ: a manner, way; turn, direction, 17
01 Φαίδων, -ωνος, ὁ: Phaedo, 31
01 φάρμακον, τό: medicine, remedy, drug, 10
01 χρόνος, ὁ: time, 47
01 ὦ: O! oh! 164
02 ἄγω, ἄξω, ἤγαγον, ἦχα, ἦγμαι, ἤχθην: to lead, bring, carry, convey, 13
02 ἀεί: always, forever, in every case, 47
02 δῆλος, -η, -ον: clear, evident, conspicuous, 14
02 εἰ: if, whether, 138
02 εἰς: into, to, in regard to (+ acc.), 102
02 ἐκ, ἐξ: out of, from (+ gen.), 106
02 ἕκαστος, -η, -ον: each, every one, 42
02 ἔτι: still, besides, further, 56
02 κατά: down from (gen), down along (acc), 78
02 λέγω, λέξω (ἐρέω), ἔλεξα (εἶπον), εἴλοχα, ἐλέγην: to say, speak, 214
02 μέν: on the one hand, 214
02 ναί: yes, yea, 15
02 οἴχομαι: to go, go off, depart, 14
02 πάλαι: for some time, long ago, of old, 13
02 πολύς, πολλά, πολύ: much, many, 102
02 ποτέ: ever, at some time, once, 27
02 τότε: then, at that time, 30
02 τυγχάνω, τεύξομαι, ἔτυχον, τετύχημα: chance upon, attain; happen, 51
02 ὕστερος, -α, -ον: later, last; adv. later 17
02 φαίνω, φανῶ, ἔφηνα, ἐφάνθην (ἐφάνην): show; mid. appear, seem, 46
02 φημί, φήσω, ἔφησα: to say, claim, assert, 304
02 ὡς: as, thus, so, that; when, since, 166
03 ἄρχω: to begin; to rule, be leader of, 12
03 διά: through (gen), on account of, because of (acc), 89
03 ἐπειδάν: whenever, 29

03 θεός, ὁ: a god, divinity, 32

03 μηδ-είς, μηδ-εμία, μηδ-έν: no one, nothing, 24

03 ὅταν: ὅτε ἄν, whenever, 28

03 πάλιν: again, once more; back, backwards, 26

03 πράττω: to do, accomplish, make, act, 12

03 πρίν: until, before, 28

03 ὥσπερ: as, just as, as if, 81

04 ἀλλά: but; well, 217

04 δύναμαι, δυνήσομαι,,, δεδύνημαι, ἐδυνήθην: to be able, can, 15

04 ἔγω-γε: I for my part, 39

04 ἕτερος, -α, -ον: one of two, other, different, 58

04 μή: not, lest, 151

04 μήν: truly, surely, certainly, 22

04 οὐ, οὐκ, οὐχ: not, 306

04 οὐδαμῶς: in no way, not at all, 11

04 πάρ-ειμι, -έσομαι: to be near, be present, be at hand, 29

04 πᾶς, πᾶσα, πᾶν: every, all, the whole, 122

04 πάσχω, πείσομαι, ἔπαθον, πέπονθα: to suffer, experience, 43

04 πειράω: to try, attempt, endeavor, 11

04 προ-θυμέομαι: to be eager, zealous, ready, 12

04 σύ: you, 112

04 τοιοῦτος, -αύτη, -οῦτο: such, 103

04 ὑμεῖς: you, 28

05 Ἅιδης, -ου ὁ: Hades, 15

05 ἀπό: from, away from. (+ gen.), 31

05 αὖ: again, once more; further, moreover, 42

05 δοκέω, δόξω, ἔδοξα, δέδογμαι: to seem (good), think, imagine, 109

05 εἴ-περ: if really, if that is to say (to imply doubt), 20

05 εἰκός, ότος, τό: likely, probable, reasonable 18

05 εἷς, μία, ἕν: one, single, alone, 25

05 εἴωθα: to be accustomed, 12

05 ἐκεῖ-σε: thither, to that place, 10

05 ἔρχομαι, εἶμι, ἦλθον, ἐλήλυθα, —, —: to come or go, 31

05 εὖ: well, 19

05 ἡδονή, ἡ: pleasure, enjoyment, delight, 17

05 θεῖος, -α, -ον: divine, sent by the gods, 15

05 λόγος ὁ: word, speech, discourse, account 115

05 μέλλω, μελλήσω, ἐμέλησα: to be about to, intend to (fut. inf.) 19

05 μη-δέ: and not, but not, nor, 20

05 οἶδα: to know, 38

05 οἴομαι (οἶμαι), οἰήσομαι, ᾠήθην: to suppose, think, imagine, 71

05 οὕτως: in this way, thus, so, 104

05 πάθος, -εος, τό: suffering, misfortune 11
05 πού: somewhere, I suppose, 48
05 τε: and, both, 152
05 τοί-νυν: well then; therefore, accordingly, 21
05 φιλο-σοφία, ἡ: pursuit or love of wisdom, 13
05 ὥστε: so that, that, so as to, 23
06 Κέβης, Κέβητος ὁ: Cebes, 90
06 παντά-πασι: all in all, absolutely 15
06 παρά: from, beside, alongside; in respect to 36
06 Σιμμίας, Σιμμίου, ὁ: Simmias, 85
07 πρόσθεν: before, 10
08 ἀλλήλος, -α, -ον: one another, 28
08 ἐπειδή: when, since, after, 24
08 ἕως: until, as long as, 15
08 ἥκω: to have come, be present, 14
08 ἡμέρα, ἡ: day,
08 μετά: with (+ gen.); after (+ acc.), 30
08 ὅδε, ἥδε, τόδε: this, this here, 45
08 ὅπως: how, in what way; in order that, that 10
08 ὅσπερ, ἥπερ, ὅπερ: the very one who, very thing which, 42
08 πρότερος, -α, -ον: before, previous; earlier, 29
09 γιγνώσκω, γνώσομαι, ἔγνων, ἔγνωκα: learn, know, recognize 12
09 ὁράω, ὄψομαι, εἶδον, ἑώρακα, ἑώραμαι, ὤθην: to see, behold, 135
09 Κρίτων, Κρίτωνος ὁ: Crito, 22
10 ἅμα: at once, at the same time; along with, 26
10 ἀναγκάζω, ἀναγκάσω, ἠνάγκασα: to force, compel, require, 10
10 ἄνθρωπος, ὁ: human being, 66
10 βούλομαι, βουλήσομαι, -, -, βεβούλημαι, ἐβουλήθην: wish, want, 28
10 δύο: two, 23
10 ἐάν: εἰ ἄν, if (+ subj.), 30
10 (ἐ)θέλω ἐθελήσω, ἠθέλησα, ἠθέληκα, —, —: to be willing, wish, 17
10 ἐν-νοέω, -νοήσω, νόησα, νενόηκα,, ἐνοήθην: to notice, consider, 18
10 ἐναντίος, -α, -ον: opposite, contrary, 63
10 ἔοικα: to be like, seem likely (dat.), 24
10 καλέω, καλέω, ἐκάλεσα, κέκληκα, κέκλημαι, ἐκλήθην: call, summon, 24
10 λαμβάνω, λήσω, ἔλαθον, λέληθα: to take, receive, catch, grasp, 29
10 πρός: to (acc), near, in addition to (dat), 62
10 ὑπό: by, because of, from (gen), under (dat)50
10 φύω, φύσω, ἔφυν (ἔφυσα), πέφυκα: bring forth; grow; be by nature, 14
11 ἀληθής, -ές: true, 63
11 ἀνα-μιμνήσκω,-μνήσω, -έμνησα: to remind, recall (acc. gen.) 16
11 ἀπο-κρίνομαι, ἀπο-κρινοῦμαι, ἀπ-εκρίθη: to answer, reply, 13

11 ἐρωτάω, ἐρωτήσω, ἠρόμην: to ask, inquire, question, 12
11 Ζεύς, ὁ: Zeus, 11
11 ἤδη: already, now, at this time, 16
11 νή: by…(+ acc, invoking a god ), 14
11 ποιέω, ποιήσω, ἐποίησα, πεποίηκα, πεποίημαι, ἐποιήθην: do, make, 64
11 χρή: it is necessary, is fitting; must, ought, 23
12 βίος, ὁ: life, 28
12 ὅς, ἥ, ὅ: who, which, that, 360
12 πολλάκις: many times, often, frequently, 14
12 τοιόσδε, -άδε, -όνδε: such, 20
13 ἀπ-έρχομαι, -ειμι, -ηλθον, -ἐλήλυθα, —, —: to go away, depart, 14
13 δεῖ: it is necessary, must, ought (+ inf.), 37
13 ἐπίσταμαι, ἐπιστήσομαι, ἠπιστήθην: know, know how, understand, 13
13 πείθω, πείσω, ἔπεισα, πέποιθα, πέπεισμαι, ἐπείσθην: persuade; obey 29
13 πρῶτος, -η, -ον: first, earliest, 25
14 αἰσθάνομαι, αἰσθήσομαι, ἠσθόμην,,ἤσθημαι: perceive, feel, realize, 11
14 ἄξιος, -α, -ον: worthy of, deserving of, 15
14 αὑτοῦ (ἑαυτοῦ), -ῆς, -οῦ: himself, herself, itself, themselves, 37
14 γῆ, γῆς ἡ: earth, land, ground, 44
14 δια-λέγομαι, -λέξομαι, -ελεξάμην,,, -ελέχθην: converse with, discuss, 13
14 ἐπί: near, at (gen.), to (acc), near, at (dat.), 51
14 ἠμί: to say, (ἦ δ' ὅς – 'he said'), 57
14 ἴσος, -η, -ον: equal to, the same as, like, 30
14 μέντοι: however, nevertheless; certainly, 37
14 πρᾶγμα, -ατος τό: deed, act; matter, affair, 18
14 φιλό-σοφος, ὁ, ἡ: pursuer of wisdom, 18
15 ἑαυτοῦ, -ῆς, -οῦ: himself, herself, itself, themselves, 24 see also αὑτοῦ
15 ἐκεῖ: there, in that place, 17
15 ἔρομαι, ἐρήσομαι, ἠρόμην: to ask, enquire, question, 12
15 ἴσως: perhaps, probably; equally, likely, 19
15 μάλιστα: most of all; certainly, especially, 28
16 ἅπας, ἅπασα, ἅπαν: every, quite all, 14
16 ζάω, ζήσω, ἔξησα, ἔξηκα: to live, 35
16 θαυμαστός, -ή, -όν: wonderful, marvelous, strange, 11
16 θνήσκω, θανοῦμαι, ἔθανον, τέθνηκα: to die, 31
16 μόνος, -η, -ον: alone, only, solitary, 28
16 νυν-δή: just now, 15
16 οὐδέ-ποτε: not ever, never, 11
17 μέγας, μεγάλη, μέγα: big, great, important, 25
18 ἀνάγκη, ἡ: necessity, force, constraint, 36
18 οὐκοῦν: therefore, then, accordingly, 42
19 ἀγαθός, -ή, -όν: good, brave, capable, 28

19 ἀγανακτέω, ἀγανακτήσω, ἠγανάκτησα: to be annoyed, be troubled, 12
19 ἀμείνων, -ον (-ονος): better, 10
19 ἐπι-θυμέω, ἐπιθυμήσω, ἐπεθύμησα,,, ἐπιθυμήθην: to desire, long for, 10
19 νοῦς, ὁ: mind, intention, attention, thought, 14
19 φεύγω, φεύξομαι, ἔφυγον, πέφευγα, —, —:: to flee, escape, 10
20 ἀπ-αλλάττω: escape, release; set free, 15
20 δίκαιος, -α, -ον: just, right(eous), fair, 13
20 ὁμο-λογέω: to agree, acknowledge, 25
20 φέρω, οἴσω, ἤνεγκα, ἐνήνοχα, ἠνέχθην: to bear, carry, bring, convey 20
20 χαίρω: to rejoice, be glad, enjoy; fare well, 12
21 ἅπτω: fasten, grasp (gen); kindle, set fire; 11
21 δίδωμι, δώσω, ἔδωκα, δέδωκα, δέδομαι, ἐδόθην: give, offer, grant, 15
21 ἐν-θάδε: hither, thither, 17
21 ἔπ-ειτα: then, next, secondly, 20
21 ὁμοῖος, -α, -ον: similar, resembling, 24
21 παρ-έχω, -εξω, -εσχον, -εσχηκα: to provide, furnish, supply, 16
22 κακός, -ή, -όν: bad, base, cowardly, evil, 20
23 μᾶλλον: more, rather, 38
24 ἐρέω: will speak (fut. λέγω), 24
24 ὀρθός, -ή, -όν: straight, upright, right, 25
24 ὅσος -η -ον: as many as; all who, all which 22
25 ἆρα: introduces a yes/no question, 37
25 ἡγέομαι, ἡγήσομαι, ἡγησάμην,, ἡγήθην: lead; consider, believe (dat) 23
25 σῶμα, -ατος, τό: the body, 104
25 ψυχή, ἡ: breath, life, spirit, soul, 138
26 σκοπέω (for ther tenses, use σκέπτομαι): to look at, examine, consider 30
27 μετ-έχω, -εξω, -εσχον, -εσχηκα: to partake of, have share in (gen) 13
27 πότερος, -α, -ον: which of the two? whether?, 19
28 φρόνησις, -εως, ἡ: intelligence, wisdom, prudence, 15
29 αἴσθησις, -εως, ἡ: sensation, perception, 19
29 μή-τε: and not, neither...nor, 15
31 καλός, -ή, -όν: beautiful, fair, noble, fine, 32
31 μέγεθος, -εος, τό: size, magnitude, height, 17
32 καθαρός, -ά, -όν: clean, pure, spotless, 22
32 χράομαι, χρήσομαι, ἐχρησάμην,,, ἐχρήσθην: to use, employ, enjoy, 11
33 ἀναγκαῖος, -α, -ον: necessary, inevitable, 20
33 ἐπιθυμία, ἡ: desire, longing, yearning, 10
33 ἱκανός, -ή, -όν: enough, sufficient; capable, 27
34 ἑταῖρος, ὁ: a comrade, companion, mate, 11
34 φόβος, ὁ: fear, terror, panic, 10
34 φύσις, -εως, ἡ: nature, character; form, 11
37 ἕνεκα: for the sake of, because of, for (gen.) 13

37 οἰκέω, οἰκήσω, ᾤκησα, ᾤκηκα, ᾤκημαι, ᾠκήθην: inhabit, dwell, live, 15
39 φοβέω, φοβήσω, ἐφόβησα,,ἐφοβήθην: put to flight, terrify, frighten, 15
40 σφόδρα: very much, exceedingly, earnestly 18
41 δείδω, δείσω, ἔδεισα, δέδοικα: fear, dread, shrink from, feel awe, 11
41 μάλα: very, very much, exceedingly, 10
41 προσ-ήκει: be at hand; it belongs to, befits 15
42 μείζων, μείζον: larger, greater, 26
43 ὅμως: nevertheless, however, yet, 13
44 ἐλάττων, -ον: smaller, fewer; less, 26
46 ἥττων, -ον: less, weaker, inferior, 16
46 καλῶς: well; beautifully, 11
46 ὀλίγος, -η, -ον: few, little, small, 15
47 ἀπ-όλλυμι, -ολῶ, -ώλεσα, -όλωλα: to destroy, kill, ruin; die, 43
47 φρόνησις, -εως, ἡ: intelligence, wisdom, prudence, 15
48 εἴ-τε: either...or; whether...or, 13
49 γένεσις, -εως, ἡ: origin, beginning, generation, 16
49 μανθάνω, μαθήσομαι, ἔμαθον, μεμάθηκα, —, —: to learn, understand, 12
57 ἀπο-δείκνυμι, -δέξω, -έδεξα, -δέδεχα,, -εδέχθην: demonstrate, prove 11
57 κύκλος, ὁ: a circle, round, ring, 10
59 ἀνά-μνησις, -εως, ἡ: recollection, recall, 11
59 εἶδος, -εος, τό: form, shape, figure, 17
60 ἐπιστήμη, ἡ: knowledge, understand, 20
63 λύρα, ἡ: lyre, 11
75 ἐμαυτοῦ, -ῆς, -οῦ: myself, 20
76 ἄλλως: otherwise, in another way, 14
83 ὅστισ-οῦν, ἥτισουν, ὅτι-οῦν: whosoever, 11
84 ἀιδής, -ές: unseen, invisible, 12
84 ὁρατός, -ή, -όν: to be seen, visible, 17
84 τίθημι, θήσω, ἔθηκα, τέθηκα, τέθειμαι, ἐτέθην: set, put, place, arrange, 10
86 ἀ-θάνατος, -ον: undying, immortal, 28
86 ἀ-όρατος, -ον: unseen, invisible, 12
88 συγ-χωρέω, χωρήσω, ἐχώρησα, κεχώρηκα: come together; concede 13
91 τόπος, ὁ: a place, region, 22
97 βέλτιστος, -η, -ον: best, 14
98 ὅπῃ: where; in what way, how, 11
105 σμικρός, -ά, -όν: small, little, 19
109 ἁρμονία, ἡ: harmony, a fastening, joint, 44
111 θερμός, -ή, -όν: hot, warm; subst. heat, 11
111 ψυχρός, -ά, -όν: cold, chill, frigid, 10
116 δέχομαι, δέξομαι, ἐδεξάμην, δέδεγμαι, ἐδέχθην: to receive, accept, 26
116 ῥέω, ῥυήσομαι, ἐρρύην, ἐρρύηκα, —, —:: to flow, run, stream, 10
117 πλέων, -ον: more, greater, 17

118  ἀν-ώλεθρος, -α, -ον: indestructible, 12
127  αἰτία, ἡπ: cause, responsibility, blame, 31
146  προσ-τίθημι, θήσω, ἔθηκα, τέθηκα,, ἐτέθην: to add, attribute, 10
147  ἀήρ, ἀέρος m.: air, mist  16
147  πῦρ, πυρός, τό: fire, 14
148  οὐρανός, ὁ: sky, heaven, 10
154  ὕδωρ, ὕδατος, τό: water, 14
162  σμικρότης, -τητος, ἡ: smallness, 10
174  περιττός -ή -όν: odd, remarkable, 15
175  ἄρτιος, -α, -ον: even, suitable, 14
194  θάλαττα, ἡ: the sea, 12

# Abbreviations

| | | | | | |
|---|---|---|---|---|---|
| abs. | absolute | impf. | imperfect | pl. | plural |
| acc. | accusative | imper. | impersonal | plpf. | pluperfect |
| act. | active | indic. | indicative | pred. | predicate |
| adj. | adjective | i.o. | indirect object | prep. | preposition |
| adv. | adverb | inf. | infinitive | pres. | present |
| aor. | aorist | inter. | interrogative | pron. | pronoun |
| app. | appositive | m. | masculine | ptw | place to which |
| comp. | comparative | n(eut.) | neuter | pw | place where |
| dat. | dative | nom. | nominative | reflex. | reflexive |
| dep. | deponent | obj. | object | rel. | relative |
| d.o. | direct object | opt. | optative | seq. | sequence |
| f. | feminine | pple. | participle | sg. | singular |
| fut. | future | pass. | passive | subj. | subject |
| gen. | genitive | pf. | perfect | superl. | superlative |
| imper. | imperative | pfw | place from which | voc. | vocative |

1s, 2s, 3s denote $1^{st}$, $2^{nd}$, and $3^{rd}$ singular. 1p, 2p, 3p denote $1^{st}$, $2^{nd}$, and $3^{rd}$ plural.

---

# Stephanus Page Numbers

The universal method for referring to pages in any of Plato's dialogues is through Stephanus page numbers. This paging system was developed by Henri Estienne (Lat., *Stephanus*), who published a multi-volume edition of Plato's dialogues in 1578. Stephanus divided each page in his edition into roughly equal sections, which he labeled with the letters a, b, c, d, and e. This system allowed his readers to locate a particular passage not only by the page number but by the section letter as well (e.g. 58a, 58b, 58c, 58d, 58e, 59a...). Many modern editions, including the Greek text in this volume, have adopted this system and gone one step further by dividing the sections into individual lines (e.g. 327a1, 327a2, 327a3...). This paging system offers the same advantages as chapters and verses in the Bible. Since most editions of Plato include the Stephanus page numbers in the margins of the text, a reader can pick up any volume of Plato—in Greek or in translation—and easily locate a particular passage in the dialogue.

Because Stephanus placed the *Phaedo* on pages 57-118 in his first volume of Plato, the *Phaedo* begins on Stephanus page 57a1 and ends on page 118a17. In this commentary all of the grammatical notes are arranged and labeled according to this paging system. Since most of the entries on a given page of commentary have the same Stephanus page number, I have identified the page number only once and labeled all subsequent grammatical note entries by the section letter and line number (e.g. 327a1, a2, a3...b1, b2, b3, b4...).

But what's it made of? It's made of neurons. It's made of lots of tiny robots. And we can actually explain the structure and operation of that kind of soul, whereas an eternal, immortal, immaterial soul is just a metaphysical rug under which you sweep your embarrassment for not having any explanation.

- Daniel Dennett

If you can't explain consciousness in terms of the existing fundamentals — space, time, mass, charge — then as a matter of logic, you need to expand the list. The natural thing to do is to postulate consciousness itself as something fundamental, a fundamental building block of nature.

- David Chalmers

To make the ancients speak, we must feed them with our own blood.

- von Wilamowitz-Moellendorff

ΕΧ. αὐτός, ὦ Φαίδων, παρεγένου Σωκράτει ἐκείνῃ τῇ a
ἡμέρᾳ ᾗ τὸ φάρμακον ἔπιεν ἐν τῷ δεσμωτηρίῳ, ἢ ἄλλου του
ἤκουσας;

ΦΑΙΔ. αὐτός, ὦ Ἐχέκρατες.

ΕΧ. τί οὖν δή ἐστιν ἄττα εἶπεν ὁ ἀνὴρ πρὸ τοῦ θανά- 5
του; καὶ πῶς ἐτελεύτα; ἡδέως γὰρ ἂν ἐγὼ ἀκούσαιμι. καὶ
γὰρ οὔτε τῶν πολιτῶν Φλειασίων οὐδεὶς πάνυ τι ἐπιχωριάζει
τὰ νῦν Ἀθήναζε, οὔτε τις ξένος ἀφῖκται χρόνου συχνοῦ
ἐκεῖθεν ὅστις ἂν ἡμῖν σαφές τι ἀγγεῖλαι οἷός τ' ἦν περὶ b
τούτων, πλήν γε δὴ ὅτι φάρμακον πιὼν ἀποθάνοι· τῶν δὲ
ἄλλων οὐδὲν εἶχεν φράζειν.

ΦΑΙΔ. οὐδὲ τὰ περὶ τῆς δίκης ἄρα ἐπύθεσθε ὃν τρόπον 58
ἐγένετο;

---

ἀγγέλλω: to announce, proclaim, report, 3
Ἀθήνα-δε : to Athens, 1
δεσμωτήριον, τό: prison, 6
δίκη, ἡ: justice; lawsuit, trial; penalty, 11
ἐκεῖ-θεν: thence, from that place, 3
ἐπι-χωριάζω: to (be accustomed) to visit, 1
ἡδέως: sweetly, pleasantly, gladly, 6
ἡμέρα, ἡ: day, 7
ξένος, ὁ: guest-friend, friend, stranger, 3
παρα-γίγνομαι: to come near, be present, 11
πίνω: to drink, 16

πλήν: except, but (+ gen.), 7
πολίτης, ὁ: citizen, 1
πρό: before, in front; in place of (+ gen.), 13
πυνθάνομαι: to learn by inquiry or hearsay, 3
σαφής, -ές: clear, distinct; certain, reliable, 16
συχνός, -ή, -όν: long, much, great, 4
τρόπος, ὁ: a manner, way; turn, direction, 17
Φαίδων, -ωνος, ὁ: Phaedo, 31
φάρμακον, τό: medicine, remedy, drug, 10
Φλειάσιος, -α, -ον: Phliasian, 1
φράζω: to point out, tell, indicate, 6

57a1 αὐτός: (You) yourself; intensive, 2s
παρεγένε(σ)ο: 2s aor. παρα-γίγνομαι
Σωκράτει: dat. of compound verb
ἐκείνῃ τῇ ἡμέρᾳ: on...; dat. of time when
2 ᾗ: on which...; time when
ἔπιεν: 2nd aorist (stem πι-), πίνω
ἄλλου του: from someone else; alternative
for the indefinite τινός; gen. of source
4 αὐτός: (I) myself (was present); repeating
the question is a common form of assent
5 τί οὖν δή: What exactly then, just what then
ἄττα: the things which; alternative to τίνα
6 ἄν...ἀκούσαιμι: I would...; potential opt.
καὶ γὰρ: for in fact; καί is adverbial
7 πάνυ τι: quite at all; τι is an adverbial acc.
τὰ νῦν: now; adverbial acc. equiv. to νῦν
8 ἀφῖκται: pf. mid. ἀφικνέομαι

χρόνου συχνοῦ: during...; gen. time within
b1 σαφές τι: anything reliable; acc. object
ἀγγεῖλαι: aor. inf.
ἄν...οἷός τ ἦν: would be able, could; 'be
the sort to...' οἷός τε εἰμί is an idiom for 'I
am able;' ἄν + impf. indicative (3s εἰμί)
suggests a unrealized present potential
2 πλήν γε δή: except of course....; γε is
emphatic and may be left untranslated
πιών: by...; causal nom. sg. aor. pple πίνω
ἀποθάνοι: aor. opt. ἀποθνήσκω in ind.
disc. in secondary sequence
3 εἶχεν: he was able; impf. ἔχω + inf.
58a1 τὰ περί: the (matters) concerning...
ἄρα: then, therefore; resumptive
ἐπύθεσθε: aor. πυνθάνομαι + acc.
ὃν τρόπον: (and) in what way; adv. acc.

EX. ναί, ταῦτα μὲν ἡμῖν ἤγγειλέ τις, καὶ ἐθαυμάζομέν
γε ὅτι πάλαι γενομένης αὐτῆς πολλῷ ὕστερον φαίνεται
5 ἀποθανών. τί οὖν ἦν τοῦτο, ὦ Φαίδων;

ΦΑΙΔ. τύχη τις αὐτῷ, ὦ Ἐχέκρατες, συνέβη· ἔτυχεν
γὰρ τῇ προτεραίᾳ τῆς δίκης ἡ πρύμνα ἐστεμμένη τοῦ πλοίου
ὃ εἰς Δῆλον Ἀθηναῖοι πέμπουσιν.

EX. τοῦτο δὲ δὴ τί ἐστιν;

10 ΦΑΙΔ. τοῦτ᾽ ἔστι τὸ πλοῖον, ὥς φασιν Ἀθηναῖοι, ἐν ᾧ
Θησεύς ποτε εἰς Κρήτην τοὺς 'δὶς ἑπτὰ' ἐκείνους ᾤχετο
b ἄγων καὶ ἔσωσέ τε καὶ αὐτὸς ἐσώθη. τῷ οὖν Ἀπόλλωνι
ηὔξαντο ὡς λέγεται τότε, εἰ σωθεῖεν, ἑκάστου ἔτους θεωρίαν
ἀπάξειν εἰς Δῆλον· ἦν δὴ ἀεὶ καὶ νῦν ἔτι ἐξ ἐκείνου κατ᾽

---

ἀγγέλλω: to announce, proclaim, report, 3
ἄγω: to lead, bring, carry, convey, 12
Ἀθηναῖος, -α, -ον: Athenian, of Athens, 6
ἀπ-άγω: to bring back, lead away, 2
Ἀπόλλω, Ἀπόλλωνος, ὁ: Apollo, 4
δῆλος, -η, -ον: clear, evident, conspicuous, 14
δίκη, ἡ: justice; lawsuit, trial; penalty, 11
δίς: twice, doubly, 3
ἑπτά: seven, 1
ἔτος, -εως, τό: a year, 2
εὔχομαι: to pray, vow; boast, 3
θαυμάζω: to wonder, marvel, be amazed at, 7
θεωρία, ἡ: voyage, spectacle, sight-seeing, 3

Θησεύς, ὁ: Theseus, 1
Κρήτη, ἡ: Crete, 1
ναί: yes, yea, 15
οἴχομαι: to go, go off, depart, 14
πάλαι: for some time, long ago, of old, 13
πέμπω: to send, conduct, convey, dispatch, 2
πλοῖον, τό: vessel, ship, 5
προτεραῖος, -α, -ον: on the day before, 3
πρύμνα, ἡ: stern, back of the boat, 2
στρέφω: to crown, wreath, put around, 2
συμ-βαίνω: to happen, occur, result, 8
σῴζω: to save, keep, preserve, 4
ὕστερος, -α, -ον: later, last; adv. later 17

---

3 ἡμῖν: dat. pl. ind. object, ἡμεῖς
καὶ...γε: and...in fact; emphasizes the
intervening word

4 πάλαι γενομένης αὐτῆς: while this...; gen.
absolute, concessive in sense
πολλῷ: far; 'by much,' dat. of degree of
difference
ὕστερον: later; adv. acc.

5 ἀποθανών: aor. pple ἀποθνῄσκω

6 αὐτῷ: to him; interest
συνέβη: 3rd sg. asigmatic aor. συμβαίνω
ἔτυχεν...ἐστεμμένη: τυγχάνω, here aor., +
pple often translates as 'happens to...';
here with the pf. pass pple στρέφω

7 τῇ προτεραίᾳ: on...; time when
τῆς δίκης: the trial; gen. of comparison
with προτεραίᾳ, i.e. 'earlier than the trial'

9 τοῦτο...δὴ: precisely this; pred. of ἐστίν

10 φασιν: 3s pres. φημί

11 τοὺς...ἐκείνους: those...; i.e. 'the famous'
ᾤχετο: 3s impf. mid. οἴχομαι

b1 ἔσωσε...ἐσώθη: 3s aor. active and
passive respectively, σῴζω

2 ηὔξαντο: aor. εὔχομαι; add οἱ Ἀθηναῖοι
ὡς...τότε: as it is said...; parenthetical
εἰ σωθεῖεν...ἀπάξειν: that, if they..., they
would bring back; equiv. to fut. more vivid,
(εἰ ἄν subj., fut.), aor. pass. opt. replaces
aor. pass. subj. in secondary sequence
ἑκάστου ἔτους: gen. of time within

3 ἦν δὴ: which very (spectacle); relative
ἐξ ἐκείνου (χρόνου): denoting time
κατ(ὰ) ἐνιαυτὸν: yearly; 'year by year,'
κατά is distributive in sense

ἐνιαυτὸν τῷ θεῷ πέμπουσιν. ἐπειδὰν οὖν ἄρξωνται τῆς
θεωρίας, νόμος ἐστὶν αὐτοῖς ἐν τῷ χρόνῳ τούτῳ καθαρεύειν 5
τὴν πόλιν καὶ δημοσίᾳ μηδένα ἀποκτεινύναι, πρὶν ἂν εἰς
Δῆλόν τε ἀφίκηται τὸ πλοῖον καὶ πάλιν δεῦρο· τοῦτο δ᾽
ἐνίοτε ἐν πολλῷ χρόνῳ γίγνεται, ὅταν τύχωσιν ἄνεμοι ἀπο-
λαβόντες αὐτούς. ἀρχὴ δ᾽ ἐστὶ τῆς θεωρίας ἐπειδὰν ὁ c
ἱερεὺς τοῦ Ἀπόλλωνος στέψῃ τὴν πρύμναν τοῦ πλοίου·
τοῦτο δ᾽ ἔτυχεν, ὥσπερ λέγω, τῇ προτεραίᾳ τῆς δίκης γεγο-
νός. διὰ ταῦτα καὶ πολὺς χρόνος ἐγένετο τῷ Σωκράτει ἐν
τῷ δεσμωτηρίῳ ὁ μεταξὺ τῆς δίκης τε καὶ τοῦ θανάτου. 5

ΕΧ. τί δὲ δὴ τὰ περὶ αὐτὸν τὸν θάνατον, ὦ Φαίδων; τί
ἦν τὰ λεχθέντα καὶ πραχθέντα, καὶ τίνες οἱ παραγενόμενοι

---

ἄνεμος, -ου, ὁ: wind, 4
ἀπο-κτείνω: to kill, slay, 5
ἀπο-λαμβάνω: take away or apart, cut off 1
Ἀπόλλω, Ἀπόλλωνος, ὁ: Apollo, 4
ἀρχή, ἡ: a beginning; rule, office, 8
ἄρχω: to begin; rule, be leader of (gen) 12
δεσμωτήριον, τό: prison, 6
δεῦρο: here, to this point, hither, 7
δῆλος, -η, -ον: clear, evident, conspicuous, 14
δημόσιος, -α, -ον: public, of the people, 1
δίκη, ἡ: justice; lawsuit, trial; penalty, 11
ἐνιαυτός, ὁ: long period of time, year, 1
ἐνί-οτε: sometimes, 7

θεωρία, ἡ: voyage, spectacle, sight-seeing, 3
ἱερεύς, -έως, ὁ: a priest, sacrificer, 1
καθαρεύω: to be pure, be clean, 2    *passive sense*
μεταξύ: between, betwixt, 6
νόμος, ὁ: law, custom, 1
παρα-γίγνομαι: to come near, be present, 11
πέμπω: to send, conduct, convey, dispatch, 2
πλοῖον, τό: vessel, ship, 5
πόλις, ἡ: a city, 1
πράττω: to do, accomplish, make, act, 12
προτεραῖος, -α, -ον: on the day before, 3
πρύμνα, ἡ: stern, back of the boat, 2
στρέφω: to crown, wreath, put around, 2
*στεψω*
nom. sg. pf. pple γίγνομαι

b4 ἄρξωνται: indefinite temporal clause
   governing a pres. subjunctive
   αὐτοῖς: *for them…*; dat. of possession
5 τὴν πόλιν…: *that the city…*; acc. subject in
   ind. disc. governing two infinitives; μηδένα
   is acc. object of present inf. ἀποκτείνω
6 δημοσίᾳ: *at public (expense)*
   πρὶν ἄν…ἀφίκηται: *until…*; governs ἄν +
   aor. subj. in a general temporal clause
8 ἐν πολλῷ χρόνῳ: *over a long time*
   τύχωσιν…: *the winds happen…*; i.e.
   contrary winds, general temporal clause;
   τυγχάνω, here aor., governs a pple
c2 στέψῃ: 3s aor. subjunctive στρέφω
   in a general temporal clause
   ἔτυχεν…γεγονός: see b8 above; neut.

3 τῇ προτεραίᾳ: *on…*; time when
   τῆς δίκης: *the trial*; gen. of comparison
   with προτεραίᾳ
4 καὶ: *in fact, actually*; with preceding
   demonstrative (GP 308)
   ἐγένετο ᾧ Σωκράτει: i.e. Socrates came to
   have…; dat. of possession
5 ὁ μεταξὺ…(χρόνος): prepositional phase in
   the attributive position modifying χρόνος
6 τί δὲ δὴ: *and what precisely (were)…*
   τὰ…: *the circumstances, the matters*
7 λεχθέντα, πραχθέντα: neut. pl. aor.. pass.
   pples, λέγω, πράττω
   τίνες…: *who (were)*; supply linking verb

3

τῶν ἐπιτηδείων τῷ ἀνδρί; ἢ οὐκ εἴων οἱ ἄρχοντες παρεῖναι,
ἀλλ᾽ ἔρημος ἐτελεύτα φίλων;

d    ΦΑΙΔ. οὐδαμῶς, ἀλλὰ παρῆσάν τινες, καὶ πολλοί γε.

     ΕΧ. ταῦτα δὴ πάντα προθυμήθητι ὡς σαφέστατα ἡμῖν
ἀπαγγεῖλαι, εἰ μή τίς σοι ἀσχολία τυγχάνει οὖσα.

     ΦΑΙΔ. ἀλλὰ σχολάζω γε καὶ πειράσομαι ὑμῖν διηγή-
5 σασθαι· καὶ γὰρ τὸ μεμνῆσθαι Σωκράτους καὶ αὐτὸν λέγοντα
καὶ ἄλλου ἀκούοντα ἔμοιγε ἀεὶ πάντων ἥδιστον.

     ΕΧ. ἀλλὰ μήν, ὦ Φαίδων, καὶ τοὺς ἀκουσομένους γε
τοιούτους ἑτέρους ἔχεις· ἀλλὰ πειρῶ ὡς ἂν δύνῃ ἀκριβέ-
στατα διεξελθεῖν πάντα.

e    ΦΑΙΔ. καὶ μὴν ἔγωγε θαυμάσια ἔπαθον παραγενόμενος.

---

ἀκριβής, -ές: exact, accurate, precise, 5
ἀπ-αγγέλλω: to report, announce, 1
ἄρχω: to begin; to rule, be leader of, 12
ἀ-σχολία, ἡ: business, occupation, 3
δι-εξ-έρχομαι: to pass through, go through 5
δι-ηγέομαι: set out in detail, relate, narrate, 3
δύναμαι: to be able, can, be capable, 15
ἐάω: to permit, allow, let be, suffer, 9
ἐπιτήδειος, -η, -ον: fitting, favorable; friend 3
ἔρημος, -ον: alone, desolate, bereft of (gen) 2

ἡδύς, -εῖα, -ύ: sweet, pleasant, glad, 5
θαυμάσιος, -α, -ον: wonderful, marvelous, 3
μιμνήσκω: to remind, recall, recollect, 6
οὐδαμῶς: in no way, not at all, 11
παρα-γίγνομαι: to come near, be present, 11
πειράω: to try, attempt, endeavor, 11
προ-θυμέομαι: to be eager, zealous, ready, 12
σχολάζω: to have leisure, devote oneself to 1
φίλος -η -ον: dear, friendly; *noun* friend, kin 8

---

c8 τῶν ἐπιτηδείων: *among…*; partitive gen.
   τῷ ἀνδρί: dat. obj. of compound verb
   εἴων: εἴα-ον, 3p impf. ἐάω
   παρεῖναι: inf. πάρειμι, add subject φίλους
9 ἐτελεύτα: ἐτελεύτα-ε, α-contract verb
d1 παρῆσαν : impf. πάρειμι
   καὶ…γε : *actually…in fact*; elsewhere
   'and…in fact,' emphatic, GP 147
2 ταῦτα δὴ: *these very things, precisely these*
   προθυμήθητι: imperative, aor. mid/pass.
   ὡς…: *as…as possible*; + superlative adv.
3 ἀπαγγεῖλαι: aor. inf.
   τίς…ἀσχολία: *any…*; τις before an enclitic
   σοι: dat. of possession
   τυγχάνει: *happens to*; + pple, fem. sg. εἰμί
4 ἀλλὰ…γε: *well…in fact*; or 'well, yes…'
   both articles are expressing assent, GP 131
5 καὶ γὰρ: *for in fact*; καί is adverbial
   τὸ μεμνῆσθαι: articular inf. as subject, pf.

mid. inf. μιμνήσκω + gen.
   Σωκράτους: Σωκράτε-ος, gen. sg.
   καὶ…λέγοντα…καὶ ἀκούοντα: *both
   while…and while…*; participles agree with
   implied acc. subject of μεμνῆσθαι
   αὐτὸν: i.e. Socrates, obj. of λέγοντα
6 ἄλλου: gen. of source with ἀκούοντα
   πάντων: partitive gen. with ἥδιστον
   (ἐστίν) ἥδιστον: predicate, supply ἐστίν
7 ἀλλὰ μήν: *well, certainly*; in assent GP 343
   τοὺς…ἑτέρους: *others (here) of this sort
   intent on listening in fact*; emphatic γε
8 πειρῶ: (πειρά(σ)ο), mid. imperative
   ὡς…δύνῃ…: *as accurately as you are able*;
   'however…you are able' indefinite relative
   with ἄν + 2s pres. mid. subj. δύναμαι
e1 καὶ μήν: *and certainly, and to be sure*; an
   assent in response to a request, GP 355
   ἔπαθον: 1s aor. πάσχω

οὔτε γὰρ ὡς θανάτῳ παρόντα με ἀνδρὸς ἐπιτηδείου ἔλεος
εἰσῄει· εὐδαίμων γάρ μοι ἀνὴρ ἐφαίνετο, ὦ Ἐχέκρατες, καὶ
τοῦ τρόπου καὶ τῶν λόγων, ὡς ἀδεῶς καὶ γενναίως ἐτελεύτα,
ὥστε μοι ἐκεῖνον παρίστασθαι μηδ᾽ εἰς Ἅιδου ἰόντα ἄνευ   5
θείας μοίρας ἰέναι, ἀλλὰ καὶ ἐκεῖσε ἀφικόμενον εὖ πράξειν
εἴπερ τις πώποτε καὶ ἄλλος. διὰ δὴ ταῦτα οὐδὲν πάνυ μοι   59
ἐλεινὸν εἰσῄει, ὡς εἰκὸς ἂν δόξειεν εἶναι παρόντι πένθει, οὔτε
αὖ ἡδονὴ ὡς ἐν φιλοσοφίᾳ ἡμῶν ὄντων ὥσπερ εἰώθεμεν
—καὶ γὰρ οἱ λόγοι τοιοῦτοί τινες ἦσαν—ἀλλ᾽ ἀτεχνῶς
ἄτοπόν τί μοι πάθος παρῆν καί τις ἀήθης κρᾶσις ἀπό τε τῆς   5
ἡδονῆς συγκεκραμένη ὁμοῦ καὶ ἀπὸ τῆς λύπης, ἐνθυμουμένῳ
ὅτι αὐτίκα ἐκεῖνος ἔμελλε τελευτᾶν. καὶ πάντες οἱ παρόντες

---

ἀ-δεής, -ες: fearless, 1
ἀ-ήθης, -ες: unaccustomed, 1
Ἅιδης, -ου ὁ: Hades, 15
ἄνευ: without, 9
ἀ-τεχνῶς: simply, absolutely, really, 6
ἄ-τοπος, -ον: strange, odd, extraordinary, 9
αὐτίκα: straightway, at once; presently, 2
γενναῖος, -α, -ον: noble, well-bred, 4
εἰσ-έρχομαι: to go in, enter, 6
εἴωθα: to be accustomed, 12
ἐκεῖ-σε: thither, to that place, 10
ἐλεινός, -ή, -όν: piteous, pitied, pitiable, 1
ἔλεος, ὁ: pity, mercy, compassion, 1
ἐν-θυμέομαι: to take to heart, ponder, 2
ἐπιτήδειος, -η, -ον: fitting, favorable; friend 3

εὐ-δαίμων, -ον: happy, fortunate, blessed, 5
ἡδονή, ἡ: pleasure, enjoyment, delight, 17
θεῖος, -α, -ον: divine, sent by the gods, 15
κρᾶσις, -εως, ἡ: mixing, blending, 4
λύπη, ἡ: pain, grief, 8
μοῖρα, ἡ: due measure, portion, one's lot, 2
ὁμοῦ: at the same place or time, together, 3
πάθος -εος τό: experience incident passion 11
παρ-ίστημι: to present, offer, set near, 3
πένθος, -εος, τό: woe, grief, sadness, 1
πράττω: to do, accomplish, make, act, 12
πώ-ποτε: ever yet, ever, 6
συγ-κεράννυμι: to mix up together, blend, 1
τρόπος, ὁ: a manner, way; turn, direction, 17
φιλο-σοφία, ἡ: pursuit or love of wisdom, 13

---

e2 ὡς...παρόντα: *as if being present at*...; +
  dat., ὡς + pple expresses alleged cause
  ἀνδρὸς ἐπιτηδείου: subjective gen. with
  θανάτῳ, dat. of compound verb
3 εἰσῄει: impf. εἰσ-έρχομαι
  εὐδαίμων...ἀνήρ: nom. predicate
4 τοῦ τρόπου...τῶν λόγων: *both in manner
  and in words*; with εὐδαίμων, which
  governs a gen. (S 1412).
  ὡς: *how...!*; exclamatory
5 ὥστε μοι ἐκεῖνον...παρίστασθαι...: *so that
  it comes to me that that one...*; + inf., a
  result clause; παρίστασθαι is impersonal
  εἰς Ἅιδου...: *to (the house) of Hades*
  μηδ᾽...ἄνευ: *not without...*; i.e. 'with...'

ἰόντα, ἰέναι: acc. sg. pple and inf. ἔρχομαι
6 ἀλλὰ καί: *but in fact (that he ...)*
  εὖ πράξειν: *will fare well*; fut. πράττω
7 εἴπερ...ἄλλος: *if anyone else ever in fact
  (fared well in the underworld)*
59a1 δὴ ταῦτα: *these very things*; emphatic
  οὐδὲν πάνυ ἐλεινόν: *not quite any pity*
2 ὡς...ἂν δόξειεν: *as it would seem...*;
  potential aor. opt.
  παρόντι πένθει: *for one present in grief*
  οὔτε...ἡδονή: *nor again was there pleasure*
3 ὡς...ὄντων: *on the grounds of...*; gen. abs.
4 καὶ γάρ: *for in fact*
6 συγκεκραμένη: pf. pass. pple with κρᾶσις
  ἐνθυμουμένῳ ὅτι: *thinking that*; with μοι

σχεδόν τι οὕτω διεκείμεθα, τοτὲ μὲν γελῶντες, ἐνίοτε δὲ

δακρύοντες, εἷς δὲ ἡμῶν καὶ διαφερόντως, Ἀπολλόδωρος–

b οἶσθα γάρ που τὸν ἄνδρα καὶ τὸν τρόπον αὐτοῦ.

ΕΧ. πῶς γὰρ οὔ;

ΦΑΙΔ. ἐκεῖνός τε τοίνυν παντάπασιν οὕτως εἶχεν, καὶ

αὐτὸς ἔγωγε ἐτεταράγμην καὶ οἱ ἄλλοι.

5 ΕΧ. ἔτυχον δέ, ὦ Φαίδων, τίνες παραγενόμενοι;

ΦΑΙΔ. οὗτός τε δὴ ὁ Ἀπολλόδωρος τῶν ἐπιχωρίων

παρῆν καὶ Κριτόβουλος καὶ ὁ πατὴρ αὐτοῦ καὶ ἔτι Ἑρμογέ-

νης καὶ Ἐπιγένης καὶ Αἰσχίνης καὶ Ἀντισθένης· ἦν δὲ καὶ

Κτήσιππος ὁ Παιανιεὺς καὶ Μενέξενος καὶ ἄλλοι τινὲς τῶν

10 ἐπιχωρίων. Πλάτων δὲ οἶμαι ἠσθένει.

---

Αἰσχίνης, ὁ: Aeschines, 1
Ἀντισθένης, ὁ: Antisthenes, 1
Ἀπολλόδωρος, ὁ: Apollodorus, 3
ἀ-σθενέω: to be ill, weak; be not strong, 1
γελάω: to laugh, 6
δακρύω: to weep, shed tears, 4
διά-κειμαι: to be disposed, be affected, 3
δια-φερόντως: especially; differently, 4
ἐνί-οτε: sometimes, 7
ἐπι-χώριος, -α, -ον: local, native, 5
Ἐπιγένης, ὁ: Epigenes, 1
Ἑρμογένης: Hermogenes, 1

Κριτόβουλος, ὁ: Critoboulus, 1
Κτήσιππος, ὁ: Ctesippus, 1
Μενέξενος, ὁ: Menexenus, 1
Παιανιεύς, ὁ: Paeanieus, 1
παντά-πασι: all in all, absolutely 15
παρα-γίγνομαι: to come near, be present, 11
πατήρ, ὁ: a father, 3
Πλάτων, ὁ: Plato, 1
σχεδόν: nearly, almost, just about, 8
ταράττω: to trouble, stir, agitate, 6
τοτέ: sometimes, at some time, 4
τρόπος, ὁ: a manner, way; turn, direction, 17

8 σχεδόν τι: *pretty much*; τι, *'by some,'* is an
   adverbial acc. (acc. of extent of degree)
   τοτὲ μὲν...ἐνίοτε δὲ: *at times...some times*
9 καὶ διαφερόντως: *especially in fact*
b1 οἶσθα: 2s οἶδα, pf. but pres. in sense
2 πῶς γὰρ οὔ: *how could (I) not?*; 'yes for
   how not?' γὰρ offer assent: '(yes) for...'
3 εἶχεν: *was so*; impf., ἔχω ('is disposed') +.
   is often equiv. to εἰμί + predicate

4 ἐτεταρράγμην: plpf. pass. ταράττω
5 ἔτυχον...: *happened to...*; τυγχάνω (here
   aor.) + supplementary pple, παραγίγνομαι
6 οὗτος δὴ: *this very..., precisely this...*
   τῶν ἐπιχωρίων: *among...*; partitive gen.
7 παρῆν: impf. πάρ-ειμι
   τῶν ἐπιχωρίων: *among...*; partitive gen.
8 ἦν δὲ: *and there was...*; subject is plural
10 οἶμαι: οἴομαι, parenthetical comment

| φημί, φήσω, ἔφησα: to say, claim and ἠμί: to say | | | | | | | |
|---|---|---|---|---|---|---|---|
| | Present | | Imperfect | | Present | | Imperfect |
| 1st | φημί | φαμέν[13] | ἔφην[3] | ἔφαμεν[2] | ἠμί | -- | ἦν[4 times] | -- |
| 2nd | φῆς[3 times] | φατέ | ἔφης | ἔφατε | -- | -- | -- | -- |
| 3rd | φῆσιν[4] | φασί(ν) | ἔφη[247] | ἔφασαν | ἠσί | -- | ἦ[53 times] | -- |

ΕΧ. ξένοι δέ τινες παρῆσαν;

ΦΑΙΔ. ναί, Σιμμίας τέ γε ὁ Θηβαῖος καὶ Κέβης καὶ   c
Φαιδώνδης καὶ Μεγαρόθεν Εὐκλείδης τε καὶ Τερψίων.

ΕΧ. τί δέ; Ἀρίστιππος καὶ Κλεόμβροτος παρεγένοντο;

ΦΑΙΔ. οὐ δῆτα· ἐν Αἰγίνῃ γὰρ ἐλέγοντο εἶναι.

ΕΧ. ἄλλος δέ τις παρῆν;   5

ΦΑΙΔ. σχεδόν τι οἶμαι τούτους παραγενέσθαι.

ΕΧ. τί οὖν δή; τίνες φῂς ἦσαν οἱ λόγοι;

ΦΑΙΔ. ἐγώ σοι ἐξ ἀρχῆς πάντα πειράσομαι διηγήσα-
σθαι. ἀεὶ γὰρ δὴ καὶ τὰς πρόσθεν ἡμέρας εἰώθεμεν φοιτᾶν   d
καὶ ἐγὼ καὶ οἱ ἄλλοι παρὰ τὸν Σωκράτη, συλλεγόμενοι
ἕωθεν εἰς τὸ δικαστήριον ἐν ᾧ καὶ ἡ δίκη ἐγένετο· πλησίον

---

Αἰγίνη, ἡ: Aegina, 1
Ἀρίστιππος, ὁ: Aristippus, 1
ἀρχή, ἡ: a beginning; rule, office, 8
δῆτα: certainly, to be sure, of course, 5
δι-ηγέομαι: sct out in detail, relate, narrate, 3
δικαστήριον, τό: court, 2
δίκη, ἡ: justice; lawsuit, trial; penalty, 11
εἴωθα: to be accustomed, 12
Εὐκλείδης, ὁ: Eucleides, 1
ἕω-θεν: from dawn, at dawn, 1
ἡμέρα, ἡ: day, 7
Θηβαῖος, -η, -ον: Theban, 2
Κλεόμβροτος, ὁ: Cleombrotus, 1

Μεγαρό-θεν: from Megara, 1
ναί: yes, yea, 15
ξένος, ὁ: guest-friend, friend, stranger, 3
παρα-γίγνομαι: to come near, be present, 11
πειράω: to try, attempt, endeavor, 11
πλησίος, -η, -ον: near, close to, (gen) 4
πρόσθεν: before, previous, 10
συλ-λέγω: to collect, gather, 4
σχεδόν: nearly, almost, just about, 8
Τερψίων, ὁ: Terpsion, 1
Φαιδώνης, ὁ: Phaedonides, 1
φοιτάω: to go to and fro, visit, 2

11 παρῆσαν: 3p impf. πάρ-ειμι
c1 ναί...γε: *yes indeed*; γε adds assent
2 τί δέ;: *What?*; 'what about this?' expresses
  surprise and precedes a follow-up question
6 σχεδόν τι: *pretty much*; or 'just about' as
  often in approximations
7 τί οὖν δή: *What then*
  φῂς: 2s pres. φημί

ἦσαν: from εἰμί, see p. 232
d1 γὰρ δή: *for indeed*; here opening a
  narrative and in assent to a question
τὰς...ἡμέρας: *during...*; acc. of duration
2 καὶ...καὶ: *both...and*
παρὰ: *to the side of...*; acc. place to which
3 ἐν ᾧ: *in which (court)*; relative pronoun
ἡ δίκη: *the trial*

---

| Two Common Translations of ἔχω | | | |
|---|---|---|---|
| ἔχω + infinitive → | to be able + inf. | εἶχεν φράζειν [57b3] | *he was able to say* |
| | | ἔχω ἕλεσθαι [76b3] | *I am able to choose* |
| ἔχω + adverb → | to be + adjective | οὕτως εἶχεν [59b3] | *he was so* |
| | -holds, -is disposed | ἔχει οὕτως [68c3] | *it is so* |

γὰρ ἦν τοῦ δεσμωτηρίου. περιεμένομεν οὖν ἑκάστοτε ἕως
5 ἀνοιχθείη τὸ δεσμωτήριον, διατρίβοντες μετ' ἀλλήλων, ἀνεῴ-
γετο γὰρ οὐ πρῴ· ἐπειδὴ δὲ ἀνοιχθείη, εἰσῇμεν παρὰ τὸν
Σωκράτη καὶ τὰ πολλὰ διημερεύομεν μετ' αὐτοῦ. καὶ δὴ καὶ
τότε πρωαίτερον συνελέγημεν· τῇ γὰρ προτεραίᾳ [ἡμέρᾳ]
e ἐπειδὴ ἐξήλθομεν ἐκ τοῦ δεσμωτηρίου ἑσπέρας, ἐπυθόμεθα
ὅτι τὸ πλοῖον ἐκ Δήλου ἀφιγμένον εἴη. παρηγγείλαμεν οὖν
ἀλλήλοις ἥκειν ὡς πρῳαίτατα εἰς τὸ εἰωθός. καὶ ἥκομεν καὶ
ἡμῖν ἐξελθὼν ὁ θυρωρός, ὅσπερ εἰώθει ὑπακούειν, εἶπεν περι-
5 μένειν καὶ μὴ πρότερον παριέναι ἕως ἂν αὐτὸς κελεύσῃ·
'λύουσι γάρ,' ἔφη, 'οἱ ἕνδεκα Σωκράτη καὶ παραγγέλλουσιν
ὅπως ἂν τῇδε τῇ ἡμέρᾳ τελευτᾷ.' οὐ πολὺν δ' οὖν χρόνον

---

ἀν-οίγνυμι: to open, open up, 3
δεσμωτήριον, τό: prison, 6
Δῆλος, -η, -ον: Delos, 2
δια-τρίβω: to spend time, waste time, 5
δι-ημερεύομαι: to pass the day, 1
εἰσ-έρχομαι: to go in, enter, 6
εἴωθα: to be accustomed, 12
ἑκάστ-οτε: each time, on each occasion, 4
ἕν-δεκα: eleven, 3
ἐξ-έρχομαι: to go out, come out, 5
ἑσπέρα, ἡ: evening, eve, 1
ἕως: until, as long as, 15
ἥκω: to have come, be present, 14
ἡμέρα, ἡ: day, 7

θυρωρός, ὁ: door-keeper, doorman, 1
κελεύω: to bid, order, command, exhort, 8
λύω: to loosen, dissolve, break up, 7
ὅπως: how, in what way; in order that, that 10
παρ-αγγέλλω: to pass word along, order 4
παρ-έρχομαι: to go pass, enter, 5
περι-μένω: to wait for or around, await, 6
πλοῖον, τό: vessel, ship, 5
προτεραῖος, -α, -ον: on the day before, 3
πρῴ: early in the morning, 3
πυνθάνομαι: to learn by inquiry or hearsay, 3
συλ-λέγω: to collect, gather, 4
ὑπ-ακούω: to listen, heed, give ear, 1

4 ἕως ἀνοιχθείη: *until... was opened*; aor.
pass. opt. ἀν-οίγνυμι, replacing an ἄν +
subjunctive in secondary seq., here the
indefinite temporal clause implies purpose
5 ἀνεῴγετο;: *would be opened*; customary
(iterative) impf. pass. ἀν-οίγνυμι
6 ἀνοιχθείη: *it was opened*; same as above
εἰσῇμεν: *would...*; customary (iterative)
impf εἰσέρχομαι
7 τὰ πολλὰ: *many (times)*; adverbial acc.
καὶ δὴ καὶ: *and especially*, 'and indeed
also'
8 πρωαίτερον: comparative adv. πρῴ
e1 ἑσπέρας: *during...*; gen. of time within
ἐπυθόμεθα: aor. πυνθάνομαι

2 ἀφιγμένον εἴη: periphrastic plpf. opt (pf.
pass. pple ἀφ-ικνέομαι + opt. εἰμί); the opt.
is replacing an indicative in secondary seq.
3 ἀλλήλοις: *to one another*; ind. object
ὡς...: *as...as possible*; + superlative adv.
πρῴ
τὸ εἰωθός: *the accustomed (place)*; neut.
sg. pf. pple εἴωθα
4 εἶπεν: *told*; i.e. commanded, + dat. ind. obj.
5 μὴ...: μή replaces οὐ in a wish or command
αὐτὸς: *he himself*; intensive
ἂν κελεύσῃ: aor. subj. indefinite temporal
6 λύουσι: *are freeing (him)*; i.e. from chains
7 ὅπως...: *that...*; ἄν + 3s aor. subj.as an
indirect command

ἐπισχὼν ἧκεν καὶ ἐκέλευεν ἡμᾶς εἰσιέναι. εἰσιόντες οὖν
κατελαμβάνομεν τὸν μὲν Σωκράτη ἄρτι λελυμένον, τὴν δὲ 60
Ξανθίππην–γιγνώσκεις γάρ–ἔχουσάν τε τὸ παιδίον αὐτοῦ
καὶ παρακαθημένην. ὡς οὖν εἶδεν ἡμᾶς ἡ Ξανθίππη, ἀνηυ-
φήμησέ τε καὶ τοιαῦτ' ἄττα εἶπεν, οἷα δὴ εἰώθασιν αἱ
γυναῖκες, ὅτι 'ὦ Σώκρατες, ὕστατον δή σε προσεροῦσι νῦν 5
οἱ ἐπιτήδειοι καὶ σὺ τούτους.' καὶ ὁ Σωκράτης βλέψας εἰς
τὸν Κρίτωνα, 'ὦ Κρίτων,' ἔφη, 'ἀπαγέτω τις αὐτὴν
οἴκαδε.'

καὶ ἐκείνην μὲν ἀπῆγόν τινες τῶν τοῦ Κρίτωνος βοῶσάν
τε καὶ κοπτομένην· ὁ δὲ Σωκράτης ἀνακαθιζόμενος εἰς τὴν b
κλίνην συνέκαμψέ τε τὸ σκέλος καὶ ἐξέτριψε τῇ χειρί, καὶ

---

ἀνα-καθίζω: to set up: *mid.* sit up, 1
ἀν-ευφημέω: shriek, cry aloud; break silence 1
ἀπ-άγω: to lead away, carry off, 2
ἄρτι: just, exactly, 4
βλέπτω: to look at, see, 3
βοάω: to cry aloud, to shout, 3
γιγνώσκω: learn to know, to learn, realize 12
γυνή, γυναικός, ἡ: a woman, wife, 6
εἰσ-έρχομαι: to go in, enter, 6
εἴωθα: to be accustomed, 12
ἐκ-τρίβω: to rub, rub thoroughly, 1
ἐπ-ίσχω: hold up, restrain; wait, stop, 4
ἐπιτήδειος, -η, -ον: fitting, favorable; friend 3
ἥκω: to have come, be present, 14

κατα-λαμβάνω: to seize, lay hold of, find, 1
κελεύω: to bid, order, command, exhort, 8
κλίνη, ἡ: couch, 2
κόπτω: to knock, beat, wail, 1
λύω: to loosen, dissolve, break up, 7
Ξανθίππη, ἡ: Xanthippe (Socrates' wife) 2
οἴκα-δε: homeward, home, 1
παιδίον, τό: a little or young child, child, 2
παρα-κάθ-ημαι: to sit down beside, 1
προσ-ερέω: will address, will speak to, 1
σκέλος, -εος, τό: leg, 6
συγ-κάμπτω: to bend, bend together, 2
ὕστατος, -η, -ον: latter, last, 1
χείρ, χειρός, ἡ: hand, 1

8 ἐπισχών: *waiting*
  εἰσιέναι, εἰσιόντες;: inf., pple εἰσ-έρχομαι
60a1 λελυμένον: *released*; pf. pass. pple λύω
2 αὐτοῦ: *his*; i.e. Socrates'
3 ὡς...εἶδεν: *when...*; temporal, aor. ὁράω
4 τοιαῦτ(α) ἄττα: *some such things*; ἄττα is
  an alternative to indefinite neuter pl. τινά
  οἷα δή: *precisely which sort of things...*;
  relative clause; δή is emphatic
  εἰώθασιν: 3p pf. with present sense, εἴωθα
5 ὅτι: *(namely) that...*; ind. discourse

ὕστατον δή: *for the very last time*;
  superlative adverb
6 σὺ τούτους: supply προσεροῦσι
  βλέψας: nom. sg. aor. pple βλέπτω
7 ἔφη: 3s impf. φημί
  ἀπαγέτω: *let...lead away*; 3rd person
  imperative
  τῶν τοῦ Κρίτωνος: *of Crito's (men)*
9 βοῶσαν: acc. sg. pres. pple, βοάω
b1 κοπτομένην: *wailing*
  τῇ χειρί: *with...*; means, χείρ

---

ἦ δὲ ὅς – 'and this one said'

Over 50 times, Plato uses the 3rd sg. impf. ἦμί and demonstrative ὅς to change speakers.

τρίβων ἅμα, ὡς ἄτοπον, ἔφη, ὦ ἄνδρες, ἔοικέ τι εἶναι
τοῦτο ὃ καλοῦσιν οἱ ἄνθρωποι ἡδύ· ὡς θαυμασίως πέφυκε
5 πρὸς τὸ δοκοῦν ἐναντίον εἶναι, τὸ λυπηρόν, τὸ ἅμα μὲν
αὐτὼ μὴ 'θέλειν παραγίνεσθαι τῷ ἀνθρώπῳ, ἐὰν δέ τις
διώκῃ τὸ ἕτερον καὶ λαμβάνῃ, σχεδόν τι ἀναγκάζεσθαι ἀεὶ
λαμβάνειν καὶ τὸ ἕτερον, ὥσπερ ἐκ μιᾶς κορυφῆς ἡμμένω
c δύ' ὄντε. καί μοι δοκεῖ, ἔφη, εἰ ἐνενόησεν αὐτὰ Αἴσωπος,
μῦθον ἂν συνθεῖναι ὡς ὁ θεὸς βουλόμενος αὐτὰ διαλλάξαι
πολεμοῦντα, ἐπειδὴ οὐκ ἐδύνατο, συνῆψεν εἰς ταὐτὸν αὐτοῖς
τὰς κορυφάς, καὶ διὰ ταῦτα ᾧ ἂν τὸ ἕτερον παραγένηται
5 ἐπακολουθεῖ ὕστερον καὶ τὸ ἕτερον. ὥσπερ οὖν καὶ αὐτῷ μοι
ἔοικεν· ἐπειδὴ ὑπὸ τοῦ δεσμοῦ ἦν ἐν τῷ σκέλει τὸ ἀλγεινόν,

---

Αἴσωπος, ὁ: Aesop, 3
ἀλγεινός, -ή, -όν: painful, grievous, 1
ἀναγκάζω: to force, compel, require, 10
ἄ-τοπος, -ον: strange, odd, extraordinary, 9
δεσμός, ὁ: a binding, bond, fetter, 2
δι-αλλάττω: reconcile, give in exchange, 1
διώκω: to pursue, follow; prosecute, 2
δύναμαι: to be able, can, be capable, 15
ἐθέλω: to be willing, wish, desire, 17
ἐπ-ακολουθέω: to follow after, pursue, 3
ἡδύς, -εῖα, -ύ: sweet, pleasant, glad, 5
θαυμάσιος, -α, -ον: wonderful, strange, 3

κορυφή, ἡ: top, head, 2
λυπηρός, -ά, -όν: painful, distressing, 1
μῦθος, ὁ: story, word, speech, 7
παρα-γίγνομαι: to come near, be present, 11
πολεμέω: wage war, make war, (+ dat.), 1
σκέλος, -εος, τό: leg, 6
συν-άπτω: to fasten or join together, unite, 1
συν-τίθημι: to put together, combine, 7 Composed
σχεδόν: nearly, almost, just about, 8
τρίβω: to rub, knead; wear out, 5
ὕστερος, -α, -ον: later, last; adv. later 17
φύω: bring forth, beget; be by nature, 14

3 τρίβων ἅμα: i.e. the parts of his body
where the bindings were removed
ὡς ἄτοπον...τι: how strange a thing; in
exclamation; neuter pred. of inf. εἰμί
4 τοῦτο ὅ: this thing which; subject of ἔοικε
ὡς θαυμασίως: how amazing
πέφυκε: it is (by nature); pf. φύω
5 πρὸς: with regard to...; or 'in relation to'
τὸ δοκοῦν...τὸ λυπηρόν: that seeming to
be (its) opposite, the painful; pple δοκέω
τὸ...αὐτὼ μή (ἐ)θέλειν: in respect to those
two not being willing...; the articular inf. is
an acc. of respect; αὐτὼ is dual acc. subj.
6 τῷ ἀνθρώπῳ: in a person; dat. of
compound verb
ἐὰν...λαμβάνῃ: and if...; 3rd sg. subjunctive
in a pres. general condition (εἰ + ἄν + subj.,
pres. indicative), the apodosis is an inf.

7 τὸ ἕτερον...τὸ ἕτερον: the one...the other;
i.e. pleasure and pain, respectively
σχεδόν τι: pretty much, just about
ἀναγκάζεσθαι: (one) is compelled; supply
an acc. subject referring to τις above
8 ἡμμένω: attached; dual pf. pass. ἅπτω
c1 δύ(ο) ὄντε: although...; dual nom. pple εἰμί
εἰ ἐνενόησεν...ἂν συνθεῖναι: if...had...he
would have composed; past contrafactual
3 συνῆψεν: 3s aor. συν-άπτω + dat.
εἰς ταὐτόν: in the same (place); τὸ αὐτόν
4 τὰς κορυφάς.: by their heads; acc. respect
ᾧ ἄν: in whomever; dat. of compound verb
in an indefinite relative clause (ἄν + subj.)
5 αὐτῷ μοι: to me myself; intensive pronoun
6 ὑπό...: because of.; gen. of cause; impf. εἰμί
τὸ ἀλγεινόν: equiv. to τὸ λυπηρόν above

ἥκειν δὴ φαίνεται ἐπακολουθοῦν τὸ ἡδύ.

ὁ οὖν Κέβης ὑπολαβών, νὴ τὸν Δία, ὦ Σώκρατες, ἔφη, εὖ γ᾽ ἐποίησας ἀναμνήσας με. περὶ γάρ τοι τῶν ποιημάτων ὧν πεποίηκας ἐντείνας τοὺς τοῦ Αἰσώπου λόγους καὶ τὸ εἰς τὸν Ἀπόλλω προοίμιον καὶ ἄλλοι τινές με ἤδη ἤροντο, ἀτὰρ καὶ Εὔηνος πρῴην, ὅτι ποτὲ διανοηθείς, ἐπειδὴ δεῦρο ἦλθες, ἐποίησας αὐτά, πρότερον οὐδὲν πώποτε ποιήσας. εἰ οὖν τί σοι μέλει τοῦ ἔχειν ἐμὲ Εὐήνῳ ἀποκρίνασθαι ὅταν 5 με αὖθις ἐρωτᾷ—εὖ οἶδα γὰρ ὅτι ἐρήσεται—εἰπὲ τί χρὴ λέγειν.

λέγε τοίνυν, ἔφη, αὐτῷ, ὦ Κέβης, τἀληθῆ, ὅτι οὐκ ἐκείνῳ βουλόμενος οὐδὲ τοῖς ποιήμασιν αὐτοῦ ἀντίτεχνος

d

---

Αἴσωπος, ὁ: Aesop, 3
ἀνα-μιμνήσκω: remind, recall (acc. gen.) 16
ἀντί-τεχνος, -ον: rival in an art (+ dat), 1
ἀπο-κρίνομαι: to answer, reply, 13
Ἀπόλλω, Ἀπόλλωνος, ὁ: Apollo, 4
ἀτάρ: but, yet; still, 1
αὖθις: back again, later, 9
δεῦρο: here, to this point, hither, 7
δια-νοέομαι: to think, consider, intend, 6
ἐν-τείνω: to stretch, strain tight, 3
ἐπ-ακολουθέω: to follow after, pursue, 3
ἔρομαι: to ask, enquire, question, 12
ἐρωτάω: to ask, inquire, question, 10

Εὔηνος, ὁ: Evenus, 6
Ζεύς, ὁ: Zeus, 11
ἤδη: already, now, at this time, 16
ἡδύς, -εῖα, -ύ: sweet, pleasant, glad, 5
ἥκω: to have come, be present, 14
μέλει: there is a care for (dat.) for (gen.), 4
νή: by...(+ acc. invoking a god ), 14
ποίημα, -ατος, τό: poem; product, 3
προοίμιον, τό: hymn (short poem), proem, 1
πρῷος, -η, -ον: early; day before yesterday, 1
πώ-ποτε: ever yet, ever, 6
ὑπο-λαμβάνω: to take up, reply; suppose, 8

---

7 δή: then; temporal
ἐπακολουθοῦν: neut. sg. pres. pple
τὸ ἡδύ: pleasure; 'the pleasant'
8 ὑπολαβών: nom. sg. aor. pple
τὸν Δία: acc. sg. Ζεύς
9 εὖ γ(ε): well indeed; emphatic
ἐποίησας: 2s aor.
ἀναμνήσας: nom. aor. pple ἀναμιμνήσκω
τοι: you know; particle (GP 547-8)
d1 ὧν...προοίμιον: (these)...which..; τούτων ἅ, relative clause, an acc. pronoun attracted into the gen. pl. of the missing antecedent
ἐντείνας: setting to music; nom. sg. aor. pple ἐν-τείνω
2 τὸ...προοίμιον: a hymn to Apollo
καὶ...ἀτὰρ καί: both...and also
ἄλλοι τινές: some other people

3 ἤροντο: iterative impf. ἔρομαι
πρῴην: day before yesterday; adv. acc.
ὅτι ποτὲ διανοηθείς: thinking what in the world...; i.e. 'what in the world were you thinking;' nom. aor. dep. pple διανοέομαι; ὅτι ποτὲ expresses surprise in ind. question
4 αὐτά: these things; 'them,' i.e. the poems
5 τί σοι μέλει τοῦ ἔχειν: there is any care for you for being able; τι is an inner acc.; ἔχειν is an articular infinitive that often means 'is capable or able' when governing an inf.
ἐρωτᾷ: 3s pres. subj. α-contract verb in an indefinite temporal clause
6 ἐρήσεται: fut. deponent ἔρομαι
8 τοίνυν: Well...; in reply (GP 571)
τὰ ἀληθῆ, ὅτι: the truth, (namely) that...
9 οὐκ...οὐδὲ: a rival not of....and not of...

11

e εἶναι ἐποίησα ταῦτα–ἤδη γὰρ ὡς οὐ ῥᾴδιον εἴη–ἀλλ'
ἐνυπνίων τινῶν ἀποπειρώμενος τί λέγοι, καὶ ἀφοσιούμενος
εἰ ἄρα πολλάκις ταύτην τὴν μουσικήν μοι ἐπιτάττοι ποιεῖν.
ἦν γὰρ δὴ ἄττα τοιάδε· πολλάκις μοι φοιτῶν τὸ αὐτὸ ἐν-
5 ύπνιον ἐν τῷ παρελθόντι βίῳ, ἄλλοτ' ἐν ἄλλῃ ὄψει φαινό-
μενον, τὰ αὐτὰ δὲ λέγον, 'ὦ Σώκρατες,' ἔφη, 'μουσικὴν
ποίει καὶ ἐργάζου.' καὶ ἐγὼ ἔν γε τῷ πρόσθεν χρόνῳ ὅπερ
ἔπραττον τοῦτο ὑπελάμβανον αὐτό μοι παρακελεύεσθαί τε
61 καὶ ἐπικελεύειν, ὥσπερ οἱ τοῖς θέουσι διακελευόμενοι, καὶ
ἐμοὶ οὕτω τὸ ἐνύπνιον ὅπερ ἔπραττον τοῦτο ἐπικελεύειν,
μουσικὴν ποιεῖν, ὡς φιλοσοφίας μὲν οὔσης μεγίστης μουσι-
κῆς, ἐμοῦ δὲ τοῦτο πράττοντος. νῦν δ' ἐπειδὴ ἥ τε δίκη

---

ἄλλ-οτε: at another time, at other times, 4
ἀπο-πειράομαι: to make trial of, test (gen.) 1
ἄρα: then, therefore, it seems, it turns out, 5
ἀφ-οσιόω: attone, expiate, purify, 2
δια-κελεύομαι: encourage one another (dat) 1
δίκη, ἡ: justice; lawsuit, trial; penalty, 11
ἐν-ύπνιον, τό: dream, vision seen in sleep, 5
ἐπι-κελεύω: to encourage besides, 2
ἐπι-τάττω: to order, enjoin, command, 1
ἐργάζομαι: to work, labor, toil, 4
θέω: to run, 1
μέγιστος, -η, -ον: very big, greatest, 6

μουσική, ἡ: music, 5
ὄψις, -εως, ἡ: vision, appearance, form; face, 6
παρ-έρχομαι: to go pass, enter, 5
παρα-κελεύομαι: to order, urge, encourage, 3
πολλάκις: many times, often, frequently, 14
πράττω: to do, accomplish, make, act, 12
πρόσθεν: before, 10
ῥᾴδιος, -α, -ον: easy, ready, 9
τοιόσδε, -άδε, -όνδε: such, 20
ὑπο-λαμβάνω: to take up, reply; suppose, 8
φιλο-σοφία, ἡ: pursuit or love of wisdom, 13
φοιτάω: to go to and fro, visit, 2

e1 ἤδη: 1s plpf. οἶδα, simple past in sense
ὡς...εἴη: *that it would be*; 3s opt. εἰμί opt. in
secondary sequence

2 ἐνυπνίων τινῶν...τί λέγοι: *what certain dreams mean*; lit. 'some dreams, what they mean,' proleptic use of ἐνυπνίων

3 εἰ...πολλάκις: *if by chance…, if perhaps…*; common idiom for πολλάκις after εἰ
ἐπιτάττοι: *ordered*; opt. replacing indicative in secondary seqeunce

4 ἦν...ἄττα τοιάδε *for indeed they were something of this sort*; 3rd sg. impf. with neut. pl. subject; ἄττα is indefinite τινα
φοιτῶν: φοιτάον, neuter sg. pple φοιτάω modifying ἐνύπνιον
τὸ αὐτο ἐνύπνιον: *the same dream*
παρελθόντι: i.e. the past; dat. sg. aor. pple παρέρχομαι

5 ἄλλοτε ἐν ἄλλῃ ὄψει: *sometimes in one vision, at other times in another vision*; as often when two forms of ἄλλος are in junxtaposition
φαινόμενον...λέγον: pres. mid. and active participles modifying ἐνύπνιον

6 τὰ αὐτά: *the same things*; obj. of pple

7 ποίει: ποίε-ε; sg. imperative
ἐργάζε(σ)ο: sg. mid. imperative
γε: *at least*; restricting ἔν...χρόνῳ
ὑπελάμβανον...: *I supposed that* it (αὐτό) *was urging me and encouraging this* (τοῦτο)

61a1 ὥσπερ...οὕτω: *just as…so (too)*
τοῖς θέουσι: *those running*; pple θέω
ὡς...ὄυσης...πράττοντος: *on the grounds of…being…and…doing*; ὡς + pple (here, two gen. abs.) expressing alleged cause

12

ἐγένετο καὶ ἡ τοῦ θεοῦ ἑορτὴ διεκώλυέ με ἀποθνήσκειν, ἔδοξε  5
χρῆναι, εἰ ἄρα πολλάκις μοι προστάττοι τὸ ἐνύπνιον ταύτην
τὴν δημώδη μουσικὴν ποιεῖν, μὴ ἀπειθῆσαι αὐτῷ ἀλλὰ
ποιεῖν· ἀσφαλέστερον γὰρ εἶναι μὴ ἀπιέναι πρὶν ἀφοσιώ-
σασθαι ποιήσαντα ποιήματα καὶ πιθόμενον τῷ ἐνυπνίῳ.  b
οὕτω δὴ πρῶτον μὲν εἰς τὸν θεὸν ἐποίησα οὗ ἦν ἡ παροῦσα
θυσία· μετὰ δὲ τὸν θεόν, ἐννοήσας ὅτι τὸν ποιητὴν δέοι,
εἴπερ μέλλοι ποιητὴς εἶναι, ποιεῖν μύθους ἀλλ᾽ οὐ λόγους,
καὶ αὐτὸς οὐκ ἦ μυθολογικός, διὰ ταῦτα δὴ οὓς προχείρους  5
εἶχον μύθους καὶ ἠπιστάμην τοὺς Αἰσώπου, τούτων ἐποίησα
οἷς πρώτοις ἐνέτυχον. ταῦτα οὖν, ὦ Κέβης, Εὐήνῳ φράζε,
καὶ ἐρρῶσθαι καί, ἂν σωφρονῇ, ἐμὲ διώκειν ὡς τάχιστα.

*/ death*

---

Αἴσωπος, ὁ: Aesop, 3
ἀ-πειθέω: to be disobedient, disobey (dat.) 1
ἀπ-έρχομαι: to go away, depart, 14
ἀ-σφαλής, -ές: safe, secure, not liable to fall 6
ἀφ-οσιόω: attone, expiate, purify, 2
δημώδης, ές: of the people, popular, 1
δια-κωλύω: to hinder, prevent, 1
διώκω: to pursue, follow; prosecute, 2
ἐν-νοέω: to have in mind, notice, consider, 18
ἐν-τυγχάνω: to chance upon, encounter, 5
ἐν-ύπνιον, τό: dream, vision seen in sleep, 5
ἑορτή, ἡ: a feast, festival, 1
ἐπίσταμαι: know, know how, understand, 13
Εὔηνος, ὁ: Evenus, 6

θυσία, ἡ: sacrifice, offering, 2
μέλλω: to be about to, intend to (fut. inf.) 19
μουσικός, -ή -όν: musical, educated, cultured 1
μυθο-λογικός, -ή, -όν: poetical, inventive, 1
μῦθος, ὁ: story, word, speech, 7
ποίημα, -ατος, τό: poem; product, 3
ποιητής, οῦ, ὁ: maker, creator, poet, 6
πολλάκις: many times, often, frequently, 14
προ-χείρος, -ον: at hand, ready, 1
προσ-τάττω: to order, assign, appoint, 5
ῥώννυμι: make strong; ἔρρωσο, good-bye, 1
σωφρονέω: to be wise, be sound, temperate 1
ταχύς, εῖα, ύ: quick, swift, hastily, 9
φράζω: to point out, tell, indicate, 6

5 ἔδοξε: *it seemed (to me)*; supply μοι
6 χρῆναι: inf. χρή
   εἰ...πολλάκις: *if by chance..., if perhaps...*
   προστάττοι: *ordered*; opt., secondary seq.
7 δημώδη: δημώδε-α, acc. sg., 3rd decl. adj.
   ἀπειθῆσαι: aor. inf. ἀ-πειθέω
8 ἀσφαλέτερον...εἶναι: *for it was...*; inf. εἰμί
   governed by ἔδοξε; comparative adj.
   μὴ ἀπιέναι: *not to depart*; i.e. in death, the
   inf. ἀπ-έρχομαι is the subject of εἶναι
b1 πιθόμενον: aor. mid. pple. πείθω
2 οὕτω δὴ: *in just this way, in precisely this
   way*; or δή may be inferential: 'then'
   πρῶτον μὲν...μετὰ δὲ τὸν θεόν: *first...and
   after the god*; adverbial acc.
   εἰς τὸν θεόν: *for the god*

οὗ: *whose*; relative, gen. sg.
παροῦσα: pple πάρ-ειμι
3 τὸν ποιητὴν: acc. subject of ποιεῖν
   δέοι: *it was necessary that*; opt. δεῖ in
   secondary seq., governs acc. + inf.
4 μέλλοι: *one was going...*; opt.
5 αὐτός: *I myself...*; intensive, 1s impf. εἰμί
   οὓς...μύθους: *what myths...*; relative adj.
   τοὺς Αἰσώπου (μύθους): add noun
6 τούτων: *among these*; partitive gen.
7 οἷς: *(those) which*; dat. of compound
   ταῦτα...ἐρρῶσθαι: *these things, (namely)
   both to fare well and...*; pf. mid. inf., the
   pf. imper. ἔρρωσο is used to say goodbye
   ἂν: *if...*; εἰ ἂν + 3s pres. subj.
   ὡς...: *as...as possible*; ὡς + superlative

c   ἄπειμι δέ, ὡς ἔοικε, τήμερον· κελεύουσι γὰρ Ἀθηναῖοι.

    καὶ ὁ Σιμμίας, οἷον παρακελεύῃ, ἔφη, τοῦτο, ὦ Σώ-
κρατες, Εὐήνῳ. πολλὰ γὰρ ἤδη ἐντετύχηκα τῷ ἀνδρί·
σχεδὸν οὖν ἐξ ὧν ἐγὼ ᾔσθημαι οὐδ' ὁπωστιοῦν σοι ἑκὼν
5   εἶναι πείσεται.

    τί δέ; ἦ δ' ὅς, οὐ φιλόσοφος Εὔηνος;

    ἔμοιγε δοκεῖ, ἔφη ὁ Σιμμίας.

    ἐθελήσει τοίνυν καὶ Εὔηνος καὶ πᾶς ὅτῳ ἀξίως τούτου
τοῦ πράγματος μέτεστιν. οὐ μέντοι ἴσως βιάσεται αὐτόν·
10   οὐ γάρ φασι θεμιτὸν εἶναι. καὶ ἅμα λέγων ταῦτα καθῆκε
d   τὰ σκέλη ἐπὶ τὴν γῆν, καὶ καθεζόμενος οὕτως ἤδη τὰ λοιπὰ
διελέγετο.

---

Ἀθηναῖος, -α, -ον: Athenian, of Athens, 6
αἰσθάνομαι: perceive, feel, learn, realize, 11
ἄξιος, -α, -ον: worthy of, deserving of, 15
ἀπ-έρχομαι: to go away, depart, 14
βιάζω: to do violence to, force, overpower, 2
δια-λέγομαι: to converse with, discuss, 13
ἐθέλω: to be willing, wish, desire, 17
ἑκών, ἑκοῦσα, ἑκόν: willing, intentionally, 3
ἐν-τυγχάνω: chance upon, encounter (dat) 5
Εὔηνος, ὁ: Evenus, 6
ἤδη: already, now, at this time, 16
θεμιτός, -ή, -όν: lawful, right, righteous, 4

καθ-έζομαι: to sit down, 2
καθ-ίημι: to let down, send down, 2
κελεύω: to bid, order, command, exhort, 8
λοιπός, -ή, -όν: remaining, the rest, 3
μέτ-εστιν: there is a share of (gen) for (dat), 1
ὁπωστιοῦν: in any way whatever, 5
παρα-κελεύομαι: order, urge, encourage dat 3
πρᾶγμα, -ατος τό: deed, act; matter, affair 18
σκέλος, -εος, τό: leg, 6   σχελη
σχεδόν: nearly, almost, just about, 8
τήμερον: today, 2
φιλό-σοφος, ὁ, ἡ: pursuer of wisdom, 18

c1 ἄπειμι: 1s fut. ἀπ-έρχομαι
   ὡς: as...; parenthetical
   οἷον παρακελεύῃ...τοῦτο: *what a thing this
(is) you encourage...!*; in exclamation, 2s
pres. mid., παρακελεύε(σ)αι
2 ἔφη: 3s impf. φημί
3 πολλὰ: *many times*; i.e. often; adv. acc.
   ἐντετύχηκα: 1ˢᵗ sg. pf. ἐντυγχάνω
4 ἐξ ὧν: *from (the things) which*; 'from
what,' ἐξ (τούτων) ἅ, acc. pl. relative
attracted into gen. of missing antecedent
   ᾔσθημαι: impf. αἰσθάνομαι
   ἑκών εἶναι: *so as to be willing*; or just
'willingly,' a common infinitive absolute
5 πείσεται: fut. mid. πείθω
6 τί δέ: *What (then)?*; expresses surprise and

precedes a follow-up question
ἦ δ' ὅς: see note on pg. 9
οὐ (ἐστιν): *Is...not...?*; add verb
7 καὶ...καὶ: *both...and*
   ὅτῳ...μέτεστι: *to whomever...*; relative,
alternative to ᾧτινι, dat. sg. of ὅστις,
9 πράγματος: i.e. being a φιλόσοφος
   ἴσως: *perhaps*; adv. ἴσος
   βιάσεται: fut. mid., i.e. commit suicide
   αὑτὸν: ἑαυτὸν, reflexive pronoun
10 φασι: *(people) say*; 3p pres. φημί
   θεμιτὸν εἶναι: *that it...*; ind. discourse
   καθῆκε: aor. καθ-ίημι
d1 τὰ λοιπὰ: *the rest, the rest (of things)*

ἤρετο οὖν αὐτὸν ὁ Κέβης· πῶς τοῦτο λέγεις, ὦ
Σώκρατες, τὸ μὴ θεμιτὸν εἶναι ἑαυτὸν βιάζεσθαι, ἐθέλειν δ'
ἂν τῷ ἀποθνήσκοντι τὸν φιλόσοφον ἕπεσθαι;    5

τί δέ, ὦ Κέβης; οὐκ ἀκηκόατε σύ τε καὶ Σιμμίας περὶ
τῶν τοιούτων Φιλολάῳ συγγεγονότες;

οὐδέν γε σαφές, ὦ Σώκρατες.

ἀλλὰ μὴν καὶ ἐγὼ ἐξ ἀκοῆς περὶ αὐτῶν λέγω· ἃ μὲν
οὖν τυγχάνω ἀκηκοὼς φθόνος οὐδεὶς λέγειν. καὶ γὰρ ἴσως    10
καὶ μάλιστα πρέπει μέλλοντα ἐκεῖσε ἀποδημεῖν διασκοπεῖν    e
τε καὶ μυθολογεῖν περὶ τῆς ἀποδημίας τῆς ἐκεῖ, ποίαν τινὰ
αὐτὴν οἰόμεθα εἶναι· τί γὰρ ἄν τις καὶ ποιοῖ ἄλλο ἐν τῷ
μέχρι ἡλίου δυσμῶν χρόνῳ;

---

ἀκοή, ἡ: hearing, 1   _hearsay_
ἀπο-δημέω: to be away (from home), 1
ἀπο-δημία, ἡ: being abroad, going abroad, 2
βιάζω: to force, overpower, 2
δια-σκοπέω: to examine or consider well, 2
δυσμή, ἡ: setting, 2
ἐθέλω: to be willing, wish, desire, 17
ἐκεῖ: there, in that place, 17
ἐκεῖ-σε: thither, to that place, 10
ἕπομαι: to follow, accompany, escort, 9
ἔρομαι: to ask, enquire, question, 12
ἥλιος, ὁ: the sun, 7

θεμιτός, -ή, -όν: lawful, right, righteous, 4
Κέβης, Κέβητος ὁ: Cebes, 85 + 5 lower case
μέχρι: up to; until, as long as (+ gen.), 5
μυθο-λογέω: to tell stories or tales, 1
ποῖος, -α, -ον: what sort of? what kind of?, 9
πρέπει: it is fitting, it is suitable (impers.) 8
σαφής, -ές: clear, distinct; certain, reliable, 16
συγ-γίγνομαι: to be with, associate with, 2   _pupils_
φθόνος ὁ: ill-will, refusal from ill-will  +inf. 1
φιλό-σοφος, ὁ, ἡ: pursuer of wisdom, 18
Φιλολάος, ὁ: Philolaus, 2

---

d3 ἤρετο: aor. ἔρομαι
  πῶς...λέγεις: *How do you say this...?*; or
  possibly "what do you mean by this…"
4 τὸ...εἶναι: *(namely) that it is ...*; articular
  inf. in apposition to τοῦτο
  βιάζεσθαι: *to harm oneself*; the mid. is
  reflexive, ἑαυτὸν is acc. subject
  ἐθέλειν δ'...ἂν: *but that...would be*
  *willing...*; τὸν φιλόσοφον is the acc.
  subject. an inf. + ἂν in place of a pres. opt.
  + ἄν (potential opt.) in direct speech
  τῷ ἀποθνήσκοντι: dat. pple. with ἕπεσθαι
6 τί δέ;: *What?*; 'what about this?' expresses
  surprise and precedes a follow-up question
  ἀκηκόατε: 2ⁿᵈ pl. pf. ἀκούω
7 συγγεγονότες: *while...*; pf. pple governs a
  dat. of compound verb; συγ-γίγνομαι

8 γε: *at least, at any rate*; restrictive
9 ἀλλὰ μὴν: *but certainly, but surely*; strong
  adversative often after a negative; cf. 63a4
  καὶ: *also, too*; adverbial with ἐγὼ
  ἃ μὲν: *(the things) which...*; (ταῦτα) ἃ, the
  missing antecedent is obj. of λέγειν
10 τυγχάνω ἀκηκοὼς: *I happen to have...*;
  complementary pple, pf. ἀκούω
  φθόνος οὐδεὶς: *(there is) no...*; supply a
  linking verb, λέγειν is an explanatory inf.
  καὶ γὰρ ἴσως: *for in fact perhaps*
e1 καὶ μάλιστα πρέπει: *it is even especially*
  *fitting*; καὶ emphasizes adv. of intensity
2 ποίαν τινὰ: *(namely) what sort...*; ind.
  question, in apposition; αὐτὴν, 'it,' refers to
  fem. ἀποδημία and is acc. subj. of εἶναι
  ἂν...ποιοῖ: *could one do...*; potential opt.

15

5    κατὰ τί δὴ οὖν ποτε οὔ φασι θεμιτὸν εἶναι αὐτὸν ἑαυτὸν
ἀποκτεινύναι, ὦ Σώκρατες; ἤδη γὰρ ἔγωγε, ὅπερ νυνδὴ σὺ
ἤρου, καὶ Φιλολάου ἤκουσα, ὅτε παρ᾽ ἡμῖν διῃτᾶτο, ἤδη δὲ
καὶ ἄλλων τινῶν, ὡς οὐ δέοι τοῦτο ποιεῖν· σαφὲς δὲ περὶ
αὐτῶν οὐδενὸς πώποτε οὐδὲν ἀκήκοα.

62    ἀλλὰ προθυμεῖσθαι χρή, ἔφη· τάχα γὰρ ἂν καὶ ἀκού-
σαις. ἴσως μέντοι θαυμαστόν σοι φανεῖται εἰ τοῦτο μόνον
τῶν ἄλλων ἁπάντων ἁπλοῦν ἐστιν, καὶ οὐδέποτε τυγχάνει τῷ
ἀνθρώπῳ, ὥσπερ καὶ τἆλλα, ἔστιν ὅτε καὶ οἷς βέλτιον ὂν
5    τεθνάναι ἢ ζῆν, οἷς δὲ βέλτιον τεθνάναι, θαυμαστὸν ἴσως
σοι φαίνεται εἰ τούτοις τοῖς ἀνθρώποις μὴ ὅσιον αὐτοὺς
ἑαυτοὺς εὖ ποιεῖν, ἀλλὰ ἄλλον δεῖ περιμένειν εὐεργέτην.

---

ἅπας, ἅπασα, ἅπαν: every, quite all, 14
ἁπλ(ό)ος, η, ον: single, simple, plain, 3
ἀπο-κτείνω: to kill, slay, 5
βελτίων, -ον (-ονος): better, 7
δι-αιτάω: to diet; mid. live, 1
ἔρομαι: to ask, enquire, question, 12
εὐ-εργέτης, -ου, ὁ: benefactor, good-doer, 1
ἤδη: already, now, at this time, 16
θαυμαστός, -ή, -όν: wonderful, strange, 11
θεμιτός, -ή, -όν: lawful, right, righteous, 4

νυν-δή: just now, 15
ὅσιος, -α, -ον: hallowed, sacred, ordained, 4
ὅτε: when, at some time, 7
οὐδέ-ποτε: not ever, never, 11
περι-μένω: to wait for, await, 6
προ-θυμέομαι: to be eager, zealous, ready, 12
πώ-ποτε: ever yet, ever, 6
σαφής, -ές: clear, distinct; certain, reliable, 16
τάχα: presently, quickly; perhaps, 2
Φιλολάος, ὁ: Philolaus, 2

5  κατὰ τί...ποτε: why in the world...;
"according to what...' ποτε intensifies τί,
δὴ οὖν are both inferential and emphasize
one another: 'precisely then'
οὔ φασι: do they say that...not; οὐ negates
the ind. statement; 3p φημί
εἶναι: that it is...; impersonal, ind. disc.
αὐτὸν ἑαυτὸν: acc. subj. and obj. of inf.
6  ὅπερ: the very thing which...; the missing
antecedent is object of ἤκουσα
7  ἤρου: ἤρε(σ)ο, 2s aor. mid. ἔρομαι
Φιλολάου: from...; gen. of source
παρὰ ἡμῖν: among us; or 'by our side'
διῃτᾶτο: 3rd sg. impf. mid. δι-αιτάω
8  καὶ ἄλλων τινῶν: from...also; source
ὡς: (namely) that it was...necessary; opt. in
ind. discourse in secondary seq.
9  οὐδενὸς: from...; gen. of source
ἀκήκοα: 1s pf. ἀκούω
62a1 ἔφη: 3s impf. φημί

ἂν...ἀκούσαις: you may hear; potential
2  φανεῖται: impersonal fut. φαίνομαι
3  τῶν...ἁμάντων: of all other (principles)
τυγχάνει...ὂν: it happens...to be; common
translation for complementary pple εἰμί
τῷ ἀνθρώπῳ: for...; dat. of interest
4  ὥσπερ καὶ τ(ὰ) ἄλλα: just as respect to
other things also; acc. of respect
ἔστιν ὅτε...(ἔστιν) οἷς: at any time and for
anyone; idioms, the original expressions
had missing antecedents: 'there is (a time)
when and there are (those) for whom' (S
2513-15)
5  τεθνάναι: to be dead; pf. inf. θνῆσκω
ἤ: than; following comparative βέλτιον
οἷς δὲ: but to whomever (it happens to be)..;
the antecedent is ἀντρώποις below
6  εἰ...μὴ ὅσιον: if (it is) not righteous that...
εὖ ποιεῖν: to treat well + acc.; i.e. suicide
ἄλλον εὐεργέτην: acc. obj. of inf.

καὶ ὁ Κέβης ἠρέμα ἐπιγελάσας, Ἴττω Ζεύς, ἔφη, τῇ
αὐτοῦ φωνῇ εἰπών.

καὶ γὰρ ἂν δόξειεν, ἔφη ὁ Σωκράτης, οὕτω γ᾽ εἶναι b
ἄλογον· οὐ μέντοι ἀλλ᾽ ἴσως γ᾽ ἔχει τινὰ λόγον. ὁ μὲν οὖν
ἐν ἀπορρήτοις λεγόμενος περὶ αὐτῶν λόγος, ὡς ἔν τινι
φρουρᾷ ἐσμεν οἱ ἄνθρωποι καὶ οὐ δεῖ δὴ ἑαυτὸν ἐκ ταύτης
λύειν οὐδ᾽ ἀποδιδράσκειν, μέγας τέ τίς μοι φαίνεται καὶ οὐ   5
ῥᾴδιος διιδεῖν· οὐ μέντοι ἀλλὰ τόδε γέ μοι δοκεῖ, ὦ Κέβης,
εὖ λέγεσθαι, τὸ θεοὺς εἶναι ἡμῶν τοὺς ἐπιμελουμένους καὶ
ἡμᾶς τοὺς ἀνθρώπους ἓν τῶν κτημάτων τοῖς θεοῖς εἶναι. ἢ
σοὶ οὐ δοκεῖ οὕτως;

ἔμοιγε, φησὶν ὁ Κέβης.

---

ἄ-λογος, -ον: unreasonable, of no account, 3
ἀπο-διδράσκω: to run away, flee, escape, 2
ἀπόρρητος, -ον: unspeakable, forbidden, 1
δι-εῖδον: to see through (aor. ὁράω), 1
ἐπι-γελάω: to laugh or smile (at), 2
ἐπι-μελέομαι: take care of, take care that, 4
εὖ: well, 19
Ζεύς, ὁ: Zeus, 11

ἠρέμα: gently, softly, quietly, 3
ἴσως: perhaps, probably; equally, likely, 19
Κέβης, Κέβητος ὁ: Cebes, 85 + 5 lower case
κτῆμα, -ατος, τό: possession, property, 3
λύω: to free, loosen, dissolve, break up, 7
ῥᾴδιος, -α, -ον: easy, ready, 9
φρουρά, ἡ: prison; guard, watch, 1
φωνή, ἡ: speech, voice, 2

8 Ἴττω Ζεύς: *may Zeus be witness;* 'let Zeus
know,' 3s pf. imperative οἶδα, in the
Boeotian dialect (Attic, ἴστω)
ἔφη: impf. φημί
τῇ...φωνῇ: *in his own speech*; Cebes speaks
in a Boeotian dialect
b1 καὶ γάρ: *(yes), for indeed*; adverbial καί
ἂν δόξειεν: *it would seem*; impersonal
potential opt. δοκέω
οὕτω γ(ε): *(mentioned) in this way, at least*
2 οὐ μέντοι ἀλλά: *no, but surely...*; i.e.
nevertheless
γ(ε): *indeed*; intensive
ἔχει...λόγον: *has some account*; in
contrast to ἄλογον
μὲν οὖν: *certainly*; no corresponding δέ

3 ἐν ἀπορρήτοις: i.e. in secret
ὡς: *(namely) that..*; in apposition to αὐτῶν
4 ἐσμεν: 1p pres. εἰμί
οὐ δεῖ: *it is necessary that (one) not...*
5 μέγας...τις: *something important*; pred.
6 διιδεῖν: explanatory aor. inf. δι-εῖδον
οὐ μέντοι ἀλλά: *no, but surely...*; i.e.
nevertheless
τόδε γε: *this at least*; i.e. the following
τὸ...εἶναι...(τὸ) εἶναι: *(namely) that...are
and that...are*; articular infinitives in
apposition to τόδε, θεοὺς is acc. subject
ἡμᾶς...ἀνθρώπους: acc. subject of second
inf. of εἰμί
8 ἕν: *one...*; neuter acc. predicate
τοῖς θεοῖς: dat. possession or interest

c   οὐκοῦν, ἦ δ᾽ ὅς, καὶ σὺ ἂν τῶν σαυτοῦ κτημάτων εἴ
τι αὐτὸ ἑαυτὸ ἀποκτεινύοι, μὴ σημήναντός σου ὅτι βούλει
αὐτὸ τεθνάναι, χαλεπαίνοις ἂν αὐτῷ καί, εἴ τινα ἔχοις
τιμωρίαν, τιμωροῖο ἄν;
5   πάνυ γ᾽, ἔφη.

ἴσως τοίνυν ταύτῃ οὐκ ἄλογον μὴ πρότερον αὐτὸν
ἀποκτεινύναι δεῖν, πρὶν ἀνάγκην τινὰ θεὸς ἐπιπέμψῃ,
ὥσπερ καὶ τὴν νῦν ἡμῖν παροῦσαν.

ἀλλ᾽ εἰκός, ἔφη ὁ Κέβης, τοῦτό γε φαίνεται. ὁ μέν-
10  τοι νυνδὴ ἔλεγες, τὸ τοὺς φιλοσόφους ῥᾳδίως ἂν ἐθέλειν
d   ἀποθνῄσκειν, ἔοικεν τοῦτο, ὦ Σώκρατες, ἀτόπῳ, εἴπερ ὃ
νυνδὴ ἐλέγομεν εὐλόγως ἔχει, τὸ θεόν τε εἶναι τὸν ἐπιμε-

---

ἄ-λογος, -ον: unreasonable, of no account, 3
ἀπο-κτείνω: to kill, slay, 5
ἄ-τοπος, -ον: strange, odd, extraordinary, 9
ἐθέλω: to be willing, wish, desire, 17
εἰκός, ότος, τό: likely, probable, reasonable 18
ἐπι-μελέομαι: take care of or that, (gen) 4
ἐπι-πέμπω: to send (to), 1
εὔ-λογος, -ον: reasonable, sensible, 1
ἴσως: perhaps, probably; equally, likely, 19

κτῆμα, -ατος, τό: possession, property, 3
νυν-δὴ: just now, 15
ῥᾴδιος, -α, -ον: easy, ready, 9
σαυτοῦ (σεαυτοῦ), -ῆ, -οῦ: yourself, 4
σημαίνω: show by a sign, indicate, point out 2
τιμωρέω: to seek vengeance, exact revenge, 1
τιμωρία, ἡ: vengeance, retribution, 1
φιλό-σοφος, ὁ, ἡ: pursuer of wisdom, 18
χαλεπαίνω: to be sore, angry, grievous, 3

c1 οὐκοῦν: *well then*; inferential
ἦ δ᾽ ὅς: see note on pg. 9
καὶ σὺ ἂν...εἴ...ἀποκτεινύοι,...χαλεπαίοις
ἂν: *if...should kill..., would you also be
sore...*; duplicated ἂν emphasizes what
intervenes, a fut. less vivid condition (εἴ
opt., ἂν + opt.)
τῶν...κτημάτων: partitive gen. that
belongs within the protasis with τι αὐτὸ
2 τι αὐτὸ: *some one*; subject, though neuter,
the possession, κτῆμα, refers to a slave
ἑαυτὸ: direct object, neuter reflexive
μὴ σημήμαντός σου: *(if) you...not;* gen.
abs. is conditional (hence μή, not οὐ)
βούλει: 2s pres. βούλομαι
3 τεθνάναι: *to be dead*; pf. θνῄσκω
αὐτῷ: i.e. the possession/slave, dat. object
of χαλεπαίνοις
εἴ...ἔχοις, τιμωροῖ(σ)ο ἄν: *if...should,*

would; fut. less vivid, 2s opt., act. and mid.
5 πάνυ γε: *quite so, quite indeed*; affirmative
6 ταύτῃ: *in this way*; dat. of manner
οὐκ ἄλογον: *(it is) not unreasonable*
μὴ πρότερον...δεῖν: *that it is necessary that
(one) not earlier...*; comparative adv., the
reflexive (ἑ)αυτὸν is an acc. object
7 πρὶν...ἐπιπέμψῃ: *until...*; 3s aor. subj.
in an indefinite temporal clause
8 τὴν...παροῦσαν (ἀνάγκην): *the necessity
at hand*; pres. pple πάρ-ειμι
9 ἀλλ(ὰ): *well...*; in response
τοῦτό γε: *this, at least*; nom. subject
ὃ...ἔλεγες: *that which*; antecedent is τοῦτο
10 τὸ...ἂν ἐθέλειν: *(namely) that...would*;
articular inf. + ἂν denotes potential opt.
d1 ἀτόπῳ: object of ἔοικεν
2 εὐλόγως ἔχει: *is well-reasoned*; ἔχω, 'is
disposed,' + adv. (p. 7)

18

λούμενον ἡμῶν καὶ ἡμᾶς ἐκείνου κτήματα εἶναι. τὸ γὰρ μὴ
ἀγανακτεῖν τοὺς φρονιμωτάτους ἐκ ταύτης τῆς θεραπείας
ἀπιόντας, ἐν ᾗ ἐπιστατοῦσιν αὐτῶν οἵπερ ἄριστοί εἰσιν τῶν   5
ὄντων ἐπιστάται, θεοί, οὐκ ἔχει λόγον· οὐ γάρ που αὐτός γε
αὑτοῦ οἴεται ἄμεινον ἐπιμελήσεσθαι ἐλεύθερος γενόμενος.
ἀλλ' ἀνόητος μὲν ἄνθρωπος τάχ' ἂν οἰηθείη ταῦτα, φευκτέον
εἶναι ἀπὸ τοῦ δεσπότου, καὶ οὐκ ἂν λογίζοιτο ὅτι οὐ δεῖ ἀπό   e
γε τοῦ ἀγαθοῦ φεύγειν ἀλλ' ὅτι μάλιστα παραμένειν, διὸ
ἀλογίστως ἂν φεύγοι· ὁ δὲ νοῦν ἔχων ἐπιθυμοῖ που ἂν ἀεὶ
εἶναι παρὰ τῷ αὑτοῦ βελτίονι. καίτοι οὕτως, ὦ Σώκρατες,
τοὐναντίον εἶναι εἰκὸς ἢ ὃ νυνδὴ ἐλέγετο· τοὺς μὲν γὰρ   5
φρονίμους ἀγανακτεῖν ἀποθνῄσκοντας πρέπει, τοὺς δὲ ἄφρονας

---

ἀγανακτέω: to be annoyed, be troubled at, 12
ἀ-λογίστος, -ον: unreasonable, thoughtless, 1
ἀμείνων, -ον (-ονος): better, 10
ἀ-νόητος, -ον: foolish, unintelligent, 5
ἄριστος, -η, -ον: best, most excellent, 6
ἄφρων, -οντος: senseless, foolish, 1
βελτίων, -ον (-ονος): better, 7
δεσπότης, ὁ: master, lord, 6
διό: δι' ὅ, on account of which, on which
account, 4
εἰκός, ότος, τό: likely, probable, reasonable 18
ἐλεύθερος, -η, -ον: free, 1
ἐπι-θυμέω: to desire, long for, 10
ἐπι-μελέομαι: take care of or that, (gen) 4

ἐπι-στατέω: be in charge over, be set over, 1
ἐπιστατης, ὁ: overseer, one set in charge, 1
θεραπεία, ἡ: service; care, fostering, 1
καίτοι: and yet, and indeed, and further, 8
κτῆμα, -ατος, τό: possession, property, 3
λογίζομαι: to reason, calculate, count, 9
νοῦς, ὁ: mind, intention, attention, thought, 14
νυν-δὴ: just now, 15
παρα-μένω: to abide, remain, 2
πρέπει: it is fitting, it is suitable (impers.) 8
τάχα: presently, quickly; perhaps, 2
φευκτέος, ον: to be fled, to be escaped, 1
φρόνιμος, -ον: sensible, wise, prudent, 8

---

3 ἡμῶν: obj. of ἐπιμελούμενον
τὸ...ἀγανακτεῖν: that...not be aggravated;
the articular inf. is subject of ἔχει below
4 τοὺς φρονιμωτάτους: those...; superlative
5 ἀπιόντας: acc. pl. pple ἀπ-έρχομαι
οἵπερ: those who...; missing antecedent is
subject of 3p pres. ἐπιστατοῦσιν
6 τῶν ὄντων: of the things existing
οὐκ ἔχει λόγον: has no account; i.e. is not
reasonable
αὐτός γε: (the most sensible) himself at
least; intensive pronoun
7 αὑτοῦ: ἑαυτοῦ, obj. of fut. ἐπιμελήσεσθαι
γενόμενος: aor. pple γίγνομαι
8 ἂν οἰηθείη: would...; potential opt. (3s

aor. pass. deponent οἴομαι)
φευκτέον εἶναι: namely that (he) must flee;
'it is to be fled (by him)' impersonal verbal
adj. + εἰμί expresses obligation, here with
missing dat. of agent
e1 ἂν λογίζοιτο: potential opt., pres. mid.
2 ὅτι μάλιστα: as...as possible; as often
when preceding a superlative (here adv.)
3 ὁ δὲ νοῦν ἔχων: one having sense; the same
person as the ὁ φρόνιμος above
4 παρά...: beside...; dat. of place where
αὑτοῦ: than...; ἑαυτοῦ, gen. comparison.
5 τὸ (ἐ)ναντίον...ἢ: (it is) likely to be the
opposite of...; 'opposition than'
6 πρέπει: it is fitting

19

χαίρειν.

63   ἀκούσας οὖν ὁ Σωκράτης ἡσθῆναί τέ μοι ἔδοξε τῇ τοῦ
Κέβητος πραγματείᾳ, καὶ ἐπιβλέψας εἰς ἡμᾶς, ἀεί τοι,
ἔφη, ὁ Κέβης λόγους τινὰς ἀνερευνᾷ, καὶ οὐ πάνυ εὐθέως
ἐθέλει πείθεσθαι ὅτι ἄν τις εἴπῃ.

     καὶ ὁ Σιμμίας, ἀλλὰ μήν, ἔφη, ὦ Σώκρατες, νῦν γέ μοι
5 δοκεῖ τι καὶ αὐτῷ λέγειν Κέβης· τί γὰρ ἂν βουλόμενοι
ἄνδρες σοφοὶ ὡς ἀληθῶς δεσπότας ἀμείνους αὑτῶν φεύγοιεν
καὶ ῥᾳδίως ἀπαλλάττοιντο αὐτῶν; καί μοι δοκεῖ Κέβης εἰς
σὲ τείνειν τὸν λόγον, ὅτι οὕτω ῥᾳδίως φέρεις καὶ ἡμᾶς
ἀπολείπων καὶ ἄρχοντας ἀγαθούς, ὡς αὐτὸς ὁμολογεῖς, θεούς.

b   δίκαια, ἔφη, λέγετε· οἶμαι γὰρ ὑμᾶς λέγειν ὅτι χρή με

---

ἀμείνων, -ον (-ονος): better, 10
ἀν-ερευνάω: to examine, investigate, 1
ἀπ-αλλάττω: escape, release; set free, 15
ἀπο-λείπω: leave behind, abandon, forsake, 7
ἄρχω: to begin; to rule, be leader of, 12
δεσπότης, ὁ: master, lord, 6
δίκαιος, -α, -ον: just, right(eous), fair, 13
ἐθέλω: to be willing, wish, desire, 17
ἐπι-βλέπω: to look at, 1

εὐθέως: right away, straight away, at once, 1
ἥδομαι: to delight in, be pleased at (dat.) 6
πραγματεία, ἡ: diligent work, business, 3
ῥᾴδιος, -α, -ον: easy, ready, 9
σοφός, -ή, -όν: wise, skilled, 5
τείνω: to stretch, strain, 2 *tr. aim+acc at+eis*
φεύγω: to flee, escape; defend in court, 10
χαίρω: to rejoice, be glad, enjoy; fare well 12

63a1 ἡσθῆναι: aor. pass. inf. ἥδομαι
3 ἔφη: 3s impf. φημί
     ἀνερευνᾷ: ἀνερευνάει, pres. α-contract
4 ὅτι: *whatever...*; ὅ τι, general relative
     clause with ἄν + aor. subj. (εἶπον)
     ἀλλὰ μήν: *well certainly, well surely*; else
     'but surely,' here a strong assent; cf. 61d9
     νῦν γέ: 1s fut. ἀπ-έρχομαι
     μοι...καὶ αὐτῷ: *to me myself also*; intensive
     pronoun, καί is adverbial
5 τι...λέγειν: i.e. to say something important,
     as often when the indefinite follows λέγω

     τί: *what?*; object of βουλόμενοι
6 ὡς ἀληθῶς: *truly*
     αὑτῶν: *than...*; gen. comparison, ἑαυτῶν
     ἄν...φεύγοιεν: 3p pres. potential opt.
7 ἀπαλλάττοιντο (ἄν): 3p pres. mid.
     potential opt.; supply ἄν
     αὐτῶν: *from...*; gen. of separation
8 τείνειν: *to extend*; i.e. offer
     ὡς: *(namely) that...*; apposition to λόγον
     φέρεις: i.e. you bear, you endure *+part.*
9 ὡς: *just as...*
     αὐτὸς: *you yourself*; intensive pronoun

| Two Common Translations for τυγχάνω, τεύξομαι, ἔτυχον | | |
|---|---|---|
| τυγχάνω 'happen' + participle | τυγχάνει οὖσα | *he happens to be* |
| τυγχάνω 'attain' + partitive genitive | ἔτυχον τοῦ ὀνόματος | *I attained the name* |

πρὸς ταῦτα ἀπολογήσασθαι ὥσπερ ἐν δικαστηρίῳ.

πάνυ μὲν οὖν, ἔφη ὁ Σιμμίας.

φέρε δή, ᾗ δ᾽ ὅς, πειραθῶ πιθανώτερον πρὸς ὑμᾶς ἀπολο-
γήσασθαι ἢ πρὸς τοὺς δικαστάς. ἐγὼ γάρ, ἔφη, ὦ Σιμμία     5
τε καὶ Κέβης, εἰ μὲν μὴ ᾤμην ἥξειν πρῶτον μὲν παρὰ
θεοὺς ἄλλους σοφούς τε καὶ ἀγαθούς, ἔπειτα καὶ παρ᾽
ἀνθρώπους τετελευτηκότας ἀμείνους τῶν ἐνθάδε, ἠδίκουν
ἂν οὐκ ἀγανακτῶν τῷ θανάτῳ· νῦν δὲ εὖ ἴστε ὅτι παρ᾽
ἄνδρας τε ἐλπίζω ἀφίξεσθαι ἀγαθούς–καὶ τοῦτο μὲν οὐκ ἂν   c
πάνυ διισχυρισαίμην–ὅτι μέντοι παρὰ θεοὺς δεσπότας πάνυ
ἀγαθοὺς ἥξειν, εὖ ἴστε ὅτι εἴπερ τι ἄλλο τῶν τοιούτων
διισχυρισαίμην ἂν καὶ τοῦτο. ὥστε διὰ ταῦτα οὐχ ὁμοίως

---

ἀγανακτέω: to be annoyed, be troubled at, 12
ἀ-δικέω: to be unjust, do wrong, injure, 3
ἀμείνων, -ον (-ονος): better, 10
ἀπο-λογέομαι: to speak in defense, 3
δεσπότης, ὁ: master, lord, 6
δι-ισχυρίζομαι: affirm confidently; assert, 5
δικαστήριον, τό: court, 2
δικαστής, οῦ, ὁ: a juror, judge, 5

ἐλπίζω: to hope, expect, 2
ἐν-θάδε: here, hither, thither, 17
εὖ: well, 19
ἥκω: to have come, be present, 14
πειράω: to try, attempt, endeavor, 11
πιθανός, -ή, -όν: persuasive, plausible, 3
σοφός, -ή, -όν: wise, skilled, 5

2 πρός: against..., in reply to...
πάνυ μὲν οὖν: quite certainly indeed; μὲν
   οὖν is a strong assent
3 ἔφη: impf. φημί
4 φέρε δή: come now; φέρε is an imperative
   used to draw attention and introduce an
   imperative; δή is emphatic
   ᾗ δ᾽ ὅς: see note on pg. 9
   πειραθῶ: let me attempt; 1st person
   imperative
   πιθανώτερον: comparative adverb
   πρός: toward...; i.e. in front of...
5 ἤ: than
6 εἰ...ᾤμην, ἠδίκουν ἄν: if I were not..., I
   would be wrong; present contrafactual (εἰ
   impf., ἄν + impf.), 1s impf. οἴομαι
   πρῶτον μὲν...ἔπειτα καί: first...and then;
   adverbial acc.
   παρὰ...ἀγαθούς: to...; place to which
7 παρ(ὰ)...ἀμείνους: to...; place to which

τετελευτηκότας: dead; pf. pple
8 ἀμείνους: ἀμείνο(ν)ες, acc. pl.
   τῶν ἐνθάδε: than those here; comparison
9 νῦν δὲ: but as it is; often after contrafactual
   εὖ ἴστε: pl. imperative οἶδα
   παρ(ά): to...; acc. place to which
c1 τε...καί..: connecting the two prepositional
   phrases παρά...παρά
   ἀγαθούς: with ἄνδρας, but emphatic in
   position at the end of the clause
   τοῦτο: this; i.e. the previous statement
2 οὐκ...πάνυ: not too strongly
   ἂν διισχυρισαίμην: I would...; potential opt.
3 ὅτι μέντοι (ἐλπίζω): that however (I)
   expect that I will come...;
   εἴπερ...τοῦτο: that if (I were to assert
   confidently) about any other of such things,
   I would be confident in this in fact; τοῦτο
   refers to ὅτι μέντοι...ἥξειν above

5 ἀγανακτῶ, ἀλλ᾽ εὔελπίς εἰμι εἶναί τι τοῖς τετελευτηκόσι καί, ὥσπερ γε καὶ πάλαι λέγεται, πολὺ ἄμεινον τοῖς ἀγαθοῖς ἢ τοῖς κακοῖς.

τί οὖν, ἔφη ὁ Σιμμίας, ὦ Σώκρατες; αὐτὸς ἔχων τὴν διάνοιαν ταύτην ἐν νῷ ἔχεις ἀπιέναι, ἢ κἂν ἡμῖν μεταδοίης;

d κοινὸν γὰρ δὴ ἔμοιγε δοκεῖ καὶ ἡμῖν εἶναι ἀγαθὸν τοῦτο, καὶ ἅμα σοι ἡ ἀπολογία ἔσται, ἐὰν ἅπερ λέγεις ἡμᾶς πείσῃς.

ἀλλὰ πειράσομαι, ἔφη. πρῶτον δὲ Κρίτωνα τόνδε σκεψώμεθα τί ἐστιν ὃ βούλεσθαί μοι δοκεῖ πάλαι εἰπεῖν.

5 τί δέ, ὦ Σώκρατες, ἔφη ὁ Κρίτων, ἄλλο γε ἢ πάλαι μοι λέγει ὁ μέλλων σοι δώσειν τὸ φάρμακον ὅτι χρή σοι φράζειν ὡς ἐλάχιστα διαλέγεσθαι; φησὶ γὰρ θερμαίνεσθαι

---

ἀγανακτέω: to be annoyed, be troubled at, 12
ἀμείνων, -ον (-ονος): better, 10
ἀπ-έρχομαι: to go away, depart, 14
ἀπολογία, ἡ: (speech in) defence, 2
δια-λέγομαι: to converse with, discuss, 13
διάνοια, ἡ: thought, intention, purpose, 6
δίδωμι: to give, offer, grant, provide, 15
ἐλάχιστος, -η, -ον: smallest, fewest, least, 1
εὔ-ελπις, -ιδος, ἡ, ὁ: hopeful, cheerful, 2

θερμαίνω: to make hot; *mid.* be warm, hot, 2
κοινός, -ή, -όν: common, ordinary; public, 3
μετα-δίδωμι: give a part of, give a share of, 1
νοῦς, ὁ: mind, intention, attention, thought, 14
πάλαι: for some time, long ago, of old, 13
πειράω: to try, attempt, endeavor, 11
σκέπτομαι: look at, examine, consider, 9
φάρμακον, τό: medicine, remedy, drug, 10
φράζω: to point out, tell, indicate, 6

5 εἶναί τι: *that there is something*; i.e. there is an afterlife
τοῖς τετελευτηκόσι: i.e. the dead; pf. pple, a dat. of interest

6 ὥσπερ γε: *just as, at any rate*; restrictive
καὶ πάλαι: *for quite a long time*
λέγεται: *it has been said*; πάλαι + pres. is pf. progressive in sense
τοῖς ἀγαθοῖς...τοῖς κακοῖς: *for the good...for the wicked*; dat. of interest, i.e. some are rewarded, others punished
ἤ: *than*

8 τί οὖν: *well then*; 'what then,' inferential, with impatient questions (S 2962)
αὐτὸς: *Do you yourself...*; intensive
ἔχων: i.e. holding on to...; the next line suggests a contract between coveting and sharing

9 ἐν νῷ: *in mind*; dat. νοῦς
ἤ: *or...*

καὶ ἂν...μεταδοίης: *in fact would you...*;
καὶ is adverbial, potential aor. opt.
ἡμῖν: dat. of ind. object

d1 γὰρ δὴ: *for indeed*; emphatic
καὶ: *also*; adverbial, with ἡμῖν

2 σοι: dat. of possession
ἔσται, ἐὰν...πείσῃς: fut. more vivid (εἰ + subj., fut.); fut. εἰμί and aor. subj. πείθω

3 πειράσομαι: fut. mid.
πρῶτον: adverbial acc.

4 σκεψώμεθα: *let us...*; hortatory aor. subj.
ὃ: *(that) which...*; add missing antecedent
βούλεσθαί...πάλαι: *that he has wanted for a long time...*; compare c6 above
δοκεῖ: *he seems*; Crito is subject

5 τί δέ:: *What?*; 'what about this?' expresses surprise and precedes a follow-up question
ἄλλο γε ἤ: *(anything) else than...?*

7 ὡς ἐλάχιστα: *as as possible*
φησὶ: *he says that those*; i.e poison-bearer

μᾶλλον διαλεγομένους, δεῖν δὲ οὐδὲν τοιοῦτον προσφέρειν τῷ
φαρμάκῳ· εἰ δὲ μή, ἐνίοτε ἀναγκάζεσθαι καὶ δὶς καὶ τρὶς  e
πίνειν τούς τι τοιοῦτον ποιοῦντας.

καὶ ὁ Σωκράτης, ἔα, ἔφη, χαίρειν αὐτόν· ἀλλὰ μόνον
τὸ ἑαυτοῦ παρασκευαζέτω ὡς καὶ δὶς δώσων, ἐὰν δὲ δέῃ,
καὶ τρίς.  5

ἀλλὰ σχεδὸν μέν τι ἤδη, ἔφη ὁ Κρίτων· ἀλλά μοι πάλαι
πράγματα παρέχει.

ἔα αὐτόν, ἔφη. ἀλλ' ὑμῖν δὴ τοῖς δικασταῖς βούλομαι
ἤδη τὸν λόγον ἀποδοῦναι, ὡς μοι φαίνεται εἰκότως ἀνὴρ τῷ
ὄντι ἐν φιλοσοφίᾳ διατρίψας τὸν βίον θαρρεῖν μέλλων  10
ἀποθανεῖσθαι καὶ εὔελπις εἶναι ἐκεῖ μέγιστα οἴσεσθαι ἀγαθὰ  64

---

ἀναγκάζω: to force, compel, require, 10
ἀπο-δίδωμι: to give back, return, render, 5
δια-λέγομαι: to converse with, discuss, 13
δια-τρίβω: to spend time, waste time, 5
δίδωμι: to give, offer, grant, provide, 15
δικαστής, οῦ, ὁ: a juror, judge, 5
δίς: twice, doubly, 3
ἐάω: to permit, allow, let be, suffer, 9
εἰκότως: suitably, reasonably, fairly, 5
ἐκεῖ: there, in that place, 17
ἐνί-οτε: sometimes, 7
εὔ-ελπις, -ιδος, ἡ, ὁ: hopeful, cheerful, 2
ἤδη: already, now, at this time, 16
θαρρέω: be confident, take courage, 9

μεγίστος, -η, -ον: very big, greatest, 6
μέλλω: to be about to, intend to (fut. inf.) 19
πάλαι: for some time, long ago, of old, 13
παρα-σκευάζω: to get ready, prepare, 8
παρ-έχω: to provide, furnish, supply, 16
πίνω: to drink, 16
πρᾶγμα, ατος τό: deed, act, matter, affair 18
προ-φέρω: to bring to, apply, 1
σύν-οιδα: know along with, be conscious of, 1
σχεδόν: nearly, almost, just about, 8
τρίς: three times, thrice, 2
φάρμακον, τό: medicine, remedy, drug, 10
φιλο-σοφία, ἡ: pursuit or love of wisdom, 13
χαίρω: to rejoice, be glad, enjoy; fare well 12

8 διαλεγομένους: by…; modifies missing
acc. subject, the pple is causal in sense
δεῖν: it is necessary; inf. δεῖ
προσφέρειν: bring (acc.) to (dat); governs
an acc. obj. and dative of compound verb
e1 ἀναγκάζεσθαι: that…are compelled; ind.
disc. governed by φησὶ; τοὺς ποιοῦντας is
acc. subject
καὶ…καὶ: both…and
3 ἔα χαίρειν αὐτόν: dismiss him; 'let him
say goodbye'; the sg. imperative ἐάω
and inf. for χαῖρε is a common idiom
ἀλλὰ μόνον: but only; adverbial acc.
4 τὸ ἑαυτοῦ (πρᾶγμα): his own affairs

παρασκευαζέτω: let him…; 3rd pers.
imperative
ὡς…δώσων: so that he will give…; 'so as
going to give…' ὡς + fut. pple expresses
purpose; here, fut. pple of δίδωμι
δέῃ: it is necessary; 3s pres. subjunctive
δεῖ in a future more vivid condition
6 σχεδὸν τι: pretty much
ἤδη: 1s plpf οἶδα, simple past in sense
7 πράγματα παρέχει: he has been causing
problems; a common idiom + dat. interest
8 ἔα (χαίρειν) αὐτόν: see line 3 above
ὡς εἰκότως: how reasonably…
64a1 οἴσεσθαι: will carry off; 'win,' fut. φέρω

ἐπειδὰν τελευτήσῃ. πῶς ἂν οὖν δὴ τοῦθ᾽ οὕτως ἔχοι, ὦ
Σιμμία τε καὶ Κέβης, ἐγὼ πειράσομαι φράσαι.

κινδυνεύουσι γὰρ ὅσοι τυγχάνουσιν ὀρθῶς ἁπτόμενοι
5 φιλοσοφίας λεληθέναι τοὺς ἄλλους ὅτι οὐδὲν ἄλλο αὐτοὶ
ἐπιτηδεύουσιν ἢ ἀποθνῄσκειν τε καὶ τεθνάναι. εἰ οὖν τοῦτο
ἀληθές, ἄτοπον δήπου ἂν εἴη προθυμεῖσθαι μὲν ἐν παντὶ τῷ
βίῳ μηδὲν ἄλλο ἢ τοῦτο, ἥκοντος δὲ δὴ αὐτοῦ ἀγανακτεῖν
ὃ πάλαι προυθυμοῦντό τε καὶ ἐπετήδευον.

καὶ ὁ Σιμμίας γελάσας, νὴ τὸν Δία, ἔφη, ὦ Σώκρατες,
b οὐ πάνυ γέ με νυνδὴ γελασείοντα ἐποίησας γελάσαι. οἶμαι
γὰρ ἂν τοὺς πολλοὺς αὐτὸ τοῦτο ἀκούσαντας δοκεῖν εὖ πάνυ
εἰρῆσθαι εἰς τοὺς φιλοσοφοῦντας—καὶ συμφάναι ἂν τοὺς μὲν

---

ἀγανακτέω: to be annoyed, be troubled at, 12
ἅπτω: fasten, grasp (gen); kindle, set fire; 11
ἄ-τοπος, -ον: strange, odd, out of place, 9
γελασείω: to be ready to laugh, 1
γελάω: to laugh, 6
δή-που: perhaps, I suppose; of course, 8
ἐπιτήδευω: to pursue, practice, 4
εὖ: well, 19
Ζεύς, ὁ: Zeus, 11
ἥκω: to have come, be present, 14
κινδυνεύω: to risk, venture; it is likely, 7

λανθάνω: to escape notice of; forget, 7
νή: by…(+ acc, invoking a god ), 14
νυν-δή: just now, 15
πάλαι: for some time, long ago, of old, 13
πειράω: to try, attempt, endeavor, 11
προ-θυμέομαι: to be eager, zealous, ready, 12
σύμ-φημι: to agree, approve, 3
φιλο-σοφέω: seek knowledge, philosophize, 6
φιλο-σοφία, ἡ: pursuit or love of wisdom, 13
φράζω: to point out, tell, indicate, 6

2 τελευτήσῃ: 3rd sg. aor. subj. + ἄν in an
  indefinite temporal clause
  πῶς οὖν δὴ: how then indeed…?
  ἄν…οὕτως ἔχοι: would be so; 'holds thus,'
  potential opt.
  τοῦθ᾽: τοῦτο, subject
3 φράσαι: aor. inf. φράζω
4 κινδυνεύουσι…λεληθέναι: likely have
  escaped the notice of others; 'run the risk
  to have escaped…, pf. act. inf. λανθάνω
  ὅσοι: (all those) who…; missing
  antecedent is subject of sentence
  τυγχάνουσι: + complementary pple (see p.
  20); ἅπτω governs a partitive gen.
  αὐτοί: (they) themselves; intensive
6 ἤ: than
  τεθνάναι: to be dead; pf. inf. θνήσκω
  ἀληθές: predicate, supply a linking verb
7 ἂν εἴη: it would be; impers., potential opt.

8 τοῦτο: this; i.e. death
  ἥκοντος δὲ δὴ αὐτοῦ: but then (when) it
  comes…; δὲ δή is an adversative which
  introduces a new point; gen. absolute,
  αὐτοῦ refers to death
9 ὅ…ἐπετήδευον: which…; the antecedent is
  αὐτοῦ
10 γελάσας: bursting into laughter; inceptive
  aor. pple, nom. sg.
  τὸν Δία: acc. sg. of Ζεύς
  ἔφη: 3rd sg. impf. φημί
b1 οὐ πάνυ γέ…γελασείοντα: (although)…;
  pple is concessive in sense
  γελάσαι: aor. inf.
  οἶμαι: οἴομαι
2 ἂν δοκεῖν: would think (that it); potential
3 εἰρῆσθαι: pf. pass. inf. λέγω (stem ἐρ-)
  εἰς: with regard to…
  συμφάναι ἄν: would…; aor. inf. σύνφημι

παρ' ἡμῖν ἀνθρώπους καὶ πάνυ—ὅτι τῷ ὄντι οἱ φιλοσο-
φοῦντες θανατῶσι, καὶ σφᾶς γε οὐ λελήθασιν ὅτι ἄξιοί εἰσιν    5
τοῦτο πάσχειν.

κat ἀληθῆ γ' ἂν λέγοιεν, ὦ Σιμμία, πλήν γε τοῦ σφᾶς
μὴ λεληθέναι. λέληθεν γὰρ αὐτοὺς ᾗ τε θανατῶσι καὶ ᾗ ἄξιοί
εἰσιν θανάτου καὶ οἵου θανάτου οἱ ὡς ἀληθῶς φιλόσοφοι.
εἴπωμεν γάρ, ἔφη, πρὸς ἡμᾶς αὐτούς, χαίρειν εἰπόντες ἐκεί-    c
νοις· ἡγούμεθά τι τὸν θάνατον εἶναι;

πάνυ γε, ἔφη ὑπολαβὼν ὁ Σιμμίας.

ἆρα μὴ ἄλλο τι ἢ τὴν τῆς ψυχῆς ἀπὸ τοῦ σώματος
ἀπαλλαγήν; καὶ εἶναι τοῦτο τὸ τεθνάναι, χωρὶς μὲν ἀπὸ τῆς    5
ψυχῆς ἀπαλλαγὲν αὐτὸ καθ' αὑτὸ τὸ σῶμα γεγονέναι, χωρὶς

---

ἄξιος, -α, -ον: worthy of, deserving of, 15
ἀπ-αλλαγή, ἡ: escape; release, departure, 7
ἀπ-αλλάττω: escape, release; set free, 15
θανατάω: to desire to die, 1
λανθάνω: to escape notice of; forget, 7
πλήν: except, but (+ gen.), 7

σφεῖς: they, 4
ὑπο-λαμβάνω: to take up, reply; suppose, 8
φιλο-σοφέω: seek knowledge, philosophize, 6
φιλό-σοφος, ὁ, ἡ: pursuer of wisdom, 18
χαίρω: to rejoice, be glad, enjoy; fare well 12
χωρίς: separately; apart from, without (gen) 6

4 τοὺς παρ(ὰ) ἡμῖν ἀνθρώπους: *our people*;
'people among us' i.e. Boeotian Greeks,
acc. subject
καὶ πάνυ: *quite very much*; καί is
adverbial and intensifies πάνυ
τῷ ὄντι: *in reality, really*; 'in being,' dat.
sg. pple εἰμί is often translated as an adv.

5 θανατῶσι: θανατάουσι, 3rd pl. pres.
καί...γε: *yes, and...them*; affirmative and
perhaps emphasizing the intervening word
σφᾶς: acc. pl. σφεῖς, the Boeotians
λελήθασιν: 3p pf. λάνθανω; philosophers
are the understood subject
εἰσιν: *they are*; i.e. philosophers

6 πάσχειν: explanatory inf. with ἄξιοι

7 καί...γε: *yes, and...*; see line 5
ἀληθῆ: *the truth*; 'true things,' ἀληθέ-α
ἂν λέγοιεν: *would...*; 3p potential opt.
πλήν γε: *except, in fact...*; emphatic
τοῦ...λεληθέναι: *that it...*; gen. articular
inf. (pf. act. λάνθανω) as object of πλήν

8 λέληθεν: *it has...*; 3p pf. λάνθανω
ᾗ: *in what way...*; relative, dat. of manner

θανατῶσι: θανατάουσι, 3p pres.
ἄξιοι: governs genitives

9 οἵου θανάτου (ἄξιοί εἰσιν): *and of what
sort of death (they are worthy)*
ὡς ἀληθῶς: *truly*

c1 εἴπωμεν: *let...*; hortatory aor. subj. εἶπον
ἡμᾶς αὐτούς: *one another; 'ourselves'*
χαίρειν εἰπόντες: i.e. bidding goodbye

2 ἡγούμεθα: i.e. believe
πάνυ γε: *quite indeed*; common affirmative

4 ἆρα μὴ ἄλλο τι ἤ: *Surely (it is) not
anything other than...*; ἆρα μὴ anticipates a
negative response (S 2651), the accusative
that follows is in response to the question
in c2, ἡγούμεθά τὸν θάνατον εἶναι

5 τὸ τεθνάναι: *to be dead*; pf. denotes a state
rather than an action, acc. subject
εἶναι: *that...*; governed by ἡγούμεθα
χωρὶς μὲν...: *(namely) that...*; in apposition
to τοῦτο, the predicate of εἶναι

6 ἀπαλλαγέν: aor. pass. pple with τοῦτο
αὐτὸ καθ' (ἑ)αυτὸ: *the body itself in itself*
γεγονέναι: pf. inf. γίγνομαι

25

δὲ τὴν ψυχὴν ἀπὸ τοῦ σώματος ἀπαλλαγεῖσαν αὐτὴν καθ᾽
αὑτὴν εἶναι; ἆρα μὴ ἄλλο τι ᾖ ὁ θάνατος ἢ τοῦτο;
οὔκ, ἀλλὰ τοῦτο, ἔφη.

10 σκέψαι δή, ὠγαθέ, ἐὰν ἄρα καὶ σοὶ συνδοκῇ ἅπερ ἐμοί·
d ἐκ γὰρ τούτων μᾶλλον οἶμαι ἡμᾶς εἴσεσθαι περὶ ὧν σκο-
ποῦμεν. φαίνεταί σοι φιλοσόφου ἀνδρὸς εἶναι ἐσπουδακέναι
περὶ τὰς ἡδονὰς καλουμένας τὰς τοιάσδε, οἷον σιτίων [τε]
καὶ ποτῶν;

5 ἥκιστα, ὦ Σώκρατες, ἔφη ὁ Σιμμίας.
τί δὲ τὰς τῶν ἀφροδισίων;
οὐδαμῶς.
τί δὲ τὰς ἄλλας τὰς περὶ τὸ σῶμα θεραπείας; δοκεῖ σοι

---

ἀπ-αλλάττω: escape, release; set free, 15
ἀφροδίσιος, -α, -ον: of Aphrodite; sex, 2
ἡδονή, ἡ: pleasure, enjoyment, delight, 17
ἥκιστος, -η, -ον: least; not at all, 3
θεραπεία, ἡ: care, service, fostering, 1
οὐδαμῶς: in no way, not at all, 11

ποτός, ὁ: drink, 1
σιτίον, τό: grain, bread; provisions, 2
σκέπτομαι: look at, examine, consider, 9
σπουδάζω: to be eager for, be earnest for, 2
συν-δοκέω: to seem good also, 6
φιλό-σοφος, ὁ, ἡ: pursuer of wisdom, 18

7 ἀπαλλαγεῖσαν: acc. fem. aor. pass. pple
αὐτὴν καθ᾽ (ἑ)αυτὴν: *itself in itself*
εἶναι: *exists*
8 ἆρα μὴ ἄλλο τι ᾖ ὁ θάνατος: *Surely death
is not anything other*; likely, a blending of
two grammatical constructions: (1) ἆρα μὴ
anticipates a negative response (S 2651)
and (2) μὴ + subjunctive (3s pres. εἰμί)
for doubtful assertion (S 1801)
ἔφη: impf. φημί
10 σκέψαι: aor. imperative σκέπτομαι
δή: *just…*; emphasizing the imperative
ὦ (ἀ)γαθέ: vocative direct address
καί: *also*; adverbial
συνδοκῇ: 3rd sg. pres. subjunctive
ἅπερ ἐμοί (συνδοκῇ): *(these things) which*;
or 'just as to me,' ellipsis, the antecedent is
subject of the main συνδοκῇ
d1 εἴσεσθαι: fut. inf. οἶδα
περὶ ὧν: *concerning (the things) which…*;

περὶ (τούτων) ἅ
2 φιλοσόφου…εἶναι: *belongs to a
philosopher*; 'to be of a philosophical man'
a gen. predicate
ἐσπουδακέναι: pf. act. inf. σπουδάζω,
subject of εἶναι
3 περί: *regarding…*; + acc.
καλουμένας: *so-called*
οἷον: *for example*; acc. respect 'in respect
to such'
σιτίων…ποτῶν: *(the pleasures) of…*; gen.
pl., supply τὰς ἡδονὰς
5 ἥκιστα: *not in the least*; superlative adv.
6 τί δέ: *what about…*
τάς: *those (pleasures)…*; i.e. ἡδονὰς
8 τί δέ: *what about…*
τὰς ἄλλας…θεραπείας: *other cares*; fem.
pl. here refers to θεραπείας, not ἡδονὰς
περί: *regarding…*; + acc.

---

**Philosophical Vocabulary:**    αὐτὸ κατ(ὰ) ἑαυτὸ    *itself by itself*   or   *itself in itself*

Plato often combines an intensive (αὐτός) and reflexive (ἑαυτοῦ) to denote separation.

ἐντίμους ἡγεῖσθαι ὁ τοιοῦτος; οἷον ἱματίων διαφερόντων
κτήσεις καὶ ὑποδημάτων καὶ τοὺς ἄλλους καλλωπισμοὺς 10
τοὺς περὶ τὸ σῶμα πότερον τιμᾶν δοκεῖ σοι ἢ ἀτιμάζειν,
καθ᾽ ὅσον μὴ πολλὴ ἀνάγκη μετέχειν αὐτῶν;      e

ἀτιμάζειν ἔμοιγε δοκεῖ, ἔφη, ὅ γε ὡς ἀληθῶς φιλό-
σοφος.

οὐκοῦν ὅλως δοκεῖ σοι, ἔφη, ἡ τοῦ τοιούτου πραγ-
ματεία οὐ περὶ τὸ σῶμα εἶναι, ἀλλὰ καθ᾽ ὅσον δύναται 5
ἀφεστάναι αὐτοῦ, πρὸς δὲ τὴν ψυχὴν τετράφθαι;

ἔμοιγε.

ἆρ᾽ οὖν πρῶτον μὲν ἐν τοῖς τοιούτοις δῆλός ἐστιν ὁ
φιλόσοφος ἀπολύων ὅτι μάλιστα τὴν ψυχὴν ἀπὸ τῆς τοῦ 65

---

ἀπο-λύω: to loose from, release, 2
ἀ-τιμάζω: to dishonor, insult, slight, 4
ἀφ-ίστημι: to stand away from, remove; to make revolt, 3
δῆλος, -η, -ον: clear, evident, conspicuous, 14
δια-φέρω: to carry over; differ, surpass, 8
δύναμαι: to be able, can, be capable, 15
ἔν-τιμος, -ον: honored, honorable, valuable, 1
ἱμάτιον, τό: a cloak or mantle, 7
καλλωπισμός, ὁ: adornment, ornamentation, 1

κτῆσις, -εως, ἡ: possession, acquisition, 3
μετ-έχω: to partake of, have share in (gen) 12
ὅλος, -η, -ον: whole, entire, complete, 9 – ως
πότερος, -α, -ον: (untranslated), whether, 19
πραγματεία, ἡ: diligent work, business, 3
τιμάω: to honour, value, esteem, 1
τρέπω: to turn, 4
ὑπό-δημα, -δήματος, τό: shoe, 1
φιλό-σοφος, ὁ, ἡ: pursuer of wisdom, 18

9 δοκεῖ...τοιοῦτος: *does such (a philosopher) seem to you to consider (these cares regarding the body) valuable?*; ἐντίμους is an acc. predicate
οἷον: *for example*; 'in respect to such,' acc. of respect
διαφερόντων: *outstanding*; pres. pple
11 τοὺς περὶ τὸ σῶμα: in attributive position with καλλωπισμούς
περί: *regarding...*; + acc.
πότερον...ἤ: *does it...or*; introducing a set of alternatives, πότερον is untranslated
τιμᾶν: inf. τιμάω
e1 καθ᾽ ὅσον: *inasmuch as*; with ἄξιοι

ἀνάγκη: *(there is)...necessity*; supply ἐστίν
ὅ γε...: *the philosopher at least*; restrictive
ὡς ἀληθῶς: *truly*
4 τοῦ τοιούτου: i.e. *of the philosopher*
5 κατ(ὰ) ὅσον δύναται: *insofar as...*
6 ἀφεστάναι: *to stand apart*; pf. act. inf. ἀφίστημι, parallel to εἶναι, this inf. is not governed by δύναται
αὐτοῦ: *from...*; i.e. σῶμα, gen. separation
τετράφθαι: pf. mid. pple τρέπω *infinitive*
8 πρῶτον μὲν: *first (of all)*; adverbial acc.
δῆλός ἐστιν...: *is clearly (one) separating...*
65a1 ὅτι μάλιστα: *as...as possible*; as often when ὅτι is followed by a superlative

---

**Philosophical Vocabulary:** μετέχειν   *partake of, share in, participate in* + partitive gen.

Plato often uses this key verb to describe the relationship between a object and a form. For example, the number three is odd because three *participates in* or *shares in* (μετέχει) the form oddness. The nature of the participation of objects with forms is a subject of scholarly debate.

σώματος κοινωνίας διαφερόντως τῶν ἄλλων ἀνθρώπων;
φαίνεται.

καὶ δοκεῖ γέ που, ὦ Σιμμία, τοῖς πολλοῖς ἀνθρώποις
5 ᾧ μηδὲν ἡδὺ τῶν τοιούτων μηδὲ μετέχει αὐτῶν οὐκ ἄξιον
εἶναι ζῆν, ἀλλ' ἐγγύς τι τείνειν τοῦ τεθνάναι ὁ μηδὲν φρον-
τίζων τῶν ἡδονῶν αἳ διὰ τοῦ σώματός εἰσιν.

πάνυ μὲν οὖν ἀληθῆ λέγεις.

τί δὲ δὴ περὶ αὐτὴν τὴν τῆς φρονήσεως κτῆσιν; πό-
10 τερον ἐμπόδιον τὸ σῶμα ἢ οὔ, ἐάν τις αὐτὸ ἐν τῇ ζητήσει
b κοινωνὸν συμπαραλαμβάνῃ; οἷον τὸ τοιόνδε λέγω· ἆρα ἔχει
ἀλήθειάν τινα ὄψις τε καὶ ἀκοὴ τοῖς ἀνθρώποις, ἢ τά γε
τοιαῦτα καὶ οἱ ποιηταὶ ἡμῖν ἀεὶ θρυλοῦσιν, ὅτι οὔτ' ἀκούομεν

---

ἀκοή, ἡ: hearing, 1
ἀλήθεια, ἡ: truth, 7
ἄξιος, -α, -ον: worthy of, deserving of, 15
δια-φερόντως: especially; differently, 4
ἐγγύς: near (+ gen.); adv. nearby, 5
ἐμ-πόδιος, -ον: hindering, impeding, 1
ζήτησις, εως, ἡ: seeking, examining, 3
ἡδονή, ἡ: pleasure, enjoyment, delight, 17
ἡδύς, -εῖα, -ύ: sweet, pleasant, glad, 5
θρυλέω: chatter about, talk over and over, 2
κοινωνία, ἡ: community, association, 2

κοινωνός, ὁ: partner, associate, companion, 2
κτῆσις, -εως, ἡ: possession, acquisition, 3
μετ-έχω: to partake of, have share in (gen) 12
ὄψις, -εως, ἡ: vision, appearance, form; face, 6
ποιητής, οῦ, ὁ: maker, creator, poet, 6
πότερος, -α, -ον: (untranslated), whether, 19
συμπαραλαμβάνω: take along (as a helper) 2
τείνω: to extend, stretch, strain, 2
φρόνησις, -εως, ἡ: understanding, wisdom, prudence, 15
φροντίζω: think, worry, give heed to (gen) 3

2 τῶν ἀνθρώπων: *from...*; gen. comparison
4 καὶ...γὲ: *and...indeed*; the particles emphasize the intervening word
 τοῖς...ἀνθρώποις: dat. reference with δοκεῖ
5 ᾧ...αὐτῶν: *(for the one) to whom none of such things (are) pleasant and there is not a share of them*; the missing antecedent refers to the philosopher and is a dat. of interest with ἄξιον εἶναι; μή is used instead of οὐ in a generalizing relative clause
 ἄξιον εἶναι: *to be worthwhile*; after δοκεῖ
6 ζῆν: explanatory inf. ζάω with ἄξιον
 τοῦ τεθνάναι: *being dead*; articular pf. inf. θνήσκω, gen. object of ἐγγύς
 τι τείνειν (δοκεῖ): *(seems) to strive somewhat*; inner acc.

ὁ μηδὲν φροντίζων: *the one giving no heed to*; + gen., μηδὲν is an inner acc., as in l. 5, μή is used instead of οὐ in a generalizing participial phrase (S 2506)
7 εἰσιν: 3p pres. εἰμί
8 πάνυ μὲν οὖν: *quite certainly indeed*; μὲν οὖν is a strong assent
 ἀληθῆ: ἀληθέ-α, neuter acc. pl.
9 τί δὲ δὴ;: *What then...?*; a new question
 αὐτὴν: *itself*; intensive pronoun
 πότερον...ἢ: *(is it)...or*; add a linking verb
b1 συμπαραλαμβάνῃ: 3s pres. subj.
 οἷον...λέγω: *for example I mean this sort a thing*; 'in respect to which...' acc. respect
2 τοῖς ἀνθρώποις: *for...*; dat. of interest
3 τοιαῦτα...ὅτι: *such things...(namely) that*

ἀκριβὲς οὐδὲν οὔτε ὁρῶμεν; καίτοι εἰ αὗται τῶν περὶ τὸ
σῶμα αἰσθήσεων μὴ ἀκριβεῖς εἰσιν μηδὲ σαφεῖς, σχολῇ   5
αἵ γε ἄλλαι· πᾶσαι γάρ που τούτων φαυλότεραί εἰσιν. ἢ
σοὶ οὐ δοκοῦσιν;

πάνυ μὲν οὖν, ἔφη.

πότε οὖν, ἦ δ' ὅς, ἡ ψυχὴ τῆς ἀληθείας ἅπτεται; ὅταν
μὲν γὰρ μετὰ τοῦ σώματος ἐπιχειρῇ τι σκοπεῖν, δῆλον ὅτι   10
τότε ἐξαπατᾶται ὑπ' αὐτοῦ.

ἀληθῆ λέγεις.                          c

ἆρ' οὖν οὐκ ἐν τῷ λογίζεσθαι εἴπερ που ἄλλοθι κατά-
δηλον αὐτῇ γίγνεταί τι τῶν ὄντων;

ναί.

---

αἴσθησις, -εως, ἡ: sensation, perception, 19
ἀκριβής, -ές: exact, accurate, precise, 5
ἀλήθεια, ἡ: truth, 7
ἄλλο-θι: in another place, elsewhere, 7
ἅπτω: fasten, grasp (gen); kindle, set fire; 11
δῆλος, -η, -ον: clear, evident, conspicuous, 14
ἐξ-απατάω: to deceive, beguile, 4
ἐπι-χειρέω: put one's hand on, attempt, try, 8

καίτοι: and yet, and indeed, and further, 8
κατά-δηλος, -όν: evident, visible, clear, 1
λογίζομαι: to reason, calculate, count, 9
ναί: yes, yea, 15
πότε: when, at what time, 2
σαφής, -ές: clear, distinct; certain, reliable, 16
σχολή, ἡ: leisure, rest; σχολῇ, scarcely, 3
φαῦλος -η -ον: slight, paltry, cheap, trifling 9

4 αὗται: *these*; i.e. hearing and seeing
   τῶν...αἰσθήσεων: *among...*; partitive gen
5 εἰσιν: 3p pres. εἰμί
   σχολῇ: *hardly, scarcely*; 'in a leisurely
   way,' dat. of manner
6 αἵ γε ἄλλαι: *the rest at least (are not
   accurate nor reliable)*; supply the predicate
   τούτων: *than...*; gen. of comparison
8 πάνυ μὲν οὖν: *quite certainly indeed*; μὲν
   οὖν is a strong assent
   ἔφη: see pg. 6
9 ἦ δ' ὅς: see note on pg. 9
   τῆς ἀληθείας: partitive gen. with ἅπτεται

10 ἐπιχειρῇ: *one...*; 3s pres. subj. + ἄν in
   a pres. general condition (ἐάν + subj., pres.
   ind.)
   δῆλον ὅτι: *clearly*; '(it is) clear that'
11 ὑπὸ αὐτοῦ: *because of...*; gen. of cause
c1 ἀληθῆ: *the truth*; 'true things,' ἀληθέ-α
   ἐν τῷ λογίζεσθαι εἴπερ που ἄλλοθι: *in
   reasoning, if anywhere else,,...*; articular
   inf., the conditional is parenthetical
3 αὐτῇ: *to it*; i.e. τῇ ψυχῇ
   τι: *something*; nom. subject
   τῶν ὄντων: *of the things which are*; pple

5 λογίζεται δέ γέ που τότε κάλλιστα, ὅταν αὐτὴν τούτων
μηδὲν παραλυπῇ, μήτε ἀκοὴ μήτε ὄψις μήτε ἀλγηδὼν μηδέ
τις ἡδονή, ἀλλ᾽ ὅτι μάλιστα αὐτὴ καθ᾽ αὑτὴν γίγνηται ἐῶσα
χαίρειν τὸ σῶμα, καὶ καθ᾽ ὅσον δύναται μὴ κοινωνοῦσα
αὐτῷ μηδ᾽ ἁπτομένη ὀρέγηται τοῦ ὄντος.

10 ἔστι ταῦτα.

οὐκοῦν καὶ ἐνταῦθα ἡ τοῦ φιλοσόφου ψυχὴ μάλιστα
d ἀτιμάζει τὸ σῶμα καὶ φεύγει ἀπ᾽ αὐτοῦ, ζητεῖ δὲ αὐτὴ καθ᾽
αὑτὴν γίγνεσθαι;

φαίνεται.

τί δὲ δὴ τὰ τοιάδε, ὦ Σιμμία; φαμέν τι εἶναι δίκαιον
5 αὐτὸ ἢ οὐδέν;

---

ἀκοή, ἡ: hearing, 1
ἀλγηδών, -όνος, ἡ: pain, suffering, grief, 2
ἅπτω: fasten, grasp (gen); kindle, set fire; 11
ἀ-τιμάζω: to dishonor, insult, slight, 4
δίκαιος, -α, -ον: just, right(eous), fair, 13
δύναμαι: to be able, can, be capable, 15
ἐάω: to permit, allow, let be, suffer, 9
ἐνταῦθα: here, hither, there, thither, then, 5
ζητέω: to seek, look for, investigate, 9
ἡδονή, ἡ: pleasure, enjoyment, delight, 17

κάλλιστα: very well, most beautifully, 2
κοινωνέω: to associate with, partake in (dat) 4
λογίζομαι: to reason, calculate, count, 9
μή-τε: and not, neither...nor, 15
ὀρέγω: to stretch out, reach for (gen.) 3
ὄψις, -εως, ἡ: vision, appearance, form; face, 6
παρα-λυπέω: trouble, grieve (by diversion) 1
φεύγω: to flee, escape; defend in court, 10
φιλό-σοφος, ὁ, ἡ: pursuer of wisdom, 18
χαίρω: to rejoice, be glad, enjoy; fare well 12

5 λογίζεται: supply ἡ ψυχή as subject
κάλλιστα: *very well*; superlative adverb of
καλός (καλῶς commonly means 'well')
6 μηδὲν: subject with partitive gen.
παραλυπῇ: 3s pres. subjunctive in a a
general temporal clause
7 ὅτι μάλιστα: *as...as possible*; + superlative
αὐτὴ καθ᾽ (ἑ)αυτὴν: *itself by itself*
γίγνηται: *it happens* + pple; pres. subj.
in the same temporal clause as παραλυπῇ
ἐῶσα χαίρειν: *dismissing*; 'letting say
'goodbye''; fem. sg. pple ἐάω; see also
63e3 and 63e8 for the same expression
8 καθ᾽ ὅσον δύναται: *inasmuch as...*
μὴ...ἁπτομένη: *(if) not...*; both pres. pples
are conditional: hence μή and not οὐ
αὐτῷ: *in it*; i.e. the σῶμα

9 ὀρέγηται: pres. subjunctive, in the same
clause as παραλυπῇ and γίγνηται
τοῦ ὄντος: *what exists*; partitive gen., this
pple εἰμί is presumably the same as τῶν
ὄντων in 63c3
10 ἔστι: *are the case*; i.e. are true
11 οὐκοῦν: *accordingly*; inferential
ἐνταῦθα: *here*; i.e. in this instance
d1 αὐτὴ καθ᾽ (ἑ)αυτὴν: *itself by itself*
τί δὲ δὴ;: *What then about?*; introducing a
new question
4 τὰ τοιάδε: i.e. the following
φαμέν: 1p pres. φημί
τι...δίκαιον: *that something just...*; acc.
subject τι is the predicate, ind. discourse
5 αὐτὸ: intensive; 'by itself' is a possible
reading

φαμὲν μέντοι νὴ Δία.

καὶ αὖ καλόν γέ τι καὶ ἀγαθόν;

πῶς δ᾽ οὔ;

ἤδη οὖν πώποτέ τι τῶν τοιούτων τοῖς ὀφθαλμοῖς εἶδες;

οὐδαμῶς, ἦ δ᾽ ὅς.      10

ἀλλ᾽ ἄλλῃ τινὶ αἰσθήσει τῶν διὰ τοῦ σώματος ἐφήψω
αὐτῶν; λέγω δὲ περὶ πάντων, οἷον μεγέθους πέρι, ὑγιείας,
ἰσχύος, καὶ τῶν ἄλλων ἑνὶ λόγῳ ἁπάντων τῆς οὐσίας ὃ
τυγχάνει ἕκαστον ὄν· ἆρα διὰ τοῦ σώματος αὐτῶν τὸ   e
ἀληθέστατον θεωρεῖται, ἢ ὧδε ἔχει· ὃς ἂν μάλιστα ἡμῶν
καὶ ἀκριβέστατα παρασκευάσηται αὐτὸ ἕκαστον διανοηθῆναι
περὶ οὗ σκοπεῖ, οὗτος ἂν ἐγγύτατα ἴοι τοῦ γνῶναι ἕκαστον;

---

αἴσθησις, -εως, ἡ: sensation, perception, 19
ἀκριβής, -ές: exact, accurate, precise, 5
ἅπας, ἅπασα, ἅπαν: every, quite all, 14
γιγνώσκω: learn to know, to learn, realize 12
δια-νοέομαι: to think, consider, intend, 6
ἐγγυτάτω (ἐγγύτατα): nearest to (+ gen) 3
ἐφ-άπτω: lay hold of, grasp onto (gen.), 3
Ζεύς, ὁ: Zeus, 11
ἤδη: already, now, at this time, 16
θεωρέω: to see, watch, look at, 3

ἰσχύς, -ύος, ἡ: strength, might, power, 2
νή: by…(+ acc, invoking a god ), 14
οὐδαμῶς: in no way, not at all, 11
οὐσία, ἡ: essence, being, substance, 6
ὀφθαλμός, ὁ: the eye, 3
παρα-σκευάζω: to get ready, prepare, 8
πώ-ποτε: ever yet, ever, 6
ὑγίεια, ἡ: health, soundness, 1
ὧδε: in this way, so, thus, 4

6 φαμὲν: we say (it); supply object
    μέντοι: certainly; often found before an
    oath such as νή Δία, Δία is acc. sg. Ζεύς
7 καί…γέ: and…indeed; emphasizing the
    intervening word
8 πῶς δ᾽οὔ: how (could there) not?; elliptical
9 τῶν τοιούτων: partitive gen. with τι
    τοῖς ὀφθαλμοῖς: dat. of means
    εἶδες: 2s εἶδον (aor. of ὁράω)
10 ἦ δ᾽ὅς: see note on pg. 9
11 ἄλλῃ…αἰσθήσει: by…; dat. of means
    τῶν διὰ τοῦ σώματος: than those…; gen.
    of comparison following ἄλλη
    ἐφήψα(σ)ο: 3s aor. mid. ἐφ-άπτομαι
    governs a partitive genitive
12 αὐτῶν: them; i.e. καλόν τι καὶ ἀγαθόν
    οἷον: for example; acc. of respect
    μεγέθους πέρι: περὶ μεγέθους, the

following genitives are objects of περί
13 ἑνὶ λόγῳ: in a word…; dat. of manner
    τῶν ἄλλων ἁπάντων: modifies οὐσίας
    τῆς οὐσίας: (about) the essence; with περί
    ὅ…: which; refers to the ἁπάντων
e1 τυγχάνει: + pple εἰμί, see p. 20
    αὐτῶν…ἀληθέστατον: the most truthful
    (account) of them; subject, i.e. καλόν τι καὶ
    ἀγαθόν; superlative
2 ὧδε ἔχει: is it so; ἔχω + adv., see pg. 7
    ὃς ἂν…ἡμῶν…: whoever among us…;
    indefinite relative (ἄν + subj.) here aor.
    mid., and partitive gen.
    μάλιστα, ἀκριβέστατα: superlative advs.
    διανοηθῆναι: to consider; aor. depon. inf.
4 ἄν…ἴοι: would come; potential opt. ἔρχομαι
    τοῦ γνῶναι: knowing; articular aor. inf.

5  πάνυ μὲν οὖν.

ἆρ᾽ οὖν ἐκεῖνος ἂν τοῦτο ποιήσειεν καθαρώτατα ὅστις
ὅτι μάλιστα αὐτῇ τῇ διανοίᾳ ἴοι ἐφ᾽ ἕκαστον, μήτε τιν᾽
ὄψιν παρατιθέμενος ἐν τῷ διανοεῖσθαι μήτε τινὰ ἄλλην

66  αἴσθησιν ἐφέλκων μηδεμίαν μετὰ τοῦ λογισμοῦ, ἀλλ᾽ αὐτῇ
καθ᾽ αὑτὴν εἰλικρινεῖ τῇ διανοίᾳ χρώμενος αὐτὸ καθ᾽ αὑτὸ εἰλι-
κρινὲς ἕκαστον ἐπιχειροῖ θηρεύειν τῶν ὄντων, ἀπαλλαγεὶς
ὅτι μάλιστα ὀφθαλμῶν τε καὶ ὤτων καὶ ὡς ἔπος εἰπεῖν σύμ-

5  παντος τοῦ σώματος, ὡς ταράττοντος καὶ οὐκ ἐῶντος τὴν
ψυχὴν κτήσασθαι ἀλήθειάν τε καὶ φρόνησιν ὅταν κοινωνῇ;
ἆρ᾽ οὐχ οὗτός ἐστιν, ὦ Σιμμία, εἴπερ τις [καὶ] ἄλλος ὁ
τευξόμενος τοῦ ὄντος;

---

αἴσθησις, -εως, ἡ: sensation, perception, 19
ἀλήθεια, ἡ: truth, 7
δια-νοέομαι: to think, consider, intend, 6
διάνοια, ἡ: thought, intention, purpose, 6
ἐάω: to permit, allow, let be, suffer, 9
εἰλικρινής, -ές: unmixed, pure, simple, 4
ἐπι-χειρέω: put one's hand on, attempt, try, 8
ἔπος, -εος, τό: a word, 4
ἐφ-έλκω: to draw on, pull in, 1
θηρεύω: to hunt, chase, 1
κοινωνέω: to associate with, partake in (dat) 4
κτάομαι: to procure, get, gain, acquire, 6

λογισμός, ὁ: reasoning, calculation; account 3
μή-τε: and not, neither...nor, 15
οὖς, ὠτός, τό: ear, 2
ὀφθαλμός, ὁ: the eye, 3
ὄψις, -εως, ἡ: vision, appearance, form; face, 6
παρα-τίθημι: to place beside, provide, offer, 1
σύμπας, -πασα, -παν: all together, 2
ταράττω: to trouble, stir, agitate, 6
φρόνησις, -εως, ἡ: intelligence, wisdom, prudence, 15
χράομαι: to use, employ, enjoy, (+ dat.) 11

5 πάνυ μὲν οὖν: *quite certainly indeed*; μὲν οὖν is a strong assent
6 ἄν...ποιήσειεν: *would...*; 3s potential aor. opt.; i.e. consider each thing itself
   καθαρώματα: superlative adv.
7 ὅτι μάλιστα: *as...as possible*; as often when ὅτι or ὡς is followed by a superlative
   αὐτῇ...διανοίᾳ: *with reason itself*; means
   ἴοι: *should approach*; pres. opt., equiv. to a future less vivid (εἰ + opt., ἄν + opt.)
   ἐφ᾽ ἕκαστον: *to each thing, upon each thing*
8 μήτε...μήτε: *neither...nor*; conditional force
   ἐν τῷ διανοεῖσθαι: articular inf.
66a1 μηδεμίαν: *not even one*
2 αὐτῇ καθ᾽ (ἑ)αυτὴν: *itself by itself*
   εἰλικρινέ-ι: 3rd decl. adjective, dat. sg.
   εἰλικρινὲς: 3rd decl. adjective, neut. acc. sg.

3 ἐπιχειροῖ: *should attempt*; parallel to ἴοι
   τῶν ὄντων: *of the things which are*; partitive gen. with ἕκαστον
   ἀπαλλαγεὶς: nom. sg. aor. passive pple
4 ὀφθαλμῶν: *from...*; gen. of separation
   ὡς ἔπος εἰπεῖν: *so to speak*; 'so to speak a word'
5 ὡς...: *on the grounds that...*; or 'since...' ὡς + pple expresses alleged cause
   ἐῶντος: gen. sg. pple ἐάω
6 κοινωνῇ: *(the soul) shares in (these things)*; 3rd sg. subj. in the protasis of a present general condition
7 εἴπερ τις...ἄλλος: *if in fact anyone else*,
   ὁ τευξόμενος: fut. mid. pple τυγχάνω + partitive gen.; see p. 20
   τοῦ ὄντος: *that which is*; or 'what is'

ὑπερφυῶς, ἔφη ὁ Σιμμίας, ὡς ἀληθῆ λέγεις, ὦ
Σώκρατες. 10

οὐκοῦν ἀνάγκη, ἔφη, ἐκ πάντων τούτων παρίστασθαι b
δόξαν τοιάνδε τινὰ τοῖς γνησίως φιλοσόφοις, ὥστε καὶ πρὸς
ἀλλήλους τοιαῦτα ἄττα λέγειν, ὅτι 'κινδυνεύει τοι ὥσπερ
ἀτραπός τις ἐκφέρειν ἡμᾶς μετὰ τοῦ λόγου ἐν τῇ σκέψει,
ὅτι, ἕως ἂν τὸ σῶμα ἔχωμεν καὶ συμπεφυρμένη ᾖ ἡμῶν ἡ 5
ψυχὴ μετὰ τοιούτου κακοῦ, οὐ μή ποτε κτησώμεθα ἱκανῶς
οὗ ἐπιθυμοῦμεν· φαμὲν δὲ τοῦτο εἶναι τὸ ἀληθές. μυρίας
μὲν γὰρ ἡμῖν ἀσχολίας παρέχει τὸ σῶμα διὰ τὴν ἀναγκαίαν
τροφήν· ἔτι δέ, ἄν τινες νόσοι προσπέσωσιν, ἐμποδίζουσιν c
ἡμῶν τὴν τοῦ ὄντος θήραν. ἐρώτων δὲ καὶ ἐπιθυμιῶν καὶ

---

ἀ-σχολία, ἡ: task business, occupation, 3
ἀ-τραπός, ἡ: path-way, road (of no turns), 1
γνήσιος, -α, -ον: genuine, legitimate, true, 1
δόξα, ἡ: opinion, reputation, honor, glory, 7
ἐκ-φέρω: to carry out, bring forth, produce, 2
ἐν-ποδίζω: to hinder, impede, 1
ἐπι-θυμέω: to desire, long for, (gen.) 10
ἐπι-θυμία, ἡ: desire, longing, yearning, 10
ἔρως, ἔρωτος, ὁ: passion, lust, love, 2
ἕως: until, as long as, 15
θήρα, ἡ: hunt, chase, 1
κινδυνεύω: to risk, venture; it is likely, 7

κτάομαι: to procure, get, gain, acquire, 6
μυρίος, -η, -ον: countless, infinite, 6
νόσος, ὁ: illness, sickness, 5
παρ-έχω: to provide, furnish, supply, 16
παρ-ίστημι: to present, offer, set near, 3
προσ-πίπτω: to fall upon, 1
σκέπτομαι: look at, examine, consider, 9
συμ-φύρω: knead together, 1
τοι: ya know, let me tell you, surely, 4
τροφή, ἡ: fostering, rearing, food; 4
ὑπερφυῶς: extraordinarily, remarkably, 3
φιλό-σοφος, ὁ, ἡ: pursuer of wisdom, 18

---

9 ὑπερφυῶς...ὡς: (it is) extraordinary how;
  ὑπερφυές ἐστιν ὡς, nominative predicate
  is often attracted by the adverb ὡς
  ἀληθῆ: ἀληθέ-α, acc. neut. pl.
b1 ἀνάγκη (ἐστίν): supply verb
  ἐκ...: i.e. as a result of what has been said
2 τοῖς...φιλοσόφοις: for...; dat. of interest
  governed by ἀνάγκη ἐστίν
  ὥστε...λέγειν: so as to...; result clause
  ἄττα: some; alternate to indefinite τινά
  ὅτι: (namely) that...
3 κινδυνεύει...ὅτι: it looks as though...that; 'it
  runs the risk...' impersonal
4 ἐκφέρειν: to carry us out; inf. of purpose
5 ὅτι: that...
  ἄν...ἔχωμεν: ἄν + subj., indefinite
  temporal clause

συμπεφυρμένη ᾖ: periphrastic pf. pass.
  subjunctive (pf. pass. pple + 3s. pres.
  subj. εἰμί) in the same temporal clause
6 κακοῦ: base thing; i.e. the body, neuter
  οὐ μή...κτησώμεθα: we will not ever
  possess; οὐ μή + aor. subj. expressing a
  strong denial (translate as a future)
7 οὗ: that which; relative, missing antecedent
  is object of κτησώμεθα
  φαμέν: 1p pres. φημί
8 διὰ: on account of...; + acc.
c1 ἔτι δέ: i.e. in addition, besides
  ἄν: if...; ἐὰν + subj in a pres. general
  condition (εἰ ἄν + subj., pres. indicate)
  προσπέσωσιν: aor. subj. προσ-πίπτω
2 τοῦ ὄντος: of what is; objective gen.
  ἐρωτῶν: gen. pl. ἔρως

φόβων καὶ εἰδώλων παντοδαπῶν καὶ φλυαρίας ἐμπίμπλησιν
ἡμᾶς πολλῆς, ὥστε τὸ λεγόμενον ὡς ἀληθῶς τῷ ὄντι ὑπ'
5 αὐτοῦ οὐδὲ φρονῆσαι ἡμῖν ἐγγίγνεται οὐδέποτε οὐδέν. καὶ
γὰρ πολέμους καὶ στάσεις καὶ μάχας οὐδὲν ἄλλο παρέχει ἢ
τὸ σῶμα καὶ αἱ τούτου ἐπιθυμίαι. διὰ γὰρ τὴν τῶν χρη-
μάτων κτῆσιν πάντες οἱ πόλεμοι γίγνονται, τὰ δὲ χρήματα
d ἀναγκαζόμεθα κτᾶσθαι διὰ τὸ σῶμα, δουλεύοντες τῇ τούτου
θεραπείᾳ· καὶ ἐκ τούτου ἀσχολίαν ἄγομεν φιλοσοφίας πέρι
διὰ πάντα ταῦτα. τὸ δ' ἔσχατον πάντων ὅτι, ἐάν τις
ἡμῖν καὶ σχολὴ γένηται ἀπ' αὐτοῦ καὶ τραπώμεθα πρὸς τὸ
5 σκοπεῖν τι, ἐν ταῖς ζητήσεσιν αὖ πανταχοῦ παραπῖπτον
θόρυβον παρέχει καὶ ταραχὴν καὶ ἐκπλήττει, ὥστε μὴ

---

ἄγω: to lead, bring, carry, convey, 12
ἀναγκάζω: to force, compel, require, 10
ἀ-σχολία ἡ: business, occupation, no leisure 3
δουλεύω: to be a slave, be subject to (dat) 3
ἐγ-γίγνομαι: be inborn; *impers.* be possible, 6
εἴδωλον, τό: phantom, illusion, likeness, 2
ἐκ-πλήττω: to expell, strike away from, 1
ἐμ-πίπλημι: to fill up (acc.) with (gen), 1
ἐπιθυμία, ἡ: desire, longing, yearning, 10
ἔσχατος, -η, -ον: extreme, last, furthest, 5
ζήτησις, εως, ἡ: seeking, examining, 3
θεραπεία, ἡ: service; care, fostering, 1
θόρυβος, ὁ: din, noise, uproar, 1
κτάομαι: to procure, get, gain, acquire, 6
κτῆσις, -εως, ἡ: possession, acquisition, 3

μάχη, ἡ: battle, fight, combat, 1
οὐδέ-ποτε: not ever, never, 11
παντα-χοῦ: everywhere, in all places, 3
παντο-δαπός, -ή, -όν: of every kind or sort, 3
παρα-πίπτω: to fall beside or alongside, 1
πόλεμος, ὁ: battle, fight, war, 2
στάσις, -εως, ἡ: discord, sedition, division, 1
σχολή, ἡ: leisure, rest; σχολῇ, scarcely, 3
ταραχή, ἡ: trouble, disorder, confusion, 1
τρέπω: to turn, 4
φιλο-σοφία, ἡ: pursuit or love of wisdom, 13
φλυαρία, ἡ: nonsense, silly talk, foolery, 1
φόβος, ὁ: fear, terror, panic, 10
φρονέω: to think, to be wise, prudent, 2
χρῆμα, -ατος, τό: thing, money, possessions 6

---

3 ἐμπίμπλησιν: 3rd sg. pres. + partitive gen.
4 πολλῆς: governs fem. gen. sg. φλυαρίας
ὥστε...ἐγγίγνεται: *so that...it is possible*;
τὸ λεγόμενον: *as the saying goes*; 'in
respect to what is said,' acc. respect
ὡ ἀληθῶς: *truly*
τῷ ὄντι: *(and) really*; as often, the dat. of
the pple εἰμί is adverbial in sense
5 ὑπ(ὸ): *because of...*; gen. of cause
οὐδὲ...οὐδέποτε οὐδέν: *not...ever
anything*; English prefers to avoid double
negatives, οὐδέν is object of inf. φρονῆσαι
καὶ γὰρ: *for in fact*; καὶ is adverbial
7 τούτου: *of this*; i.e. body; subjective gen.
διὰ...: *on account of...*; + acc.

d1 τούτου: *for this*; objective gen.
2 ἐκ: i.e. because of..., as a result of...
ἀσχολίαν αγομεν: *we have no leisure*; 'we
keep no leisure', in contrast to σχολή,
'leisure,' in line 4 below
φιλοσοφίας πέρι: περὶ φιλοσοφίας
3 τὸ ἔσχατον (ἐστί): *the worst...is*...
ἐάν...γένηται, τραπώμεθα: aor. subj.
γίγνομαι, τρέπω, pres. general condition
4 ἡμῖν...γένηται: *we have*; dat. of possession
καί: *actually*; or 'in fact', adverbial καί
τὸ σκοπεῖν: *considering*; articular inf.
5 (τὸ σῶμα) παραπῖπτον: *(the body) falling
in...*; nom. sg. neut. pple modifies σῶμα

34

δύνασθαι ὑπ' αὐτοῦ καθορᾶν τἀληθές. ἀλλὰ τῷ ὄντι ἡμῖν
δέδεικται ὅτι, εἰ μέλλομέν ποτε καθαρῶς τι εἴσεσθαι,
ἀπαλλακτέον αὐτοῦ καὶ αὐτῇ τῇ ψυχῇ θεατέον αὐτὰ τὰ   e
πράγματα· καὶ τότε, ὡς ἔοικεν, ἡμῖν ἔσται οὗ ἐπιθυμοῦμέν
τε καί φαμεν ἐρασταὶ εἶναι, φρονήσεως, ἐπειδὰν τελευτή-
σωμεν, ὡς ὁ λόγος σημαίνει, ζῶσιν δὲ οὔ. εἰ γὰρ μὴ οἷόν
τε μετὰ τοῦ σώματος μηδὲν καθαρῶς γνῶναι, δυοῖν θάτερον,   5
ἢ οὐδαμοῦ ἔστιν κτήσασθαι τὸ εἰδέναι ἢ τελευτήσασιν· τότε
γὰρ αὐτὴ καθ' αὑτὴν ἡ ψυχὴ ἔσται χωρὶς τοῦ σώματος,   67
πρότερον δ' οὔ. καὶ ἐν ᾧ ἂν ζῶμεν, οὕτως, ὡς ἔοικεν,
ἐγγυτάτω ἐσόμεθα τοῦ εἰδέναι, ἐὰν ὅτι μάλιστα μηδὲν
ὁμιλῶμεν τῷ σώματι μηδὲ κοινωνῶμεν, ὅτι μὴ πᾶσα ἀνάγκη,

---

ἀπ-αλλακτέος, -ον: to be released, 1
γιγνώσκω: learn to know, to learn, realize 12
δείκνυμι: to show, indicate, point out, 1
δύναμαι: to be able, can, be capable, 15
ἐγγυτάτω (ἐγγύτατα): very near to (gen) 3
ἐν-θυμέομαι: to take to heart, ponder, 2
ἐραστής, -οῦ, ὁ: a lover, 2
θεατέος, -ον: to be seen, 1
καθ-οράω: to look down, perceive, 4

κοινωνέω: to associate with, partake in, 4
κτάομαι: to procure, get, gain, acquire, 6
μέλλω: to be about to, intend to (fut. inf.) 19
ὁμιλέω, ή: be in company with, consort with 1
οὐδαμοῦ: nowhere, in no way, 5
πρᾶγμα, -ατος τό: deed, act; matter, affair 18
σημαίνω: indicate, point out, show by a sign 2
φρόνησις ἡ: intelligence, wisdom prudence 15
χωρίς: separately; apart from, without (gen) 6

7 δύνασθαι: *so as not to*...; result clause
  ὑπ(ὸ): *because of*...; gen. of cause
  καθορᾶν: καθορά-ειν, α-contract inf.
  τἀληθές: τὸ ἀληθές
  τῷ ὄντι: *really, actually*; adv. formed
  from the pres. pple εἰμί
8 δέδεικται: *it*...; impers. pf. pass. δείκνυμι
  εἴσεσθαι: fut. dep. inf. οἶδα
e1 ἀπαλλακτέον (ἐστίν)...θεατέον (ἐστίν): *the
  soul itself must be released...must see*; 'it is
  to be released...' impersonal, verbal adjs. +
  εἰμί express obligation or necessity and
  govern a dat. of agent, αὐτῇ τῇ ψυχῇ
  αὐτοῦ: *from it*; i.e. body; gen. of separation
  αὐτὰ: *themselves*; intensive pronoun
2 ὡς ἔοικεν: *as it is likely*; parenthetical
  ἡμῖν ἔσται: *we will have*; dat. of possession
  οὗ: *that (for) which*; relative, the antecedent
  is missing; obj. of ἐπιθυμοῦμεν, ἐρασταὶ
  φαμεν: *we claim*
3 φρονήσεως: gen. in apposition to οὗ...εἶναι

ὡς...: *as*...; parenthetical
4 ζῶσιν δὲ οὔ: *but not to (us while) living*;
  ζά-ουσιν, dat. pl. pres. pple ζάω pple
  οἷόν τε (ἐστι): *it is not possible*; a common
  idiom, here used impersonally: οἷος τε +
  εἰμί often means 'to be able' or 'to be fit to'
5 γνῶναι: aor. inf. γιγνώσκω
  δυοῖν θάτερον: *one of two things (occur)*;
  θάτερον = τὸ ἕτερον, dual gen. δυό
6 ἢ...ἔστιν...ἢ: *either it is possible...or*; ἐστί
  is written ἔστι when expressing possibility
  τελευτήσασιν: *(only for us when) dead*;
  dat. pl. aor. pple modifies missing ἡμῖν
67a1 αὐτὴ κατ(ὰ) αὑτήν: *itself by itself*
  ἔσται, ἐσόμεθα: 3s and 1p fut. dep. εἰμί
2 ἐν ᾧ: *in whatever (time)*; temporal
  ὡς ἔοικεν: *as it is likely*; parenthetical
3 τοῦ εἰδέναι: *knowing*; articular inf. οἶδα
  ὅτι μάλιστα: *as...as possible*; + superlative
  μηδὲν: *not at all*; inner acc.
4 ὅ τι μή..: *except absolute necessity*; S 2765

5 μηδὲ ἀναπιμπλώμεθα τῆς τούτου φύσεως, ἀλλὰ καθαρεύωμεν
  ἀπ᾽ αὐτοῦ, ἕως ἂν ὁ θεὸς αὐτὸς ἀπολύσῃ ἡμᾶς· καὶ οὕτω μὲν
  καθαροὶ ἀπαλλαττόμενοι τῆς τοῦ σώματος ἀφροσύνης, ὡς τὸ
  εἰκὸς μετὰ τοιούτων τε ἐσόμεθα καὶ γνωσόμεθα δι᾽ ἡμῶν
b αὐτῶν πᾶν τὸ εἰλικρινές, τοῦτο δ᾽ ἐστὶν ἴσως τὸ ἀληθές·
  μὴ καθαρῷ γὰρ καθαροῦ ἐφάπτεσθαι μὴ οὐ θεμιτὸν ᾖ.᾽
  τοιαῦτα οἶμαι, ὦ Σιμμία, ἀναγκαῖον εἶναι πρὸς ἀλλήλους
  λέγειν τε καὶ δοξάζειν πάντας τοὺς ὀρθῶς φιλομαθεῖς. ἢ οὐ
5 δοκεῖ σοι οὕτως;

  παντός γε μᾶλλον, ὦ Σώκρατες.

  οὐκοῦν, ἔφη ὁ Σωκράτης, εἰ ταῦτα ἀληθῆ, ὦ ἑταῖρε,
  πολλὴ ἐλπὶς ἀφικομένῳ οἷ ἐγὼ πορεύομαι, ἐκεῖ ἱκανῶς,

---

ἀνα-πίμπλημι: fill up, fill full of (gen), 1
ἀπ-αλλάττω: escape, release; set free, 15
ἀπο-λύω: to loosen up or from, release, 2
ἀ-φροσύνη, ἡ: folly, senselessness, 1
γιγνώσκω: learn to know, to learn, realize 12
δοξάζω: to think, opine, suppose, imagine, 3
εἰκός, ότος, τό: likely, probable, reasonable 18
εἰλικρινής, -ές: unmixed, pure, simple, 4
ἐκεῖ: there, in that place, 17
ἐλπίς, -ίδος, ἡ: hope, expectation, 9

ἑταῖρος, ὁ: a comrade, companion, mate, 11
ἐφ-άπτω: lay hold of, grasp onto (gen.), 5
ἕως: until, as long as, 15
θεμιτός, -ή, -όν: lawful, right, righteous, 4
καθαρεύω: to be clean, be pure from, 2
οἷ: to where, 1
πορεύομαι: to travel, journey, march, 7
φιλό-μαθής, -ές: pursuer of learning, 5
φύσις, -εως, ἡ: nature, character; form, 11

5 ἀναπιμπλώμεθα...καθαρεύωμεν: pres.
  subjunctives are part of the fut. more vivid
  condition (ἐάν) starting in l. 3
6 ἀπό: *from*...; i.e. body, gen. of separation
  ἄν...ἀπολύσῃ: *releases*; 3rd sg. aor. subj.
  ἀπο-λύω in an indefinite temporal clause
7 τῆς...ἀφρονύνης: *from*...; gen. separation
  ὡς τὸ εἰκός: *as (it is) likely*; parenthetical
8 τοιούτων: i.e. the καθαροί
  ἐσόμεθα: fut. deponent εἰμί
  ἡμῶν αὐτῶν: *ourselves*; reflexive
b1 τοῦτο δ᾽: *and this*...; neuter subject
2 μὴ καθαρῷ: *for the impure*; dat. interest

μὴ οὐ...ᾖ: *perhaps it is not right*; μὴ οὐ +
subj. expressing doubtful negation, εἰμί
οἶμαι:. οἴομαι
3 ἀναγκαῖον: *that it*...; ind. disc. with οἶμαι
4 πάντας...φιλομαθεῖς: acc. subject
6 παντός: *than*...; gen. of comparison
  γε: *yes*; or 'indeed,' in affirmation
7 ταῦτα: supply linking verb ἐστί, 'are'
8 ἐλπίς: *there is*...; supply linking ἐστίν
  ἀφικομένῳ: *for (me) arriving*; modifies a
  missing dat. likely ἐμοί in this context
  οἷ: *to where*; relative adverb
  ἱκανῶς: modifies κτήσασθαι

εἴπερ που ἄλλοθι, κτήσασθαι τοῦτο οὗ ἕνεκα ἡ πολλὴ
πραγματεία ἡμῖν ἐν τῷ παρελθόντι βίῳ γέγονεν, ὥστε ἥ γε   10
ἀποδημία ἡ νῦν μοι προστεταγμένη μετὰ ἀγαθῆς ἐλπίδος   c
γίγνεται καὶ ἄλλῳ ἀνδρὶ ὃς ἡγεῖταί οἱ παρεσκευάσθαι τὴν
διάνοιαν ὥσπερ κεκαθαρμένην.

πάνυ μὲν οὖν, ἔφη ὁ Σιμμίας.

κάθαρσις δὲ εἶναι ἄρα οὐ τοῦτο συμβαίνει, ὅπερ πάλαι   5
ἐν τῷ λόγῳ λέγεται, τὸ χωρίζειν ὅτι μάλιστα ἀπὸ τοῦ
σώματος τὴν ψυχὴν καὶ ἐθίσαι αὐτὴν καθ᾽ αὑτὴν παντα-
χόθεν ἐκ τοῦ σώματος συναγείρεσθαί τε καὶ ἀθροίζεσθαι,
καὶ οἰκεῖν κατὰ τὸ δυνατὸν καὶ ἐν τῷ νῦν παρόντι καὶ ἐν τῷ
ἔπειτα μόνην καθ᾽ αὑτήν, ἐκλυομένην ὥσπερ ἐκ δεσμῶν ἐκ   d

---

ἀθροίζω: to gather, collect, muster, 2
ἄλλο-θι: in another place, elsewhere, 7
ἀπο-δημία, ἡ: journey abroad, being abroad, 2
δεσμός, ὁ: a binding, bond, fetter, 2
διάνοια, ἡ: thought, intention, purpose, 6
δυνατός, -ή, -όν: capable, strong, possible, 8
ἐθίζω: to accustom, use, 2
ἐκ-λύω: to set free, 1
ἐλπίς, -ίδος, ἡ: hope, expectation, 9
ἕνεκα: for the sake of, ( + preceding gen.) 13
καθ-αίρω: to cleanse, purify, 4
κάθαρσις, -εως, ἡ: cleansing, purifying, 2

κτάομαι: to procure, get, gain, acquire, 6
οἰκέω: to inhabit, dwell, live, 15
πάλαι: for some time, long ago, of old, 13
παντα-χόθεν: from every side, 1
παρ-έρχομαι: to go pass, enter, 5
παρα-σκευάζω: to get ready, prepare, 8
πραγματεία, ἡ: diligent work, business, 3
προσ-τάττω: to order, assign, appoint, 5
συμ-βαίνω: to happen, occur, result, 8
συν-άγειρω: gather together, assemble, 1
χωρίζω: to separate, sever, divide, 3

9 εἴπερ που ἄλλοθι: *if anywhere else*;
parenthetical, see also 65c2
κτήσασθαι: *to take possession of*; following
ἐλπὶς (ἐστι); verbs of expecting and
wishing take a fut. inf. in ind. disc. or, as
here, an aor. or pres. inf. as a objective inf.,
i.e. I hope to possess; S 1868,
οὗ ἕνεκα: *for the sake of which*; relative
10 παρελθόντι: *past*; aor pple. παρ-έρχομαι
γέγονεν: pf. γίγνομαι
c1 γε: *indeed*; emphasizes. ἡ ἀποδημία
προστεταγμένη: pf. pass. προσ-τάττω
2 ἄλλῳ ἀνδρὶ: parallel to μοι
ὃς ἡγεῖται…διάνοιαν: *who believes that his
mind has been prepared…*; οἱ is a 3ʳᵈ pers.
pronoun, here dat. of possession; διάνοιαν
is acc. subject; and the inf. is pf. pass.
3 ὥσπερ κεκαθαρμενήν: *on the grounds*

*that it has been purified*; 'just as if…' + pf.
pass. pple καθαίρω
4 πάνυ μὲν οὖν: *quite certainly indeed*; μὲν
οὖν is a strong assent
5 εἶναι…συμβαίνει: *happen to be…*
ἄρα οὐ: *does not…?*; anticipates 'yes' reply
6 λέγεται: *has been said*; πάλαι + pres.
suggests a pf. progressive sense
τὸ χωρίζειν…καὶ ἐθίσαι…οἰκεῖν: *that the
soul…*; three articular infinitives in
apposition to τοῦτο; ψυχὴν is acc. subject
ὅτι μάλιστα: *as…as possible*; + superlative
7 αὐτὴν καθ᾽ αὑτήν: see p. 26
8 συναγείρεσθαί..ἀθροίζεσθαι: with ἐθίσαι
9 κατὰ τὸ δυνατὸν: *inasmuch as possible*
ἐν τῷ…παρόντι: *in the present*; pres. pple
ἐν τῷ ἔπειτα: *in the future*

τοῦ σώματος;

   πάνυ μὲν οὖν, ἔφη.

   οὐκοῦν τοῦτό γε θάνατος ὀνομάζεται, λύσις καὶ χωρισμὸς
5 ψυχῆς ἀπὸ σώματος;

   παντάπασί γε, ἦ δ' ὅς.

   λύειν δέ γε αὐτήν, ὥς φαμεν, προθυμοῦνται ἀεὶ μάλιστα
καὶ μόνοι οἱ φιλοσοφοῦντες ὀρθῶς, καὶ τὸ μελέτημα αὐτὸ
τοῦτό ἐστιν τῶν φιλοσόφων, λύσις καὶ χωρισμὸς ψυχῆς
10 ἀπὸ σώματος· ἢ οὔ;

   φαίνεται.

   οὐκοῦν, ὅπερ ἐν ἀρχῇ ἔλεγον, γελοῖον ἂν εἴη ἄνδρα
e παρασκευάζονθ' ἑαυτὸν ἐν τῷ βίῳ ὅτι ἐγγυτάτω ὄντα τοῦ

---

ἀρχή, ἡ: a beginning; rule, office, 8
γελοῖος, -α, -ον: laughable, ridiculous, 2
ἐγγυτάτω (ἐγγύτατα): very near to (gen) 3
λύσις, εως, ἡ: releasing, deliverance, 4
λύω: to loosen, dissolve, break up, 7
μελέτημα -ατος τό: practice, exercise, study 1
ὀνομάζω: to name, call by name, 6

παντά-πασι: all in all, absolutely 15
παρα-σκευάζω: to get ready, prepare, 8
προ-θυμέομαι: to be eager, zealous, ready, 12
φιλο-σοφέω: seek knowledge, philosophize, 6
χωρισμός, ὁ: separation, division, 2

2 πάνυ μὲν οὖν: *quite certainly indeed*; μὲν οὖν is a strong assent
4 τοῦτο γε: *this*; γε is emphatic and may be expressed by accentuating the word 'this' or translated as 'indeed' or 'in fact'
6 γε: *indeed*; emphatic and affirmative
7 δὲ γέ: γε emphasizes λύειν
   αὐτήν: i.e. the soul; acc. direct object
   ὥς φαμεν: *as…*; parenthetical
   μάλιστα καὶ μόνοι: *in particular and they alone…*
9 τῶν φιλοσόφων: subjective gen. with τὸ μελέτημα

12 ὅπερ: (in *respect to the very thing) which*; or '(as for that) which,' the missing antecedent is an acc. of respect
   ἂν εἴη: *would it be…*; 3s potential opt. εἰμί, Socrates is asking a question here
8 ἄνδρα…ζῆν…ἀγανακτεῖν: *that a man…*; the acc. subject + inf. construction is the true subject of εἴη
e1 παρσσκευάζον(τα): acc. sg. pres. pple
   ὅτι ἐγγυτάτω: *as near as possible to*; + gen; ὅτι + superlative adv., the predicate of the acc. sg. pres. pple εἰμί

τεθνάναι οὕτω ζῆν, κἄπειθ' ἥκοντος αὐτῷ τούτου ἀγανακτεῖν;

γελοῖον· πῶς δ' οὔ;

τῷ ὄντι ἄρα, ἔφη, ὦ Σιμμία, οἱ ὀρθῶς φιλοσοφοῦντες
ἀποθνῄσκειν μελετῶσι, καὶ τὸ τεθνάναι ἥκιστα αὐτοῖς   5
ἀνθρώπων φοβερόν. ἐκ τῶνδε δὲ σκόπει. εἰ γὰρ δια-
βέβληνται μὲν πανταχῇ τῷ σώματι, αὐτὴν δὲ καθ' αὑτὴν
ἐπιθυμοῦσι τὴν ψυχὴν ἔχειν, τούτου δὲ γιγνομένου εἰ
φοβοῖντο καὶ ἀγανακτοῖεν, οὐ πολλὴ ἂν ἀλογία εἴη, εἰ μὴ
ἄσμενοι ἐκεῖσε ἴοιεν, οἷ ἀφικομένοις ἐλπίς ἐστιν οὗ διὰ βίου   68
ἤρων τυχεῖν—ἤρων δὲ φρονήσεως—ᾧ τε διεβέβληντο, τούτου
ἀπηλλάχθαι συνόντος αὐτοῖς; ἢ ἀνθρωπίνων μὲν παιδικῶν
καὶ γυναικῶν καὶ ὑέων ἀποθανόντων πολλοὶ δὴ ἑκόντες

---

ἀγανακτέω: to be annoyed, be troubled at, 12
ἀ-λογία, ἡ: without reason, unreasonable, 2
ἀπ-αλλάττω: escape, release; set free, 15
ἄσμενος, -η, -ον: well-pleased, glad, 4
γελοῖος, -α, -ον: laughable, ridiculous, 2
γυνή, γυναικός, ἡ: a woman, wife, 6
δια-βάλλω: pass over, attack, slander (dat) 2
ἐκεῖ-σε: thither, to that place, 10
ἑκών, ἑκοῦσα, ἑκόν: willing, intentionally, 3
ἐλπίς, -ίδος, ἡ: hope, expectation, 9
ἐπι-θυμέω: to desire, long for, 10
ἐράω: to love, to be in love with (+ gen.) 4

ἥκιστος, -η, -ον: least; not at all, 3
ἥκω: to have come, be present, 14
μελετάω: to care for, practice, study, 5
παιδικα, τά: beloved, (boy, obj. of lover) 2
παντα-χῇ: everywhere, in every way, 3
συν-ειμι: to be with, associate with (dat.), 4
τυγχάνω: chance upon, meet, get; happen, 51
υἱός (ὑός), ὁ: son, 2
φιλο-σοφέω: seek knowledge, philosophize, 6
φοβερός, -ά, -όν: fearful, terrifying, dreadful 1
φοβέω: to terrify, frighten; mid. fear, 15
φρόνησις, -εως, ἡ: intelligence, wisdom, 15

2 τοῦ τεθνάναι: *being dead*; articular inf. the
   pf. θνῄσκω denotes a state not action
   ζῆν: inf. ζάω
   κἄπει(τα): καὶ ἔπειτα
   ἥκοντος...τούτου: *this coming to him*; i.e.
   death, gen. abs., pple ἥκω
3 πῶς δ' οὔ: *how (could it) not*
4 τῷ ὄντι: *really, actually*; adverbial
5 ἀποθνῄσκειν: *dying*; complementary inf.,
   the pres. inf. suggests an ongoing process
   of dying; compare to line 2 above
   τὸ τεθνάναι (ἐστίν): subject, add verb
   ἥκιστα: superlative adv.
6 ἀνθρώπων: partitive gen. with ἥκιστα
   σκόπει: σκόπε-ε; sg. imperative
   διαβέβληνται: 3rd pl. pf. mid. διαβάλλω
8 τούτου γιγνομένου: gen. abs., i.e death
9 εἰ...φοβοῖντο καὶ ἀγανακτοῖεν, ...ἂν εἴη: *if*

*they should...it would...*; fut. less vivid
condition (εἰ opt., ἄν + opt.); opt. εἰμί
εἰ μὴ...ἴοιεν: *if they should not ...*; 3rd pl.
opt. ἔρχομαι in same less vivid condition
68a1 οἷ: *to where...*; relative adv.
ἀφικομένοις: *(for those) when arriving*; i.e.
philosophers, dat. of possession
οὗ: *which*; relative, partitive gen. + τυχεῖν
διὰ βίου: *throughout life*
2 ἤρων: ἤρά-ον; 3p impf. ἐράω
ᾧ τε διεβέβληντο: *and...which they had
slandered*; plpf. mid.; τοῦτο is antecedent
3 ἀπηλλάχθαι...: *to be released from this
associating with them*; i.e. from the body;
pf. pass + separation, governed by ἐλπίς
ἐστιν; compare the use of ἐλπίς in 67b5ff.
4 ἀνθρωπίνων...ἀποθανόντων: gen. abs.

5  ἠθέλησαν εἰς Ἅιδου μετελθεῖν, ὑπὸ ταύτης ἀγόμενοι τῆς
   ἐλπίδος, τῆς τοῦ ὄψεσθαί τε ἐκεῖ ὧν ἐπεθύμουν καὶ συνέσε-
   σθαι· φρονήσεως δὲ ἄρα τις τῷ ὄντι ἐρῶν, καὶ λαβὼν σφόδρα
   τὴν αὐτὴν ταύτην ἐλπίδα, μηδαμοῦ ἄλλοθι ἐντεύξεσθαι αὐτῇ
b  ἀξίως λόγου ἢ ἐν Ἅιδου, ἀγανακτήσει τε ἀποθνήσκων καὶ
   οὐχ ἄσμενος εἶσιν αὐτόσε; οἴεσθαί γε χρή, ἐὰν τῷ ὄντι γε
   ᾖ, ὦ ἑταῖρε, φιλόσοφος· σφόδρα γὰρ αὐτῷ ταῦτα δόξει,
   μηδαμοῦ ἄλλοθι καθαρῶς ἐντεύξεσθαι φρονήσει ἀλλ’ ἢ ἐκεῖ.
5  εἰ δὲ τοῦτο οὕτως ἔχει, ὅπερ ἄρτι ἔλεγον, οὐ πολλὴ ἂν
   ἀλογία εἴη εἰ φοβοῖτο τὸν θάνατον ὁ τοιοῦτος;
   πολλὴ μέντοι νὴ Δία, ἦ δ’ ὅς.
   οὐκοῦν ἱκανόν σοι τεκμήριον, ἔφη, τοῦτο ἀνδρός, ὃν

---

ἀγανακτέω: to be annoyed, be troubled at, 12
ἄγω: to lead, to bring, to carry, to convey, 12
Ἅιδης, -ου ὁ: Hades, 15
ἄλλο-θι: in another place, elsewhere, 7
ἀ-λογία, ἡ: without reason, unreasonable, 2
ἄξιος, -α, -ον: worthy of, deserving of (gen)15
ἄρτι: just, exactly, 4
ἄσμενος, -η, -ον: well-pleased, glad, 4
αὐτό-σε: to the very place, 1
ἐθέλω: to be willing, wish, desire, 17
ἐκεῖ: there, in that place, 17
ἐλπίς, -ίδος, ἡ: hope, expectation, 9
ἐν-τυγχάνω: to chance upon, encounter, 5

ἐπι-θυμέω: to desire, long for (gen.) 10
ἐράω: to love, to be in love with, 4
ἑταῖρος, ὁ: a comrade, companion, mate, 11
Ζεύς, ὁ: Zeus, 11
μετ-έρχομαι: to come after, come next, 2
μηδαμοῦ: nowhere, 2
νή: by…(+ acc, invoking a god ), 14
σύν-ειμι: to be with, associate with (dat.), 4
σφόδρα: very much, exceedingly, 18
τεκμήριον, τό: sign, indication, proof, 5
φιλό-σοφος, ὁ, ἡ: pursuer of wisdom, 18
φοβέω: to terrify, frighten; mid. fear, 15
φρόνησις, -εως, ἡ: intelligence, wisdom, 15

5  εἰς Ἅιδου: into (the house) of Hades
   μετελθεῖν: aor. μετέρχομαι
   ὑπό: because of…; gen. of cause
6  τῆς τοῦ ὄψεσθαι…συνέσεσθαι: (namely) the
   hope of…; articular infs., fut. dep. ὁράω
   and fut. dep. σύν-ειμι, in attributive position
   ὧν: (those) whom…; i.e. those having died,
   the missing antecedent is obj. of both infs.
7  τῷ ὄντι: really, actually; adverbial
   ἐρῶν: nom. sg. pres. pple ἐράω + gen.
8  αὐτὴν: same
   μηδαμοῦ…ἐντεύξεσθαι: that (he) will
   encounter + dat.; ind. disc. with fut. inf.
   (ἐν-τυγχάνω) often follows ἐλπίς
b1 ἀξίως λόγου: worthily of mention

ἤ: than
ἐν Ἅιδου: in (the house) of Hades
2  εἶσιν: 3s fut. ἔρχομαι (εἶμι)
   οἴεσθαι γε χρή: yes…; in affirmative reply
   τῷ ὄντι γε: really indeed; intensive
3  ᾖ: 3s pres. subj. εἰμί
   δόξει: will seem good
4  μηδαμοῦ…ἐντεύξεσθαι: that (he) will
   encounter + dat.; ind. disc. with fut. inf.
   governed by δόξει, compare to line a8
5  οὕτως ἔχει: is so; see p. 7
6  ἂν…εἴη, εἰ φοβοῖτο: would be, if…should…
   future less vivid condition, opt. εἰμί
7  νὴ Δία: by Zeus; acc. of Ζεύς
8  τεκμήριον τοῦτο: is this sufficient proof…?

ἂν ἴδῃς ἀγανακτοῦντα μέλλοντα ἀποθανεῖσθαι, ὅτι οὐκ ἄρ'
ἦν φιλόσοφος ἀλλά τις φιλοσώματος; ὁ αὐτὸς δέ που  c
οὗτος τυγχάνει ὢν καὶ φιλοχρήματος καὶ φιλότιμος, ἤτοι τὰ
ἕτερα τούτων ἢ ἀμφότερα.

πάνυ, ἔφη, ἔχει οὕτως ὡς λέγεις.

ἆρ' οὖν, ἔφη, ὦ Σιμμία, οὐ καὶ ἡ ὀνομαζομένη ἀνδρεία  5
τοῖς οὕτω διακειμένοις μάλιστα προσήκει;

πάντως δήπου, ἔφη.

οὐκοῦν καὶ ἡ σωφροσύνη, ἣν καὶ οἱ πολλοὶ ὀνομάζουσι
σωφροσύνην, τὸ περὶ τὰς ἐπιθυμίας μὴ ἐπτοῆσθαι ἀλλ'
ὀλιγώρως ἔχειν καὶ κοσμίως, ἆρ' οὐ τούτοις μόνοις προσήκει,  10
τοῖς μάλιστα τοῦ σώματος ὀλιγωροῦσίν τε καὶ ἐν φιλοσοφίᾳ
ζῶσιν;

---

ἀγανακτέω: to be annoyed, be troubled at, 12
ἀμφότερος, -α, -ον: each of two, both, 5
ἀνδρεία, ἡ: courage, manliness, bravery, 5
δή-που: of course; perhaps, I suppose, 8
διά-κειμαι: to be disposed, be affected, 3
ἐπιθυμία, ἡ: desire, longing, yearning, 10
ἤτοι: now surely, truly, 4
κόσμιος, -η, -ον: well-ordered, regular, 4
μέλλω: to be about to, intend to (fut. inf.) 19
ὀλιγωρέω: esteem little, take no account of (gen), 1

ὀλιγώρως: contemptuous, regardless, 1
ὀνομάζω: to name, call by name, 6
πάντως: entirely, absolutely, 3
προσ-ήκει: it belongs, it is fitting, befits 15
πτοέω: make distraught, terrify, scare, 1
σωφροσύνη, ἡ: temperence, prudence, 8
φιλο-σοφία, ἡ: pursuit or love of wisdom, 13
φιλό-σοφος, ὁ, ἡ: pursuer of wisdom, 18
φιλο-σώματος, -ον: pursuer of the body, 1
φιλο-τιμος, -ον: pursuer of honor, ambitious 2
φιλο-χρήματος, -ον: pursuer of money, 1

8 ἀνδρὸς...ὅτι...ἦν: that the man was..; 'of the
man that...was,' proleptic use of ἀνδρὸς,
which is the proper subject of ἦν, impf. εἰμί
ὃν ἂ ἴδῃς: whomever...; ἂν + aor. subj.
εἶδον in an indefinite relative clause,

9 μέλλοντα ἀποθανεῖσθαι: (because he was)
going to...; pple governs a fut. inf. and is
causal in sense: it explains ἀγανακτοῦντα
ἄρα ἦν: the man was not, it turns out,; ἄρα
+ impf. (here, εἰμί) is used for a truth just
realized, otherwise know as the ἄρα of
enlightenment (GP 36-37)

c1 ὁ αὐτὸς: the same man

2 τυγχάνει ὢν: pple εἰμί, see p. 20
ἤτοι...ἢ: either, ya know,...or...; ἤτοι is
used instead of ἢ to indicate that the first of

the two terms is more probable
τὰ ἕτερα: one

3 ἔχει οὕτως: is so; see p. 7
ἆρ(ὰ)...οὐ: is not...?; anticipating a 'yes'

5 ὀνομαζομένη: so-named, so-called

6 τοῖς...διακειμένοις: to/for those being so
disposed; i.e. philosophers, pres. mid. pple

8 καὶ: also; adverbial
σωρφοσύνη (ἐστίν): temperarance (is)
καὶ οἱ πολλοὶ: even the masses; i.e. the
general population

9 τὸ...μὴ ἐπτοῆσθαι: not to be...; articular
inf. is the predicate; pf. pass. inf. πτοέω

10 ἔχειν: + adv, see p. 7

11 τοῖς...ὀλιγωροῦσιν...ζῶσιν: those...and;
dat. pl. pple ὀλιγωρέω and ζάω

41

d     ἀνάγκη, ἔφη.

εἰ γὰρ ἐθέλεις, ᾗ δ᾽ ὅς, ἐννοῆσαι τήν γε τῶν ἄλλων
ἀνδρείαν τε καὶ σωφροσύνην, δόξει σοι εἶναι ἄτοπος.

πῶς δή, ὦ Σώκρατες;

5     οἶσθα, ᾗ δ᾽ ὅς, ὅτι τὸν θάνατον ἡγοῦνται πάντες οἱ ἄλλοι
τῶν μεγάλων κακῶν;

καὶ μάλ᾽, ἔφη.

οὐκοῦν φόβῳ μειζόνων κακῶν ὑπομένουσιν αὐτῶν οἱ
ἀνδρεῖοι τὸν θάνατον, ὅταν ὑπομένωσιν;

10     ἔστι ταῦτα.

τῷ δεδιέναι ἄρα καὶ δέει ἀνδρειοί εἰσι πάντες πλὴν οἱ
φιλόσοφοι· καίτοι ἄλογόν γε δέει τινὰ καὶ δειλίᾳ ἀνδρεῖον
εἶναι.

---

ἄ-λογος, -ον: without reason or speech, 3
ἀνδρεία, ἡ: manliness, bravery, courage, 5
ἀνδρεῖος, -α, -ον: brave, courageous, manly, 4
ἄ-τοπος, -ον: strange, odd, extraordinary, 9
δείδω: fear, dread, shrink from, feel awe, 11
δειλία, ἡ: cowardice, 1
δέος, δέεος τό: fear, dread, 4
ἐθέλω: to be willing, wish, desire, 17

ἐν-νοέω: to have in mind, notice, consider, 18
καίτοι: and yet, and indeed, and further, 8
μάλα: very, very much, exceedingly, 10
πλήν: except, but (+ gen.), 7
σωφροσύνη, ἡ: temperence, prudence, 8
ὑπο-μένω: to abide, stay firm; endure, 8
φόβος, ὁ: fear, terror, panic, 10

d1 ἀνάγκη: it is...; supply a linking verb
2 γὰρ: (yes), for
    ᾗ δ᾽ ὅς: see note on pg. 9
    ἐννοῆσαι: aor. inf. ἐν-νοέω
    τῶν ἄλλων: of other (men)
3 δόξει: it will seem
5 οἶσθα: 2s pf. οἶδα, pres. in sense
    τῶν μεγάλων κακῶν: among...; partitive
7 καὶ μάλα: quite very much; καί is adverbial
8 φόβῳ μειζόνων κακῶν: because of...; dat.
    of cause and objective gen.

αὐτῶν: among them; partitive gen.
9 ὑπομένωσι: 3p subj. in an indefinite
    temporal clause
10 ἔστι: are the case; i.e. are true
11 τῷ δεδιέναι: because of being afraid; dat.
    of cause, an articular inf., the (pf.) δείδω
    denotes a state rather than a single action
    (τῷ) δέει: because of...; dat. of cause δέος
    εἰσι: 3p pres. εἰμί
12 ἄλογόν (ἐστι): it is...; impersonal
    δέει...δειλίᾳ: because of...; dat. of cause

πάνυ μὲν οὖν.      e

τί δὲ οἱ κόσμιοι αὐτῶν; οὐ ταὐτὸν τοῦτο πεπόνθασιν·
ἀκολασίᾳ τινὶ σώφρονές εἰσιν; καίτοι φαμέν γε ἀδύνατον
εἶναι, ἀλλ' ὅμως αὐτοῖς συμβαίνει τούτῳ ὅμοιον τὸ πάθος
τὸ περὶ ταύτην τὴν εὐήθη σωφροσύνην· φοβούμενοι γὰρ   5
ἑτέρων ἡδονῶν στερηθῆναι καὶ ἐπιθυμοῦντες ἐκείνων, ἄλλων
ἀπέχονται ὑπ' ἄλλων κρατούμενοι. καίτοι καλοῦσί γε ἀκο-
λασίαν τὸ ὑπὸ τῶν ἡδονῶν ἄρχεσθαι, ἀλλ' ὅμως συμβαίνει   69
αὐτοῖς κρατουμένοις ὑφ' ἡδονῶν κρατεῖν ἄλλων ἡδονῶν.
τοῦτο δ' ὅμοιόν ἐστιν ᾧ νυνδὴ ἐλέγετο, τῷ τρόπον τινὰ δι'
ἀκολασίαν αὐτοὺς σεσωφρονίσθαι.

ἔοικε γάρ.      5

---

ἀ-δύνατος, -ον: unable, incapable, impossible, 6
ἀ-κολασία, ἡ: licentiousness, intemperance, 3
ἀπ-έχω: to be distant, keep away from, 5
ἄρχω: to begin; to rule, be leader of, 12
ἐπι-θυμέω: to desire, long for (gen.) 10
εὐ-ήθης, -ες: foolish, simple-natured, silly, 3
ἡδονή, ἡ: pleasure, enjoyment, delight, 17
καίτοι: and yet, and indeed, and further, 8
κόσμιος, -η, -ον: well-ordered, regular, 4
κρατέω: to control, be strong, prevail, 3

νυν-δὴ: just now, 15
ὅμως: nevertheless, however, yet, 13
πάθος -εος τό: experience incident passion 11
στερέω: to deprive from, rob, defraud, 5
συμ-βαίνω: to happen, occur, result, 8
σωφρονίζω: to moderate, make temperate 1
σωφροσύνη, ἡ: temperance, prudence, 8
σώφρων, -οντος: temperate, moderate, 1
τρόπος, ὁ: a manner, way; turn, direction, 17
φοβέω: to terrify, frighten; *mid.* fear, 15

e1 **πάνυ μὲν οὖν**: *quite certainly indeed*; μὲν οὖν is a strong assent
2 **τί δὲ**: *what about...*
  **αὐτῶν**: *among them*; partitive gen.
  **ταὐτὸν**: *the same*; τὸ αὐτὸν
  **πεπόνθασιν**: 3p pf. πάσχω
3 **ἀκολασίᾳ τινὶ**: *because of...*; dat. of cause
  **εἰσιν**: 3p pres. εἰμί
  **καίτοι...γε**: *and yet...of course*; γε emphasizes the intervening word; 3p φημί
  **ἀδύνατον εἶναι**: *that it is...*; ind. disc. is here impersonal, ἀδύνατον is neut. sg.
4 **αὐτοῖς**: *for them*; dat. of interest
  **τούτῳ ὅμοιον**: *similar (result) to this*; inner acc. governs a dat., τούτῳ refers to the statement beginning with φοβούμενοι
  **τὸ πάθος...σωφροσύνην**: *their experience regarding this simple-minded temperance*; subject of συμβαίνει; περὶ...σωφρονύνην

in the attributive position; εὐήθεα is acc. sg.
5 **ἑτέρων ἡδονῶν**: *from...*; gen. separation
6 **στερηθῆναι**: aor. pass. inf. στερέω
  **ἄλλων... ὑπ' ἄλλων**: *from some things... because of other things*; gen. of separation and gen. of cause
7 **καίτοι...γε**: see line 3 above
  **καλοῦσι**: *they call (x) (y)*; governs a double accusative
69a1 **τὸ...ἄρχεσθαι**: articular inf., pass. inf.
  **ὑπὸ**: *by...*; gen. agent
  **συμβαίνει**: *it happens for...*; impersonal
2 **κρατουμένοις**: *(since) being...*; causal
3 **ᾧ**: *to (that) which...*; . following ὅμοιον
  **τῷ...σεσωφρονίσθαι**: *(namely) that they are being temperate*; articular pf. inf. in apposition to the dative object of ὅμοιον
  **τρόπον τινὰ**: *in some way*; adv. acc.
5 **ἔοικε γὰρ**: *(yes) for it seems so*

ὦ μακάριε Σιμμία, μὴ γὰρ οὐχ αὕτη ᾖ ἡ ὀρθὴ πρὸς
ἀρετὴν ἀλλαγή, ἡδονὰς πρὸς ἡδονὰς καὶ λύπας πρὸς λύπας
καὶ φόβον πρὸς φόβον καταλλάττεσθαι, καὶ μείζω πρὸς
ἐλάττω ὥσπερ νομίσματα, ἀλλ' ᾖ ἐκεῖνο μόνον τὸ νόμισμα

10 ὀρθόν, ἀντὶ οὗ δεῖ πάντα ταῦτα καταλλάττεσθαι, φρόνησις,

b καὶ τούτου μὲν πάντα καὶ μετὰ τούτου ὠνούμενά τε καὶ
πιπρασκόμενα τῷ ὄντι ᾖ καὶ ἀνδρεία καὶ σωφροσύνη καὶ
δικαιοσύνη καὶ συλλήβδην ἀληθὴς ἀρετή, μετὰ φρονήσεως,
καὶ προσγιγνομένων καὶ ἀπογιγνομένων καὶ ἡδονῶν καὶ

5 φόβων καὶ τῶν ἄλλων πάντων τῶν τοιούτων· χωριζόμενα
δὲ φρονήσεως καὶ ἀλλαττόμενα ἀντὶ ἀλλήλων μὴ σκια-
γραφία τις ᾖ ἡ τοιαύτη ἀρετὴ καὶ τῷ ὄντι ἀνδραποδώδης τε

---

ἀλλαγή, ἡ: exchange, change, 1
ἀλλάττω: to change, alter; exchange, 1
ἀνδραποδώδης, -ες: slavish, servile, 1
ἀνδρεία, ἡ: manliness, bravery, courage, 5
ἀντί: instead of, in place of (+ gen.), 3
ἀπο-γίγνομαι, ἡ: to go away, be absent, 1
ἀρετή, ἡ: excellence, goodness, virtue, 9
δικαιοσύνη, ἡ: justice, righteousness, 4
ἡδονή, ἡ: pleasure, enjoyment, delight, 17
κατα-αλλάττω: to exchange, change, 1
λύπη, ἡ: pain, grief, 8

μακάριος, -α, -ον: blessed, happy, 1
νόμισμα, τό: coin; else custom, institution, 2
πιπράσκω: to sell, 1
προσ-γίγνομαι: to come to, or in addtion, 4
σκια-γραφία, ἡ: scene-painting, 1
συλλήβδην: collectively, in sum, in short, 2
σωφροσύνη, ἡ: temperence, prudence, 8
φόβος, ὁ: fear, terror, panic, 10
φρόνησις, -εως, ἡ: intelligence, wisdom, 15
χωρίζω: to separate, sever, divide, 3
ὠνέομαι: to buy, purchase, 1

6 μακάριε Σιμμία: vocative, direct address
μὴ...οὐχ...ᾖ: perhaps...is not...; μὴ οὐχ +
subj. (3s εἰμί) in a doubtful negation
γὰρ: (I say this) because...
πρὸς ἀρετὴν ἀλλαγή: exchange for
excellence

7 πρὸς...πρὸς: for...for...for
μείζο(ν)α: neuter acc. pl. comparative
μείζων or possibly acc. sg. 3rd decl.

8 ἐλάττο(ν)α: neuter acc. pl. comparative
ἐλάττων or possibly acc. sg. 3rd decl.

9 ἀλλ' ᾖ: but...is...; 3s subj. εἰμί in the
same doubtful assertion/negative from line
6; ἐκεῖνο νόμισμα ὀρθόν, 'coinage' is the
subject and φρόνησις is the predicate
ἐκεῖνο...ὀρθόν: aor. inf. ἐν-νοέω

10 ἀντὶ οὗ: in return for which...; i.e. in an

exchange; relative pronoun gen. sg.

b1 τούτου...καὶ μετὰ τούτου: for this (price)
and with this; gen. of value and
accompaniment
πάντα...τε καὶ: all things both...and...;
neut. pl. subject of 3s verb

2 τῷ ὄντι: really, actually; adv.
ᾖ: is...; 3rd sg. subj. εἰμί in the same
doubtful assertion/negative from line 6

4 προσγιγνομένων...τοιούτων: while...;
gen. of absolute

5 χωριζόμενα δὲ: but (all things) being
separated from...; + gen. of separation

6 ἀντί: for...; 'in return for...'
μὴ...ᾖ: perhaps...is; doubtful assertion (note
μὴ οὐ + subj. is doubtful negation)
τῷ ὄντι: really, actually; adv.

καὶ οὐδὲν ὑγιὲς οὐδ' ἀληθὲς ἔχῃ, τὸ δ' ἀληθὲς τῷ ὄντι ᾖ
κάθαρσίς τις τῶν τοιούτων πάντων καὶ ἡ σωφροσύνη καὶ  c
ἡ δικαιοσύνη καὶ ἀνδρεία, καὶ αὐτὴ ἡ φρόνησις μὴ κα-
θαρμός τις ᾖ. καὶ κινδυνεύουσι καὶ οἱ τὰς τελετὰς ἡμῖν
οὗτοι καταστήσαντες οὐ φαῦλοί τινες εἶναι, ἀλλὰ τῷ ὄντι
πάλαι αἰνίττεσθαι ὅτι ὃς ἂν ἀμύητος καὶ ἀτέλεστος εἰς  5
Ἅιδου ἀφίκηται ἐν βορβόρῳ κείσεται, ὁ δὲ κεκαθαρμένος
τε καὶ τετελεσμένος ἐκεῖσε ἀφικόμενος μετὰ θεῶν οἰκήσει.
εἰσὶν γὰρ δή, ὥς φασιν οἱ περὶ τὰς τελετάς, 'ναρθηκοφόροι
μὲν πολλοί, βάκχοι δέ τε παῦροι·' οὗτοι δ' εἰσὶν κατὰ τὴν  d
ἐμὴν δόξαν οὐκ ἄλλοι ἢ οἱ πεφιλοσοφηκότες ὀρθῶς. ὧν δὴ
καὶ ἐγὼ κατά γε τὸ δυνατὸν οὐδὲν ἀπέλιπον ἐν τῷ βίῳ

---

Ἅιδης, -ου ὁ: Hades, 15
αἰνίττομαι: to speak in riddles, hint at, 1
ἀ-μύητος, -ον: uninitiated, 1
ἀνδρεία, ἡ: manliness, bravery, courage, 5
ἀπο-λείπω: leave behind, abandon, forsake, 7
ἀ-τέλεστος -ον: unfinished, unaccomplished 1
βάκχος, ὁ: Bacchant, initiated followers, 1
βορβορός, ὁ: mire, filth, 2
δικαιοσύνη, ἡ: justice, righteousness, 4
δόξα, ἡ: opinion, reputation, honor, glory, 7
δυνατός, -ή, -όν: capable, strong, possible, 8
ἐκεῖ-σε: thither, to that place, 10
ἐμός, -ή, -όν: my, mine, 7
καθαρμός, ὁ: purification (rite), 2
κάθαρσις, -εως, ἡ: cleansing, purifying, 2

καθ-ίστημι: to set down; appoint, establish, 1
κεῖμαι: to lie, lie down 4
καθ-αιρω: to cleanse, purify, 4
κινδυνεύω: to risk, venture; it is likely, 7
ναρθηκο-φόρος, -ον: thyrsus-bearers, 1
οἰκέω: to inhabit, dwell, live, 15
πάλαι: for some time, long ago, of old, 13
παῦρος, -ον: few; little, small, 1
σωφροσύνη, ἡ: temperence, prudence, 8
τελετή, ἡ: initiation, mystery rite, 2
τελέω: to complete, accomplish, initiate, 1
ὑγιής, -ές: sound, healthy, wholesome, 7
φαῦλος -η -ον: slight, paltry, cheap, trifling 9
φιλο-σοφέω: seek knowledge, philosophize, 6
φρόνησις, -εως, ἡ: intelligence, wisdom, 15

---

8 ἔχῃ: (perhaps) has...; 3s subj. ἔχω in
the same doubtful assertion as in line 7
τὸ ἀληθὲς: in truth; adverbial acc.
τῷ ὄντι: actually; adverbial
ᾖ: is; 3s subj. εἰμί is a doubtful assertion
c1 τῶν...πάντων: from...; gen. separation
2 αὐτὴ: itself; intensive
μὴ...ᾖ: perhaps... is; doubtful assertion, μὴ
+ subj. (3s subj. εἰμί)
3 κινδυνεύουσι...εἶναι: look as though they
are; 'run the risk...to be'
ἡμῖν: for us; dat. of interest
5 αἰνίττεσθαι: and (look as though) they have
been speaking in riddles; with κινδινεύουσι
the inf. with πάλαι is pf. progressive

ὃς ἂν...ἀφίκηται: whoever...; indefinite
relative clause, aor. subj. ἀφικνέομαι
εἰς Ἅιδου: to (the house) of Hades
6 κεκαθαρμένος: purified; 'being purified,'
pf. pass. pple indicates a state of affairs
7 τετελεσμένος: initiated; pf. pass. τελέω
8 εἰσὶν γὰρ δή: for there are in fact...
ὥς: as...; parenthetical before a direct quote
οἱ περὶ...: those regarding...
ναρθηκοφόροι, βάκχοι: a contrast between
the initiated and uninitiated
d1 κατά...: according to, in...
2 οἱ πεφιλοσοφηκότες: philosophers; pf. pple
ὧν δὴ: among whom in fact; philosophers
3 κατὰ...δυνατὸν: inasmuch as possible

ἀλλὰ παντὶ τρόπῳ προυθυμήθην γενέσθαι· εἰ δ' ὀρθῶς
5 προυθυμήθην καί τι ἠνύσαμεν, ἐκεῖσε ἐλθόντες τὸ σαφὲς
εἰσόμεθα, ἂν θεὸς ἐθέλῃ, ὀλίγον ὕστερον, ὡς ἐμοὶ δοκεῖ.
ταῦτ' οὖν ἐγώ, ἔφη, ὦ Σιμμία τε καὶ Κέβης, ἀπολογοῦμαι,
ὡς εἰκότως ὑμᾶς τε ἀπολείπων καὶ τοὺς ἐνθάδε δεσπότας οὐ
e χαλεπῶς φέρω οὐδ' ἀγανακτῶ, ἡγούμενος κἀκεῖ οὐδὲν ἧττον
ἢ ἐνθάδε δεσπόταις τε ἀγαθοῖς ἐντεύξεσθαι καὶ ἑταίροις·
τοῖς δὲ πολλοῖς ἀπιστίαν παρέχει· εἴ τι οὖν ὑμῖν πιθανώ-
τερός εἰμι ἐν τῇ ἀπολογίᾳ ἢ τοῖς Ἀθηναίων δικασταῖς, εὖ
5 ἂν ἔχοι.

εἰπόντος δὴ τοῦ Σωκράτους ταῦτα, ὑπολαβὼν ὁ Κέβης
ἔφη· ὦ Σώκρατες, τὰ μὲν ἄλλα ἔμοιγε δοκεῖ καλῶς λέγεσθαι,

---

ἀγανακτέω: to be annoyed, be troubled at, 12
Ἀθηναῖος, -α, -ον: Athenian, of Athens, 6
ἀνύω: to accomplish, bring about, 1
ἀ-πιστία, ἡ: disbelief, distrust, doubt, 6
ἀπο-λείπω: leave behind, abandon, forsake, 7
ἀπο-λογέομαι: to say in defense, 3
ἀπολογία, ἡ: (speech in) defence, 2
δεσπότης, ὁ: master, lord, 6
δικαστής, οῦ, ὁ: a juror, judge, 5
ἐθέλω: to be willing, wish, desire, 17
εἰκότως: suitably, reasonably, fairly, 5
ἐκεῖ-σε: thither, to that place, 10
ἐκεῖ: there, in that place, 17
ἐν-θάδε: here, hither, thither, 17

ἐν-τυγχάνω: to chance upon, encounter, 5
ἑταῖρος, ὁ: a comrade, companion, mate, 11
εὖ: well, 19
ἥττων, -ον: less, weaker, inferior, 16
καλῶς: well; beautifully, 11
ὀλίγος, -η, -ον: few, little, small, 15
παρ-έχω: to provide, furnish, supply, 16
πιθανός, -ή, -όν: persuasive, plausible, 3
προ-θυμέομαι: to be eager, zealous, ready, 12
σαφής, -ές: clear, distinct; certain, reliable, 16
τρόπος, ὁ: a manner, way; turn, direction, 17
ὑπο-λαμβάνω: to take up, reply; suppose, 8
ὕστερος, -α, -ον: later, last; adv. later 17
χαλεπός, -ά, -όν: difficult, hard, harmful, 5

4 παντὶ τρόπῳ: *in every way*; dat. manner
5 προυθυμήθην: 1s aor. deponent προθυμέω
  governs an inf.
  τι: *something (important)*; acc. object
  ἠνύσαμεν: *we accomplished*; 1p where we
  expect 1s
  τὸ σαφὲς: *something reliable*; acc. object
6 εἰσόμεθα: 1p. fut. dep. οἶδα
  ἂν...ἐθέλῃ: *if...*; ἐὰν + 3s subj.
  ὀλίγον: *a little*; adv. acc. (acc. of extent of
  degree) modifying ὕστερον
  ὕστερον: adverbial acc.
7 ἔφη: see p. 6
  ὡς εἰκότως: *(namely) how reasonably...*; in

apposition to acc. pl. ταῦτα
e1 χαλεπῶς φέρω: *I bear with difficulty*
  κἀκεῖ: καὶ ἐκεῖ
2 ἐνθάδε: *here*
  δεσπόταις ἀγαθοῖς...ἑταίροις: dat of
  compound verb
  ἐντεύξεσθαι: fut. dep. inf. ἐν-τυγχάνω
3 τοῖς...παρέχει: *but this (belief) brings about
  disbelief for the masses*
  ὑμῖν: *to you*; dat. of interest
4 εὖ ἂν ἔχοι: *it would be good*; 'it would hold
  well' potential opt.; for ἔχω + adv. see p. 7
6 εἰπόντος...ταῦτα: gen. abs.

τὰ δὲ περὶ τῆς ψυχῆς πολλὴν ἀπιστίαν παρέχει τοῖς ἀνθρώποις 70
μή, ἐπειδὰν ἀπαλλαγῇ τοῦ σώματος, οὐδαμοῦ ἔτι ᾖ, ἀλλ᾽ ἐκείνῃ
τῇ ἡμέρᾳ διαφθείρηταί τε καὶ ἀπολλύηται ᾗ ἂν ὁ ἄνθρωπος ἀπο-
θνῄσκῃ, εὐθὺς ἀπαλλαττομένη τοῦ σώματος, καὶ ἐκβαίνουσα
ὥσπερ πνεῦμα ἢ καπνὸς διασκεδασθεῖσα οἴχηται διαπτομένη 5
καὶ οὐδὲν ἔτι οὐδαμοῦ ᾖ. ἐπεί, εἴπερ εἴη που αὐτὴ καθ᾽
αὑτὴν συνηθροισμένη καὶ ἀπηλλαγμένη τούτων τῶν κακῶν
ὧν σὺ νυνδὴ διῆλθες, πολλὴ ἂν εἴη ἐλπὶς καὶ καλή, ὦ
Σώκρατες, ὡς ἀληθῆ ἐστιν ἃ σὺ λέγεις· ἀλλὰ τοῦτο δὴ b
ἴσως οὐκ ὀλίγης παραμυθίας δεῖται καὶ πίστεως, ὡς ἔστι τε
ψυχὴ ἀποθανόντος τοῦ ἀνθρώπου καί τινα δύναμιν ἔχει καὶ
φρόνησιν.

---

ἀπ-αλλαγή, ἡ: escape; release, departure, 7
ἀπ-αλλάττω: escape, release; set free, 15
ἀ-πιστία, ἡ: disbelief, distrust, doubt, 6
δέομαι: lack, need, want; ask for (+ gen.) 7
δια-πέταμαι: to fly off or through, 2
δια-σκεδάννυμι: to scatter, disperse, disband 4
δια-φθείρω: to destroy, corrupt, kill, 6
δι-έρχομαι: to go or pass through, 5
δύναμις, -εως, ἡ: power, wealth, strength, 3
ἐκ-βαίνω: to step out, disembark, 5
ἐλπίς, -ίδος, ἡ: hope, expectation, 9
ἐπεί: when, after, since, because, 7
εὐθύς: right away, straight, directly, at once, 8

ἡμέρα, ἡ: day, 7
ἴσως: perhaps, probably; equally, likely, 19
καπνός, ὁ: smoke, 1
νυν-δή: just now, 15
οἴχομαι: to go, go off, depart, 14
ὀλίγος, -η, -ον: few, little, small, 15
οὐδαμοῦ: nowhere, 5
παρ-έχω: to provide, furnish, supply, 16
παρα-μυθία, ἡ: encouragement, persuasion, 1
πίστις, -εως ὁ: trust, loyalty; pledge, proof 1
πνεῦμα, -ατος, τό: breath, wind, blast, 5
συν-αθροίζω: gather together, assemble, 2
φρόνησις, -εως, ἡ: intelligence, wisdom, 15

70a1 τὰ δὲ περὶ... : the matters concerning...;
neuter pl. subject of 3s verb
παρέχει: brings about
τοῖς ἀνθρώποις: dat. of interest
2 μὴ...ᾖ: lest... (the soul) is...; fearing clause,
μή + subj. (3s εἰμί), following ἀπιστίαν
ἀπαλλαγῇ: 3s pres. subj., in an indefinite
temporal clause
οὐδαμοῦ ἔτι: no longer anywhere
ἐκείνῃ τῇ ἡμέρᾳ: on...; time when
3 διαφθείρηται...: pres. pass. subj. in the
same fearing clause
ᾗ ἂν: on whatever (day); indefinite relative
clause (ἄν + subj.), here, dat. of time when
5 διασκεδασθεῖσα: nom. sg. aor. pass. pple
οἴχηται: has gone; pf. in sense, as often,
here with a complementary pple

6 ἔτι οὐδαμοῦ: no longer anywhere
ᾖ: is; subj. εἰμί, same fearing clause
ἐπεί, εἴπερ εἴη που: (I say thing) since, if
(the soul) should be somewhere...; opt. εἰμί,
protasis in a fut. less vivid condition
αὐτὴ καθ᾽ (ἑ)αυτὴν: itself by itself
7 συνηθροισμένη, ἀπηλλαγμένη: pf. pass.
τῶν...κακῶν: from...; gen. of separation
8 ὧν: which...; gen. obj. of aor. δι-έρχομαι
b1 ὡς...: that...; following ἐλπίς
ἀληθῆ...: ἀληθέα, neuter pl. nom. pred.
τοῦτο δὴ: this very thing, precisely this
2 οὐκ ὀλίγης...πίστεως: no little persuasion
and proof; i.e. a lot, gen. of separation
ὡς ἔστι...ψυχὴ: namely that the soul exists
ἀποθανόντος...: gen. absolute

47

5  ἀληθῆ, ἔφη, λέγεις, ὁ Σωκράτης, ὦ Κέβης· ἀλλὰ τί δὴ
ποιῶμεν; ἢ περὶ αὐτῶν τούτων βούλει διαμυθολογῶμεν, εἴτε
εἰκὸς οὕτως ἔχειν εἴτε μή;

ἐγὼ γοῦν, ἔφη ὁ Κέβης, ἡδέως ἂν ἀκούσαιμι ἥντινα
δόξαν ἔχεις περὶ αὐτῶν.

10  οὔκουν γ' ἂν οἶμαι, ἦ δ' ὃς ὁ Σωκράτης, εἰπεῖν τινα νῦν
c  ἀκούσαντα, οὐδ' εἰ κωμῳδοποιὸς εἴη, ὡς ἀδολεσχῶ καὶ οὐ
περὶ προσηκόντων τοὺς λόγους ποιοῦμαι. εἰ οὖν δοκεῖ, χρὴ
διασκοπεῖσθαι.

σκεψώμεθα δὲ αὐτὸ τῇδέ πῃ, εἴτ' ἄρα ἐν Ἅιδου εἰσὶν αἱ
5  ψυχαὶ τελευτησάντων τῶν ἀνθρώπων εἴτε καὶ οὔ. παλαιὸς
μὲν οὖν ἔστι τις λόγος οὗ μεμνήμεθα, ὡς εἰσὶν ἐνθένδε

---

αδολέσχω: to prattle, talk idly, 1
Ἅιδης, -ου ὁ: Hades, 15
γοῦν: γε οὖν, at least, at any rate, any way, 4
δια-μυθολογέω: converse, express in speech 1
δια-σκοπέω: to examine or consider well, 2
δόξα, ἡ: opinion, reputation, honor, glory, 7
εἰκός, ότος, τό: likely, probable, reasonable 18
εἴ-τε: either...or; whether...or, 13
ἐν-θένδε: hence, from here, 3

ἡδέως: sweetly, pleasantly, gladly, 6
κωμῳδο-ποιός, ὁ: comic poet or playwright 1
μιμνήσκω: to remind, recall, recollect (gen) 6
οὔκ-ουν: certainly not, and so not, 2
παλαιός, -ά, -όν: old, aged, ancient, 1
πῃ: in some way, somehow, 4
προσ-ήκει: it belongs to, it is fitting, befits 15
σκέπτομαι: look at, examine, consider, 9
τῇδε: here; in this way, thus, 8

5  ἀληθῆ: ἀληθέα, neut. acc. pl.
τί δὴ: *just what...?, what exactly...?*.
6  ποιῶμεν: *are we to do?*; deliberative subj.
περὶ αὐτῶν τούτων: *concerning these things themselves*; intensive
βούλει διαμυθολογῶμεν: *do you wish to keep conversing*; 2s mid. βούλομαι often precedes a deliberative subj. conflating two questions: 'what do you want?' and 'are we to converse?'
7  εἰκὸς (ἐστι): *(it is) probable*
οὕτως ἔχειν: see p. 7
8  ἂν ἀκούσαιμι: *I would...*; aor. potential opt.
ἥντινα δόξαν: *whatever opinion*; fem. acc. sg. adj. ὅστις
10  οὔκουν γε: *I certainly do not think*; γε emphasizes the negative οὐκ
ἂν...εἰπεῖν, εἰ...εἴη: *that...would say...if he were...*; mixed contrafactual condition in

ind. discourse: ἄν + aor. inf. is here equiv. to ἄν + aor. in direct speech; pres. opt. εἴη in the protasis replaces impf. indicative in secondary sequence
τινα...ἀκούσαντα: acc. subject
ἦ δ'ὃς: see note on p. 9
c1  οὐδ(ὲ): *not even*
εἴη: 3s opt., see line 10 above
ὡς: *that....*; ind. disc. following εἰπεῖν
2  προσηκότων: *things pertaining (to me);* or 'things belonging to me'
τοὺς λόγους: i.e. conversations, discussion
4  σκεψώμεθα: *Let us...*; hortatory subj.
εἴτε ἄρα...ειτε καὶ: *whether, it seems,....or actually*; adverbial καὶ
ἐν Ἅιδου: *in (the house) of Hades*
εἰσὶν: *are*
6  μὲν οὖν: *certainly, to be sure*; in affirmation
οὗ: *which...*; obj. of. pf. μιμνήσκω

ἀφικόμεναι ἐκεῖ, καὶ πάλιν γε δεῦρο ἀφικνοῦνται καὶ γί-
γνονται ἐκ τῶν τεθνεώτων· καὶ εἰ τοῦθ' οὕτως ἔχει, πάλιν
γίγνεσθαι ἐκ τῶν ἀποθανόντων τοὺς ζῶντας, ἄλλο τι ἢ εἶεν
ἂν αἱ ψυχαὶ ἡμῶν ἐκεῖ; οὐ γὰρ ἄν που πάλιν ἐγίγνοντο μὴ    d
οὖσαι, καὶ τοῦτο ἱκανὸν τεκμήριον τοῦ ταῦτ' εἶναι, εἰ τῷ
ὄντι φανερὸν γίγνοιτο ὅτι οὐδαμόθεν ἄλλοθεν γίγνονται οἱ
ζῶντες ἢ ἐκ τῶν τεθνεώτων· εἰ δὲ μὴ ἔστι τοῦτο, ἄλλου ἄν
του δέοι λόγου.    5

πάνυ μὲν οὖν, ἔφη ὁ Κέβης.

μὴ τοίνυν κατ' ἀνθρώπων, ἦ δ' ὅς, σκόπει μόνον τοῦτο,
εἰ βούλει ῥᾷον μαθεῖν, ἀλλὰ καὶ κατὰ ζῴων πάντων καὶ
φυτῶν, καὶ συλλήβδην ὅσαπερ ἔχει γένεσιν περὶ πάντων

---

ἄλλο-θεν: from another place or elsewhere, 6
γένεσις, -εως, ἡ: coming-to-be, generation, 16
δεῦρο: here, to this point, hither, 7
ἐκεῖ: there, in that place, 17
ζῷον, τό: a living being, animal, 6
μανθάνω: to learn, understand, 12
ὅσοσπερ, -α, -ον: as many as, who, 1

οὐδαμό-θεν: from no place, from nowhere, 1
ῥᾷον: more easily, 2
συλλήβδην: collectively, in sum, in short, 2
τεκμήριον, τό: sign, indication, proof, 5
φανερός, -ά, -όν: visible, manifest, evident, 1
φυτόν, τό: a plant, tree, 1

7 καὶ πάλιν γε: and again; καὶ...γε
emphasizes the intervening word
γίγνομαι: are born
8 τεθνεώτων: pf. pple θνῄσκω
τοῦθ': τοῦτο
οὕτως ἔχει: see p. 7
9 ἀποθανόντων: aor. pple, ἀπο-θνῄσκω
ἄλλο τι ἢ: (is it) anything other than...;
anticipating a yes response
εἶεν ἄν: 3p pres. potential opt. εἰμί
d1 ἄν...ἐγίγνοντο: would be born; ἄν + impf.
is present (unrealized) potential
που: I suppose
μὴ οὖσαι: if not existing; fem. pl. pple εἰμί
modifying understood subject ψυχαί;
conditional in sense (hence μή, not οὐ)
2 τοῦτο (ἂν εἴη): this would be...
τοῦ...εἶναι: of these things being the case;

i.e. are true, articular inf.
τῷ ὄντι: really, actually
3 φανερὸν γίγνοιτο: it should become clear
that...; impersonal opt., protasis in a fut.
less vivid condision
4 ἔστι: is the case
5 ἄν...δέοι: there would be need...; + gen.
6 πάνυ μὲν οὖν: quite certainly indeed; μὲν
οὖν is a strong assent
7 μὴ...σκόπει: don't...; σκόπε-ε, imperative
κατὰ ἀνθρώπων: in regard to humans
ἦ δ' ὅς: see note on pg. 9
8 βούλει: 2s pres. mid., βουλέ(σ)αι
ῥᾷον: comparative adverb ἐν-νοέω
8 μαθεῖν: aor. inf. μανθάνομαι
κατὰ...: with regard to...
ἔχει: 3s governing a neuter pl. subject

e  ἴδωμεν ἆρ' οὑτωσὶ γίγνεται πάντα, οὐκ ἄλλοθεν ἢ ἐκ τῶν
ἐναντίων τὰ ἐναντία, ὅσοις τυγχάνει ὂν τοιοῦτόν τι, οἷον τὸ
καλὸν τῷ αἰσχρῷ ἐναντίον που καὶ δίκαιον ἀδίκῳ, καὶ ἄλλα
δὴ μυρία οὕτως ἔχει. τοῦτο οὖν σκεψώμεθα, ἆρα ἀναγκαῖον

5  ὅσοις ἔστι τι ἐναντίον, μηδαμόθεν ἄλλοθεν αὐτὸ γίγνεσθαι
ἢ ἐκ τοῦ αὐτῷ ἐναντίου. οἷον ὅταν μεῖζόν τι γίγνηται,
ἀνάγκη που ἐξ ἐλάττονος ὄντος πρότερον ἔπειτα μεῖζον
γίγνεσθαι;

    ναί.

10    οὐκοῦν κἂν ἔλαττον γίγνηται, ἐκ μείζονος ὄντος πρότερον
**71** ὕστερον ἔλαττον γενήσεται;

    ἔστιν οὕτω, ἔφη.

---

ἄ-δικος, -ον: unrighteous, unjust, 6
αἰσχρός -ά -όν: ugly, shameful, disgraceful 3
ἄλλο-θεν: from another place or elsewhere, 6
δίκαιος, -α, -ον: just, right(eous), fair, 13
μηδαμό-θεν: from no place, from nowhere, 2

μυρίος, -η, -ον: countless, infinite, 6
ναί: yes, yea, 15
οὑτωσί: in this here way, thus, so, 2
σκέπτομαι: look at, examine, consider, 9
ὕστερος, -α, -ον: later, last; adv. later 17

e1 ἴδωμεν ἆρ(α): *let us….*; hortatory aor. subj.
  εἶδον
  ἆρ(α): *whether…*; introducing ind. question
  οὑτωσ-ί: deictic iota can be expressed by
  adding 'here': 'in this here way'
  ἐκ τῶν ἐναντίων τὰ ἐναντία: *opposites
  from opposites*
2 ὅσοις…τοιοῦτόν τι: *to what a certain sort
  happens to be*; dat. of special adjective ἐν-
  ἐναντία
  οἷον: *for example*; 'in respect to such,' acc.
  of respect
  τὸ καλὸν: *the beautiful*; or 'beauty,'
  a substantive
3 τῷ αἰσχρῷ: *to the ugly*; or 'ugliness,' dat.
  with ἐναντίον, a substantive
  (τὸ) δίκαιον (τῷ) ἀδίκῳ: *the just (opposite)
  to the unjust*; substantives
  καί…δὴ: *and indeed…*; similar to καί…γε

(GP 254)
4 οὕτως ἔχει: *are so*; see p. 7
  σκεψώμεθα: *let us…*; hortatory aor. subj.
  ἆρα: *whether…*; see e1 above
  ἀναγκαῖον (ἐστί): *it is necessary that…*
5 ὅσοις…ἐναντίον…αὐτὸ: *it, to as many
  as there is an opposite*; ὅσοις is dat. of
  possesssion ('as many as have…') with a
  sg. antecedent αὐτὸ, subject of γίγνεσθαι
6 αὐτῷ: *to it*; dat. of special adj. ἐναντίου
  οἷον: *for example*; acc. of respect
7 ἀνάγκη: *(it is) necessary that*
  ἐλάττονος: gen. sg. predicate of ὄντος,
  pple from εἰμί
  πρότερον: comparative adverb
  μεῖζον: neuter predicate of the infinitive
  κἂν: *even if…*; καὶ ἐὰν
  γενήσεται: fut. γίγνομαι

---

**Philosophical Vocabulary:** Plato often employs substantives (article + neuter adj.) to depict
forms and abstract qualities. Scholars preserve
the substantive in translation, e.g. 'the beautiful,'
and often avoid translating a substantive as an
abstract noun, e.g. 'beauty.'

| | |
|---|---|
| τὸ καλόν | *the beautiful (noble)* |
| τὸ αἰσχρόν | *the ugly (shameful)* |
| τὸ δίκαιον | *the just* |
| τὸ ἄδικον | *the unjust* |

καὶ μὴν ἐξ ἰσχυροτέρου γε τὸ ἀσθενέστερον καὶ ἐκ βρα-
δυτέρου τὸ θᾶττον;

πάνυ γε.      5

τί δέ; ἄν τι χεῖρον γίγνηται, οὐκ ἐξ ἀμείνονος, καὶ ἂν
δικαιότερον, ἐξ ἀδικωτέρου;

πῶς γὰρ οὔ;

ἱκανῶς οὖν, ἔφη, ἔχομεν τοῦτο, ὅτι πάντα οὕτω γίγνεται,
ἐξ ἐναντίων τὰ ἐναντία πράγματα;      10

πάνυ γε.

τί δ᾽ αὖ; ἔστι τι καὶ τοιόνδε ἐν αὐτοῖς, οἷον μεταξὺ
ἀμφοτέρων πάντων τῶν ἐναντίων δυοῖν ὄντοιν δύο γενέσεις,
ἀπὸ μὲν τοῦ ἑτέρου ἐπὶ τὸ ἕτερον, ἀπὸ δ᾽ αὖ τοῦ ἑτέρου     b

---

ἄ-δικος, -ον: unrighteous, unjust, 6
ἀμείνων, -ον (-ονος): better, 10
ἀμφότερος, -α, -ον: each of two, both, pair, 5
ἀ-σθενής, -ές: without strength, weak, feeble 3
βραδύς, -εῖα, -ύ: slow, 2
γένεσις, -εως, ἡ: coming-to-be, generation, 16

δίκαιος, -α, -ον: just, right(eous), fair, 13
θάττων, θᾶττον: faster, quicker, swifter, 1
ἰσχυρός, -ά, -όν: strong, powerful; severe, 5
μεταξύ: between, betwixt, 6
πρᾶγμα, -ατος τό: deed, act; matter, affair 18
χείρων, -ον, (-οντος): worse, inferior, 5

3 καὶ μὴν...γε: *and indeed...in fact*;
   introduces a new argument of greater
   importance (GP 351-2), γε is emphatic

5 πάνυ γε: *quite indeed*; common affirmative
   τί δέ;: *What (then)?*; as often, introducing
   another question

6 ἄν...γίγνηται: *if...*; ἐὰν + subj.
   καὶ ἂν (γίγνηται): *and if...*; ἐὰν, supply verb

8 πῶς γὰρ οὔ: *how (could it) not*; lit. '(yes),
   for how could it not'

9 ἱκανῶς...ἔχομεν τοῦτο: *we have this (fact)
   sufficiently*; or 'we know this sufficiently'

ὅτι: *(namely) that...*

12 τί δ᾽ αὖ;: *What in turn?*; 'what again,'
   introducing another point
   ἔστι τι καὶ τοιόνδε: *is there something
   also of this sort*
   οἷον: *for example*; 'with respect to such,'
   acc. of respect;
   μεταξὺ ἀμφοτέρων...ἐναντίων: *between
   all these opposites, as pairs*

13 δυοῖν ὄντοιν: *(since) being two*; dual gen.,
   pple of εἰμί, causal in sense

b1 ἑτέρου...ἐπὶ...ἕτερον: *from one...to another*

πάλιν ἐπὶ τὸ ἕτερον· μείζονος μὲν πράγματος καὶ ἐλάττονος
μεταξὺ αὔξησις καὶ φθίσις, καὶ καλοῦμεν οὕτω τὸ μὲν αὐξά-
νεσθαι, τὸ δὲ φθίνειν;

5      ναί, ἔφη.

οὐκοῦν καὶ διακρίνεσθαι καὶ συγκρίνεσθαι, καὶ ψύχεσθαι
καὶ θερμαίνεσθαι, καὶ πάντα οὕτω, κἂν εἰ μὴ χρώμεθα τοῖς
ὀνόμασιν ἐνιαχοῦ, ἀλλ᾽ ἔργῳ γοῦν πανταχοῦ οὕτως ἔχειν
ἀναγκαῖον, γίγνεσθαί τε αὐτὰ ἐξ ἀλλήλων γένεσίν τε εἶναι
10     ἑκατέρου εἰς ἄλληλα;

πάνυ μὲν οὖν, ἦ δ᾽ ὅς.

c      τί οὖν; ἔφη, τῷ ζῆν ἐστί τι ἐναντίον, ὥσπερ τῷ
ἐγρηγορέναι τὸ καθεύδειν;

---

αὐξάνω: to increase, augment, 2
αὔξησις, -εως, ἡ: increasing, growth, 1
γένεσις, -εως, ἡ: coming-to-be, generation, 16
γοῦν: γε οὖν, at least, at any rate, any way, 4
δια-κρίνω: separate, distinguish; decide, 2
ἐγείρω: to awaken, arouse, 4
ἑκάτερος, -α, -ον: each of two, either, 5
ἐνια-χοῦ: in some places, 1
ἔργον, τό: work, labor, deed, act, 5
ἕτερος, -α, -ον: one of two, other, different, 58
θερμαίνω: to make hot; mid. be warm, hot, 2

καθ-εύδω: to lie down to sleep, sleep, 5
μεταξύ: between, betwixt, 6
ναί: yes, yea, 15
ὄνομα, -ατος, τό: name, 7
παντα-χοῦ: everywhere, in all places, 3
πρᾶγμα, -ατος τό: deed, act; matter, affair 18
συγ-κρίνω: combine, synthesize, compound 2
φθίνω: decrease, waste away, decay, perish, 1
φθίσις, -εως, ἡ: decreasing, wasting away, 1
χράομαι: to use, employ, enjoy, (+ dat.) 11
ψύχω: to make cool or cold; mid. be cold 2

---

2 ἐπί: *to ...*
3 μείζονος...ἐλάττονος μεταξὺ: the entire
  preceding genitive is the object of μεταξὺ
  καλοῦμεν...τὸ μὲν μὲν αὐξάνεσθαι, τὸ δὲ
  φθίνειν: *we call one growing and the other
  decreasing*
6 οὐκοῦν καὶ...καὶ: *according both...and*
7 κἂν εἰ: *even if...*; καὶ εἰ ἄν + subj. in a
  present general condition
8 ἐνιαχοῦ: i.e. in each instance
  πανταχοῦ: i.e. in every instance
  ἀλλὰ ἔργῳ γοῦν: *but in reality at any
  rate*; dat. of respect
9 ἀναγκαῖον (ἐστί): *(it is) necessary*

οὕτως ἔχειν: see pg. 7
αὐτὰ: *that they...*; i.e. opposites, acc. subj.
11 πάνυ μὲν οὖν: *quite certainly indeed*; μὲν
  οὖν is a strong assent
c1 τῷ ζῆν: *to living*; articular inf. dat. of
  special adj. ἐναντίον
  ἐστί: *there is...*
  τῷ ἐγρηγορέναι: *to being awake*; articular
  pf. inf. ἐγείρω, the perfect indicates a state
  not activity
2 τὸ καθεῦδειν (ἐναντίον ἐστί): supply verb
  and predicate from above

πάνυ μὲν οὖν, ἔφη.

τί;

τὸ τεθνάναι, ἔφη.                                                    5

οὐκοῦν ἐξ ἀλλήλων τε γίγνεται ταῦτα, εἴπερ ἐναντία
ἐστιν, καὶ αἱ γενέσεις εἰσὶν αὐτοῖν μεταξὺ δύο δυοῖν ὄντοιν;

πῶς γὰρ οὔ;

τὴν μὲν τοίνυν ἑτέραν συζυγίαν ὧν νυνδὴ ἔλεγον ἐγώ
σοι, ἔφη, ἐρῶ, ὁ Σωκράτης, καὶ αὐτὴν καὶ τὰς γενέσεις· σὺ   10
δέ μοι τὴν ἑτέραν. λέγω δὲ τὸ μὲν καθεύδειν, τὸ δὲ ἐγρη-
γορέναι, καὶ ἐκ τοῦ καθεύδειν τὸ ἐγρηγορέναι γίγνεσθαι καὶ
ἐκ τοῦ ἐγρηγορέναι τὸ καθεύδειν, καὶ τὰς γενέσεις αὐτοῖν   d
τὴν μὲν καταδαρθάνειν εἶναι, τὴν δ᾽ ἀνεγείρεσθαι. ἱκανῶς
σοι, ἔφη, ἢ οὔ;

---

ἀν-εγείρομαι: to wake up, 2
γένεσις, -εως, ἡ: coming-to-be, generation, 16
ἐγείρω: to awaken, arouse, 4
καθ-εύδω: to lie down to sleep, sleep, 5

κατα-δαρθάνω: to fall asleep, 2
μεταξύ: between, betwixt, 6
νυν-δὴ: just now, 15
) συ-ζυγία, ἡ: pair; a yoke of animals; union, 1

3 πάνυ μὲν οὖν: *quite certainly indeed*; μὲν
  οὖν is a strong assent
5 τὸ τεθνάναι: articular (pf.) inf. θνῄσκω;
  again, the pf. denotes a state, 'being dead,'
  rather than an activity 'having died'
  γίγνεται: governs a neuter pl. subject
6 ταῦτα: *these*; i.e. these two
7 ἐστιν: *these (two) are*; supply ταῦτα as
  subject
  αὐτοῖν μεταξὺ: μεταξύ αὐτοῖν; dual gen.
  δύο: predicate of pple εἰσίν, 3ʳᵈ pl. εἰμί
  δυοῖν ὄντοιν: *(since) being two*; dual gen.,
  pple of εἰμί, causal in sense
8 πῶς γὰρ οὔ: *how (could it) not*; lit. '(yes),
  for how could it not'
9 τὴν...ἑτέραν συζυγίαν: *(about) one pair*

ὧν: *(of those) which*; τουτῶν ἅ, acc. pl.
  relative has assimilated the gen. of the
  missing antecedent
10 ἐρῶ: ἐρέω, 1s fut. λέγω
  καὶ αὐτὴν καὶ...γενέσεις: *both itself and its
  generations*; in apposition to συζυγίαν
  σὺ (ἐρεῖς): 2s fut. ἐρέω
11 λέγω τὸ μὲν....τὸ δὲ: *I call the one... and
  the other...*; see 71b3
  ἐγρηγορέναι: *being awake*; pf. inf. ἐγείρω
d1 αὐτοῖν: *of these two*; dual gen. αὐτός
2 τὴν μὲν...εἶναι...τὴν δ᾽: *one (coming to be)
  is...the other (is)...*; ind. discourse
  ἱκανῶς (ἔχει): *is it sufficent...?*; 'does it
  hold sufficiently' supply ἔχει, see p. 7

    πάνυ μὲν οὖν.

5  λέγε δή μοι καὶ σύ, ἔφη, οὕτω περὶ ζωῆς καὶ θανάτου.
    οὐκ ἐναντίον μὲν φῂς τῷ ζῆν τὸ τεθνάναι εἶναι;
    ἔγωγε.
    γίγνεσθαι δὲ ἐξ ἀλλήλων;
    ναί.

10  ἐξ οὖν τοῦ ζῶντος τί τὸ γιγνόμενον;
    τὸ τεθνηκός, ἔφη.
    τί δέ, ἦ δ' ὅς, ἐκ τοῦ τεθνεῶτος;
    ἀναγκαῖον, ἔφη, ὁμολογεῖν ὅτι τὸ ζῶν.
    ἐκ τῶν τεθνεώτων ἄρα, ὦ Κέβης, τὰ ζῶντά τε καὶ οἱ
15  ζῶντες γίγνονται;

e    φαίνεται, ἔφη.

---

ζωή, ἡ: living, way of life, 5

ναί: yes, yea, 15

4 **πάνυ μὲν οὖν**: *quite certainly indeed*; μὲν οὖν is a strong assent
5 **λέγε δή**: *now tell...*; or 'just tell...' δή is often an intensive modifying imperatives
6 **φῂς**: 2s φημί,
6 **τῷ ζῆν**: articular inf. ζάω, dat. of special adj. ἐναντίον
**τὸ τεθνάναι**: *that being dead*; acc. subject, articular pf. inf.

10 **τοῦ ζῶντος**: *the living*; pple
**τί**: *what (is)...*; supply linking ἐστί
**τὸ τεθνηκός**: *the one...*; neuter sg. pf. pple θνήσκω
12 **τεθνεῶτος**: gen. sg. τεθνηκός
13 **ἀναγκαῖον**: *(it is) necessary...*; add verb,
**ὅτι (ἐστί)**: *that (it is)...*; supply verb
14 **τὰ ζῶντα...ζῶντες**: *both living things and living people*

εἰσὶν ἄρα, ἔφη, αἱ ψυχαὶ ἡμῶν ἐν Ἅιδου.

ἔοικεν.

οὐκοῦν καὶ τοῖν γενεσέοιν τοῖν περὶ ταῦτα ἤ γ' ἑτέρα
σαφὴς οὖσα τυγχάνει; τὸ γὰρ ἀποθνῄσκειν σαφὲς δήπου, 5
ἢ οὔ;

πάνυ μὲν οὖν, ἔφη.

πῶς οὖν, ἦ δ' ὅς, ποιήσομεν; οὐκ ἀνταποδώσομεν τὴν
ἐναντίαν γένεσιν, ἀλλὰ ταύτῃ χωλὴ ἔσται ἡ φύσις; ἢ ἀνάγκη
ἀποδοῦναι τῷ ἀποθνῄσκειν ἐναντίαν τινὰ γένεσιν; 10

πάντως που, ἔφη.

τίνα ταύτην;

τὸ ἀναβιώσκεσθαι.

---

Ἅιδης, -ου ὁ: Hades, 15

ἀνα-βιώσκομαι: to bring (back) to life, 6

ἀντ-απο-δίδωμι: to render in return, repay, 3

ἀπο-δίδωμι: to give back, return, render, 5

γένεσις, -εως, ἡ: coming-to-be, generation, 16

δή-που: perhaps, I suppose; of course, 8

πάντως: entirely, absolutely, 3

σαφής, -ές: clear, distinct; certain, reliable, 16

φύσις, -εως, ἡ: nature, character; form, 11

χωλός, -ή, -όν: defective, one-sided; lame, 1

---

2 εἰσὶν (εἰσί) 3p εἰμί
  ἐν Ἅιδου: *in (the house) of Hades*

4 τοῖν γενεσέοιν: *among...*; partitive gen.,
  dual gen.

5 σαφὴς: nom. predicate
  οὖσα τυγχάνει: pple, εἰμί, see p. 20
  σαφὲς (ἐστί): neuter. sg. predicate, add verb

7 πάνυ μὲν οὖν: *quite certainly indeed*; μὲν
  οὖν is a strong assent

8 οὐκ ἀνταποδώσομεν...γένεσιν: *Will we not*

*offer the opposite coming-to-be in
response?*

1 ἀλλὰ: *or rather*

9 ταύτῃ: *in this way*; dat. of manner
  ἔσται: 3s fut. deponent, εἰμί,
  ἀνάγκη: supply ἐστί

10 ἀποδοῦναι: aor. inf. ἀπο-δίδωμι,
  τῷ ἀποθνῄσκειν: dat. obj. of special adj.
  ἐναντίαν

οὐκοῦν, ἦ δ' ὅς, εἴπερ ἔστι τὸ ἀναβιώσκεσθαι, ἐκ τῶν
72 τεθνεώτων ἂν εἴη γένεσις εἰς τοὺς ζῶντας αὕτη, τὸ ἀνα-
βιώσκεσθαι;

πάνυ γε.

ὁμολογεῖται ἄρα ἡμῖν καὶ ταύτῃ τοὺς ζῶντας ἐκ τῶν
5 τεθνεώτων γεγονέναι οὐδὲν ἧττον ἢ τοὺς τεθνεῶτας ἐκ τῶν
ζώντων, τούτου δὲ ὄντος ἱκανόν που ἐδόκει τεκμήριον εἶναι
ὅτι ἀναγκαῖον τὰς τῶν τεθνεώτων ψυχὰς εἶναί που, ὅθεν δὴ
πάλιν γίγνεσθαι.

δοκεῖ μοι, ἔφη, ὦ Σώκρατες, ἐκ τῶν ὡμολογημένων
10 ἀναγκαῖον οὕτως ἔχειν.

ἰδὲ τοίνυν οὕτως, ἔφη, ὦ Κέβης, ὅτι οὐδ' ἀδίκως ὡμο-

---

ἄ-δικος, -ον: unrighteous, unjust, 6
ἀνα-βιώσκομαι: to bring back to life, 6
γένεσις, -εως, ἡ: coming-to-be, generation, 16

ἥττων, -ον: less, weaker, inferior, 16
ὅ-θεν: from where, from which, 4
τεκμήριον, τό: sign, indication, proof, 5

14 ἔστι: *there exists*; or 'there is'
72a1 τεθνεώτων: pf. pple θνήσκω,
    ἂν εἴη: *would...*; 3s potential opt. εἰμί
    αὕτη: *this*; nom. subj., γένεσις is the
    predicate
    τὸ ἀναβιώσκεσθαι: in apposition to αὕτη
3 πάνυ γε: *quite so, quite indeed*; affirmative
4 ὁμολογεῖται ἡμῖν: *it is agreed for us*; dat.
    of interest
    καὶ ταύτῃ: *in this way also*; adverbial καί
    and dat. of manner,
5 γεγονέναι: pf. inf. γίγνομαι
    οὐδὲν ἧττον ἤ: *no less than*; or 'in no way
    less than...' comparative adv. with an acc.

of degree by extent (i.e. less by nothing)
6 τούτου ὄντος: *(since) this is the case*; 'this
    being (the case)' gen. abs., causal in sense
7 ἀναγκαῖον: *(it is) necessary*
    που: *somewhere*
    ὅθεν δή: *from which very place*; 'precisely
    from where'
8 γίγνεσθαι: supply ἀναγκαῖον
9 ὡμολογημένων: pf. pass. pple ὁμολογέω
10 οὕτως ἔχειν: see p. 7
11 ἰδὲ: sg. aor. imperative sg. εἶδον
    οὐδὲ ἀδίκως: i.e. rightly, justly; litotes
    ὡμολογήκαμεν: pf. ὁμολογέω

λογήκαμεν, ὡς ἐμοὶ δοκεῖ. εἰ γὰρ μὴ ἀεὶ ἀνταποδιδοίη τὰ
ἕτερα τοῖς ἑτέροις γιγνόμενα, ὡσπερεὶ κύκλῳ περιιόντα, ἀλλ'  b
εὐθεῖά τις εἴη ἡ γένεσις ἐκ τοῦ ἑτέρου μόνον εἰς τὸ καταν-
τικρὺ καὶ μὴ ἀνακάμπτοι πάλιν ἐπὶ τὸ ἕτερον μηδὲ καμπὴν
ποιοῖτο, οἶσθ' ὅτι πάντα τελευτῶντα τὸ αὐτὸ σχῆμα ἂν σχοίη
καὶ τὸ αὐτὸ πάθος ἂν πάθοι καὶ παύσαιτο γιγνόμενα;        5
    πῶς λέγεις; ἔφη.

    οὐδὲν χαλεπόν, ἦ δ' ὅς, ἐννοῆσαι ὃ λέγω· ἀλλ' οἷον εἰ
τὸ καταδαρθάνειν μὲν εἴη, τὸ δ' ἀνεγείρεσθαι μὴ ἀνταποδιδοίη
γιγνόμενον ἐκ τοῦ καθεύδοντος, οἶσθ' ὅτι τελευτῶντα πάντ'
⟨ἂν⟩ λῆρον τὸν Ἐνδυμίωνα ἀποδείξειεν καὶ οὐδαμοῦ ἂν  c
φαίνοιτο διὰ τὸ καὶ τἆλλα πάντα ταὐτὸν ἐκείνῳ πεπονθέναι,

---

ἀνα-κάμπτω: to bend back, return, 1
ἀν-εγείρομαι: to wake up, 2
ἀντ-απο-δίδωμι: to render in return, repay, 3
ἀπο-δείκνυμι: point out, demonstrate, prove 11
γένεσις, -εως, ἡ: coming-to-be, generation, 16
Ἐνδυμίων, -ωνος, ὁ: Endymion, 1
ἐν-νοέω: to have in mind, notice, consider, 18
εὐθύς: right away, straight, directly, at once, 9
καθ-εύδω: to lie down to sleep, sleep, 5
καμπή, ἡ: bend, turn 1
κατα-δαρθάνω: to fall asleep, 2

καταντικρύ: right opposite, 4
κύκλος, ὁ: a circle, round, ring, 10
λῆρος, ὁ: nonsense, a trifler, 1
οὐδαμοῦ: nowhere, 5
πάθος -εος τό: experience incident passion 11
παύω: to stop, make cease, 6
περι-έρχομαι: to go around, 6
σχῆμα, -ατος, τό: form, figure, appearance, 3
χαλεπός, -ά, -όν: difficult, hard, harmful, 5
ὡσπερεί: as if, just as if, 1

12 εἰ...ἀνταποδιδοίη...εἴη...ποιοῖτο,...ἂν
σχοίη...: if...should return...should be...
should make,...would have; fut. more vivid
condition (εἰ opt. ἄν + opt.); 3s. pres. opt.
ἀνταποδίδωμι, εἰμί, ποιέω, and aor. ἔχω
τὰ ἕτερα...γιγνόμενα: some things render
in return to other things by coming to be;
dat. of ind. obj., the pple is causal
b1 κύκλῳ: in...; dat. of manner
περιιόντα: acc. sg. pple περι-έρχομαι,
2 εὐθεῖά τις: something straight; nom.
predicate; in contrast to περιιόντα
μόνον: only; adverbial acc.
4 οἶσθ(α) ὅτι: you know that; parenthetical or
governing the entire condition; 2s οἶδα
τελευτῶντα: in the end, finally; the pple is
often translated as an adverb
τὸ αὐτὸ...: the same...; attributive position
ἂν σχοίη: see note on line 12 above

5 ἂν πάθοι: would...; aor. opt. πάσχω,
parallel to σχοίη
παύσαιτο γιγνόμενα: cease becoming;
aor. opt. governs a complementary ppl,
6 πῶς λέγεις: how do you mean?
7 χαλεπόν (ἐστί): it is...; impersonal
ἐννοῆσαι: aor. inf. ἐννοέω,
οἷον: for example; 'in respect to such'
8 εἰ εἴη...ἀνταποδιδοίη...(ἂν) ἀποδείξειεν, :
if...should exist, ...should not render in
return, ...would prove...; fut. more vivid
9 καθεύδοντος: sleeping
οἶσθ(α) ὅτι: know that...; see line 4
τελευτῶντα: in the end, finally; see line 4
πάντ(α): nom. subj. of 3s verb
c1 ἀποδείξειεν: would prove Endymion
nonsense; 3s aor. opt.
2 διὰ...πεπονθέναι: on account of everything
else experiencing the same as that one

καθεύδειν. κἂν εἰ συγκρίνοιτο μὲν πάντα, διακρίνοιτο δὲ
μή, ταχὺ ἂν τὸ τοῦ Ἀναξαγόρου γεγονὸς εἴη, 'ὁμοῦ πάντα
5 χρήματα.' ὡσαύτως δέ, ὦ φίλε Κέβης, καὶ εἰ ἀποθνήσκοι
μὲν πάντα ὅσα τοῦ ζῆν μεταλάβοι, ἐπειδὴ δὲ ἀποθάνοι,
μένοι ἐν τούτῳ τῷ σχήματι τὰ τεθνεῶτα καὶ μὴ πάλιν
ἀναβιώσκοιτο, ἆρ' οὐ πολλὴ ἀνάγκη τελευτῶντα πάντα
d τεθνάναι καὶ μηδὲν ζῆν; εἰ γὰρ ἐκ μὲν τῶν ἄλλων τὰ
ζῶντα γίγνοιτο, τὰ δὲ ζῶντα θνήσκοι, τίς μηχανὴ μὴ οὐχὶ
πάντα καταναλωθῆναι εἰς τὸ τεθνάναι;

οὐδὲ μία μοι δοκεῖ, ἔφη ὁ Κέβης, ὦ Σώκρατες, ἀλλά μοι
5 δοκεῖς παντάπασιν ἀληθῆ λέγειν.

ἔστιν γάρ, ἔφη, ὦ Κέβης, ὡς ἐμοὶ δοκεῖ, παντὸς μᾶλλον

---

ἀνα-βιώσκομαι: to bring back to life, 6
Ἀναξαγόρας, ου, ὁ: Anaxagoras, 2
δια-κρίνω: separate, distinguish; decide, 2
καθ-εύδω: to lie down to sleep, sleep, 5
κατα-αναλίσκχω: to use up, spend, 1
μένω: to stay, remain, 8
μετα-λαμβάνω: receive a share of, partake
(gen) 2
μηχανή, ἡ: instrument, contrivance, means, 2

ὁμοῦ: at the same place, together, 3
παντά-πασι: all in all, absolutely 15
συγ-κρίνω: combine, synthesize, compound 2
σχῆμα, -ατος, τό: form, figure, appearance, 3
ταχύς, εῖα, ύ: quick, swift, hastily, 9
φίλος -η -ον: dear, friendly; *noun* friend, kin 8
χρῆμα, -ατος, τό: thing, money, possessions 6
ὡσ-αύτως: in the same manner, just so, 4

3 **καθεύδειν**: *(namely) to sleep*; in apposition
κἂν εἰ...μὲν...δὲ, ἂν...γεγονὸς εἴη: *even if all
things should be...and should be...would
have*; καὶ ἂν εἰ, future less vivid (εἰ opt., ἂν
opt.); the duplication of ἂν is for emphasis
4 **ταχὺ**: *soon*; 'quickly,' adverbial acc.
τὸ τοῦ Ἀναξαγόρου: *that (saying) of
Anaxagoras*
ἂν....γεγονὸς εἴη: periphrastic pf. opt.
(neut. pf. pple γίγνομαι + opt. εἰμί)
5 **καὶ εἰ ἀποθνήσκοι**: *even if...should....*;
lengthy protasis of a future less vivid
6 **πάντὰ**: neuter pl. subject of 3s verb
μεταλάβοι: usually an indicative, the verb
has assimilated to the opt. of ἀποθνήσκοι
τοῦ ζῆν: articular inf., partitive gen. ζάω,
ἀποθάνοι: aor. opt. ἀποθνήσκω; one
expects ἂν + subj. in an indefinite temporal
clause: (1) the verb has either assimilated to
the opt. the opt. of ἀποθνήσκοι or (2) Plato
composed the indefinite temporal clause in

secondary seq., where an opt. replaces what
is otherwise ἂν + subj. in primary seq.
7 **τὰ τεθνεῶτα**: *the dead*; subject of two 3s
verbs; neuter pl. pf. pple θνήσκω
8 **ἀνάγκη (ἂν εἴη)**: *would there be...?*; supply
the missing apodosis to the condition
τελευτῶντα: *in the end, finally*; as adverb
d1 **τεθνάναι**: *to be dead*; pf. inf.
μηδὲν: *not at all*; inner acc.
εἰ μὲν γίγνοιτο...δὲ θνήσκοι: *if...should...
and ...should...*; a single protasis
2 **τίς μηχανὴ (ἂν εἴη)**: *what means (would
there be)?*; supply missing apodosis
μὴ οὐχὶ: *that all things not...*; μὴ οὐ + inf.
is used after negated verbs of prevention,
here implied
3 **καταναλωθῆναι**: aor. pass. inf.
εἰς τὸ τεθνάναι: *for dying*; 'for being dead'
4 **οὐδὲ μία**: *not even one (means)...*; fem. sg.
agreeing with missing μηχανή
6 **παντὸς μᾶλλον**: *more than anything*

Meno

οὕτω, καὶ ἡμεῖς αὐτὰ ταῦτα οὐκ ἐξαπατώμενοι ὁμολογοῦμεν,
ἀλλ' ἔστι τῷ ὄντι καὶ τὸ ἀναβιώσκεσθαι καὶ ἐκ τῶν τεθνεώ-
των τοὺς ζῶντας γίγνεσθαι καὶ τὰς τῶν τεθνεώτων ψυχὰς
εἶναι [καὶ ταῖς μέν γε ἀγαθαῖς ἄμεινον εἶναι, ταῖς δὲ κακαῖς   e
κάκιον.]

   καὶ μήν, ἔφη ὁ Κέβης ὑπολαβών, καὶ κατ' ἐκεῖνόν γε
τὸν λόγον, ὦ Σώκρατες, εἰ ἀληθής ἐστιν, ὃν σὺ εἴωθας
θαμὰ λέγειν, ὅτι ἡμῖν ἡ μάθησις οὐκ ἄλλο τι ἢ ἀνάμνησις   5
τυγχάνει οὖσα, καὶ κατὰ τοῦτον ἀνάγκη που ἡμᾶς ἐν προτέρῳ
τινὶ χρόνῳ μεμαθηκέναι ἃ νῦν ἀναμιμνησκόμεθα. τοῦτο δὲ
ἀδύνατον, εἰ μὴ ἦν που ἡμῖν ἡ ψυχὴ πρὶν ἐν τῷδε τῷ ἀν-   73
θρωπίνῳ εἴδει γενέσθαι· ὥστε καὶ ταύτῃ ἀθάνατον ἡ ψυχή
τι ἔοικεν εἶναι.

---

ἀ-δύνατος, -ον: unable, incapable,
impossible, 6
ἀμείνων, -ον (-ονος): better, 10
ἀνα-βιώσκομαι: to bring back to life, 6
ἀνα-μιμνήσκω: remind, recall (acc. gen.) 16
ἀνά-μνησις, -εως, ἡ: recollection, recall, 11
ἀνθρώπινος, -η, -ον: belonging to human,
human, 7

εἶδος, -εος, τό: form, shape, figure, 17
εἴωθα: to be accustomed, 12
ἐξ-απατάω: to deceive, beguile, 4
θαμά: often, 2
μάθησις, -εως, ἡ: learning, instruction, 6
μανθάνω: to learn, understand, 12
ὑπο-λαμβάνω: to take up, reply; suppose, 8

8 ἔστι τῷ ὄντι: actually are the case...; i.e.
are true; all four of the following articular
infinitives are the subject
καὶ...καὶ...καὶ..καὶ: both...and...and...and
e1 εἶναι: exist
[καὶ ταῖς...κάκιον]: leave untranslated;
these words were interpolated from 63c6
and do not belong in the passage above
3 καὶ μήν...γε: and certainly...in fact; enters
a new argument of greater importance (GP
351-2), γε is emphatic, see also 71a3
καὶ κατὰ...λόγον: both according to that
argument; this καί, 'both,' is followed by
another in l. 6
4 ἐστιν: (it) is; i.e. the λόγος
ὃν: which; the antecedent is λόγος
5 ὅτι: (namely) that; in apposition to λόγον
ἡμῖν: for...; dat. of interest

6 τυγχάνει οὖσα:, fem. nom. pple. εἰμί, see
p. 20
καὶ κατὰ τοῦτον (λόγον): and according
to this (argument); i.e. the following
argument, corresponds to line 3
ἀνάγκη: (it is)...; supply ἐστίν
7 μεμαθηκέναι: pf. μανθάνω, ἡμᾶς is acc.
subject
τοῦτο (ἂν ἦν)...εἰ...ἦν: this (would be)...,
if...were...; a present contrafactual (εἰ +
impf., ἄν + impf.), in which the apodosis
ἄν + impf. εἰμί must be supplied
73a1 ἦν: 3s impf. εἰμί
πρὶν...γενέσθαι: before...; πρὶν governs an
infinitive
εἴδει: dat. sg. τὸ εἶδος
2 ὥστε: i.e. as a result; in conclusion
καὶ ταύτῃ: in this way in fact; adverbial καί

ἀλλά, ὦ Κέβης, ἔφη ὁ Σιμμίας ὑπολαβών, ποῖαι τούτων
5 αἱ ἀποδείξεις; ὑπόμνησόν με· οὐ γὰρ σφόδρα ἐν τῷ παρόντι
μέμνημαι.

ἑνὶ μὲν λόγῳ, ἔφη ὁ Κέβης, καλλίστῳ, ὅτι ἐρωτώμενοι
οἱ ἄνθρωποι, ἐάν τις καλῶς ἐρωτᾷ, αὐτοὶ λέγουσιν πάντα ᾗ
ἔχει—καίτοι εἰ μὴ ἐτύγχανεν αὐτοῖς ἐπιστήμη ἐνοῦσα καὶ
10 ὀρθὸς λόγος, οὐκ ἂν οἷοί τ᾽ ἦσαν τοῦτο ποιῆσαι—ἔπειτα
b ἐάν τις ἐπὶ τὰ διαγράμματα ἄγῃ ἢ ἄλλο τι τῶν τοιούτων,
ἐνταῦθα σαφέστατα κατηγορεῖ ὅτι τοῦτο οὕτως ἔχει.

εἰ δὲ μὴ ταύτῃ γε, ἔφη, πείθῃ, ὦ Σιμμία, ὁ Σωκράτης,
σκέψαι ἂν τῇδέ πή σοι σκοπουμένῳ συνδόξῃ. ἀπιστεῖς γὰρ
5 δὴ πῶς ἡ καλουμένη μάθησις ἀνάμνησίς ἐστιν;

---

ἄγω: to lead, to bring, to carry, to convey, 12
ἀνά-μνησις, -εως, ἡ: recollection, recall, 11
ἀ-πιστέω: to distrust, not believe (+ dat.), 8
ἀπό-δειξις, εως, ἡ: demonstration, proof, 4
διά-γραμμα, -ατος, τό: (geometric) figure, 1
ἔν-ειμι: to be in or within, 8
ἐνταῦθα: here, hither, there, thither, then, 5
ἐρωτάω: to ask, inquire, question, 10
καίτοι: and yet, and indeed, and further, 8
κάλλιστος, -η, -ον: most noble or beautiful 1
κατ-αγορέω: declare, assert; denounce 1

μάθησις, -εως, ἡ: learning, instruction, 6
μιμνήσκω: to remind, recall, recollect, 6
πῃ: in some way, somehow, 4
ποῖος, -α, -ον: what sort of? what kind of?, 9
σαφής, -ές: clear, distinct; certain, reliable, 16
συν-δοκέω: to seem good also, 6
σφόδρα: very much, exceedingly, 18
τῇδε: here; in this way, thus, 8
ὑπο-λαμβάνω: to take up, reply; suppose, 8
ὑπο-μιμνήσκω: to remind, mention, 3

4 ποῖαι: interrogative, add linking verb 'are'
τούτων: for these; objective gen.
ὑπόμνησον: aor. imper. ὑπομιμνήσκω
ἐν τῷ παρόντι: at the present (time)
6 μέμνημαι: pf. mid. μιμνήσκω
7 ἑνὶ...λόγῳ...καλλίστῳ: by one very
beautiful argument; dat. of means, dat εἷς
ὅτι: (namely) that...
ἐρωτώμενοι: passive pple
8 καλῶς: well
ἐρωτᾷ: asks; pres. α-contract subj. in a
pres. general condition (εἰ ἂν + subj., pres.)
αὐτοὶ: (they) themselves; intensive
ᾗ ἔχει: however it holds; i.e. the truth; 'in
what way,' a dat. of manner, while ἔχω
means 'holds' or 'is disposed'
9 εἰ...ἐτύγχανεν,...οἷοί τε ἦσαν: if...happened
to...they would not be able; pres. contrary-

to-fact condition (εἰ + impf., ἂν + impf.)
αὐτοῖς: (in) them; dat. of compound verb
ἐνοῦσα
ἐνοῦσα: nom. sg. fem. pple ἔν-ειμι,
complementary pple with ἐτύγχανεν
10 ὀρθὸς λόγος: correct account
οἷοι τ ἦσαν: would be able; 'would be the
sort to…' οἷος τε εἰμί commonly denotes
'to be able,' here, with a 3p impf. verb
b1 ἐπὶ...: to...; acc. place to which
ἄγῃ, κατηγορεῖ: leads (another person)…
will declare; fut. more vivid (ἐάν subj., fut)
2 σαφέστατα: superlative adv.
3 πείθῃ: you are persuaded; 2s pres. mid.
4 σκέψαι: aor. mid. imper., σκέπτομαι
(ἐ)ὰν...συνδόξῃ: whether it seems good…
τῇδέ πή: in this way somehow
5 καλουμένη: so-called; i.e. what is called

ἀπιστῶ μέν σοι ἔγωγε, ἦ δ᾽ ὃς ὁ Σιμμίας, οὔ, αὐτὸ δὲ
τοῦτο, ἔφη, δέομαι παθεῖν περὶ οὗ ὁ λόγος, ἀναμνησθῆναι.
καὶ σχεδόν γε ἐξ ὧν Κέβης ἐπεχείρησε λέγειν ἤδη μέμνημαι
καὶ πείθομαι· οὐδὲν μεντἂν ἧττον ἀκούοιμι νῦν πῇ σὺ ἐπ-
εχείρησας λέγειν. 10

τῇδ᾽ ἔγωγε, ἦ δ᾽ ὅς. ὁμολογοῦμεν γὰρ δήπου, εἴ τίς τι c
ἀναμνησθήσεται, δεῖν αὐτὸν τοῦτο πρότερόν ποτε ἐπίστασθαι.
πάνυ γ᾽, ἔφη.

ἆρ᾽ οὖν καὶ τόδε ὁμολογοῦμεν, ὅταν ἐπιστήμη παρα-
γίγνηται τρόπῳ τοιούτῳ, ἀνάμνησιν εἶναι; λέγω δὲ τίνα 5
τρόπον τόνδε. ἐάν τίς τι ἕτερον ἢ ἰδὼν ἢ ἀκούσας ἤ τινα
ἄλλην αἴσθησιν λαβὼν μὴ μόνον ἐκεῖνο γνῷ, ἀλλὰ καὶ

---

αἴσθησις, -εως, ἡ: sensation, perception, 19
ἀνα-μιμνήσκω: remind, recall (acc. gen.) 16
ἀνά-μνησις, -εως, ἡ: recollection, recall, 11
ἀ-πιστέω: to distrust, not believe (+ dat.), 8
γιγνώσκω: learn to know, to learn, realize 12
δέομαι: lack, need, want; ask for (+ gen.) 7
δή-που: perhaps, I suppose; of course, 8
ἐπι-χειρέω: put one's hand on, attempt, try, 8
ἐπίσταμαι: know, know how, understand, 13

ἤδη: already, now, at this time, 16
ἥττων, -ον: less, weaker, inferior, 16
μιμνήσκω: to remind, recall, recollect, 6
παρα-γίγνομαι: to come near, be present, 11
πῇ: in what way, how, 5
σχεδόν: nearly, almost, just about, 8
τῇδε: here; in this way, thus, 8
τρόπος, ὁ: a manner, way; turn, direction, 17

6 ἀπιστῶ...οὔ: *Disbelieve you…I do not!*
  αὐτὸ δὲ τοῦτο: *but this very thing*; 'this
  thing itself' intensive, acc. object
7 παθεῖν: aor. inf. πάσχω
  ὁ λόγος: *(there is) a conversation*; i.e.
  what we were talking about, add verb
  ἀναμνησθῆναι: *(namely) recollection*; 'to
  recollect' aor. pass. inf. in apposition to
  τοῦτο
8 καὶ...γε: *and…in fact*; emphasizing the
  intervening word
  ἐξ ὧν: *from (the things) which*; ἐξ τούτων
  ἅ; acc. relative attracted into gen. pl. of
  the missing antecedent
  μέμνημαι: pf. mid. μιμνήσκω
  οὐδὲν...ἧττον: *no less*; comparative adv.
  οὐδὲν is adv. acc. (acc. of degree of extent)
9 μεντἂν...ἀκούοιμι: *nevertheless I should…*;

| μεντοὶ ἄν, potential opt.
  πῇ...: *how…*; indirect question
  τίς: *someone…*; indefinite τις
2 ἀναμνησθήσεται: *recalls*; fut. pass. dep.
  (aor. pass. stem + σ), use pres. with future
  sense
  δεῖν: *that it is necessary*; inf., impersonal
  δεῖ, ind. disc. governed by ὁμολογοῦμεν
  αὐτὸν: *that he…*; i.e. τις
  πρότερον: comparative adv.
3 πάνυ γε: *quite so, quite indeed*; affirmative
4 καὶ τόδε: *this also*; καί is adverbial
5 τρόπῳ τοιούτῳ: *in…*; dat. manner
  ἀνάμνησιν εἶναι: *that…*; ind. disc.
  λέγω δὲ τίνα τρόπον τόνδε: *I mean some
  way as this*; i.e. the following
  ἐάν...γνῷ: 3s aor. subj, γιγνώσκω
7 μὴ μόνον... ἀλλὰ καί: *not only…but also*

61

ἕτερον ἐννοήσῃ οὗ μὴ ἡ αὐτὴ ἐπιστήμη ἀλλ' ἄλλη, ἆρα οὐχὶ
τοῦτο δικαίως λέγομεν ὅτι ἀνεμνήσθη, οὗ τὴν ἔννοιαν
d ἔλαβεν;

    πῶς λέγεις;

    οἷον τὰ τοιάδε· ἄλλη που ἐπιστήμη ἀνθρώπου καὶ λύρας.

    πῶς γὰρ οὔ;

5     οὐκοῦν οἶσθα ὅτι οἱ ἐρασταί, ὅταν ἴδωσιν λύραν ἢ ἱμάτιον
ἢ ἄλλο τι οἷς τὰ παιδικὰ αὐτῶν εἴωθε χρῆσθαι, πάσχουσι
τοῦτο· ἔγνωσάν τε τὴν λύραν καὶ ἐν τῇ διανοίᾳ ἔλαβον τὸ
εἶδος τοῦ παιδὸς οὗ ἦν ἡ λύρα; τοῦτο δέ ἐστιν ἀνάμνησις·
ὥσπερ γε καὶ Σιμμίαν τις ἰδὼν πολλάκις Κέβητος ἀνεμνήσθη,
10 καὶ ἄλλα που μυρία τοιαῦτ' ἂν εἴη.

---

ἀνα-μιμνήσκω: remind, recall (acc. gen.) 16
ἀνά-μνησις, -εως, ἡ: recollection, recall, 11
γιγνώσκω: learn to know, to learn, realize 12
διάνοια, ἡ: thought, intention, purpose, 6
δίκαιος, -α, -ον: just, right(eous), fair, 13
εἶδος, -εος, τό: form, shape, figure, 17
εἴωθα: to be accustomed, 12
ἐν-νοέω: to have in mind, notice, consider, 18
ἔννοια, ἡ: idea, intent, notion, conception, 1

ἐραστής, -οῦ, ὁ: a lover, 2
ἱμάτιον, τό: a cloak or mantle, 7
λύρα, ἡ: lyre, 11
μυρίος, -η, -ον: countless, infinite, 6
παιδικα, τά: beloved, (boy, obj. of lover) 2
παῖς, παιδός, ὁ, ἡ: child, boy, girl; slave, 6
πολλάκις: many times, often, frequently, 14
χράομαι: to use, employ, enjoy, (+ dat.) 11

8 ἕτερον: *something other*
  ἐννοήσῃ: 3s aor. subjunctive, ἐν-νοέω
  οὗ: *of which*; relative, objective gen.
  governed by ἐπιστήμη
  αὐτή...ἄλλη: *same...different*
  ἆρα οὐχὶ: *do we not...?*; anticipating a
  positive response
9 ἀνεμνήσθη: 3s aor. pass. deponent
  ἀναμιμνήσκω
  οὗ: *of which*; relative, objective gen.
  governed by ἔννοιαν
d1 λέγεις: *you mean*
3 οἷον: *for example*; 'in respect to such,' acc.
  of respect
  ἄλλη...ἐπιστήμη...λύρας: *knowledge of a
  man and of a lyre (are) different, I suppose*

4 πῶς γὰρ οὔ: *how (could they) not?*;
  elliptical, '(yes), for how...not'
5 οἶσθα: 2s pf. οἶδα, pres. in sense
  ἴδωσιν: 3p aor. subjunctive ὁράω
  (εἶδον), indefinite temporal clause
6 οἷς: *which...*; dat. object of inf. χράομαι
7 ἔγνωσαν: 3p aor. γιγνώσκω
8 οὗ: *whose;* relative, gen. of possession
  ἦν: 3s impf. εἰμί
9 ἰδὼν: nom. sg. aor. pple εἶδον
  Κέβητος: gen. obj. of verb of forgetting
  ἀνεμνήσθη: 3s aor. pass. deponent
  ἀναμιμνήσκω
10 ἂν εἴη: *there might be...*; potential opt.
  εἰμί

μυρία μέντοι νὴ Δία, ἔφη ὁ Σιμμίας.

οὐκοῦν, ἦ δ' ὅς, τὸ τοιοῦτον ἀνάμνησίς τίς ἐστι; μάλιστα   e
μέντοι ὅταν τις τοῦτο πάθῃ περὶ ἐκεῖνα ἃ ὑπὸ χρόνου καὶ τοῦ
μὴ ἐπισκοπεῖν ἤδη ἐπελέληστο;

πάνυ μὲν οὖν, ἔφη.

τί δέ; ἦ δ' ὅς· ἔστιν ἵππον γεγραμμένον ἰδόντα καὶ   5
λύραν γεγραμμένην ἀνθρώπου ἀναμνησθῆναι, καὶ Σιμμίαν
ἰδόντα γεγραμμένον Κέβητος ἀναμνησθῆναι;

πάνυ γε.

οὐκοῦν καὶ Σιμμίαν ἰδόντα γεγραμμένον αὐτοῦ Σιμμίου
ἀναμνησθῆναι;   10

ἔστι μέντοι, ἔφη.   **74**

---

ἀνα-μιμνήσκω: remind, recall (acc. gen.) 16
ἀνά-μνησις, -εως, ἡ: recollection, recall, 11
γράφω: to draw; write, scratch, graze, 4
ἐπι-λανθάνομαι: to forget, 3
ἐπι-σκοπέω: to examine, inspect, consider, 3

Ζεύς, ὁ: Zeus, 11
ἵππος, ὁ: a horse, 4
λύρα, ἡ: lyre, 11
μυρίος, -η, -ον: countless, infinite, 6
νή: by... (+ acc, invoking a god ), 14

11 μέντοι: *certainly*
  νὴ Δία: *by Zeus*; aor. sg. Ζεύς
e1 τίς: *a certain*; τις
  μάλιστα: *especially*
2 πάθῃ: 3rd sg. subjunctive πάσχω in an
  indefinite temporal clause
  περὶ: *regarding* + acc.
  ὑπὸ: *because of...*; + gen. of cause
  τοῦ...ἐπισκοπεῖν: *of not considering (it)*;
  articular inf. with ὑπό
3 ἐπελέληστο: 3rd sg. plpf. mid.
  ἐπιλανθάνομαι + gen. object
4 πάνυ μὲν οὖν: *quite certainly indeed*; μὲν
  οὖν is a strong assent
  τί δέ: *what then?*
5 ἔστιν...ἀναμνησθῆναι: *is it the case that*

*(someone) recalls...*; supply acc. subject,
aor. pass. deponent + gen. object
ἵππον γεγραμμένον...καὶ λύραν
γεγραμμένην: acc. obj. of ἰδόντα, pf. pass.
pples
ἰδόντα: *(someone) seeing...*; aor. pple.
εἶδον modifies missing acc. subject of inf.
6 Σιμμίαν...ἀναμνησθῆναι: *and that*
*(someone) seeing Simmias*; second ind.
disc., Σιμμίαν is obj. of ἰδόντα
7 γεγραμμένον: *drawn*; pf. pass. pple
9 οὐκοῦν καὶ (ἔστιν)...ἀναμνησθῆναι: *then (is*
*it not the case) also that (someone)...*
αὐτοῦ Σιμμίου: *Simmias himself*; gen. obj.
of inf.
74a1 μέντοι: *certainly*

ἆρ᾽ οὖν οὐ κατὰ πάντα ταῦτα συμβαίνει τὴν ἀνάμνησιν
εἶναι μὲν ἀφ᾽ ὁμοίων, εἶναι δὲ καὶ ἀπὸ ἀνομοίων;
συμβαίνει.

5   ἀλλ᾽ ὅταν γε ἀπὸ τῶν ὁμοίων ἀναμιμνήσκηταί τίς τι, ἆρ᾽
οὐκ ἀναγκαῖον τόδε προσπάσχειν, ἐννοεῖν εἴτε τι ἐλλείπει
τοῦτο κατὰ τὴν ὁμοιότητα εἴτε μὴ ἐκείνου οὗ ἀνεμνήσθη;
ἀνάγκη, ἔφη.

σκόπει δή, ἦ δ᾽ ὅς, εἰ ταῦτα οὕτως ἔχει. φαμέν πού τι
10   εἶναι ἴσον, οὐ ξύλον λέγω ξύλῳ οὐδὲ λίθον λίθῳ οὐδ᾽ ἄλλο
τῶν τοιούτων οὐδέν, ἀλλὰ παρὰ ταῦτα πάντα ἕτερόν τι, αὐτὸ
τὸ ἴσον· φῶμέν τι εἶναι ἢ μηδέν;

b   φῶμεν μέντοι νὴ Δί᾽, ἔφη ὁ Σιμμίας, θαυμαστῶς γε.

---

ἀνα-μιμνήσκω: remind, recall (acc. gen.) 16
ἀνά-μνησις, -εως, ἡ: recollection, recall, 11
| ἀν-όμοιος, -ον: unlike, dissimilar, 4
εἴ-τε: either...or; whether...or, 13
| ἐλ-λείπω: to leave out, leave undone; fall
short, lack, 1
ἐν-νοέω: to have in mind, notice, consider, 18
Ζεύς, ὁ: Zeus, 6

θαυμαστός, -ή, -όν: wonderful, marvelous, 11
λίθος, ὁ: a stone, 8
νή: by...(+ acc, invoking a god ), 14
ξύλον, τό: wood, firewood, 6
ὁμοιότης, -τητος, ἡ: similarity, resemblance, 3
‖ προσ-πάσχω: suffer/experience in addition, 1
συμ-βαίνω: to happen, occur, result, 8

2 κατὰ: *according to...*; + acc.
συμβαίνει: *it happens that...*; acc. + inf.
3 μὲν...δὲ καὶ: *....and also*
5 ἀναμιμνήσκηται: pres. mid. subj. in an
indefinite temporal clause
6 ἀναγκαῖον: *(it is) necessary that...*
ἐννοεῖν...ἀνεμνήσθη: *(namely) to have in
mind whether or not* (εἴτε...εἴτε μή) *this
thing is lacking at all in the likeness of that
which it recalls*; i.e. whether the source that
causes the recollection falls short of the
object of recollection; τι is an inner acc.
8 ἀνάγκη: supply ἐστίν
9 σκόπει: σκόπε-ε, sg. imper.
δή: *just*; as often, emphatic with an imper.
οὕτως ἔχει: *are so*; see p. 7
φαμέν: 1p pres. φημί
10 λέγω: *I mean*

(ἴσον) ξύλῳ...(ἴσον) λίθῳ: *(equal) to wood
...(equal) to stone*; i.e. one piece equal to
another, supply ἴσον which governs a
dative of special adj.
11 παρὰ...πάντα: *beyond all these*
ἕτερον τι: object of λέγω
αὐτὸ τό ἴσον: *the equal itself*; or 'equality
itself'
12 φῶμεν: *Are we to claim that...?*; 1p pres.
deliberative subjunctive φημί
b1 φῶμεν: *We are to claim (it)*; replies often
repeat the verb in the question to express
affirmation
μέντοι: *certainly*
νὴ Δία: *by Zeus*; aor. sg. Ζεύς
b1 θαυμαστῶς γε: *remarkably so*; γε adds a
detail to the assent (GP 136)

ἦ καὶ ἐπιστάμεθα αὐτὸ ὃ ἔστιν;

πάνυ γε, ἦ δ᾽ ὅς.

πόθεν λαβόντες αὐτοῦ τὴν ἐπιστήμην; ἆρ᾽ οὐκ ἐξ ὧν
νυνδὴ ἐλέγομεν, ἢ ξύλα ἢ λίθους ἢ ἄλλα ἄττα ἰδόντες   5
ἴσα, ἐκ τούτων ἐκεῖνο ἐνενοήσαμεν, ἕτερον ὂν τούτων; ἢ
οὐχ ἕτερόν σοι φαίνεται; σκόπει δὲ καὶ τῇδε. ἆρ᾽ οὐ λίθοι
μὲν ἴσοι καὶ ξύλα ἐνίοτε ταὐτὰ ὄντα τῷ μὲν ἴσα φαίνεται,
τῷ δ᾽ οὔ;

πάνυ μὲν οὖν.                                              10

τί δέ; αὐτὰ τὰ ἴσα ἔστιν ὅτε ἄνισά σοι ἐφάνη, ἢ ἡ ἰσότης   c
ἀνισότης;

οὐδεπώποτέ γε, ὦ Σώκρατες.

---

ἄν-ισος, -ον: unequal, uneven, 1
ἀν-ισότης, ἡ: inequality, 1
ἐνί-οτε: sometimes, 7
ἐν-νοέω: to have in mind, notice, consider, 18
ἐπίσταμαι: know, know how, understand, 13
ἰσότης, ἡ: equality, 1
λίθος, ὁ: a stone, 8

νυν-δὴ: just now, 15
ξύλον, τό: wood, firewood, 6
ὅτε: when, at some time, 7
οὐδε-πώποτε: not yet ever, never in the world, 1
πό-θεν: from where, 2
τῇδε: here; in this way, thus, 8

2 καὶ: *also*; adverbial καί
αὐτὸ ὃ ἔστιν: *what it is*; 'it, what it is' proleptic use of αὐτὸ : make this acc. obj. the subject of ἔστιν

3 πάνυ γε: *quite so, quite indeed*
λαβόντες: aor. pple λαμβάνω

4 ἆρ(α) οὐκ: *(is) it not...?*

5 ἄττα: *any*; alternative to neut. pl. τινὰ
ἰδόντες: aor. pple ὁράω (εἶδον)

6 ἐκεῖνο: *that*; i.e. equality
ἕτερον ὂν: *being...*; neut. sg. pple εἰμί + neuter predicate
τούτων: *than...*; gen. of comparison

7 σκόπει: σκόπε-ε, sg. imper.
καὶ: *also*

8 ταὐτὰ: *the same*; τὰ αὐτὰ, neuter pl. predicate of ὄντα
ὄντα: neuter pl. pple εἰμί modifying ξύλα

ἐνίοτε...ἴσα φαίνεται: *sometimes appear equal...*; 3s with plural subjects
τῷ μὲν...τῷ δ(ὲ) οὔ: There are number of possible interpretations: (1) 'in one respect but not in another respect' (dat. of respect) or (2) '(appear) to one person but not (appear) to another' (dat. of reference) or (3) '(equal) to one thing but not (equal) to another' (dat. of special adjective).

10 πάνυ μὲν οὖν: *quite certainly indeed*; μὲν οὖν is a strong assent

c1 αὐτὰ: *themselves*; intensive
ἔστιν ὅτε: *sometimes*; 'there is (a time) when,' a common idiom in which the antecedent of ὅτε is missing
ἐφάνη: *appeared*; 3s aor. pass. deponent φαίνομαι
ἡ ἰσότης (ἐφάνη): supply verb

οὐ ταὐτὸν ἄρα ἐστίν, ἦ δ᾽ ὅς, ταῦτά τε τὰ ἴσα καὶ αὐτὸ
5 τὸ ἴσον.

οὐδαμῶς μοι φαίνεται, ὦ Σώκρατες.

ἀλλὰ μὴν ἐκ τούτων γ᾽, ἔφη, τῶν ἴσων, ἑτέρων ὄντων
ἐκείνου τοῦ ἴσου, ὅμως αὐτοῦ τὴν ἐπιστήμην ἐννενόηκάς τε
καὶ εἴληφας;

10 ἀληθέστατα, ἔφη, λέγεις.

οὐκοῦν ἦ ὁμοίου ὄντος τούτοις ἦ ἀνομοίου;

πάνυ γε.

διαφέρει δέ γε, ἦ δ᾽ ὅς, οὐδέν· ἕως ἂν ἄλλο ἰδὼν ἀπὸ
d ταύτης τῆς ὄψεως ἄλλο ἐννοήσῃς, εἴτε ὅμοιον εἴτε ἀνόμοιον,
ἀναγκαῖον, ἔφη, αὐτὸ ἀνάμνησιν γεγονέναι.

---

ἀν-όμοιος, -ον: unlike, dissimilar, 4
ἀνά-μνησις, -εως, ἡ: recollection, recall, 11
δια-φέρω: to carry over; differ, surpass, 8
εἴ-τε: either...or; whether...or, 13
ἐν-νοέω: to have in mind, notice, consider, 18

ἕως: until, as long as, 15
ὅμως: nevertheless, however, yet, 13
οὐδαμῶς: in no way, not at all, 11
ὄψις, -εως, ἡ: vision, appearance, form; face, 6

4 ταὐτὸν: *the same*; nom. pred., τὸ αὐτόν
   ταῦτα...ἴσον: *these equals and the equal
itself*; both neuter subjects of 3s ἐστίν
7 ἀλλὰ μὴν: *but certainly, but surely, and
yet*; strong adversative often after a
negative; cf. 61d9, 63a4
   ἑτέρων ὄντων: *being different*; gen. pl.
pple εἰμί and gen. pred., modifying ἴσων
8 ἐκείνου...ἴσου: *from...*; 'than,' gen. of
comparison, i.e. equality itself
   ἐννενόηκάς...εἴληφας: 2s pf. ἐν-νοέω,
λαμβάνω
10 ἀληθέστατα: *most truly*; superlative adv.
11 ἦ...ἦ: *either...or*
   ὁμοίου ὄντος...ἀνομοίου (ὄντος):
*(the equal) being...*; two gen. abs., the

adjectives are predicates
   τούτοις: dat. of special adjective, follows
both ὁμοίου and ἀνομοίου
12 πάνυ γε: *quite so, quite indeed*
13 γε: *indeed*; emphasizing the entire clause
   οὐδέν: *not at all*; inner acc., i.e. 'makes no
(difference)'
   ἄν...ἐννοήσῃς: 2s aor. subj. in an indefinite
temporal clause
   ἄλλο...ἄλλο: *one...another*
   ἰδὼν: nom. sg. aor. pple ὁράω (εἶδον)
d2 ἀναγκαῖον: *(it is)...*; add verb
   γεγονέναι: *is*; pf. inf. γίγνομαι, αὐτὸ is
acc. subject

πάνυ μὲν οὖν.

τί δέ; ἦ δ’ ὅς· ἦ πάσχομέν τι τοιοῦτον περὶ τὰ ἐν τοῖς
ξύλοις τε καὶ οἷς νυνδὴ ἐλέγομεν τοῖς ἴσοις; ἆρα φαίνεται  5
ἡμῖν οὕτως ἴσα εἶναι ὥσπερ αὐτὸ τὸ ὃ ἔστιν, ἢ ἐνδεῖ τι
ἐκείνου τῷ τοιοῦτον εἶναι οἷον τὸ ἴσον, ἢ οὐδέν;

καὶ πολύ γε, ἔφη, ἐνδεῖ.

οὐκοῦν ὁμολογοῦμεν, ὅταν τίς τι ἰδὼν ἐννοήσῃ ὅτι βού-
λεται μὲν τοῦτο ὃ νῦν ἐγὼ ὁρῶ εἶναι οἷον ἄλλο τι τῶν ὄντων,  10
ἐνδεῖ δὲ καὶ οὐ δύναται τοιοῦτον εἶναι ἴσον οἷον ἐκεῖνο, ἀλλ’  e
ἔστιν φαυλότερον, ἀναγκαῖόν που τὸν τοῦτο ἐννοοῦντα τυχεῖν
προειδότα ἐκεῖνο ᾧ φησιν αὐτὸ προσεοικέναι μέν, ἐνδεεστέρως
δὲ ἔχειν;

ἀνάγκη.                                                 5

---

δύναμαι: to be able, can, be capable, 15
ἐν-δεέστερος -α -ον: more deficient, lacking, 3
ἐν-δέω: to be in want or lacking of (gen.), 3
ἐν-νοέω: to have in mind, notice, consider, 18
ἦ: in truth, truly (begins open question), 5

νυν-δή: just now, 15
ξύλον, τό: wood, firewood, 6
πρό-οἶδα: to know beforehand, 3
προσ-έοικα: to be like, resemble; seem fit, 1
φαῦλος –η -ον: slight, paltry, cheap, trifling 9

3 πάνυ μὲν οὖν: *quite certainly indeed*
4 τί δέ: *what (about it)?*; often expressed in
  a transition, GP 176
  πάσχομεν: *we experience*
  περὶ: *regarding…*; + acc.
  τὰ ἐν τοῖς ξύλοις (ἴσα): *matters in…*;
  preposition in the attributive position
5 οἷς…ἐλέγομεν: *which…*; ἅ, acc. pl. relative
  attracted into the dat. of the antecedent, the
  τοῖς ἴσοις which follows
6 αὐτὸ τὸ ὃ ἔστιν (ἴσον): *that which is
  (equal), itself*; i.e. just as equality itself
  ἦ…ἦ: *either…or*
4 ἐνδεῖ τι ἐκείνου: *do (they) lack something
  from that*; i.e. from equality itself; inner
  acc. (‘at all’ ‘in a way’) and gen. separation
7 τῷ…εἶναι: *in respect to being*; articular inf.
  is dative of respect, εἰμί
  τοιοῦτον…οἷον: *such a thing as*; predicate,
  correlatives (demonstrative and relative)
  οὐδέν: *not at all*; inner acc., parallel to τι

8 καὶ πολύ γε: *very much actually*; καὶ…γε
  the intervening word, an inner
  acc. with ἐνδεῖ
  ἄν…ἐννοήσῃ: 3s aor. subj. in an indefinite
  temporal clause
  ἰδὼν: nom. sg. aor. pple ὁράω (εἶδον)
9 βούλεται…εἶναι: *aims to be*; ‘strives to be’
10 τοῦτο…ὁρῶ: subject of βούλεται
  οἷον ἄλλο τι: *some other sort of thing*
  τῶν ὄντων: *of the things that exist*; or ‘of
  the things that are’
e1 δὲ: *but…*; adversative, in response to μέν
  τοιοῦτον…οἷον: *such a thing as*; predicate,
  correlatives (demonstrative and relative)
  ἴσον…ἐκεῖνο: *that equal*; i.e. equality itself
2 φαυλότερον: predicate, comparative adj.
  ἀναγκαῖον: *it is…*; add a verb
  τυχεῖν προειδότα: pf. pple προ-οιδα, see
  p. 20
3 ᾧ: *to which*; obj. of pf. inf. προσ-εοικα
4 ἔχειν: + adv., see p. 7

τί οὖν; τὸ τοιοῦτον πεπόνθαμεν καὶ ἡμεῖς ἢ οὒ περί τε
τὰ ἴσα καὶ αὐτὸ τὸ ἴσον;

παντάπασί γε.

ἀναγκαῖον ἄρα ἡμᾶς προειδέναι τὸ ἴσον πρὸ ἐκείνου τοῦ
75 χρόνου ὅτε τὸ πρῶτον ἰδόντες τὰ ἴσα ἐνενοήσαμεν ὅτι
ὀρέγεται μὲν πάντα ταῦτα εἶναι οἷον τὸ ἴσον, ἔχει δὲ
ἐνδεεστέρως.

ἔστι ταῦτα.

5　ἀλλὰ μὴν καὶ τόδε ὁμολογοῦμεν, μὴ ἄλλοθεν αὐτὸ ἐν-
νενοηκέναι μηδὲ δυνατὸν εἶναι ἐννοῆσαι ἀλλ' ἢ ἐκ τοῦ ἰδεῖν
ἢ ἅψασθαι ἢ ἔκ τινος ἄλλης τῶν αἰσθήσεων· ταὐτὸν δὲ
πάντα ταῦτα λέγω.

---

αἴσθησις, -εως, ἡ: sensation, perception, 19
ἄλλο-θεν: from another place or elsewhere, 6
ἅπτω: fasten, grasp (gen); kindle, set fire; 11
ἐν-δεεστέρος -α -ον: more deficient, lacking, 3
ἐν-νοέω: to have in mind, notice, consider, 18

ὀρέγω: to stretch out, reach for, extend, 4
ὅτε: when, at some time, 7
παντά-πασι: all in all, absolutely 15
πρό: before, in front; in place of (+ gen.), 13
πρό-οἶδα: to know beforehand, 3

6 τὸ τοιοῦτον: *this sort of thing*
πεπόνθαμεν: 1p pf. πάσχω
καὶ: *also*; adverbial
περί: *regarding*...
9 ἀναγκαῖον: *(it is) necessary*
προειδέναι: pf. πρόοιδα but pres. in sense
75a1 τὸ πρῶτον: *first*; i.e. for the first time,
adverbial acc.
ἰδόντες τὰ ἴσα: nom. pl. aor. pple ὁράω
(εἶδον)
2 ὀρέγεται...εἶναι: *aim to be*; 'strives to be,'
compare βούλεται...εἶναι in 74d9
πάντα ταῦτα: nom. subj.
οἷον: *such as*
ἔχει: + adv., see p. 7

4 ἔστι: *are the case*; i.e. are true
5 ἀλλὰ μὴν: *but certainly, but surely, and
yet*; GP 345
καὶ: *also*
μὴ...ἐννενοηκέναι μηδὲ δυνατὸν εἶναι: *that
(we) have not had in mind...nor is it
possible...*; ind. disc., pf. inf., δυνατὸν
εἶναι is impersonal
6 ἐννοῆσαι: aor. inf. ἐννοέω
ἀλλὰ ἤ: *(anything) other than*
τοῦ ἰδεῖν: *seeing*; articular aor. inf. εἶδον
7 (τοῦ) ἅψασθαι: *touching*; articular aor. inf.
ἅπτω
ταὐτὸν...λέγω: *I assert all these the same*;
i.e. perceptions, αἰσθήσεις

ταὐτὸν γὰρ ἔστιν, ὦ Σώκρατες, πρός γε ὃ βούλεται
δηλῶσαι ὁ λόγος. 10

ἀλλὰ μὲν δὴ ἔκ γε τῶν αἰσθήσεων δεῖ ἐννοῆσαι ὅτι
πάντα τὰ ἐν ταῖς αἰσθήσεσιν ἐκείνου τε ὀρέγεται τοῦ ὃ b
ἔστιν ἴσον, καὶ αὐτοῦ ἐνδεέστερά ἐστιν· ἢ πῶς λέγομεν;
οὕτως.

πρὸ τοῦ ἄρα ἄρξασθαι ἡμᾶς ὁρᾶν καὶ ἀκούειν καὶ τἆλλα
αἰσθάνεσθαι τυχεῖν ἔδει που εἰληφότας ἐπιστήμην αὐτοῦ 5
τοῦ ἴσου ὅτι ἔστιν, εἰ ἐμέλλομεν τὰ ἐκ τῶν αἰσθήσεων ἴσα
ἐκεῖσε ἀνοίσειν, ὅτι προθυμεῖται μὲν πάντα τοιαῦτ᾽ εἶναι οἷον
ἐκεῖνο, ἔστιν δὲ αὐτοῦ φαυλότερα.

ἀνάγκη ἐκ τῶν προειρημένων, ὦ Σώκρατες.

---

αἰσθάνομαι: perceive, feel, learn, realize, 11
αἴσθησις, -εως, ἡ: sensation, perception, 19
ἀνα-φέρω: to report, bring up, recover, 2
ἄρχω: to begin; to rule, be leader of, 12
δηλόω: to make clear, show, reveal, 3
ἐκεῖ σε: thither, to that place, 10 / Τ
ἐν-δεεστέρος, -α, -ον: more insufficient, 3

ἐν-νοέω: to have in mind, notice, consider, 18
μέλλω: to be about to, intend to (fut. inf.) 19
ὀρέγω: stretch for, reach or strive for, (gen) 4
προ-θυμέομαι: to be eager, desire, ready, 12
προ-λέγω: to say or mention beforehand, 4
φαῦλος –η -ον: slight, paltry, cheap, trifling 9

9 ταὐτὸν: *the same*; τὸ αὐτὸν
πρός γε...: *at least in regard to…*; + acc.
Simmias qualifies his affirmative reply
βούλεται...λόγος: *the conversation aims
to…*; compare 74d9 and 75a2
11 ἀλλὰ μὲν δὴ..γε: *well certainly, well, of
course*; introduces a new point, similar to
ἀλλὰ μὴν (GP 394)
ἔκ γε...αἰσθήσεων: *through the perceptions
in fact*; i.e. these and nothing else, γε is
both restrictive and emphatic (GP 120)
b1 πάντα τὰ...αἰσθήσεσιν: i.e. all sensible
objects that are equal
ἐκείνου...τοῦ ὃ ἔστιν ἴσον: *that thing which
is equal*; i.e. equality itself, a partitive gen.,
object of ὀρέγεται; the relative ὃ ἔστιν
ἴσον is in the attributive position, see also
74d6, αὐτὸ τὸ ὃ ἔστιν (ἴσον);
2 αὐτοῦ: *from it*; i.e. from equality itself; a
gen. of separation
ἔστιν: *they are…*; the subj. is neuter pl.
πάντα above

4 πρὸ τοῦ...ἄρξασθαι: *before we began
to…*; 'before our beginning to…' articular
infs. are often translated as gerunds but are
more cumbersome with acc. subject, ἡμᾶς
τἆλλα: *other (perceptions)*; τὰ ἄλλα
5 τυχεῖν ἔδει: *it was necessary that (we)
attain*; aor. inf. τυγχάνω, the object is
ἐπιστήμην
που: *somewhere*
εἰληφότας: acc. pl. pf. pple λαμβάνω
modifying acc. subject ἡμᾶς
αὐτοῦ τοῦ ἴσου ὅτι ἔστιν: *of what the
equal itself is*; lit. 'of the equal itself, what
it is'; proleptic use of τοῦ ἴσου which is
more suitably the subject of ἔστιν
7 ἐκεῖσε: *to that one*; i.e. to equality itself
ἀν-οίσειν: *to compare*; μέλλω governs a
fut. inf., here ἀνα-φέρω
ὅτι: *and see that…*; parallel to ἀνοίσειν
προθυμεῖται...εἶναι: *desires to be…*
τοιαῦτα...οἷον: *such a thing as*
9 προειρημένων: pf. pass. pple προλέγω

10   οὐκοῦν γενόμενοι εὐθὺς ἑωρῶμέν τε καὶ ἠκούομεν καὶ τὰς
     ἄλλας αἰσθήσεις εἴχομεν;
     πάνυ γε.

c    ἔδει δέ γε, φαμέν, πρὸ τούτων τὴν τοῦ ἴσου ἐπιστήμην
     εἰληφέναι;
     ναί.
     πρὶν γενέσθαι ἄρα, ὡς ἔοικεν, ἀνάγκη ἡμῖν αὐτὴν εἰλη-
5    φέναι.
     ἔοικεν.
     οὐκοῦν εἰ μὲν λαβόντες αὐτὴν πρὸ τοῦ γενέσθαι ἔχοντες
     ἐγενόμεθα, ἠπιστάμεθα καὶ πρὶν γενέσθαι καὶ εὐθὺς γενό-
     μενοι οὐ μόνον τὸ ἴσον καὶ τὸ μεῖζον καὶ τὸ ἔλαττον ἀλλὰ
10   καὶ σύμπαντα τὰ τοιαῦτα; οὐ γὰρ περὶ τοῦ ἴσου νῦν ὁ λόγος

---

αἴσθησις, -εως, ἡ: sensation, perception, 19
ἐπίσταμαι: know, know how, understand, 13
εὐθύς: right away, straight, directly, at once, 9

ναί: yes, yea, 15
πρό: before, in front; in place of (+ gen.), 13
σύμπας, -πασα, -παν: all together, 2

10 γενόμενοι: (after) being born; aor.
   γίγνομαι
   ἑωρῶμεν..εἴχομεν: 1p impf. ὁράω,
   ὁράω, ἔχω
12 πάνυ γε: quite so, quite indeed
c1 δὲ γὲ: and indeed; emphasizing the entire
   clause
   φαμέν: 1p pres. φημί
2 εἰληφέναι: that we...; pf. act. inf.
   λαμβάνω, supply the acc. subject ἡμᾶς
4 πρὶν γενέσθαι: before being born
   ὡς ἔοικεν: as it seems, as seems likely
   ἀνάγκη: (it is) necessary; supply verb

ἡμῖν: for...; dat. of interest
εἰληφέναι: pf. act. inf. λαμβάνω
αὐτήν: it; i.e. the ἐπιστήμη in c1
7 πρὸ τοῦ γενέσθαι: see line 4, articular inf.
   in the pple phrase with λαβόντες
   ἔχοντες: possessing (the knowledge)
8 ἐγενόμεθα: we were born; aor.
   γενόμενοι: (when) being born
9 οὐ μόνον...ἀλλὰ καί: not only...but also
10 ὁ λόγος ἡμῖν: our conversation (is)...; dat.
   of possession; supply a linking verb

ἡμῖν μᾶλλόν τι ἢ καὶ περὶ αὐτοῦ τοῦ καλοῦ καὶ αὐτοῦ τοῦ
ἀγαθοῦ καὶ δικαίου καὶ ὁσίου καί, ὅπερ λέγω, περὶ ἁπάντων   d
οἷς ἐπισφραγιζόμεθα τὸ 'αὐτὸ ὃ ἔστι' καὶ ἐν ταῖς ἐρωτή-
σεσιν ἐρωτῶντες καὶ ἐν ταῖς ἀποκρίσεσιν ἀποκρινόμενοι.
ὥστε ἀναγκαῖον ἡμῖν τούτων πάντων τὰς ἐπιστήμας πρὸ τοῦ
γενέσθαι εἰληφέναι.   5

ἔστι ταῦτα.

καὶ εἰ μέν γε λαβόντες ἑκάστοτε μὴ ἐπιλελήσμεθα,
εἰδότας ἀεὶ γίγνεσθαι καὶ ἀεὶ διὰ βίου εἰδέναι· τὸ γὰρ
εἰδέναι τοῦτ' ἔστιν, λαβόντα του ἐπιστήμην ἔχειν καὶ μὴ
ἀπολωλεκέναι· ἢ οὐ τοῦτο λήθην λέγομεν, ὦ Σιμμία, ἐπι-   10
στήμης ἀποβολήν;

---

ἅπας, ἅπασα, ἅπαν: every, quite all, 14
ἀπο-βολή, ἡ: loss, throwing away, 1
ἀπο-κρίνομαι: to answer, reply, 13
ἀπο-κρισις, ἡ: reply, answer, 4
δίκαιος, -α, -ον: just, right(eous), fair, 13
ἑκάστοτε: each time, on each occasion, 4
ἐπι-λανθάνομαι: to forget, 3

ἐπι-σφαγίζω: put a seal on, stamp a seal on, 1
ἐρωτάω: to ask, inquire, question, 10
ἐρωτήσις, -εως ἡ: questioning, interrogating 1
λήθη, ἡ: forgetfulness, 1
ὅσιος, -α, -ον: hallowed, sacred, ordained, 4
πρό: before, in front; in place of (+ gen.), 13

11 οὐ...μᾶλλον τι ἢ: *not...at all more than...*;
τι is adv. acc. (acc. of degree by extent)
αὐτοῦ: *itself*
τοῦ καλοῦ...τοῦ ἀγαθοῦ...(τοῦ) δικαίου
...(τοῦ) ὁσίου: *the beautiful itself...the good
itself...*; substantives, supply the articles
d1 ὅπερ: *just as....*; 'the very thing which'
2 οἷς: *on which*; dat. of compound verb
τὸ 'αὐτὸ ὃ ἔστι': *the (seal) 'what it is'*
ἐν ταῖς ἐρωτήσεσιν...ἀποκρινόμενοι: *in
questions (when) questioning and in
answers (when) answering*
4 ὥστε ἀναγκαῖον (εἶναι): *so as to be
necessary to...*; ὥστε governs an inf.

ἡμῖν: *for...*; dat. of interest
τούτων πάντων: partitive gen.
τοῦ γενέσθαι: being born; articular inf.
5 εἰληφέναι: pf. inf. λαμβάνω + gen.
6 ἔστι: *are the case*; i.e. are true
7 ἐπιλελήσμεθα: pf. mid. ἐπιλανθάνομαι
8 εἰδότας: pf. pple οἶδα; modified by ἀεί
γίγνεσθαι (ἀναγκαῖον ἐστίν): *it is
necessary to be born*
εἰδέναι: pf. inf. οἶδα, pres. in sense
10 ἀπολωλεκέναι: pf. inf. ἀπ-όλλυμι
λέγομεν: *call* (x)(y); governs a double acc.
(acc. direct object + acc. predicate)
11 ἀποβολήν: in apposition to τοῦτο

---

**Philosophical Vocabulary:**   τὸ 'αὐτὸ ὃ ἔστι'   *"the thing itself, which is"*

Fowler translates this difficult phrase as "the absolute," Jowett as "essence," Rowe as "the seal
'what is'," and Grube as "the word 'itself'." The editor's punctuation suggests that the article
τὸ creates a substantive out of the entire phrase αὐτὸ ὃ ἔστι (thus, τὸ αὐτὸ is not 'the same').
If, as Grube suggests, αὐτὸ mirrors the uses of the intensive αὐτοῦ in c11 above and is used
proleptically, as in 75b5-6 (αὐτοῦ τοῦ ἴσου ὅτι ἔστιν, 'what the equal itself is'), then we may
translate αὐτὸ ὃ ἔστι as 'what itself is.' For more interpretations, see Rowe's *Phaedo*, p. 175.

e     πάντως δήπου, ἔφη, ὦ Σώκρατες.

      εἰ δέ γε οἶμαι λαβόντες πρὶν γενέσθαι γιγνόμενοι ἀπω-
λέσαμεν, ὕστερον δὲ ταῖς αἰσθήσεσι χρώμενοι περὶ αὐτὰ
ἐκείνας ἀναλαμβάνομεν τὰς ἐπιστήμας ἅς ποτε καὶ πρὶν
5    εἴχομεν, ἆρ᾽ οὐχ ὃ καλοῦμεν μανθάνειν οἰκείαν ἂν ἐπιστήμην
ἀναλαμβάνειν εἴη; τοῦτο δέ που ἀναμιμνῄσκεσθαι λέγοντες
ὀρθῶς ἂν λέγοιμεν;

      πάνυ γε.

76    δυνατὸν γὰρ δὴ τοῦτό γε ἐφάνη, αἰσθόμενόν τι ἢ ἰδόντα
ἢ ἀκούσαντα ἤ τινα ἄλλην αἴσθησιν λαβόντα ἕτερόν τι ἀπὸ
τούτου ἐννοῆσαι ὃ ἐπελέληστο, ᾧ τοῦτο ἐπλησίαζεν ἀνόμοιον
ὂν ἢ ᾧ ὅμοιον· ὥστε, ὅπερ λέγω, δυοῖν θάτερα, ἤτοι ἐπι-
5    στάμενοί γε αὐτὰ γεγόναμεν καὶ ἐπιστάμεθα διὰ βίου πάντες,

---

αἰσθάνομαι: perceive, feel, learn, realize, 11
αἴσθησις, -εως, ἡ: sensation, perception, 19
ἀν-όμοιος, -ον: unlike, dissimilar to (dat.) 4
ἀνα-λαμβάνω: to find, take back, recover, 3
ἀνα-μιμνήσκω: remind, recall (acc. gen.) 16
δή-που: perhaps, I suppose; of course, 8
δυνατός, -ή, -όν: capable, strong, possible, 8
ἐν-νοέω: to have in mind, notice, consider, 18
ἐπι-λανθάνομαι: to forget, 3

ἐπίσταμαι: know, know how, understand, 13
ἤτοι: now surely, truly, either 4
μανθάνω: to learn, understand, 12
οἰκεῖος, -α, -ον: one's own; *subst.* relatives, 4
πάντως: entirely, absolutely, 3
πλησιάζω: to be near, bring near, 2 *associated*
ὕστερος, -α, -ον: later, last; *adv.* later 17
χράομαι: to use, employ, enjoy, (+ dat.) 11

---

e2  οἶμαι: οἴομαι, parenthetical
    γίγνομενοι: *(while) being born*; taken
    closely with ἀπωλέσαμεν, aor. ἀπόλλυμι
3   περὶ: *regarding...*
    ποτε καὶ πρὶν: *at some time before also*
5   οὐχ...αν εἴη: *would...not be...?*; potential
    opt., οὐχ anticipates a yes reply
    ὃ καλοῦμεν μανθάνειν: *what we call 'to
    learn'*; subject of εἴη
5   οἰκείαν ἐπιστήμην: *one's own knowledge*
6   λέγοντες: *calling (x) (y)*; governs a double
    acc. (direct object and predicate)
7   ἂν λέγοιμεν: *would...?*; potential opt.
76a1 γὰρ δὴ: *(yes) for indeed*
    ἐφάνη: *appeared*; aor. pass., δυνατὸν is a
    neuter nom. predicate
    (τινὰ) αἰσθόμενον...: *(someone) perceiving*;
    mid. pple, τι is acc. object, the missing

noun is acc. subject of aor. inf. ἐννοῆσαι
ἰδόντα: acc. sg. aor. pple ὁράω (εἶδον)
2   ἕτερον τι: object. of aor. inf. ἐννοῆσαι
3   τούτου: *this*; refering to τι
    ὃ: *which*; the antecedent is τούτου
    ἐπελέληστο: plpf. pass. ἐπιλανθάνομαι
    ᾧ...ὅμοιον: *with which this was associated,
    being unlike it or like it*; i.e. to which this
    perceived thing was associated
4   ὅπερ: *just as*; 'the very thing which'
    δυοῖν: *of two*; dual gen.
    θάτερα: *one*; crasis for τὰ ἕτερα
    ἤτοι...γε...ἤ: *either....in fact...or*; ἤτοι
    opens a disjunction where the first choice is
    more probable while γε is emphatic and
    restrictive: i.e. 'this and no other' (GP 119)
5   γεγόναμεν: *we are born*; pf. γίγνομαι

ἢ ὕστερον, οὕς φαμεν μανθάνειν, οὐδὲν ἀλλ' ἢ ἀναμιμνῇ-
σκονται οὗτοι, καὶ ἡ μάθησις ἀνάμνησις ἂν εἴη.

καὶ μάλα δὴ οὕτως ἔχει, ὦ Σώκρατες.

πότερον οὖν αἱρῇ, ὦ Σιμμία; ἐπισταμένους ἡμᾶς γεγο-
νέναι, ἢ ἀναμιμνῄσκεσθαι ὕστερον ὧν πρότερον ἐπιστήμην  b
εἰληφότες ἦμεν;

οὐκ ἔχω, ὦ Σώκρατες, ἐν τῷ παρόντι ἐλέσθαι.

τί δέ; τόδε ἔχεις ἐλέσθαι, καὶ πῇ σοι δοκεῖ περὶ αὐτοῦ;
ἀνὴρ ἐπιστάμενος περὶ ὧν ἐπίσταται ἔχοι ἂν δοῦναι λόγον  5
ἢ οὔ;

πολλὴ ἀνάγκη, ἔφη, ὦ Σώκρατες.

ἦ καὶ δοκοῦσί σοι πάντες ἔχειν διδόναι λόγον περὶ τού-
των ὧν νυνδὴ ἐλέγομεν;

---

αἱρέω: to seize, take; *mid.* choose, 4
ἀνα-μιμνήσκω: remind, recall (acc. gen.) 16
ἀνά-μνησις, -εως, ἡ: recollection, recall, 11
δίδωμι: to give, offer, grant, provide, 15
ἐπίσταμαι: know, know how, understand, 13
μάθησις, -εως, ἡ: learning, instruction, 6

μάλα: very, very much, exceedingly, 10
μανθάνω: to learn, understand, 12
νυν-δὴ: just now, 15
πῇ: in what way, how, 5
πότερος, -α, -ον: (untranslated), whether, 19
ὕστερος, -α, -ον: later, last; *adv.* later 17

6 οὕς: *(these) whom...*; relative, acc. subj. of
   inf., the antecedent is the following οὗτοι
   οὐδὲν ἀλλ(ὸ) ἤ...οὗτοι: *these are doing
   nothing other than recollecting*
7 ἂν εἴη: *would...*; potential opt. εἰμί
8 καὶ μάλα δὴ: *and very much indeed*
   οὕτως ἔχει: *is so*; see p. 7
9 πότερον: *which one?*
   αἱρῇ: αἱρέ(σ)αι, 2s pres. mid. αἱρέω
   γεγονέναι: *that....are born*; ind. disc., pf.
   inf. γίγνομαι
b1 εἰληφότες ἦμεν: periphrastic 1s plpf.
   (pf. pple + impf. εἰμί), λαμβάνω
3 ἔχω: *I am able*; as often with an inf.
   παρόντι: i.e. present time; pple πάρειμι

ἐλέσθαι: aor. inf. αἱρέω (ἑλ)
4 τί δέ: *what (then)?*; used to express surprise
   or introduce a new question, i.e. what about
   the following?
5 ἀνὴρ: *a man*; indefinite
   περὶ ὧν: *concerning (the things) which*;
   περὶ τούτων ἅ; acc. pl. relative attracted
   into gen. of missing antecedent
   ἔχοι ἂν: *would be able*; ἔχω + inf.
   δοῦναι λόγον: *to give an account*; aor. inf.
   δίδωμι
8 ἦ καὶ...πάντες: *does everyone actually
   seem...?*; ἦ introduces a question, καί is
   adverbial
   ἔχειν διδόναι λόγον: see line 5

βουλοίμην μεντᾶν, ἔφη ὁ Σιμμίας· ἀλλὰ πολὺ μᾶλλον
φοβοῦμαι μὴ αὔριον τηνικάδε οὐκέτι ᾖ ἀνθρώπων οὐδεὶς
ἀξίως οἷός τε τοῦτο ποιῆσαι.

c   οὐκ ἄρα δοκοῦσί σοι ἐπίστασθαί γε, ἔφη, ὦ Σιμμία,
πάντες αὐτά;

οὐδαμῶς.

ἀναμιμνῄσκονται ἄρα ἅ ποτε ἔμαθον;

5  ἀνάγκη.

πότε λαβοῦσαι αἱ ψυχαὶ ἡμῶν τὴν ἐπιστήμην αὐτῶν; οὐ
γὰρ δὴ ἀφ' οὗ γε ἄνθρωποι γεγόναμεν.

οὐ δῆτα.

πρότερον ἄρα.

10  ναί.

---

ἀνα-μιμνῄσκω: remind, recall (acc. gen.) 16
ἄξιος, -α, -ον: worthy of, deserving of, 15
αὔριον: tomorrow, 2
δῆτα: certainly, to be sure, of course, 5
ἐπίσταμαι: know, know how, understand, 13
μανθάνω: to learn, understand, 12

ναί: yes, yea, 15
οὐδαμῶς: in no way, not at all, 11
οὐκ-έτι: no more, no longer, no further, 4
πότε: when, at what time, 2
τηνικάδε: at this time, then, 1
φοβέω: to terrify, frighten; *mid.* fear, 15

10 βουλοίμην μεντ(οἰ) ἂν: potential opt.;
   μεντοὶ is affirmative ('certainly') not
   adversative
  πολὺ: *much*; adverbial acc. (acc. of extent
   by degree) with μᾶλλον
11 μὴ...ᾖ...οἷός τε: *lest...be able*; or 'that...is
   the sort so as to...' fearing clause, 3s pres.
   subj. εἰμί; οἷος τε εἰμί, 'I am the sort to' is a
   common idiom for 'I am able to'
12 ἀξίως: *fittingly, duly, deservedly*

  ποιῆσαι: aor. inf. ποιέω
c4 ἅ: *(the things) which*; supply the missing
   antecedent, obj. of main verb
  ἔμαθον: aor. μανθάνω
6 λαβοῦσαι: fem. pl. nom. aor. pple
   λαμβάνω
7 οὐ γὰρ δὴ: *for certainly not...*; GP 243
  ἀπ(ὸ) οὗ: *after the time which*; 'from which
   (time)'
  γεγόναμεν: 1p pf. γίγνομαι, 'be born'

ἦσαν ἄρα, ὦ Σιμμία, αἱ ψυχαὶ καὶ πρότερον, πρὶν
εἶναι ἐν ἀνθρώπου εἴδει, χωρὶς σωμάτων, καὶ φρόνησιν
εἶχον.

εἰ μὴ ἄρα ἅμα γιγνόμενοι λαμβάνομεν, ὦ Σώκρατες,
ταύτας τὰς ἐπιστήμας· οὗτος γὰρ λείπεται ἔτι ὁ χρόνος.   15

εἶεν, ὦ ἑταῖρε· ἀπόλλυμεν δὲ αὐτὰς ἐν ποίῳ ἄλλῳ χρόνῳ;   d
—οὐ γὰρ δὴ ἔχοντές γε αὐτὰς γιγνόμεθα, ὡς ἄρτι ὡμολογή-
σαμεν—ἢ ἐν τούτῳ ἀπόλλυμεν ἐν ᾧπερ καὶ λαμβάνομεν; ἢ
ἔχεις ἄλλον τινὰ εἰπεῖν χρόνον;

οὐδαμῶς, ὦ Σώκρατες, ἀλλὰ ἔλαθον ἐμαυτὸν οὐδὲν εἰπ-   5
ών.

ἆρ᾽ οὖν οὕτως ἔχει, ἔφη, ἡμῖν, ὦ Σιμμία; εἰ μὲν ἔστιν

---

εἶδος, -εος, τό: form, shape, figure, 17
ἑταῖρος, ὁ: a comrade, companion, mate, 11
λανθάνω: to escape notice of; forget, 7
λείπω: to leave, forsake, abandon, 1
οὐδαμῶς: in no way, not at all, 11

ποῖος, -α, -ον: what sort of? what kind of?, 9
φρόνησις, -εως, ἡ: intelligence, wisdom, 15
χωρίς: separately; apart from, without (gen.) 6

11 ἦσαν: existed; 3p impf. εἰμί
  καὶ πρότερον: previously in fact
  πρὶν...: before...; + inf. εἰμί
12 εἴδει: εἴδε-ι, dat. sg. εἶδος, -εος, τό
14 ἐι μὴ: unless...
  ἅμα γιγνόμενοι: at the same time as being born
15 λείπεται: is left; i.e. remains to be discussed
  εἶεν: well then
d1 ἀπόλλυμεν: we lose
2 οὐ γὰρ δὴ: for certainly...not
  ὡς: as

3 ἢ...ἢ: either...or
  ἐν τούτῳ (χρόνῳ)...ἐν ᾧπερ (χρόνῳ): in this time in which...
  καὶ: also
4 ἔχεις: are you able; ἔχω + inf.
5 ἔλαθον: 1s aor. λανθάνω; often with a complementary pple this verb must be translated impersonally: 'it escaped my notice that I spoke...'
  οὐδὲν: nonsense; i.e. nothing important
7 οὕτως ἔχει: is so; see p. 7
  ἔστιν: exists

ἃ θρυλοῦμεν ἀεί, καλόν τέ τι καὶ ἀγαθὸν καὶ πᾶσα ἡ τοιαύτη
οὐσία, καὶ ἐπὶ ταύτην τὰ ἐκ τῶν αἰσθήσεων πάντα ἀνα-
e φέρομεν, ὑπάρχουσαν πρότερον ἀνευρίσκοντες ἡμετέραν
οὖσαν, καὶ ταῦτα ἐκείνῃ ἀπεικάζομεν, ἀναγκαῖον, οὕτως ὥσπερ
καὶ ταῦτα ἔστιν, οὕτως καὶ τὴν ἡμετέραν ψυχὴν εἶναι καὶ
πρὶν γεγονέναι ἡμᾶς· εἰ δὲ μὴ ἔστι ταῦτα, ἄλλως ἂν ὁ λόγος
5 οὗτος εἰρημένος εἴη; ἆρ᾽ οὕτως ἔχει, καὶ ἴση ἀνάγκη ταῦτά
τε εἶναι καὶ τὰς ἡμετέρας ψυχὰς πρὶν καὶ ἡμᾶς γεγονέναι,
καὶ εἰ μὴ ταῦτα, οὐδὲ τάδε;

    ὑπερφυῶς, ὦ Σώκρατες, ἔφη ὁ Σιμμίας, δοκεῖ μοι ἡ
αὐτὴ ἀνάγκη εἶναι, καὶ εἰς καλόν γε καταφεύγει ὁ λόγος εἰς
77 τὸ ὁμοίως εἶναι τήν τε ψυχὴν ἡμῶν πρὶν γενέσθαι ἡμᾶς καὶ

---

αἴσθησις, -εως, ἡ: sensation, perception, 19
ἄλλως: otherwise, in another way, 14
ἀνα-φέρω: to report, bring up, recover, 2
ἀν-ευρίσκω: to find out, discover, 2
ἀπ-εικάζω: compare, copy from a model, 2
ἡμέτερος, -α, -ον: our, 5

θρυλέω: chatter about, talk over and over, 2
κατα-φεύγω: to flee to refuge, take refuge 2
οὐσία, ἡ: being, essence, substance, 6
ὑπ-άρχω: be there, be ready, be available, 4
ὑπερφυῶς: extraordinarily, enormously, 3

8 ἃ: *just as…*; '(things) which…'
  parenthetical
  καλόν…τι: *something beautiful and*
  *something….*
9 ἐπὶ ταύτην…ἀναφέρομεν: *we compare all*
  *these from sensations to this*; see 75b6
e1 ἀνευρίσκοντες: *finding (this)*; add ταύτην,
  the participles ὑπάρχουσαν, οὖσαν
  modify this missing fem. sg. acc. object
  πρότερον: comparative adv.
2 ἐκείνῃ: *to that one*; i.e. to ταύτην above
  ἀναγκαῖον: *(it is) necessary*; supply verb
  οὕτως…ἔστιν: *just as these things actually*
  *exist*; καί is adverbial
3 οὕτως καὶ…καὶ πρὶν: *so also… even before*
4 γεγονέναι: pf. γίγνομαι

5 ἔστι: *exist*; neuter pl. subject
  ἄλλως: *in vain*
  ἂν…εἰρημένος εἴη: *would have been said*;
  potential opt., periphrastic pf. (pf. pass.
  pple λογέω (ερ) + εἰμί)
  ἴση ἀνάγκη: *(is it) equally necessary…*
6 τε…καὶ: *that both…and*; two acc. subjects
  πρὶν καὶ: *before actually…*; adverbial καί
8 ἡ αὐτὴ ἀνάγκη: *the same necessity*
9 εἰς καλόν: *at the right moment*; καί…γε
  emphasizes the intervening words, εἰς
  καλὸν is idiomatic
  καταφεύγει: *takes refuge*; i.e. concludes
  εἰς τὸ…: *in equally our soul existing and…*;
  τὸ εἶναι is an articular inf. following εἰς

τὴν οὐσίαν ἣν σὺ νῦν λέγεις. οὐ γὰρ ἔχω ἔγωγε οὐδὲν
οὕτω μοι ἐναργὲς ὂν ὡς τοῦτο, τὸ πάντα τὰ τοιαῦτ' εἶναι ὡς
οἷόν τε μάλιστα, καλόν τε καὶ ἀγαθὸν καὶ τἆλλα πάντα ἃ
σὺ νυνδὴ ἔλεγες· καὶ ἔμοιγε δοκεῖ ἱκανῶς ἀποδέδεικται.       5

τί δὲ δὴ Κέβητι; ἔφη ὁ Σωκράτης· δεῖ γὰρ καὶ Κέβητα
πείθειν.

ἱκανῶς, ἔφη ὁ Σιμμίας, ὡς ἔγωγε οἶμαι· καίτοι καρτερώ-
τατος ἀνθρώπων ἐστὶν πρὸς τὸ ἀπιστεῖν τοῖς λόγοις. ἀλλ'
οἶμαι οὐκ ἐνδεῶς τοῦτο πεπεῖσθαι αὐτόν, ὅτι πρὶν γενέσθαι       10
ἡμᾶς ἦν ἡμῶν ἡ ψυχή· εἰ μέντοι καὶ ἐπειδὰν ἀποθάνωμεν       b
ἔτι ἔσται, οὐδὲ αὐτῷ μοι δοκεῖ, ἔφη, ὦ Σώκρατες, ἀποδεδεῖ-
χθαι, ἀλλ' ἔτι ἐνέστηκεν ὃ νυνδὴ Κέβης ἔλεγε, τὸ τῶν

---

ἀ-πιστέω: to distrust, not believe (+ dat.), 8
ἀπο-δείκνυμι: demonstrate, prove, 11
ἐν-αργής, -ές: visible, distinct, manifest, 4
ἐν-δεῶς: defectively, insufficiently, 3
ἐν-ίστημι: to set or place in, stand in, 1

καίτοι: and yet, and indeed, and further, 8
καρτερός, -ά, -όν: staunch, patient, steadfast, 2
νυν-δὴ: just now, 15
οὐσία, ἡ: being, essence, substance, 6

2 τὴν οὐσίαν. *and the essence*; acc. subject
parallel to τὴν ψυχήν
οὐ...οὐδὲν οὕτω...ὡς τοῦτο: *not...anything
so...as this*; correlatives
3 ὂν: neuter pple εἰμί modifying οὐδέν
τὸ...εἶναι: *(namely) that...exist*; ind. disc.
4 ὡς οἷόν τε (ἐστίν) μάλιστα: *as much as
possible*; 'as greatly as it is possible,' οἷός
τε εἰμί, 'I am the sort' is a common idiom
for 'I am able;' here the construction is
impersonal: 'it is possible'
5 ἔμοιγε δοκεῖ: *(as) it seems to me at least*;
parenthetical
ἀποδέδεικται: pf. pass. ἀποδείκνυμι
6 τί δὲ δὴ Κέβητι: *what exactly for Cebes*; i.e.
what is sufficiently proven for Cebes
καί: *also*

8 ὡς: *as*...; parenthetical, οἴομαι
9 ἐστὶν: *(Cebes) is*...; + superlative adj.
πρὸς: *with regard to*...; + articular inf.
10 οὐκ ἐνδεῶν: i.e. sufficiently, litotes
πεπεῖσθαι: pf. act. mid. πείθω
ὅτι: *namely that*...; in apposition to τοῦτο
b1 ἦν: *existed*; 3s impf. εἰμί
καί: *in fact, actually*
ἀποθάνωμεν: aor. subj. ἀποθνήσκω in an
indefinite temporal clause
2 ἔσται: 3s fut. εἰμί
αὐτῷ μοι: *even to me*; intensive
ἀποδεδεῖχθαι: pf. pass. inf.
3 ἐνέστηκεν: *stands in the way*; pf. ἐνίστημι
τὸ τῶν πολλῶν: *that (fear) of the
masses*; the

πολλῶν, ὅπως μὴ ἅμα ἀποθνήσκοντος τοῦ ἀνθρώπου δια-
5 σκεδάννυται ἡ ψυχὴ καὶ αὐτῇ τοῦ εἶναι τοῦτο τέλος ᾖ. τί
γὰρ κωλύει γίγνεσθαι μὲν αὐτὴν καὶ συνίστασθαι ἄλλοθέν
ποθεν καὶ εἶναι πρὶν καὶ εἰς ἀνθρώπειον σῶμα ἀφικέσθαι,
ἐπειδὰν δὲ ἀφίκηται καὶ ἀπαλλάττηται τούτου, τότε καὶ αὐτὴν
τελευτᾶν καὶ διαφθείρεσθαι;

c    εὖ λέγεις, ἔφη, ὦ Σιμμία, ὁ Κέβης. φαίνεται γὰρ
ὥσπερ ἥμισυ ἀποδεδεῖχθαι οὗ δεῖ, ὅτι πρὶν γενέσθαι ἡμᾶς
ἦν ἡμῶν ἡ ψυχή, δεῖ δὲ προσαποδεῖξαι ὅτι καὶ ἐπειδὰν
ἀποθάνωμεν οὐδὲν ἧττον ἔσται ἢ πρὶν γενέσθαι, εἰ μέλλει
5 τέλος ἡ ἀπόδειξις ἕξειν.

    ἀποδέδεικται μέν, ἔφη, ὦ Σιμμία τε καὶ Κέβης, ὁ

---

ἄλλο-θεν: from another place or elsewhere, 6
ἀνθρώπειος, -α, -ον: human, of a human, 3
ἀπ-αλλάττω: escape, release; set free, 15
ἀπο-δείκνυμι: demonstrate, prove 11
ἀπό-δειξις, εως, ἡ: demonstration, proof, 4
δια-σκεδάννυμι: to scatter, disperse, disband 4
δια-φθείρω: to destroy, corrupt, kill, 6
εὖ: well, 19

ἥμισυς, -εια, -υ: half, 5
ἥττων, -ον: less, weaker, inferior, 16 *Comparative*
κωλύω: to hinder or prevent, 5
ὅπως: how, in what way; in order that, that 10
πο-θεν: from some place or other, 1
προσ-αποδείκνυμι: demonstrate in addition 1
συν-ίστημι: to set together, unite, combine, 2
τέλος, -εος, τό: end, result, 2 *perfection*

4 ὅπως μή...διασκεδάννυται...ᾖ: (the fear)
   that...; '(the fear) lest...' fearing clause,
   ὅπως μή may be used instead of μή to
   suggest something that will happen (S
   2230); διασκεδάννυται appears indicative
   but is a variation for διασκεδαννύηται,
   pres. subj. (S 749c); ᾖ is 3s subj. εἰμί
   ἅμα: at the same time as...: + gen. abs.
5 τοῦ εἶναι: of existing
6 αὐτὴν: that it...; i.e. the soul, acc. subject
   συνίστασθαι: be put together
   καί: actually, in fact
8 ἀφίκηται, ἀπαλλάττηται: 3s subj. in
   an indefinite temporal clause
   τούτου: from this; i.e. body, separation

   καὶ αὐτὴν: that it also...; adverbial καί
9 τελευτᾶν: inf. α-contract verb
c1 φαίνεται... ὥσπερ: it seems as if
2 ἥμισυ: acc. subject of pf. pass. inf.
   οὗ δεῖ: of (that) which it is necessary (to be
   proven); relative, partitive gen.
   ὅτι: (namely) that...
3 ἦν: existed; 3s impf. εἰμί
4 οὐδὲν: not at all; adv. acc. (acc. of extent
   by degree) with comparative adv ἧττον
   ἔσται: 3s fut. deponent εἰμί
5 ἕξειν: fut. inf. ἔχω
6 ἀποδέδεικται: it has been proven; pf. pass.
   impersonal

Σωκράτης, καὶ νῦν, εἰ 'θέλετε συνθεῖναι τοῦτόν τε τὸν
λόγον εἰς ταὐτὸν καὶ ὃν πρὸ τούτου ὡμολογήσαμεν, τὸ
γίγνεσθαι πᾶν τὸ ζῶν ἐκ τοῦ τεθνεῶτος. εἰ γὰρ ἔστιν μὲν
ἡ ψυχὴ καὶ πρότερον, ἀνάγκη δὲ αὐτῇ εἰς τὸ ζῆν ἰούσῃ τε   d
καὶ γιγνομένῃ μηδαμόθεν ἄλλοθεν ἢ ἐκ θανάτου καὶ τοῦ
τεθνάναι γίγνεσθαι, πῶς οὐκ ἀνάγκη αὐτὴν καὶ ἐπειδὰν
ἀποθάνῃ εἶναι, ἐπειδή γε δεῖ αὖθις αὐτὴν γίγνεσθαι; ἀπο-
δέδεικται μὲν οὖν ὅπερ λέγετε καὶ νῦν. ὅμως δέ μοι δοκεῖς   5
σύ τε καὶ Σιμμίας ἡδέως ἂν καὶ τοῦτον διαπραγματεύσασθαι
τὸν λόγον ἔτι μᾶλλον, καὶ δεδιέναι τὸ τῶν παίδων, μὴ ὡς
ἀληθῶς ὁ ἄνεμος αὐτὴν ἐκβαίνουσαν ἐκ τοῦ σώματος δια-
φυσᾷ καὶ διασκεδάννυσιν, ἄλλως τε καὶ ὅταν τύχῃ τις μὴ ἐν   e
νηνεμίᾳ ἀλλ' ἐν μεγάλῳ τινὶ πνεύματι ἀποθνῄσκων.

---

ἄλλο-θεν: from another place or elsewhere, 6
ἄλλως: otherwise, in another way, 14
ἄνεμος, -ου, ὁ: wind, 4
ἀπο-δείκνυμι: demonstrate, prove 11
αὖθις: back again, later, 9
δείδω: fear, dread, shrink from, feel awe, 11
δια-πραγματεύομαι: examine thoroughly, 2
δια-σκεδάννυμι: scatter, disperse, disband, 4
δια-φυσάω: to blow in different dōirections, 3

ἐθέλω: to be willing, wish, desire, 17
ἐκ-βαίνω: to step out, disembark, 5
ἡδέως: sweetly, pleasantly, gladly, 6
μηδαμό-θεν: from no place, from nowhere, 2
νηνεμία ἡ: stillness in the air, calm (weather) 1
ὅμως: nevertheless, however, yet, 13
παῖς, παιδός, ὁ, ἡ: child, boy, girl; slave, 6
πνεῦμα, -ατος, τό: breath, wind, blast, 5
συν-τίθημι: to put together, combine, 7

7 καὶ νῦν: *even now*; with previous verb
  (ἐ)θέλετε: 2p ἐθέλω
  συνθεῖναι: aor. inf. συντίθημι
8 εἰς ταὐτὸν: *into the same*; i.e. combine the
  two arguments to the same argument
  καὶ ὃν: *and (the other argument) which…*;
  relative, supply λόγον as antecedent
  τὸ γίγνεσθαι…τεθνεῶτος: *(namely) that
  every thing (is) a thing born from the
  dead*; articular infs., gen. sg. pf. θνῄσκω
9 καὶ: *also*; + comparative adv.
d1 ἀνάγκη: *(it is) necessary*
  αὐτῇ: *for it*; dat. of interest
  ἰούσῃ: dat. sg. pres. pple ἔρχομαι
2 τοῦ τεθνάναι: *from being dead*; articular
  pf. inf. θνῄσκω ; γίγνεσθαι is governed by
  ἀνάγκη
3 ἀνάγκη…εἶναι: *(it is) necessary* + inf. εἰμί
4 ἀποθάνῃ: 3s aor. subj. ἀποθνήκσω in

an indefinite temporal clause
  ἐπειδή : *since…*; causal
  ἀποδέδεικται: *has been proven*; pf. pass.
5 μὲν οὖν: *then*; inferential οὖν, the μὲν is
  answered by ὅμως δὲ in the same line
  καὶ νῦν: *also now*; with main verb
6 ἂν…διαπραγματεύσασθαι…καὶ: *that you
  both would examine…and*; governed by 2s
  δοκεῖς; ἂν + inf. is equivalent to a
  potential opt. in direct speech
7 δεδιέναι: pf. inf. δείδω,
  τὸ τῶν παίδων: *that (fear) of children*
8 μὴ…διαφυσᾷ καὶ διασκεδάννυσιν: *that…*;
  'lest…' fearing clause, pres. subjunctive of
  an α-contract verb; διασκεδάννυσιν looks
  indicative (see 77b4) but is a variation of
  διασκεδαννύησιν (S 749c)
e1 ἄλλως…καὶ: *especially* both otherwise and
  τύχῃ: 3s aor. subj. + pple, see p. 20

καὶ ὁ Κέβης ἐπιγελάσας, ὡς δεδιότων, ἔφη, ὦ Σώκρατες,
πειρῶ ἀναπείθειν· μᾶλλον δὲ μὴ ὡς ἡμῶν δεδιότων, ἀλλ'
5 ἴσως ἔνι τις καὶ ἐν ἡμῖν παῖς ὅστις τὰ τοιαῦτα φοβεῖται.
τοῦτον οὖν πειρῶ μεταπείθειν μὴ δεδιέναι τὸν θάνατον ὥσπερ
τὰ μορμολύκεια.

  ἀλλὰ χρή, ἔφη ὁ Σωκράτης, ἐπᾴδειν αὐτῷ ἑκάστης ἡμέρας
ἕως ἂν ἐξεπᾴσητε.

78   πόθεν οὖν, ἔφη, ὦ Σώκρατες, τῶν τοιούτων ἀγαθὸν ἐπῳδὸν
ληψόμεθα, ἐπειδὴ σύ, ἔφη, ἡμᾶς ἀπολείπεις;

  πολλὴ μὲν ἡ Ἑλλάς, ἔφη, ὦ Κέβης, ἐν ᾗ ἔνεισί που
ἀγαθοὶ ἄνδρες, πολλὰ δὲ καὶ τὰ τῶν βαρβάρων γένη, οὓς
5 πάντας χρὴ διερευνᾶσθαι ζητοῦντας τοιοῦτον ἐπῳδόν, μήτε

---

ἀνα-πείθω: persuade, convince, 1
ἀπο-λείπω: leave behind, abandon, forsake, 7
βάρβαρος, ὁ: foreigner, a non-Greek, 1
γένος, -εος, τό: lineage, family, stock; race, 7
δείδω: fear, dread, shrink from, feel awe, 11
δι-ερευνάω: examine thoroughly, track down 1
Ἑλλάς, -άδος, ἡ : Greece, 1
ἔν-ειμι: to be in or within, 8
ἐξ-επ-ᾴδω: to charm away, 1
ἐπ-ᾴδω: to chant at, sing to, (dat.) 2
ἐπ-ῳδός, ὁ: singer, enchanter, 2
ἐπι-γελάω: laugh (approvingly), smile on, 2

ἕως: until, as long as, 15
ζητέω: to seek, look for, investigate, 9
ἡμέρα, ἡ: day, 7
ἴσως: perhaps, probably; equally, likely, 19
μετα-πείθω: to persuade to change, 1
μή-τε: and not, neither...nor, 15
μορμολύκειον, τό: hobgoblin, bogeyman, 1
παῖς, παιδός, ὁ, ἡ: child, boy, girl; slave, 6
πειράω: to try, attempt, endeavor, 11
πό-θεν: from where, 2
φοβέω: to terrify, frighten; *mid.* fear, 15

---

3 ἐπιγελάσας: nom. sg. aor. pple
  ὡς δεδιότων: *assuming we are afraid;* 'on
  the ground that (we) are afraid,' ὡς + pple
  (here, gen. abs. with the pf. pple δείδω and
  a missing noun) expresses *alleged* cause.
  Cebes is not asserting this clause as factual
  but asking Socrates to argue on such
  grounds
4 πειρῶ: *keep on trying...!;* πείράε(σ)ο, pres.
  mid. sg. imperative suggests ongoing action
  rather than simple action (e.g. 'try!')
  μᾶλλον δὲ: *but rather*
  μὴ ὡς...δεδιότων: *(try to persuade us) not
  assuming we are afraid;* 'not on the

  grounds...' see line 3 above
5 ἔνι τις καὶ ἐν...: *there is some child even
  inside...;* ἔνι is an variation for ἔν-εστι
6 τοῦτον: *this one;* i.e. the child
  πειρῶ: see l. 4
  δεδιέναι: pf. inf. δείδω
8 ἑκάστης ἡμέρας: *(during) each day;* gen. of
  time within
72a2 ληψόμεθα: *will we find;* fut. λαμβάνω
3 πολλὴ: *(is) great;* supply linking ἐστίν
  ἔνεισί: *there are;* 3rd pl. pres. ἔν-ειμι
4 πολλά: *(are) great;* supply linking ἐστίν

χρημάτων φειδομένους μήτε πόνων, ὡς οὐκ ἔστιν εἰς ὅτι
ἂν εὐκαιρότερον ἀναλίσκοιτε χρήματα. ζητεῖν δὲ χρὴ καὶ
αὐτοὺς μετ᾽ ἀλλήλων· ἴσως γὰρ ἂν οὐδὲ ῥᾳδίως εὕροιτε
μᾶλλον ὑμῶν δυναμένους τοῦτο ποιεῖν.

ἀλλὰ ταῦτα μὲν δή, ἔφη, ὑπάρξει, ὁ Κέβης· ὅθεν δὲ 10
ἀπελίπομεν ἐπανέλθωμεν, εἴ σοι ἡδομένῳ ἐστίν. b

ἀλλὰ μὴν ἡδομένῳ γε· πῶς γὰρ οὐ μέλλει;
καλῶς, ἔφη, λέγεις.

οὐκοῦν τοιόνδε τι, ἦ δ᾽ ὃς ὁ Σωκράτης, δεῖ ἡμᾶς ἀνερέσθαι
ἑαυτούς, τῷ ποίῳ τινὶ ἄρα προσήκει τοῦτο τὸ πάθος πάσχειν, 5
τὸ διασκεδάννυσθαι, καὶ ὑπὲρ τοῦ ποίου τινὸς δεδιέναι μὴ
πάθῃ αὐτό, καὶ τῷ ποίῳ τινὶ οὔ· καὶ μετὰ τοῦτο αὖ

---

ἀν-αλίσκω: to use up, spend, lavish, 2
ἀν-έρομαι: to ask about, inquire of, 1
ἀπο-λείπω: leave behind, abandon, forsake, 7
δείδω: fear, dread, shrink from, feel awe, 11
δια-σκεδάννυμι: scatter, disperse, disband, 4
δύναμαι: to be able, can, be capable, 13
ἐπαν-έρχομαι: to go back, return, 2
εὔ-καιρος, -ον: well-timed, opportune, 1
εὑρίσκω: to find, discover, devise, invent, 8
ἥδομαι: to delight in, be pleased, 6
ἴσως: perhaps, probably; equally, likely, 19
μή-τε: and not, neither...nor, 15

ὅ-θεν: from where, from which, 4
πάθος -εος τό: experience incident passion 11
ποῖος, -α, -ον: what sort of? what kind of?, 9
πόνος, ὁ: work, toil, 1
προσ-ήκει: it belongs to, it is fitting, befits 15
ῥᾴδιος, -α, -ον: easy, ready, 9
ὑπ-άρχω: be there, be ready, be available, 4
ὑπέρ: above, on behalf of (gen.); over, beyond (acc.), 6
φείδομαι: to spare, use sparingly (gen) 2
χρῆμα, -ατος τό: money, possessions, thing, 6

---

6 φειδομένους: governs gen. of separation
ὡς οὐκ ἔστιν εἰς ὅτι: as there is nothing
upon which; ὅ τι, neuter acc. sg. of ὅστις
7 ἄν...ἀναλίσκοιτε: you could...; potential
opt.
8 (ὑμᾶς) αὐτούς: yourselves; acc.
ἄν εὕροιτε: you would...; potential aor. opt.
9 ὑμῶν: than...; gen. of comparison
10 ἀλλά...μὲν δή: well...certainly in fact
(S 2900)
ὑπάρξει: will happen; 'will be', fut.
δὲ: but...; adversative
b1 ἀπελίπομεν: aor. ἀπολείπω
ἐπανέλθωμεν: let us...; hortatory subj., 1p
aor. subj. ἐπαν-έρχομαι
εἴ σοι ἡδομένῳ ἐστίν: if it is for you,

being pleased; i.e. it is pleasing to you
2 ἀλλὰ μήν...γε: Well yes, certainly pleased
γε is emphatic and can be left untranslated
οὐ μέλλει: i.e. to be pleasing
3 καλῶς: well
5 ἑαυτούς: ourselves; 'oneselves,' reflexive
τῷ ποίῳ τινί...τοῦτο: to what sort at all
to suffer this experience then belongs; τῷ
is an article on ποίῳ, not uncommon in
Plato
6 τὸ διασκεδάννυσθαι: (namely) to...; an
appositive
ὑπὲρ τοῦ...δεδιέναι: on behalf of what sort
at all (we) fear lest it suffer it
τῷ ποίῳ...οὔ: to what sort at all (to suffer
this experience does) not (belong)

ἐπισκέψασθαι πότερον ἡ ψυχή ἐστιν, καὶ ἐκ τούτων
θαρρεῖν ἢ δεδιέναι ὑπὲρ τῆς ἡμετέρας ψυχῆς;

10    ἀληθῆ, ἔφη, λέγεις.

c    ἆρ' οὖν τῷ μὲν συντεθέντι τε καὶ συνθέτῳ ὄντι φύσει
προσήκει τοῦτο πάσχειν, διαιρεθῆναι ταύτῃ ᾗπερ συνετέθη·
εἰ δέ τι τυγχάνει ὂν ἀσύνθετον, τούτῳ μόνῳ προσήκει μὴ
πάσχειν ταῦτα, εἴπερ τῳ ἄλλῳ;

5    δοκεῖ μοι, ἔφη, οὕτως ἔχειν, ὁ Κέβης.

οὐκοῦν ἅπερ ἀεὶ κατὰ ταὐτὰ καὶ ὡσαύτως ἔχει, ταῦτα
μάλιστα εἰκὸς εἶναι τὰ ἀσύνθετα, τὰ δὲ ἄλλοτ' ἄλλως καὶ
μηδέποτε κατὰ ταὐτά, ταῦτα δὲ σύνθετα;
ἔμοιγε δοκεῖ οὕτως.

---

ἄλλ-οτε: at another time, at other times, 4
ἄλλως: otherwise, in another way, 14
ἀ-σύνθετος, -ον: uncompounded, 2
δείδω: fear, dread, shrink from, feel awe, 11
δι-αιρέω: to divide, separate, 3
εἰκός, ότος, τό: likely, probable, reasonable 18
ἐπι-σκέπτομαι: to examine, inspect, 2
ἡμέτερος, -α, -ον: our, 5
θαρρέω: be confident, take courage; be bold 9

μηδέ-ποτε: not ever, never, 8
προσ-ήκει: it belongs to, it is fitting, befits 15
συν-θέτος, -ον: put together, composite, 4
συν-τίθημι: to put together, combine, 7
ὑπέρ: above, on behalf of (gen.); over, beyond
(acc.), 6
φύσις, -εως, ἡ: nature, character; form, 11
ὡσ-αύτως: in the same manner, just so, 4

9 δεδιέναι: pf. inf. δείδω
10 ἀληθῆ: ἀληθέ-α, neuter pl.
c1 τῷ συντεθέντι: *the thing compounded...*;
'put together,' aor. pass. pple συντίθημι
ὄντι: dat. pple εἰμί governed a dat.
predicate συνθέτῳ
φύσει: *by nature*; dat. sg. of respect
2 προσήκει: *it...*; impersonal use
διαιρεθῆναι: *(namely) to be separated*; aor.
pass. inf. in apposition to τοῦτο
ταύτῃ ᾗπερ: *in this way in which very* way;
demonstrative and relative, dat. manner
συνετέθη: 3s aor. pass.
3 τυγχάνει: + pple, see p. 20
4 εἴπερ τῳ ἄλλῳ: *if anything else*; likely
parenthetical following τούτῳ μόνῳ

οὕτως ἔχειν: see p. 7
6 ἅπερ...ταῦτα: *whatever...these things...*;
ταῦτα is the antecedent of relative ἅπερ
κατὰ ταὐτά: *in the same way*; 'in regard to
the same things' κατὰ τὰ αὐτὰ may be
synonymous with ὡσαύτως and used for
emphasis
7 εἰκὸς: *(it is) likely that*; supply verb,
this constructive governs acc. subj. + inf.
τὰ δὲ ἄλλοτ(ε) ἄλλως: *but things
sometimes one way other times another
way*; for ἄλλοτε ἄλλως see S 1274
8 κατὰ ταὐτά: *in the same way*; see above
ταῦτα δὲ (εἰκὸς εἶναι): *and (it is likely)
that...*; parallel to lines 6-7

ἴωμεν δή, ἔφη, ἐπὶ ταὐτὰ ἐφ᾽ ἅπερ ἐν τῷ ἔμπροσθεν 10
λόγῳ. αὐτὴ ἡ οὐσία ἧς λόγον δίδομεν τοῦ εἶναι καὶ ἐρω- d
τῶντες καὶ ἀποκρινόμενοι, πότερον ὡσαύτως ἀεὶ ἔχει κατὰ
ταὐτὰ ἢ ἄλλοτ᾽ ἄλλως; αὐτὸ τὸ ἴσον, αὐτὸ τὸ καλόν, αὐτὸ
ἕκαστον ὃ ἔστιν, τὸ ὄν, μή ποτε μεταβολὴν καὶ ἡντινοῦν
ἐνδέχεται; ἢ ἀεὶ αὐτῶν ἕκαστον ὃ ἔστι, μονοειδὲς ὂν αὐτὸ 5
καθ᾽ αὑτό, ὡσαύτως κατὰ ταὐτὰ ἔχει καὶ οὐδέποτε οὐδαμῇ
οὐδαμῶς ἀλλοίωσιν οὐδεμίαν ἐνδέχεται;
ὡσαύτως, ἔφη, ἀνάγκη, ὁ Κέβης, κατὰ ταὐτὰ ἔχειν, ὦ
Σώκρατες.
τί δὲ τῶν πολλῶν καλῶν, οἷον ἀνθρώπων ἢ ἵππων ἢ 10
ἱματίων ἢ ἄλλων ὡντινωνοῦν τοιούτων, ἢ ἴσων [ἢ καλῶν] ἢ e

---

ἀλλοίωσις, -εως, ἡ: change, alteration, 1
ἄλλ-οτε: at another time, at other times, 4
ἄλλως: otherwise, in another way, 14
ἀπο-κρίνομαι: to answer, reply, 13
δίδωμι: to give, offer, grant, provide, 15
ἔμ-προσθεν: before, former; earlier, 7
ἐν-δέχομαι: to allow, admit, accept, 3
ἐρωτάω: to ask, inquire, question, 10
ἱμάτιον, τό: a cloak or mantle, 7
ἵππος, ὁ: a horse, 4

μετα-βολή, ἡ: change; eclipse, 1
μονο-ειδής, -ές: one in kind, simple, 3
ὅστισ-οῦν, ἥτισ-ουν, ὅτι-οῦν: whosoever,
whatsever, 11
οὐδαμῇ: in no place, in no way, not at all, 3
οὐδαμῶς: in no way, not at all, 11
οὐδέ-ποτε: not ever, never, 11
οὐσία, ἡ: being, essence, substance, 6
πότερος, -α, -ον: (untranslated), whether, 19
ὡσ-αύτως: in the same manner, just so, 4

10 ἴωμεν: *let us…*; hortatory subjunctive,
  ἔρχομαι
  δή: *now*; or 'just,' often an intensive with
  imperatives and other forms of commands
  ἐπὶ ταὐτὰ: *to the same things*; τὰ αὐτὰ
  ἐφ᾽: *to…*; ἐπὶ
d1 αὐτὴ: *itself*; intensive
  ἧς λόγον δίδομεν τοῦ εἶναι: *of which we
  are giving an account of being*; the articular
  inf. τοῦ εἶναι modifies λόγον and the
  relative ἧς modifies τοῦ εἶναι
  καὶ…καὶ…: *both by…and by…*; causal
2 ὡσαύτως ἔχει: *is it the same?*; see p. 7
  κατὰ ταὐτὰ: see c6 above

3 ἄλλοτ(ε) ἄλλως: see c7 above
  αὐτὸ: *itself*; intensive
4 τὸ ὄν: in apposition, from neuter nom. sg.
  pple εἰμί
  μὴ ποτε…ἐνδέχεται: *(surely) it does
  not…(does it)?*; μή is used instead of οὐ
  to anticipate a negative response; compare
  this to the question below which uses οὐ…
  ἐνδέχεται and anticipates a yes response
5 αὐτὸ καθ᾽(ἑ)αυτό: *itself in itself*; see p. 26
10 οἷον: *for example*; 'in respect to such,' acc.
  of respect

πάντων τῶν ἐκείνοις ὁμωνύμων; ἆρα κατὰ ταὐτὰ ἔχει, ἢ πᾶν
τοὐναντίον ἐκείνοις οὔτε αὐτὰ αὑτοῖς οὔτε ἀλλήλοις οὐδέποτε
ὡς ἔπος εἰπεῖν οὐδαμῶς κατὰ ταὐτά;

5    οὕτως αὖ, ἔφη ὁ Κέβης, ταῦτα· οὐδέποτε ὡσαύτως ἔχει.

79    οὐκοῦν τούτων μὲν κἂν ἅψαιο κἂν ἴδοις κἂν ταῖς ἄλλαις
αἰσθήσεσιν αἴσθοιο, τῶν δὲ κατὰ ταὐτὰ ἐχόντων οὐκ ἔστιν
ὅτῳ ποτ᾽ ἂν ἄλλῳ ἐπιλάβοιο ἢ τῷ τῆς διανοίας λογισμῷ,
ἀλλ᾽ ἔστιν ἀιδῆ τὰ τοιαῦτα καὶ οὐχ ὁρατά;

5    παντάπασιν, ἔφη, ἀληθῆ λέγεις.

θῶμεν οὖν βούλει, ἔφη, δύο εἴδη τῶν ὄντων, τὸ μὲν
ὁρατόν, τὸ δὲ ἀιδές;

θῶμεν, ἔφη.

---

ἀιδής, -ές: unseen, invisible, 12
αἰσθάνομαι: perceive, feel, learn, realize, 11
αἴσθησις, -εως, ἡ: sensation, perception, 19
ἅπτω: fasten, grasp (gen); kindle, set fire; 11
διάνοια, ἡ: thought, intention, purpose, 6
εἶδος, -εος, τό: form, kind; shape, figure, 17
ἐπι-λαμβάνω: to lay hold of, take over, seize, attack, 1
ἔπος, -εος, τό: a word, 4

λογισμός, ὁ: a counting, calculation; account, reasoning, 3
ὁμ-ώνυμος, -ον: having the same name as, 1
ὁρατός, -ή, -όν: to be seen, visible, 17
οὐδαμῶς: in no way, not at all, 11
οὐδέ-ποτε: not ever, never, 11
παντά-πασι: all in all, absolutely 15
τίθημι: to set, put, place, arrange, 10
ὡσ-αύτως: in the same manner, just so, 4

2 ὁμωνύμων: adj. governs a dative
   κατὰ ταὐτὰ: in the same way; τὰ αὐτὰ
   ἔχει: is it...?; 'is it disposed?'
   πᾶν: entirely; adv. acc.
3 τοὐναντίον: τὸ ἐναντίον; nom. predicate
   governs a dat.: 'opposite to'
   αὐτὰ: themselves; intensive
   οὔτε...αὑτοῖς οὔτε ἀλλήλοις: neither as...
   nor as...; dat. object of κατὰ τὰ αὐτά
4 ὡς ἔπος εἰπεῖν: so to speak; inf. abs. S 2012
5 οὕτως...ταῦτα: supply ἔχει
   ὡσαύτως ἔχει: it is the same?; see p. 7
79a1 οὐκοῦν: accordingly; inferential
   τούτων: partitive gen. object of ἅψαιο
   κἂν...κἂν...κἂν: actually...and...and...; καὶ
   ἂν, καί is used adverbially and as a
   conjunction
   ἅψαι(σ)ο...ἴδοις...αἴσθοι(σ)ο: you can...;
   potential opt., 2s aor. mid. opt. ἅπτομαι,
   αἰσθάνομαι and aor. act. opt. ὁράω

2 τῶν...ἐχόντων: among the things which
   are in the same way; partitive gen.
   οὐκ ἔστιν ὅτῳ...ἄλλῳ...ἤ: there is not
   (anything) other by which...than...; ἔστιν
   ὅτῳ (S 2513)
3 ἂν ἐπιλάβοι(σ)ο: you can...; 2s aor. mid.
   opt., see a1 above
   τῷ λογισμῷ: by...; means
4 ἔστιν: there exist; neuter pl. subject
   ἀιδῆ: ἀιδέα, neuter pl. of adj. ἀιδής
5 ἀληθῆ: ἀληθέα, neuter pl.
6 θῶμεν...βούλει: do you wish to set forth; 2s
   pres. mid.; βούλομαι often accompanies a
   deliberative subjunctive (aor. τίθημι (θε-))
   conflating two questions: 'what do you
   want?' and 'are we to set forth?'; see 70b6
   εἴδη: kinds; εἴδε-α, neuter pl.
   τὸ μὲν...τὸ δὲ: one...the other...
8 θῶμεν: let us...; hortatory subj.

καὶ τὸ μὲν ἀιδὲς ἀεὶ κατὰ ταὐτὰ ἔχον, τὸ δὲ ὁρατὸν
μηδέποτε κατὰ ταὐτά;                                            10

καὶ τοῦτο, ἔφη, θῶμεν.

φέρε δή, ἦ δ᾽ ὅς, ἄλλο τι ἡμῶν αὐτῶν τὸ μὲν σῶμά ἐστι,   b
τὸ δὲ ψυχή;

οὐδὲν ἄλλο, ἔφη.

ποτέρῳ οὖν ὁμοιότερον τῷ εἴδει φαμὲν ἂν εἶναι καὶ
συγγενέστερον τὸ σῶμα;                                          5

παντί, ἔφη, τοῦτό γε δῆλον, ὅτι τῷ ὁρατῷ.

τί δὲ ἡ ψυχή; ὁρατὸν ἢ ἀιδές;

οὐχ ὑπ᾽ ἀνθρώπων γε, ὦ Σώκρατες, ἔφη.

ἀλλὰ μὴν ἡμεῖς γε τὰ ὁρατὰ καὶ τὰ μὴ τῇ τῶν ἀνθρώπων
φύσει ἐλέγομεν· ἢ ἄλλῃ τινὶ οἴει;                              10

---

ἀιδής, -ές: unseen, invisible, 12
δῆλος, -η, -ον: clear, evident, conspicuous, 14
εἶδος, -εος, τό: form, kind; shape, figure, 17
μηδέ-ποτε: not ever, never, 8
ὁρατός, -ή, -όν: to be seen, visible, 17

πότερος, -α, -ον: (untranslated), whether, 19
συγ-γενής, -ές: related; *subst.* relative, 6
τίθημι: to set, put, place, arrange, 10
φύσις, -εως, ἡ: nature, character; form, 11

9 τὸ μὲν: *the one*...; i.e. form, neuter εἶδος
  κατὰ ταὐτὰ: *in the same way*; 'in respect
  to the same things,' τὰ αὐτὰ
  ἔχον: *being*...; pple, see p. 7
11 θῶμεν: *let us set forth*; hortatory aor. subj.
  τίθημι (stem θε-)
b1 φέρε δή: *come now*; or 'come on,' the
  imperative φέρω, 'carry on,' often
  draws an interlocutor's attention and
  precedes an imperative or question
  ἄλλο τι...ψυχή: *is one part of us the
  body and the other part the soul?*; partitive
  gen.; ἄλλο τι, 'is it anything other (than),'
  may introduce an interrogative and may be
  left untranslated
4 ποτέρῳ...τῷ εἴδει: *to which form*; dat. of
  both special adjectives

φαμὲν: *do we claim*; 1p φημί
ἂν εἶναι: *would be*; potential opt. in direct
  discourse, τὸ σῶμα is acc. subject
6 παντί: *to everyone*; dat. of reference
  δῆλον ἐστιν: *(is) clear*; add verb
  ὅτι: *(namely) that (it is more similar to)*...
8 ὑπὸ...: *by*...; gen. of agent
9 ἀλλὰ μὴν...ἐλέγομεν: *but we certainly
  called*...; adversative, γε is emphatic and
  may be left untranslated
  τὰ μὴ: *things not (visible)*
  τῇ φύσει: *to the nature of humans*; i.e. to
  human vision; dat. of interest
10 ἢ ἄλλῃ τινὶ οἴει: *or to what else do you
  suppose?*; parallel to τῇ φύσει; οἴε(σ)αι is
  2s pres. middle οἴομαι

τῇ τῶν ἀνθρώπων.

τί οὖν περὶ ψυχῆς λέγομεν; ὁρατὸν ἢ ἀόρατον εἶναι;

οὐχ ὁρατόν.

ἀιδὲς ἄρα;

15   ναί.

ὁμοιότερον ἄρα ψυχὴ σώματός ἐστιν τῷ ἀιδεῖ, τὸ δὲ τῷ ὁρατῷ.

c   πᾶσα ἀνάγκη, ὦ Σώκρατες.

οὐκοῦν καὶ τόδε πάλαι ἐλέγομεν, ὅτι ἡ ψυχή, ὅταν μὲν τῷ σώματι προσχρῆται εἰς τὸ σκοπεῖν τι ἢ διὰ τοῦ ὁρᾶν ἢ διὰ τοῦ ἀκούειν ἢ δι᾽ ἄλλης τινὸς αἰσθήσεως—τοῦτο γάρ

5   ἐστιν τὸ διὰ τοῦ σώματος, τὸ δι᾽ αἰσθήσεως σκοπεῖν τι-

---

ἀιδής, -ές: unseen, invisible, 12
αἴσθησις, -εως, ἡ: sensation, perception, 19
ἀ-όρατος, -ον: unseen, invisible, 12
ναί: yes, yea, 15

11 τῇ (φύσει): *to the (nature)* ... ;
16 ὁμοιότερον: nom. predicate
   σώματος: *than* ...; gen. of comparison
   τῷ ἀιδεῖ: dat. of special adj. ὁμοιότερον
   τὸ (σῶμα ὁμοιότερον ψυχῆς): *that (body is more similar)* ... *(than the soul* ...*)*
   τῷ ὁρατῷ: dat. of adj. ὁμοιότερον
c1 ἀνάγκη (ἐστίν): *it is* ...; supply verb
2 πάλαι ἐλέγομεν: *we have been saying*;
   πάλαι suggests pf. progressive

ὁρατός, -ή, -όν: to be seen, visible, 17
πάλαι: for some time, long ago, of old, 13
προσ-χράομαι: to employ or use in addition (dat.), 2

ὅταν...προσχρῆται: *whenever* ...; indefinite temporal clause; the soul is subject
3 εἰς τό...: *for* ...; + articular inf. expressing purpose
   ἤ...ἤ...: *either* ... *or* ...
   τοῦ ὁρᾶν: articular inf., object of δία
4 τοῦτο...τὸ διὰ τοῦ σώματος (σκοπεῖν): *for examining through the body is this, (namely)*; τὸ δι(ὰ) αἰσθήσεως σκοπεῖν τι is in apposition to τοῦτο

τότε μὲν ἕλκεται ὑπὸ τοῦ σώματος εἰς τὰ οὐδέποτε κατὰ
ταὐτὰ ἔχοντα, καὶ αὐτὴ πλανᾶται καὶ ταράττεται καὶ εἰλιγγιᾷ
ὥσπερ μεθύουσα, ἅτε τοιούτων ἐφαπτομένη;

πάνυ γε.

ὅταν δέ γε αὐτὴ καθ᾽ αὑτὴν σκοπῇ, ἐκεῖσε οἴχεται εἰς   d
τὸ καθαρόν τε καὶ ἀεὶ ὂν καὶ ἀθάνατον καὶ ὡσαύτως ἔχον,
καὶ ὡς συγγενὴς οὖσα αὐτοῦ ἀεὶ μετ᾽ ἐκείνου τε γίγνεται,
ὅτανπερ αὐτὴ καθ᾽ αὑτὴν γένηται καὶ ἐξῇ αὐτῇ, καὶ πέπαυταί
τε τοῦ πλάνου καὶ περὶ ἐκεῖνα ἀεὶ κατὰ ταὐτὰ ὡσαύτως ἔχει,   5
ἅτε τοιούτων ἐφαπτομένη· καὶ τοῦτο αὐτῆς τὸ πάθημα φρό-
νησις κέκληται;

παντάπασιν, ἔφη, καλῶς καὶ ἀληθῆ λέγεις, ὦ Σώκρατες.

---

ἅτε: inasmuch as, since, seeing that (+ pple) 6
εἰλιγγιάω: become dizzy, lose one's head, 1
ἐκεῖ-σε: thither, to that place, 10
ἕλκω: to draw, drag; weigh, 3
ἔξ-εστι: it is allowed, is possible, 3
ἐφ-άπτω: lay hold of, grasp onto (gen.), 5
μεθύω: to be drunk with wine, 1
οἴχομαι: to go, go off, depart, 14
ὅτανπερ: whenever, 2
οὐδέ-ποτε: not ever, never, 11

πάθημα, -ατος, τό: suffering, misfortune, 4
παντά-πασι: all in all, absolutely 15
παύω: to stop, make cease, 6
πλανάω: make wander; mid. wander, 4
πλάνος, -η, -ον: wandering, deceiving, 2
συγ-γενής, -ές: related; subst. relative, 6
ταράττω: to trouble, stir, agitate, 6
φρόνησις, -εως, ἡ: intelligence, wisdom, prudence, 15
ὡσ-αύτως: in the same manner, just so, 4

6 ἕλκεται: pres. passive, ἡ ψυχή is subject
εἰς τὰ...ἔχοντα: to things being...; see p. 7
κατὰ ταὐτὰ: in the same way; 'according to the same things,' κατὰ τὰ αὐτὰ
7 αὐτὴ (ἡ ψυχή): (the soul) itself
8 ὥσπερ: as if
ἅτε: inasmuch as...; 'since...' ἅτε + pple expresses cause from the narrator's point of view
τοιούτων: partitive gen. with pple
ἐφαπτομένη: pres. passive pple
9 πάνυ γε: quite indeed; common affirmative
d1 ὅταν...σκοπῇ: 3s pres. subj. in an indefinite temporal clause
αὐτὴ καθ᾽ (ἑ)αυτὴν: the soul itself by itself
2 ὂν...ἔχον: neuter sg. pres. pple εἰμί and ἔχω

3 ὡς...οὖσα: on the grounds of...; 'since' ὡς + pple expresses alleged cause
συγγενὴς...αὐτοῦ: akin to it; adj. may govern a gen. object
4 ἐξῇ: it is alllowed; 3rd sg. pres. subj. ἔξεστι
αὐτῇ: for...; dat. of interest
πέπαυται: has rest from; pf. pass. παύω governs a gen. of separation
5 περὶ...: regarding...
κατὰ ταὐτὰ: in the same way; τὰ αὐτὰ
ἅτε: inasmuch as...; see line 8 above
6 αὐτῆς: of it; i.e. of the soul
φρόνησις: nominative pred.
7 κέκληται: 3s pf. pass. καλέω
8 καλῶς: well
ἀληθῆ: ἀληθέ-α, neuter pl.

     *ποτέρῳ οὖν αὖ σοι δοκεῖ τῷ εἴδει καὶ ἐκ τῶν πρόσθεν καὶ ἐκ*

e  *τῶν νῦν λεγομένων ψυχὴ ὁμοιότερον εἶναι καὶ συγγενέστερον;*

     *πᾶς ἄν μοι δοκεῖ, ἦ δ' ὅς, συγχωρῆσαι, ὦ Σώκρατες, ἐκ*

     *ταύτης τῆς μεθόδου, καὶ ὁ δυσμαθέστατος, ὅτι ὅλῳ καὶ*

     *παντὶ ὁμοιότερόν ἐστι ψυχὴ τῷ ἀεὶ ὡσαύτως ἔχοντι μᾶλλον*

5  *ἢ τῷ μή.*

     *τί δὲ τὸ σῶμα;*

     *τῷ ἑτέρῳ.*

     *ὅρα δὴ καὶ τῇδε ὅτι ἐπειδὰν ἐν τῷ αὐτῷ ὦσι ψυχὴ καὶ*

80  *σῶμα, τῷ μὲν δουλεύειν καὶ ἄρχεσθαι ἡ φύσις προστάττει,*

---

**ἄρχω**: to begin; to rule, be leader of, 12
**δουλεύω**: to be a slave, serve, be subject to, 3
**δυσ-μαθής, -ές**: difficult to learn, 1
**εἶδος, -εος, τό**: form, shape, figure, 17
**μεθ-όδος, ἡ**: pursuit, investigation, method, 2
**ὅλος, -η, -ον**: whole, entire, complete, 9
**πότερος, -α, -ον**: (untranslated), whether, 19

**πρόσθεν**: before, 10
**προσ-τάττω**: to order, assign, appoint, 5
**συγ-γενής, -ές**: related; *subst.* relative, 6
**συγ-χωρέω**: agree yield, come together, 13
**φύσις, -εως, ἡ**: nature, character; form, 11
**ὡσ-αύτως**: in the same manner, just so, 4

9 **ποτέρῳ...τῷ εἴδει**: *to which kind*; dat. of
two special adjectives, ὁμοιότερον and
συγγενέστερον
  **τῶν πρόσθεν (λεγομένων)**: *things
(spoken) before*
e2 **πᾶς**: *everyone*
  **ἦ δ' ὅς**: see p. 9
  **ἄν...συγχωρῆσαι**: *that (everyone) would...*
  ἄν + aor. inf. expreses potential, equivalent
to potential opt. in direct discourse
3 **καὶ...δυσμαθέστατος**: *even...*; clarifying
πᾶς; superlative adj.
  **ὅτι**: *that...*; governed by συγχωρῆσαι
  **ὅλῳ καὶ παντὶ**: *wholly and completely*;
dat. of degree of difference
4 **τῷ...ἔχοντι**: *to one being...*; + adv. see p.

7, dat. of special adjective
5 **τῷ μὴ (ἀεὶ ὡσαύτως ἔχοντι)**: *to one not...*;
supply participial phrase for parallelism
6 **τί δὲ**: *what (about)*
7 **τῷ ἑτέρῳ**: dat. of special adj., supply the
comparative ὁμοιότερον
8 **ὅρα δὴ**: *just consider, see now*; ὅρα-ε, sg.
imperative; δή is emphatic
  **καὶ τῇδε**: *also in this way*; dat. of manner
  **ὦσι: 3p pres.** subjunctive εἰμί, in an
indefinite temporal clause
80a1 **τῷ μὲν...τῇ δὲ**: *the one...the other*; dat.
obj. of προστάττει; the gender refers to
neuter σῶμα and fem. ψυχή respectively

τῇ δὲ ἄρχειν καὶ δεσπόζειν· καὶ κατὰ ταῦτα αὖ πότερόν σοι
δοκεῖ ὅμοιον τῷ θείῳ εἶναι καὶ πότερον τῷ θνητῷ; ἢ οὐ
δοκεῖ σοι τὸ μὲν θεῖον οἷον ἄρχειν τε καὶ ἡγεμονεύειν πεφυ-
κέναι, τὸ δὲ θνητὸν ἄρχεσθαί τε καὶ δουλεύειν;          5

ἔμοιγε.

ποτέρῳ οὖν ἡ ψυχὴ ἔοικεν;

δῆλα δή, ὦ Σώκρατες, ὅτι ἡ μὲν ψυχὴ τῷ θείῳ, τὸ δὲ
σῶμα τῷ θνητῷ.

σκόπει δή, ἔφη, ὦ Κέβης, εἰ ἐκ πάντων τῶν εἰρημένων    10
τάδε ἡμῖν συμβαίνει, τῷ μὲν θείῳ καὶ ἀθανάτῳ καὶ νοητῷ    b
καὶ μονοειδεῖ καὶ ἀδιαλύτῳ καὶ ἀεὶ ὡσαύτως κατὰ ταὐτὰ
ἔχοντι ἑαυτῷ ὁμοιότατον εἶναι ψυχή, τῷ δὲ ἀνθρωπίνῳ καὶ

---

ἀ,-διαλύτος, -ον: undissoluble, undissolved, 2
ἀνθρώπινος, -η, -ον: belonging to human,
human, 7
ἄρχω: to begin; to rule, be leader of, 12
δεσπόζω: to be master, lord, 3
δῆλος, -η, -ον: clear, evident, conspicuous, 14
δουλεύω: to be a slave, serve, be subject to, 3
ἔοικα: to be like, seem likely (dat.), 24
ἡγεμονεύω: to lead, rule, command, 3

θεῖος, -α, -ον: divine, sent by the gods, 15
θνητός, -ή, -όν: mortal, liable to death, 7
μονο-ειδής, -ές: one in kind, simple, 3
νοητός, -ή, -όν: perceptible to the mind, 3
πότερος, -α, -ον: (untranslated), whether, 19
συμ-βαίνω: to happen, occur, result, 8
φύω: to bring forth, beget, engender; am by
nature, 14
ὡσ-αύτως: in the same manner, just so, 4

---

2 τῇ δὲ: *the other*; i.e. the soul, parallel to τῷ
μὲν, dat. obj. of πρόσταττει
καὶ κατὰ ταῦτα αὖ: *and in regard to these
things in turn*
πότερον...πότερον: *which one...which
one...?*
4 οἷον ἄρχειν τε καὶ ἡγεμονεύειν: *the sort
to...*; acc. predicate of πεφυκέναι and
two explanatory (epexegetic) infinitives
πεφυκέναι: *that...is (by nature)*; pf. inf.
φύω; τὸ θεῖον is subject
5 τὸ θνητὸν: *that...*; acc. subj. supply
πεφυκέναι οἷον

8 δῆλα δή: *(it is) quite clear*
10 σκόπει δή: σκόπε-ε sg. imperative, δή,
'now' or 'just,' is emphatic
εἰρημένων: pf. pass. pple λέγω (stem ερ-)
b1 τάδε...συμβαίνει: *these things result*
ἡμῖν: dat. of interest
κατὰ τ(ὰ) αὐτὰ: *in the same way*
3 ἔχοντι: *being*; 'being disposed,' 'holding'
ἑαυτῷ: *to itself*; reflexive
ὁμοιότατον: superlative, acc. predicate
ψυχή (ἔοικεν): supply verb from above

θνητῷ καὶ πολυειδεῖ καὶ ἀνοήτῳ καὶ διαλυτῷ καὶ μηδέποτε
5 κατὰ ταὐτὰ ἔχοντι ἑαυτῷ ὁμοιότατον αὖ εἶναι σῶμα. ἔχομέν
τι παρὰ ταῦτα ἄλλο λέγειν, ὦ φίλε Κέβης, ἢ οὐχ οὕτως ἔχει;
οὐκ ἔχομεν.

τί οὖν; τούτων οὕτως ἐχόντων ἆρ᾽ οὐχὶ σώματι μὲν
ταχὺ διαλύεσθαι προσήκει, ψυχῇ δὲ αὖ τὸ παράπαν ἀδια-
10 λύτῳ εἶναι ἢ ἐγγύς τι τούτου;

c    πῶς γὰρ οὔ;

ἐννοεῖς οὖν, ἔφη, ἐπειδὰν ἀποθάνῃ ὁ ἄνθρωπος, τὸ μὲν
ὁρατὸν αὐτοῦ, τὸ σῶμα, καὶ ἐν ὁρατῷ κείμενον, ὃ δὴ νεκρὸν
καλοῦμεν, ᾧ προσήκει διαλύεσθαι καὶ διαπίπτειν καὶ δια-
5 πνεῖσθαι, οὐκ εὐθὺς τούτων οὐδὲν πέπονθεν, ἀλλ᾽ ἐπιεικῶς

---

ἀ-διάλυτος, -ον: undissoluble, undissolved, 2
ἀ-νόητος, -ον: foolish, unintelligent, 5
δια-λυτος, -ον: capable of dissolving, 1
| δια-λύω: to loosen apart, dissolve, 2
| δια-πίπτω: to fall through, 1
| δια-πνέω: to blow through, 1
ἐγγύς: near (+ gen.); adv. nearby, 5
ἐν-νοέω: to have in mind, notice, consider, 18
| ἐπιεικῶς: suitably, reasonably, 2
εὐθύς: right away, straight, directly, at once, 9

θνητός, -ή, -όν: mortal, liable to death, 7
κεῖμαι: to lie, lie down 4
μηδέ-ποτε: not ever, never, 8
νεκρός, ὁ: corpse, dead body, 3
ὁρατός, -ή, -όν: to be seen, visible, 17
/ παρά-παν: altogether, absolutely, 3
ǁ πολυ-ειδής, -ές: of many kinds or forms, 1
προσ-ήκει: it belongs to, it is fitting, befits 15
ταχύς, εῖα, ύ: quick, swift, hastily, 9
φίλος -η -ον: dear, friendly; *noun* friend, kin 8

---

5 σῶμα (ἔοικεν): supply verb from above 4
  ἔχομαι: *are we able*; + inf.
6 παρά: *contrary to…*
  ἢ οὐχ οὕτως ἔχει: *how it is not so*; in
  apposition to ἄλλο τι παρὰ ταῦτα
8 τούτων…ἐχόντων: *since these things…*;
  gen. abs. is causal or conditional in sense
9 προσήκει: *is it not fitting…*; + dat. interest
  ψυχῇ (προσήκει): *and is it not fitting for
  the soul*; add verb
  τὸ παράπαν: *entirely*; adverbial acc.
10 ἐγγύς τι τούτου: *something close to it*; i.e.

close to being indissoluble
c1 πῶς γὰρ οὔ: *how (could it) not*; lit. '(yes),
  for how could it not'
2 ἀποθάνῃ: 3s aor. subj. in an indefinite
  temporal clause
3 αὐτοῦ: i.e. of ὁ ἄνθρωπος
  ὃ δὴ: *which very thing…*
5 οὐκ…οὐδὲν: *not…any*; οὐδὲν is direct obj.
  τούτων: *of these things*; i.e. διαλύεσθαι…
  πέπονθεν: 3s pf. πάσχω; the subject is
  τὸ σῶμα

συχνὸν ἐπιμένει χρόνον, ἐὰν μέν τις καὶ χαριέντως ἔχων τὸ
σῶμα τελευτήσῃ καὶ ἐν τοιαύτῃ ὥρᾳ, καὶ πάνυ μάλα· συμ-
πεσὸν γὰρ τὸ σῶμα καὶ ταριχευθέν, ὥσπερ οἱ ἐν Αἰγύπτῳ
ταριχευθέντες, ὀλίγου ὅλον μένει ἀμήχανον ὅσον χρόνον,
ἔνια δὲ μέρη τοῦ σώματος, καὶ ἂν σαπῇ, ὀστᾶ τε καὶ νεῦρα     d
καὶ τὰ τοιαῦτα πάντα, ὅμως ὡς ἔπος εἰπεῖν ἀθάνατά ἐστιν·
ἢ οὔ;

ναί.

ἡ δὲ ψυχὴ ἄρα, τὸ ἀιδές, τὸ εἰς τοιοῦτον τόπον ἕτερον     5
οἰχόμενον γενναῖον καὶ καθαρὸν καὶ ἀιδῆ, εἰς Ἅιδου ὡς
ἀληθῶς, παρὰ τὸν ἀγαθὸν καὶ φρόνιμον θεόν, οἷ, ἂν θεὸς
θέλῃ, αὐτίκα καὶ τῇ ἐμῇ ψυχῇ ἰτέον, αὕτη δὲ δὴ ἡμῖν ἡ
τοιαύτη καὶ οὕτω πεφυκυῖα ἀπαλλαττομένη τοῦ σώματος

---

Αἴγυμπτος, ὁ: Egypt, 1
Ἅιδης, -ου ὁ: Hades, 15
ἀιδής, -ές: unseen, invisible, 12
ἀ-μήχανος, -ον: impossible, inconceivable, 5
ἀπ-αλλάττω: escape, release; set free, 15
αὐτίκα: straightway, at once; presently, 2
γενναῖος, -α, -ον: noble, well-bred, 4
ἐθέλω: to be willing, wish, desire, 17
ἐμός, -ή, -όν: my, mine, 7
ἔνιοι, -αι, -α: some, 7
ἐπι-μένω: to stay, wait, tarry, 1
ἔπος, -εος, τό: a word, 4
ἰτέος, -ον: one must go, to be gone, 2
μάλα: very, very much, exceedingly, 10
μέρος, -εος, τό: a part, share, portion, 4

ναί: yes, yea, 15
νεῦρον, τό: sinew, tendon, nerve, 6
οἴχομαι: to go, go off, depart, 14
ὀλίγος, -η, -ον: few, little, small, 15
ὅλος, -η, -ον: whole, entire, complete, 9
ὅμως: nevertheless, however, yet, 13
ὀστέον, τό: bone, 9
σάπω (σήπω): make rotten; corrupt, waste, 2
συμ-πίπτω: to shrink, fall in, 1
συχνός, -ή, -όν: long, much, great, 4
ταριχεύω: preserve by pickling or smoking, 2
φρόνιμος, -ον: sensible, wise, prudent, 8
φύω: to bring forth, beget; am by nature, 14
χαριέντως: gracefully, elegantly, 2
ὥρα, ἡ: season, time, 3

6 συχνὸν...χρόνον: for...; acc. of duration
ἐὰν...τελευτήσῃ: if...dies; 3s aor. subj.
in a present general (εἰ + subj., pres. ind.)
τις: i.e. ὁ ἄνθρωπος in line c1
καὶ...καὶ: first καί, 'quite,' is adverbial with
χαριέντως (S 2882), the second is 'and'
ἔχων: being; + adv. see p 7
τὸ σῶμα: in body; acc. of respect
7 συμπεσὸν: shrinking; aor. pple, συμπίπτω
8 ταριχευθέν: embalmed; neuter sg. aor.
pass. pple
9 ὀλίγου: almost; 'from a little' gen. of
separation, here modifying ὅλον

ὅλον: neuter nom. predicate of μένει
ἀμήχανον...χρόνον: for an inconceivable,
long time; acc. duration, (S 2535)
d1 καὶ ἂν: even if...; καὶ εἰ ἂν + 3s subj.
ὡς ἔπος εἰπεῖν: so to speak
5 τὸ...οἰχόμενον: going to some other place
6 ὡς ἀληθῶς: truly
7 οἷ, (ἂ)ν: to where, if...? relative adverb
8 ἰτέον (ἐστί): my soul must go; 'it is to be
gone by my soul'; impersonal verbal adj. +
εἰμί expresses necessity with a dat. of agent
αὕτη δὲ δὴ: does this (soul); apposition
οὕτω πεφυκυῖα: being in this way; pf. pple

10 εὐθὺς διαπεφύσηται καὶ ἀπόλωλεν, ὥς φασιν οἱ πολλοὶ

e ἄνθρωποι; πολλοῦ γε δεῖ, ὦ φίλε Κέβης τε καὶ Σιμμία,

ἀλλὰ πολλῷ μᾶλλον ὧδ' ἔχει· ἐὰν μὲν καθαρὰ ἀπαλλάττηται,

μηδὲν τοῦ σώματος συνεφέλκουσα, ἅτε οὐδὲν κοινωνοῦσα

αὐτῷ ἐν τῷ βίῳ ἑκοῦσα εἶναι, ἀλλὰ φεύγουσα αὐτὸ καὶ

5 συνηθροισμένη αὐτὴ εἰς ἑαυτήν, ἅτε μελετῶσα ἀεὶ τοῦτο—

τὸ δὲ οὐδὲν ἄλλο ἐστὶν ἢ ὀρθῶς φιλοσοφοῦσα καὶ τῷ ὄντι

**81** τεθνάναι μελετῶσα ῥᾳδίως· ἢ οὐ τοῦτ' ἂν εἴη μελέτη

θανάτου;

παντάπασί γε.

οὐκοῦν οὕτω μὲν ἔχουσα εἰς τὸ ὅμοιον αὐτῇ τὸ ἀιδὲς

5 ἀπέρχεται, τὸ θεῖόν τε καὶ ἀθάνατον καὶ φρόνιμον, οἷ

---

ἀιδής, -ές: unseen, invisible, 12
ἀπ-αλλάττω: escape, release; set free, 15
ἀπ-έρχομαι: to go away, depart, 14
ἅτε: inasmuch as, since, seeing that (+ pple) 6
δια-φυσάω: to blow in different directions, 3
ἑκών, ἑκοῦσα, ἑκόν: willing, intentionally, 3
εὐθύς: right away, straight, directly, at once, 9
θεῖος, -α, -ον: divine, sent by the gods, 15
κοινωνέω: to associate with, partake in (dat) 4
μελετάω: to care for, practice, study, 5

μελέτη, ἡ: care, attention, study, practice, 4
παντά-πασι: all in all, absolutely 15
ῥᾴδιος, -α, -ον: easy, ready, 9
συν-αθροίζω: gather together, assemble, 2
συν-εφέλκω, ὁ: drag along, draw along, 1
φεύγω: to flee, escape; defend in court, 10
φίλος -η -ον: dear, friendly; *subst* friend, kin 8
φιλο-σοφέω: seek knowledge, philosophize, 6
φρόνιμος, -ον: sensible, wise, prudent, 8
ὧδε: in this way, so, thus, 4

9 τοῦ σώματος: *from...*; gen. separation
10 διαπεφύσηται: pf. pass.
  ἀπόλωλεν: *perished* pf. ἀπόλλυμι
  ὥς: *as...*; parenthetical
e1 πολλοῦ γε δεῖ: *far from it indeed*; 'it lacks from much,' impersonal, gen. of separation
2 πολλῷ: *far*; 'by much,' dat. of degree of difference modifying comparative μᾶλλον
  ὧδ(ε) ἔχει: ἔχω + adv., see p. 7
  ἐὰν...ἀπαλλάττηται: *if it is released pure*
3 μηδὲν: *none*; acc. object; μηδὲν is preferred to οὐδὲν in a conditional clause
  τοῦ σώματος: partitive gen. with μηδὲν
  ἅτε: *inasmuch as...*; 'since,' ἅτε + pple suggests a cause from the speaker point of view
3 οὐδὲν: *not at all*; inner acc. with the pple
4 ἑκοῦσα εἶναι: *so as to be willing*; or just

'willingly,' a common infinitive absolute
  φεύγουσα: *avoiding*
5 ἅτε: *inasmuch as...*; 'since,' ἅτε + pple suggests a cause from the speaker point of view; μελετῶσα is a fem. nom. sg. pple of ανα-contract verb
  τοῦτο: i.e. the entire clause (φεύγουσα... ἑαυτήν), not the body
6 τὸ δὲ οὐδὲν ἄλλο ἐστὶν ἤ: *and this is nothing other than*; i.e. τὸ συναθροίζεσθαι
  τῷ ὄντι: *really, actually*; adverb
81a1 τεθνάναι: *being dead*; pf. inf. θνῄσκω suggests a state rather than activity; this inf. is object of pple μελετῶσα
  ἂν εἴη: *would be*; potential opt. εἰμί
4 ἔχουσα: *being*; see sp. 7
  αὐτῇ: dat. of special adj. ὅμοιον
5 οἷ: *to where*; relative adverb

ἀφικομένη ὑπάρχει αὐτῇ εὐδαίμονι εἶναι, πλάνης καὶ ἀνοίας
καὶ φόβων καὶ ἀγρίων ἐρώτων καὶ τῶν ἄλλων κακῶν τῶν
ἀνθρωπείων ἀπηλλαγμένη, ὥσπερ δὲ λέγεται κατὰ τῶν με-
μυημένων, ὡς ἀληθῶς τὸν λοιπὸν χρόνον μετὰ θεῶν
διάγουσα; οὕτω φῶμεν, ὦ Κέβης, ἢ ἄλλως;                10
    οὕτω νὴ Δία, ἔφη ὁ Κέβης.

ἐὰν δέ γε οἶμαι μεμιασμένη καὶ ἀκάθαρτος τοῦ σώματος  b
ἀπαλλάττηται, ἅτε τῷ σώματι ἀεὶ συνοῦσα καὶ τοῦτο θερα-
πεύουσα καὶ ἐρῶσα καὶ γοητευομένη ὑπ’ αὐτοῦ ὑπό τε τῶν
ἐπιθυμιῶν καὶ ἡδονῶν, ὥστε μηδὲν ἄλλο δοκεῖν εἶναι ἀληθὲς
ἀλλ’ ἢ τὸ σωματοειδές, οὗ τις ἂν ἅψαιτο καὶ ἴδοι καὶ πίοι  5
καὶ φάγοι καὶ πρὸς τὰ ἀφροδίσια χρήσαιτο, τὸ δὲ τοῖς

---

ἄγριος, -α, -ον: wild, fierce, 2
ἀ-κάθαρτος, -ον: impure, not clean, 2
ἄλλως: otherwise, in another way, 14
ἀνθρώπειος, -α, -ον: human, of a human, 3
ἄ-νοια, ἡ: folly, lack of understanding, 3
ἀπ-αλλάττω: escape, release; set free, 15
ἅπτω: fasten, grasp (gen); kindle, set fire; 11
ἅτε: inasmuch as, since, seeing that (+ pple) 6
ἀφροδίσιος, -α, -ον: of Aphrodite; sex 2
γοητεύω: to bewitch, beguile, 1
δι-άγω: to live, pass, go through, 2
ἐπι-θυμέω: to desire, long for, 10
ἐράω: to love, to be in love with, 4
ἔρως, ἔρωτος, ὁ: passion, lust, love, 2
ἐσθίω: to eat, 3

εὐ-δαίμων, -ον: happy, fortunate, blessed, 5
Ζεύς, ὁ: Zeus, 11
ἡδονή, ἡ: pleasure, enjoyment, delight, 17
θεραπεύω: to attend to, care for, serve, 1
λοιπός, -ή, -όν: remaining, the rest, 3
μιαίνω: to defile, taint, stain (with blood), 1
μυέω: to initiate into the mysteries, 1
νή: by...(+ acc, invoking a god), 14
πίνω: to drink, 16
πλάνος, -η, -ον: wandering, deceiving, 2
σύν-ειμι: to be with, associate with (dat.), 4
σωματο-ειδής, -ές: corporeal, bodily, 5
ὑπ-άρχω: to be there, be ready, be available 4
φόβος, ὁ: fear, terror, panic, 10
χράομαι: to use, employ, enjoy, (+ dat.) 11

6 ἀφικομένη: when arriving; modifies αὐτῇ
  ὑπάρχει: it is possible; impersonal
  εὐδαίμονι: dat. predicate of εἶναι
  πλάνης...: from...; gen. of separation
8 λέγεται: it is said
  κατὰ...μεμυημένων: regarding the
  initiated; pf. pass. pple
9 ὡς ἀληθῶς: truly
  τὸν...χρόνον: for...; acc. of duration
10 φῶμεν: are we to speak?; deliberative
  subj. φημί
11 Δία: acc. sg. Ζεύς
b1 δέ γε: yes, and...I suppose; οἴομαι
  μεμιασμένη: pf. pass. pple μιαίνω
  τοῦ σώματος: from...; gen. separation;

2 ἅτε...συνοῦσα: inasmuch as...; 'since,' ἅτε
  + pple suggests a cause from the speaker
  point of view, pple σύνειμι + dat.
3 ἐρῶσα: fem. nom. sg. pple ἐράω
  ὑπ’...ὑπό τε: because of it and because
  of (its)...; gen. of cause
4 ὥστε: so as to...; + inf., result clause
  μηδὲν ἄλλο: acc. subject of δοκεῖν εἶναι,
  ἀληθὲς: real; elsewhere 'true,' acc. pred.
5 ἀλλ(ὰ) ἤ: but; μηδὲν...ἀλλ(ὰ) ἤ is an
  elliptical expression: 'nothing but' S 2778
  οὗ: which; partitive gen., object of ἅψαιτο
  ἂν ἅψαιτο..ἴδοι...πίοι: can...can..; potential
  aor. opt. ἅπτομαι, ὁράω, πίνω, ἐσθίω
6 πρὸς τὰ ἀφροδίσια: in regard to sex

ὄμμασι σκοτῶδες καὶ ἀιδές, νοητὸν δὲ καὶ φιλοσοφίᾳ αἱρετόν,
τοῦτο δὲ εἰθισμένη μισεῖν τε καὶ τρέμειν καὶ φεύγειν, οὕτω

c δὴ ἔχουσαν οἴει ψυχὴν αὐτὴν καθ᾽ αὑτὴν εἰλικρινῆ ἀπαλ-
λάξεσθαι;

οὐδ᾽ ὁπωστιοῦν, ἔφη.

ἀλλὰ καὶ διειλημμένην γε οἶμαι ὑπὸ τοῦ σωματοειδοῦς,
5 ὃ αὐτῇ ἡ ὁμιλία τε καὶ συνουσία τοῦ σώματος διὰ τὸ ἀεὶ
συνεῖναι καὶ διὰ τὴν πολλὴν μελέτην ἐνεποίησε σύμφυτον;
πάνυ γε.

ἐμβριθὲς δέ γε, ὦ φίλε, τοῦτο οἴεσθαι χρὴ εἶναι καὶ
βαρὺ καὶ γεῶδες καὶ ὁρατόν· ὃ δὴ καὶ ἔχουσα ἡ τοιαύτη
10 ψυχὴ βαρύνεταί τε καὶ ἕλκεται πάλιν εἰς τὸν ὁρατὸν τόπον

---

ἀιδής, -ές: unseen, invisible, 12
αἱρετός, -ή, -όν: selected, choiceworthy, 1
ἀπ-αλλάττω: escape, release; set free, 15
βαρύνω: to weigh down, oppress, 2
βαρύς, -εῖα, -ύ: heavy; grievous, grim, dire, 1
γεῶδης, -ες: earth-like, earthy, 2
δια-λαμβάνω: receive separately, divide, seize by the middle (wrestling metaphor), 2
ἐθίζω: to accustom, use, 2
εἰλικρινής, -ές: unmixed, pure, simple, 4
ἕλκω: to draw, drag; weigh, 3
ἐμβριθής, -ές: weighty, 1
ἐμ-ποιέω: to create in, produce in, cause, 2
μελέτη, ἡ: care, attention, study, practice, 4
μισέω: to hate, 4

νοητός, -ή, -όν: perceptible (to the mind), 3
ὁμιλία, ἡ: association, company, society, 1
ὄμμα, -ατος, τό: the eye, 5
ὁπωστιοῦν: in any way whatever, 5
ὁρατός, -ή, -όν: to be seen, visible, 17
σκοτώδης, -ες,: dark, 1
σύμφυτος, -ον: innate, inborn, congenital, 1
σύν-ειμι: to be with, associate with (dat.), 4
συν-ουσία, ἡ: association, company, 4
σωματο-ειδής, -ές: corporeal, bodily, 5
τρέμω: to tremble at, quake, 1
φεύγω: to flee, escape; defend in court, 10
φιλο-σοφία, ἡ: pursuit or love of wisdom, 13
φίλος -η -ον: dear, friendly; *noun* friend, kin 8

---

6 τὸ δὲ: *but that (which is)* ...
7 ὄμμασι: *to the eyes*; dat. of interest
   φιλοσοφίᾳ: *to philosophy*; dat. of interest
8 εἰθισμένη: pf. middle pple, ἐθίζω
   τρέμειν: *to tremble at*; i.e. fear
   φεύγειν: *to avoid*
c1 οὕτω δὴ: *in just this way*
   οἴει: *do you suppose ...?*; 2s mid. οἴομαι
   αὐτὴν κατ(ὰ) (ἑ)αυτήν: *itself by itself*
   εἰλικρινῆ: εἰλικρινε-α, 3rd decl. acc. sg.
   ἀπαλλάξεσθαι: *will be released itself by itself (and) pure*; fut. inf.

4 ἀλλὰ καὶ: *but actually*
   (τὴν ψυχὴν ἀπαλλάξεσθαι) διειλημμένην
   γε οἶμαι: *I think (that the soul will be
   released tied around the middle at least*
   ὑπὸ: *by...*; gen. of cause or agent
5 αὐτῇ: *its*; dat. of possession
   διὰ...συνεῖναι: *on account of...*; + articular
   inf.
6 ἐνεποίησε: *made (x) (y)*; governs a double
   acc. (acc. direct obj. and acc. predicate)
8 τοῦτο: i.e. the body
9 ὃ δὴ: *which very thing*; the ὁ ἄνθρωπος

φόβῳ τοῦ αἰδοῦς τε καὶ Ἅιδου, ὥσπερ λέγεται, περὶ τὰ
μνήματά τε καὶ τοὺς τάφους κυλινδουμένη, περὶ ἃ δὴ καὶ **d**
ὤφθη ἄττα ψυχῶν σκιοειδῆ φαντάσματα, οἷα παρέχονται αἱ
τοιαῦται ψυχαὶ εἴδωλα, αἱ μὴ καθαρῶς ἀπολυθεῖσαι ἀλλὰ
τοῦ ὁρατοῦ μετέχουσαι, διὸ καὶ ὁρῶνται.

εἰκός γε, ὦ Σώκρατες.      5

εἰκὸς μέντοι, ὦ Κέβης· καὶ οὔ τί γε τὰς τῶν ἀγαθῶν
αὐτὰς εἶναι, ἀλλὰ τὰς τῶν φαύλων, αἳ περὶ τὰ τοιαῦτα
ἀναγκάζονται πλανᾶσθαι δίκην τίνουσαι τῆς προτέρας τρο-
φῆς κακῆς οὔσης. καὶ μέχρι γε τούτου πλανῶνται, ἕως ἂν τῇ
τοῦ συνεπακολουθοῦντος, τοῦ σωματοειδοῦς, ἐπιθυμίᾳ πάλιν **e**
ἐνδεθῶσιν εἰς σῶμα· ἐνδοῦνται δέ, ὥσπερ εἰκός, εἰς τοιαῦτα
ἤθη ὁποῖ᾽ ἄττ᾽ ἂν καὶ μεμελετηκυῖαι τύχωσιν ἐν τῷ βίῳ.

---

Ἅιδης, -ου ὁ: Hades, 15
ἀιδής, -ές: unseen, invisible, 12
ἀναγκάζω: to force, compel, require, 10
δίκη, ἡ: justice; lawsuit, trial; penalty, 11
διό: δι᾽ ὅ, on account of which, 4
εἴδωλον, τό: phantom, illusion, likeness, 2
εἰκός, ότος, τό: likely, probable, reasonable 18
ἐν-δέω: to bind, bind in, imprison, 3
ἐπιθυμία, ἡ: desire, longing, yearning, 10
ἕως: until, as long as, 15
ἦθος, -εος, τό: habit, custom; character, 1
κυλινδέω: to roll, roll along, 2
μελετάω: to care for, practice, study, 5
μετ-έχω: to partake of, have share in (gen) 13
μέχρι: up to; until, as long as (+ gen.), 5

μνῆμα, -ατος, τό: monument, a memorial, 1
ὁποῖος, -α, -ον: of what sort or kind, 2
ὁρατός, -ή, -όν: to be seen, visible, 17 *exhibited*
παρ-έχω: to provide, furnish, supply, 16
πλανάω: make wander; *mid.* wander, 4
σκιο-ειδής, -ές: shadowy, like a shadow, 1
συν-επακολουθέω: to accompany along, 1
σωματο-ειδής, -ές: corporeal, bodily, 5
τάφος, τό: grave, tomb; burial, 1
τίνω: pay the price, pay the penalty, 1
τροφή, ἡ: rearing, way of life; food, 4
φάντασμα, -ατος, τό: apparition, phantom, 1
φαῦλος –η -ον: slight, paltry, cheap, trifling 9
φόβος, ὁ: fear, terror, panic, 10

---

11 φόβῳ: *by...*; dat. of cause
  τοῦ αἰδοῦς...Ἅιδου: objective gen. αἰδέ-ος
  ὥσπερ λέγεται: *just as it is said*
  περὶ: *around...*
d1 περὶ ἃ δὴ: *around which very things...*
  καὶ: *actually*
2 ὤφθη: 3s aor. pass. ὁράω; plural subject
  ἄττα: *certain*; neut. pl., alternative to τινα
  οἷα...εἴδωλα: *such likenesses*; relative adj.
3 αἱ...: attributive position following ψυχαὶ
  ἀπολυθεῖσαι: fem. aor. pass. pple ἀπολύω
  καὶ: *actually, in fact*; adverbial
5 εἰκός γε: *yes, (it is) likely*; γε is affirmative

6 μέντοι: *certainly*; affirmative
  καὶ...γε: *and in fact*; emphasizing the
  intervening words
  οὔ τί...τὰς...αὐτὰς εἶναι: *(it is likely) that
  they are not at all souls of the good*
7 τὰς: *those of...*; i.e. those souls of...
  δίκην τίνουσαι: *paying a penalty*; pple
8 τῆς...τροφῆς: *for...*; gen. of charge
9 μέχρι τούτου...ἕως: *up to this...until...*
e1 τοῦ συνεπακολουθοῦντος: *by desire of the
  thing accompanying, the corporeal,...*
2 ἐνδεθῶσιν: *they are bound*; aor. pass. *subj*
3 τύχωσιν: *happen to have practiced...*

τὰ ποῖα δὴ ταῦτα λέγεις, ὦ Σώκρατες;

5    οἷον τοὺς μὲν γαστριμαργίας τε καὶ ὕβρεις καὶ φιλοποσίας

μεμελετηκότας καὶ μὴ διηυλαβημένους εἰς τὰ τῶν ὄνων γένη

82   καὶ τῶν τοιούτων θηρίων εἰκὸς ἐνδύεσθαι. ἢ οὐκ οἴει;

πάνυ μὲν οὖν εἰκὸς λέγεις.

τοὺς δέ γε ἀδικίας τε καὶ τυραννίδας καὶ ἁρπαγὰς προ-

τετιμηκότας εἰς τὰ τῶν λύκων τε καὶ ἱεράκων καὶ ἰκτίνων

5    γένη· ἢ ποῖ ἂν ἄλλοσέ φαμεν τὰς τοιαύτας ἰέναι;

ἀμέλει, ἔφη ὁ Κέβης, εἰς τὰ τοιαῦτα.

οὐκοῦν, ἦ δ’ ὅς, δῆλα δὴ καὶ τἆλλα ᾗ ἂν ἕκαστα ἴοι

κατὰ τὰς αὐτῶν ὁμοιότητας τῆς μελέτης;

δῆλον δή, ἔφη· πῶς δ’ οὔ;

---

ἀ-δικία, ἡ: wrong-doing, injustice, 1
ἄλλο-σε: to another place, to elsewhere, 2
ἀμελέω: to have no care for, neglect, 5
ἁρπαγή, ἡ: seizure, robbery, kidnapping, 1
γαστρι-μαργία, ἡ: gluttony, 1
γένος, -εος, τό: lineage, family, stock; race, 7
δῆλος, -η, -ον: clear, evident, conspicuous, 14
δι-ευλαβέομαι: beware, be on guard against 1
εἰκός, ότος, τό: likely, probable, reasonable 18
ἐν-δύομαι: to go into, enter, 2
θηρίον, τό: a wild animal, beast, 1
ἱέραξ, ἱεράκος, ὁ: hawk, falcon, 1

ἴκτινος, ὁ: kite (bird), 1
λύκος, ὁ: wolf, 1
μελετάω: practice in, study, care for (gen) 5
μελέτη, ἡ: care, attention, study, practice, 4
ὁμοιότης, -τητος, ἡ: similarity, resemblance, 3
ὄνος, ὁ, ἡ: a mule, 1
ποῖ: whether? to where?, 1
ποῖος, -α, -ον: what sort of? what kind of?, 9
προ-τιμάω: to prefer, honor before (gen) 1
τυραννίς, -ίδος, ἡ: absolute power, tyranny, 1
ὕβρις, ἡ: outrage, assault, insult, violence, 1
φιλο-ποσία, ἡ: pursuit or love of drinking, 1

4 τὰ ποῖα δὴ...λέγεις..: *just what do you mean these (to be)?*; the article with the interrogative is not uncommon

5 οἷον: *for example*; 'acc. of respect
τοὺς...μεμελετηκότας...διηυλαβημένους: *those...*; pf. act. (+ gen.) and pf. pass. pples

82a1 εἰκός: *(it is) likely*; supply ἐστί
οἴει: *do you suppose...?* 2s mid. οἴομαι

2 πάνυ μὲν οὖν εἰκὸς λέγεις: *you speak something quite certainly indeed likely*; μὲν οὖν is a strong assent, εἰκός is neuter object

3 δέ γε: *yes, and...*; adding another point
τοὺς...προτετιμηκότας: *those...*; pf. act. pple προτιμάω

4 εἰς: supply εἰκὸς ἐνδύεσθαι from above

5 ἄν...ἰέναι: *that...would go*; ἄν + inf.
ἔρχομαι, equiv. to a potential opt.
φαμεν: 1p pres. φημί

6 ἀμέλει: *no doubt*; or 'of course,' lit. 'be without care;' an adverb formed from the imperative of the verb ἀμελέω

7 δῆλα δή...μελέτης: *(is it) quite clear in respect to other things also where each would go according to the similarities of their practice*; καί is adverbial, τὰ ἀλλὰ is an acc. of respect; 3s potential opt. ἔρχομαι

9 δῆλον δή (ἐστίν): *it is quite clear*

οὐκοῦν εὐδαιμονέστατοι, ἔφη, καὶ τούτων εἰσὶ καὶ εἰς
βέλτιστον τόπον ἰόντες οἱ τὴν δημοτικὴν καὶ πολιτικὴν
ἀρετὴν ἐπιτετηδευκότες, ἣν δὴ καλοῦσι σωφροσύνην τε καὶ   b
δικαιοσύνην, ἐξ ἔθους τε καὶ μελέτης γεγονυῖαν ἄνευ φιλο-
σοφίας τε καὶ νοῦ;

πῇ δὴ οὗτοι εὐδαιμονέστατοι;

ὅτι τούτους εἰκός ἐστιν εἰς τοιοῦτον πάλιν ἀφικνεῖσθαι   5
πολιτικὸν καὶ ἥμερον γένος, ἤ που μελιττῶν ἢ σφηκῶν ἢ
μυρμήκων, καὶ εἰς ταὐτόν γε πάλιν τὸ ἀνθρώπινον γένος,
καὶ γίγνεσθαι ἐξ αὐτῶν ἄνδρας μετρίους.

εἰκός.

εἰς δέ γε θεῶν γένος μὴ φιλοσοφήσαντι καὶ παντελῶς   10
καθαρῷ ἀπιόντι οὐ θέμις ἀφικνεῖσθαι ἀλλ' ἢ τῷ φιλομαθεῖ.   c

---

ἄνευ: without, 9
ἀνθρώπινος, -η, -ον: belonging to human, human, 7
ἀπ-έρχομαι: to go away, depart, 14
ἀρετή, ἡ: excellence, goodness, virtue, 9
βέλτιστος, -η, -ον: best, 14
γένος, -εος, τό: lineage, family, stock; race, 7
δημοτικός, -ή, -όν: public, of the people, 1
δικαιοσύνη, ἡ: justice, righteousness, 4
ἔθος, -εος, το: custom, habit, (cf. to ἦθος) 1
εἰκός, ότος, τό: likely, probable, reasonable 18
ἐπιτήδευω: to pursue, practice, 4
εὐ-δαίμων, -ον: happy, fortunate, blessed, 5
ἥμερος, -ον: tame, civilized, gentle, 1

θέμις, ἡ: right, custom, what is established, 1
μελέτη, ἡ: care, attention, study, practice, 4
μελιττα, ἡ: bee, 2
μέτριος, -α, -ον: moderate, in due measure, 7
μύρμηξ, μύρμηκος, ὁ: ant, 2
νοῦς, ὁ: mind, intention, attention, thought, 14
παντελῶς: altogether, utterly, absolutely, 3
πῇ: in what way, how, 5
πολιτικός -ή -όν: of the city, political, social 2
σφήξ, σφηκός, ὁ: wasp, 1
σωφροσύνη, ἡ: temperence, prudence, 8
φιλο-μαθής, -ές: pursuer of learning, 5
φιλο-σοφέω: seek knowledge, philosophize, 6
φιλο-σοφία, ἡ: pursuit or love of wisdom, 13

10 εὐδαιμονέστατοι: superlative
  εἰσί: 3p pres. εἰμί
11 ἰόντες: pres. pple ἔρχομαι
  οἱ...ἐπιτετηδευκότες: those...; pf. pple ἐπιτήδευω
b1 ἢ δή: the very thing which; δή is intensive
2 ἔθους: ἔθε-ος, gen. sg. ἔθος
  γεγονυῖαν: fem. acc. sg. pf. pple γίγνομαι
4 πῇ δή: in what way precisely
  οὗτοι: (are) these; add a linking verb
5 ὅτι: because...; in response to πῇ
  τούτους...ἀφικνεῖσθαι: that these...; ind. disc governed by εἰκός ἐστιν
6 πολιτικὸν...γένος: social and gentle species

ἢ...ἤ: either...or
7 καί...γε: and...in fact; emphasizing the intervening words
  ταὐτόν: the same...; τὸ αὐτόν + τὸ γένος
8 ἄνδρας μετρίους: respectable people; acc. subject of ὁ γίγνεσθαι
10 δέ γε: yes, and...; to make another point
  μὴ φιλοσοφήσαντι...ἀπιόντι: (for one) if not...; dat. of interest; aor. and pres. pple conditional in sense (hence μή instead of οὐ) φιλοσοφέω, ἀπέρχομαι
  οὐ θέμις: (it is) not lawful; impersonal, + dat. + inf
c1 ἀλλ(ὸ) ἤ: but the...; see 81b5 (S 2778)

97

ἀλλὰ τούτων ἕνεκα, ὦ ἑταῖρε Σιμμία τε καὶ Κέβης, οἱ
ὀρθῶς φιλόσοφοι ἀπέχονται τῶν κατὰ τὸ σῶμα ἐπιθυμιῶν
ἁπασῶν καὶ καρτεροῦσι καὶ οὐ παραδιδόασιν αὐταῖς ἑαυτούς,
5 οὔ τι οἰκοφθορίαν τε καὶ πενίαν φοβούμενοι, ὥσπερ οἱ
πολλοὶ καὶ φιλοχρήματοι· οὐδὲ αὖ ἀτιμίαν τε καὶ ἀδοξίαν
μοχθηρίας δεδιότες, ὥσπερ οἱ φίλαρχοί τε καὶ φιλότιμοι,
ἔπειτα ἀπέχονται αὐτῶν.

οὐ γὰρ ἂν πρέποι, ἔφη, ὦ Σώκρατες, ὁ Κέβης.

d    οὐ μέντοι μὰ Δία, ἦ δ' ὅς. τοιγάρτοι τούτοις μὲν
ἅπασιν, ὦ Κέβης, ἐκεῖνοι οἷς τι μέλει τῆς ἑαυτῶν ψυχῆς
ἀλλὰ μὴ σώματα πλάττοντες ζῶσι, χαίρειν εἰπόντες, οὐ
κατὰ ταὐτὰ πορεύονται αὐτοῖς ὡς οὐκ εἰδόσιν ὅπῃ ἔρχονται,

---

ἀ-δοξία, ἡ: ill-repute, disgrace, 1
ἀ-τιμία, ἡ: dishonor, disgrace, 1
ἅπας, ἅπασα, ἅπαν: every, quite all, 14
ἀπ-έχω: to be distant, keep away from, 5
δείδω: fear, dread, shrink from, feel awe, 11
εἶδος, -εος, τό: form, shape, figure, 17
ἕνεκα: for the sake of, because of, for (gen) 13
ἐπιθυμία, ἡ: desire, longing, yearning, 10
ἑταῖρος, ὁ: a comrade, companion, mate, 11
Ζεύς, ὁ: Zeus, 6
καρτερέω: to be steadfast, patient, staunch, 1
μέλει: there is a care for (dat.) for (gen.), 4
μοχθηρία, ἡ: badness, depravity, 2
οἰκο-φθορία, ἡ: a squandering of resources, 1

ὅπῃ: where; in what way, how, 11
παρα-δίδωμι: give or hand over, transmit, 2
πενία, ἡ: poverty, need, 1
πλάττω: to form, mold, 1
πορεύομαι: to travel, journey, march, 7
πρέπει: it is fitting, it is suitable (impers.) 8
τοι-γάρτοι: for that very reason, therefore, 1
φιλο-αρχός, -όν: fond of ruling, ambitious 1
φιλό-σοφος, ὁ, ἡ: pursuer of wisdom, 18
φιλό-τιμος, -ον: ambitious, honor-loving, 2
φιλο-χρήματος, -ον: fond of money, 1
φοβέω: to terrify, frighten; *mid.* fear, 15
χαίρω: to rejoice, be glad, enjoy; fare well 12

---

3 τῶν...ἐπιθυμιῶν: *from* ...; gen. separation
   κατὰ τὸ σῶμα: *in (regard to) the body*
4 αὐταῖς: *to them*; i.e. αἱ ἐπιθυμίαι; dat. of
   ind. object
5 οὔ τι...φοβούμενοι: *not at all because* ...;
   inner acc., the pple is causal in sense
   ὥσπερ...φιλοχρήματοι: *just as* ...
7 οὐδὲ...δεδιότες: *nor because* ...; pf. pple
   δείδω is causal in sense
8 αὐτῶν: *from them*; gen. separation
9 γὰρ: *(no), for* ...; supply a response, οὐ
   belongs with πρέποι
   οὐ...ἂν πρέποι: *it would not be fitting*;
   impersonal, potential opt.
d1 μέντοι: *certainly, of course*
   Δία: acc. sg. Ζεύς

τούτοις...ἅπασιν...χαίρειν εἰπόντες: *saying
farewell to all these men*; i.e. to the lovers
of honor and power; modifying ἐκεῖνοι
2 οἷς: *for whom*; dat. of interest
   τι μέλει: *there is some care for*; + gen.;
   impersonal, inner acc.
3 ἀλλὰ...ζῶσι: *and instead (who) live* ...; 3p
   pres. ζάω, for ἀλλὰ μὴ as 'and not' or
   'and instead,' see S 2781b
   μὴ...πλάττοντες: *not molding their bodies*;
   i.e. into shape; Burnet's OCT prefers the
   *lectio difficilior* dat. sg. σώματι (i.e.'living
   for the body').
4 κατὰ τὰ αὐτά...αὐτοῖς: *in the same way as
   those, on the grounds of not knowing where
   they are going*; ὡς + dat. pple οἶδα

αὐτοὶ δὲ ἡγούμενοι οὐ δεῖν ἐναντία τῇ φιλοσοφίᾳ πράττειν 5
καὶ τῇ ἐκείνης λύσει τε καὶ καθαρμῷ ταύτῃ δὴ τρέπονται
ἐκείνῃ ἑπόμενοι, ᾗ ἐκείνη ὑφηγεῖται.

πῶς, ὦ Σώκρατες;

ἐγὼ ἐρῶ, ἔφη. γιγνώσκουσι γάρ, ᾗ δ᾽ ὅς, οἱ φιλομαθεῖς
ὅτι παραλαβοῦσα αὐτῶν τὴν ψυχὴν ἡ φιλοσοφία ἀτεχνῶς    **e**
διαδεδεμένην ἐν τῷ σώματι καὶ προσκεκολλημένην, ἀναγκα-
ζομένην δὲ ὥσπερ διὰ εἱργμοῦ διὰ τούτου σκοπεῖσθαι τὰ
ὄντα ἀλλὰ μὴ αὐτὴν δι᾽ αὑτῆς, καὶ ἐν πάσῃ ἀμαθίᾳ κυλιν-
δουμένην, καὶ τοῦ εἱργμοῦ τὴν δεινότητα κατιδοῦσα ὅτι δι᾽    5
ἐπιθυμίας ἐστίν, ὡς ἂν μάλιστα αὐτὸς ὁ δεδεμένος συλλήπτωρ

---

ἀ-μαθία, ἡ: ignorance, folly, 1
ἀναγκάζω: to force, compel, require, 10
ἀ-τεχνῶς: simply, absolutely, really, 6
γιγνώσκω: learn to know, to learn, realize 12
δεινότης, ὁ: terribleness, cleverness, 1
δια-δέω: to bind fast, bind on either side, 1
εἱργμός, -οῦ, ὁ: prison, cage, 2
ἐπιθυμία, ἡ: desire, longing, yearning, 10
ἕπομαι: to follow, accompany, escort (dat.) 9
καθαρμός, ὁ: purification, purification rite, 2
καθ-οράω: to look down, perceive, 4

κυλινδέω: to roll, roll along, 2
λύσις, -εως, ἡ: releasing, deliverance, 4
παρα-λαμβάνω: to take over, 2
πράττω: to do, accomplish, make, act, 12
προσ-κολλάω: to glue to, stick to, 1
συλλήπτωρ, -ορος, ὁ: partner, accomplice, 1
τρέπω: to turn, 4
ὑφ-ηγέομαι: to lead the way, go first, 1
φιλο μαθής, ές: pursuer of learning, 3
φιλο-σοφία, ἡ: pursuit or love of wisdom, 13

---

5 **αὐτοὶ δὲ**: *but they themselves…*; i.e the
pursuers of learning *must not*
**οὐ δεῖν**: *that it is necessary*; impers. δεῖ
**ἐναντία τῇ φιλοσοφίᾳ…καθαρμῷ**: *deeds
opposite to philosophy and both that one's
deliverance and purification*; many dat. of
special adjective, ἐκείνης is a subjective
gen. (i.e. 'that one delivers and purifies')
and refers to φιλοσοφία

6 **ταύτῃ δὴ**: *in precisely this way*; dat. of
manner
**τρέπονται**: *they turn*; the middle voice, as
here, is often reflexive

7 **ἐκείνη, ἐκείνη**: φιλοσοφία
**ᾗ**: *where*; 'in what place'

9 **ἐρῶ**: ἐρέω; 1s fut. λέγω
e1 **παραλαβοῦσα**: *taking over;* 'or taking to
one's side'
**διαδεδεμένην**: pf. pass. διαδέω
**προσκεκεολλημένην**: pf. pass.
3 **τὰ ὄντα**: *the things which are*
4 **αὐτὴν δι(ὰ) (ἑ)αυτῆς**: *itself through itself*
5 **κατιδοῦσα**: fem. nom. sg. aor. pple, καθ-
οράω, modifying ἡ φιλοφοφία
**ὅτι δι(ὰ) ἐπιθυμίας ἐστίν**: *(namely) that it is
through desire…*
6 **ὡς ἄν…συλλήπτωρ…δεδέσθαι**: *so that
the one bound (i.e. the prisoner) himself
would especially be an accomplice of (his)
being bound*; result clause (S 2278)

**83**　εἴη τοῦ δεδέσθαι, —ὅπερ οὖν λέγω, γιγνώσκουσιν οἱ φιλομα-
θεῖς ὅτι οὕτω παραλαβοῦσα ἡ φιλοσοφία ἔχουσαν αὐτῶν
τὴν ψυχὴν ἠρέμα παραμυθεῖται καὶ λύειν ἐπιχειρεῖ, ἐνδεικνυ-
μένη ὅτι ἀπάτης μὲν μεστὴ ἡ διὰ τῶν ὀμμάτων σκέψις,
5　ἀπάτης δὲ ἡ διὰ τῶν ὤτων καὶ τῶν ἄλλων αἰσθήσεων,
πείθουσα δὲ ἐκ τούτων μὲν ἀναχωρεῖν, ὅσον μὴ ἀνάγκη
αὐτοῖς χρῆσθαι, αὐτὴν δὲ εἰς αὑτὴν συλλέγεσθαι καὶ
ἀθροίζεσθαι παρακελευομένη, πιστεύειν δὲ μηδενὶ ἄλλῳ ἀλλ'
b　ἢ αὐτὴν αὑτῇ, ὅτι ἂν νοήσῃ αὐτὴ καθ' αὑτὴν αὐτὸ καθ'
αὑτὸ τῶν ὄντων· ὅτι δ' ἂν δι' ἄλλων σκοπῇ ἐν ἄλλοις ὂν
ἄλλο, μηδὲν ἡγεῖσθαι ἀληθές· εἶναι δὲ τὸ μὲν τοιοῦτον
αἰσθητόν τε καὶ ὁρατόν, ὃ δὲ αὐτὴ ὁρᾷ νοητόν τε καὶ ἀιδές.

---

ἀθροίζω: to gather, collect, muster, 2
ἀιδής, -ές: unseen, invisible, 12
αἴσθησις, -εως, ἡ: sensation, perception, 19
αἰσθητός, -ή, -όν: perceptible, sensible, 1
ἀνα-χωρέω: to go back, withdraw, retreat, 1
ἀπάτη, ἡ: deceit, fraud, treachery, 2
γιγνώσκω: learn to know, to learn, realize 12
ἐν-δείκνυμι: to point out, mark, show, 1
ἐπι-χειρέω: put one's hand on, attempt, try, 8
ἠρέμα: gently, softly, quietly, 3
λύω: to loosen, dissolve, break up, 7
μεστός, -ή, -όν: full, filled, filled full (gen) 1
νόησις, ἡ: intelligence, understanding, 1

νοητός, -ή, -όν: perceptible to the mind, 3
ὄμμα, -ατος, τό: the eye, 5
ὁρατός, -ή, -όν: to be seen, visible, 17
οὖς, ὤτος, τό: ear, 2
παρα-κελεύομαι: to urge, encourage, order, 3
παρα-λαμβάνω: to take over, 2
παρα-μυθέομαι: to encourage, exhort, 1
πιστεύω: to trust, believe in, rely on, 5
σκέψις, -εως, ἡ: perception, observation, 4
συλ-λέγω: to collect, gather, 4
φιλο-μαθής, -ές: pursuer of learning, 5
φιλο-σοφία, ἡ: pursuit or love of wisdom, 13
χράομαι: to use, employ, enjoy, (+ dat.) 11

83a2 παραλαβοῦσα: *taking over*; aor. pple
　　οὕτω...ἔχουσαν: *being in this way*
3　λύειν: supply τὴν ψυχὴν as object
4　μεστὴ: *is…*; nom. predicate governing a
　　partitive gen.; supply the verb ἐστί
5　ἀπάτης δὲ (μεστὴ): supply the predicate
　　and linking verb ἐστί from above
　　ὤτων: gen. pl. οὖς
6　ἀναχωρεῖν: i.e. from the senses
　　ὅσον: *as much as*
　　μὴ ἀνάγκη (ἐστί): *(it is) not unnecessary*
7　συλλέγεσθαι..ἀθροίζεσθαι: *that (the
　　soul)…*; ind. disc., both mid. voice
8　παρακελευομένη: modifies ἡ φιλοσοφία
　　μηδενὶ...ἀλλ(ὰ) ἢ: *nothing other but…*; or

'nothing other rather than'
b1　αὐτὴν (ἑ)αυτῇ: *that it…*; acc. subject and
　　dat. object of understood πιστεύειν
　　ὅτι δ᾽ ἂν...σκοπῇ: *and whatever…*; ὅ τι is
　　neuter acc. sg. ὅστις, the antecedent is
　　μηδὲν; 3s pres. subj. + ἂν in an indefinite
　　relative clause
3　ἡγεῖσθαι: *to believe*; parallel to πιστεύειν
　　and governed by παρακελευομένη; μηδὲν
　　ἀληθές is a double acc. (obj. and predicate)
　　εἶναι δὲ τὸ μὲν τοιοῦτον...ὃ δὲ: *and that
　　such a thing is…but that which…*; ind. disc.
　　governed by same verbs of persuading
4　νοητόν...ἀιδές (εἶναι): acc. predicate of
　　understood εἶναι; ὃ...ὁρᾷ is the subject

ταύτῃ οὖν τῇ λύσει οὐκ οἰομένη δεῖν ἐναντιοῦσθαι ἡ τοῦ ὡς   5
ἀληθῶς φιλοσόφου ψυχὴ οὕτως ἀπέχεται τῶν ἡδονῶν τε
καὶ ἐπιθυμιῶν καὶ λυπῶν καὶ φόβων καθ' ὅσον δύναται,
λογιζομένη ὅτι, ἐπειδάν τις σφόδρα ἡσθῇ ἢ φοβηθῇ [ἢ
λυπηθῇ] ἢ ἐπιθυμήσῃ, οὐδὲν τοσοῦτον κακὸν ἔπαθεν ἀπ'
αὐτῶν ὧν ἄν τις οἰηθείη, οἷον ἢ νοσήσας ἤ τι ἀναλώσας   c
διὰ τὰς ἐπιθυμίας, ἀλλ' ὃ πάντων μέγιστόν τε κακῶν καὶ
ἔσχατόν ἐστι, τοῦτο πάσχει καὶ οὐ λογίζεται αὐτό.

τί τοῦτο, ὦ Σώκρατες; ἔφη ὁ Κέβης.

ὅτι ψυχὴ παντὸς ἀνθρώπου ἀναγκάζεται ἅμα τε ἡσθῆναι   5
σφόδρα ἢ λυπηθῆναι ἐπί τῳ καὶ ἡγεῖσθαι περὶ ὃ ἂν μάλιστα
τοῦτο πάσχῃ, τοῦτο ἐναργέστατόν τε εἶναι καὶ ἀληθέστατον,

---

ἀναγκάζω: to force, compel, require, 10
ἀν-αλίσκω: to use up, spend, lavish, 2
ἀπ-έρχομαι: to go away, depart, 14
δύναμαι: to be able, can, be capable, 15
ἐναντιόομαι: to oppose, contradict, 5
ἐν-αργής, -ές: visible, distinct, manifest, 4
ἐπι-θυμέω: to desire, long for, 10
ἐπιθυμία, ἡ: desire, longing, yearning, 10
ἔσχατος, -η, -ον: extreme, last, furthest, 5
ἥδομαι: to delight in, be pleased, 6
ἡδονή, ἡ: pleasure, enjoyment, delight, 17

λογίζομαι: to reason, calculate, count, 9
λυπέω: to cause pain, distress, grief, 5
λύσις, -εως, ἡ: releasing, deliverance, 4
μέγιστος, -η, -ον: very big, greatest, most, 6
νοσέω: to be sick, ill, 2
σφόδρα: very much, exceedingly, 18
τοσοῦτος, -αύτη, -οῦτο: so great, so many, 3
φιλό-σοφος, ὁ, ἡ: pursuer of wisdom, 18
φοβέω: to terrify, frighten; mid. fear, 15
φόβος, ὁ: fear, terror, panic, 10

---

5 ταύτῃ...λύσει: dat. obj. of special verb
ἐναντιοῦσθαι
οὐκ...δεῖν: that it is not...; impers. δεῖ
ὡς ἀληθῶς: truly

6 τῶν...φόβων: from...; gen. of separation

7 καθ' ὅσον: insofar as; or 'inasmuch as'

8 ἡσθῇ...φοβηθῇ...λυπηθῇ...ἐπιθυμήσῃ: 3s
aor. subjunctive (pass. dep. ἥδομαι, pass
dep., pass., and act. respectively) in an
indefinite temporal clause; translate all of
the verbs in the present

9 ἔπαθεν: one suffers; gnomic aor. πάσχω
expressing a general truth
ἀπ(ὸ) αὐτῶν: from them; i.e. emotions

c1 ὧν ἄν...οἰηθείη: of that which one might
think; τούτων ἃ, relative in acc. is drawn
into the partitive gen. pl. of a missing
antecedent, this clause modifies κακὸν

οἷον: for example; 'in respect to such'
νοσήσας: aor. pple νοσέω
τι: some (expense); inner acc.
ἀναλώσας: aor. pple ἀναλίσκω

4 τί τοῦτο (ἐστίν): supply a linking verb

5 ὅτι: (namely) that...; in reply
ἡσθῆναι: aor. pass. deponent inf. ἥδομαι

6 λυπηθῆναι: aor. pass. inf. λυπέω
ἐπί τῳ: for something; ἐπί + dat. for reason
or motive (S 1689 2c)
ἡγεῖσθαι: believes that this is...; τοῦτο...
εἶναι is ind. disc. governed by ἡγεῖσθαι
περὶ ὃ...πάσχῃ: regarding whatever this
(the soul) especially experiences; the
antecedent is the acc. subject τοῦτο

7 ἐναργέστατον...ἀληθεστατον: acc. pred.,
both superlative

101

οὐχ οὕτως ἔχον· ταῦτα δὲ μάλιστα τὰ ὁρατά· ἢ οὔ;

πάνυ γε.

d    οὐκοῦν ἐν τούτῳ τῷ πάθει μάλιστα καταδεῖται ψυχὴ ὑπὸ σώματος;

πῶς δή;

ὅτι ἑκάστη ἡδονὴ καὶ λύπη ὥσπερ ἧλον ἔχουσα προσηλοῖ

5   αὐτὴν πρὸς τὸ σῶμα καὶ προσπερονᾷ καὶ ποιεῖ σωματοειδῆ,

δοξάζουσαν ταῦτα ἀληθῆ εἶναι ἅπερ ἂν καὶ τὸ σῶμα φῇ.

ἐκ γὰρ τοῦ ὁμοδοξεῖν τῷ σώματι καὶ τοῖς αὐτοῖς χαίρειν

ἀναγκάζεται οἶμαι ὁμότροπός τε καὶ ὁμότροφος γίγνεσθαι

καὶ οἷα μηδέποτε εἰς Ἅιδου καθαρῶς ἀφικέσθαι, ἀλλὰ ἀεὶ

10   τοῦ σώματος ἀναπλέα ἐξιέναι, ὥστε ταχὺ πάλιν πίπτειν εἰς

---

Ἅιδης, -ου ὁ: Hades, 15
αἱρέω: to seize, take; *mid.* choose, 4
ἀναγκάζω: to force, compel, require, 10
ἀνα-πλέος. -ον: filled up, quite full (gen), 1
δοξάζω: to think, opine, suppose, imagine, 3
ἐξ-έρχομαι: to go out, come out, 5
ἡδονή, ἡ: pleasure, enjoyment, delight, 17
ἧλον, τό: nail, 1
κατ-δέω: to bind fast, bind on, 1
λύπη, ἡ: pain, grief, 8
μηδέ-ποτε: not ever, never, 8

ὁμο-δοξέω: have the same opinion, agree with (dat) 1
ὁμο-τρόπος, -ον: of the same habits or life, 1
ὁμο-τροφος, -ον: of the same rearing, 1
ὁρατός, -ή, -όν: to be seen, visible, 17
πάθος -εος τό: experience incident passion 11
πίπτω: to fall, 3
προσ-ηλός: to nail to, rivet, 1   -πλόω
προσ-περονάω: to pin to, fasten to, 1
σωματο-ειδής, -ές: corporeal, bodily, 5
χαίρω: to rejoice, be glad, enjoy; fare well 12

8 οὐχ οὕτως ἔχον: *although...*; pple is concessive in sense, see p. 7 for translation
ταῦτα: *and these are...*; add linking verb
d1 τῷ πάθει: *experience*
ὑπό: *by...*; + gen. of agent or cause
4 ὅτι: *because...*; in reply
5 αὐτήν: *it*; i.e. τὴν ψυχήν
ποιεῖ (αὐτήν) σωματοειδῆ: *makes (x) (y)*; governs a double acc. (direct object and predicate), σωματοειδε-α is a 3rd decl. adj. acc. sg.
6 ἀληθῆ: ἀληθέα, neut. pl.
εἶναι: inf. εἰμί
ἅπερ ἄν...φῇ: *whatever...*; 3s pres. subj.

φημί in an indefinite relative clause, the antecedent is ταῦτα
καί: *also*; or 'too'
7 τοῦ ὁμοδοξεῖν: *the agreeing with*; articular inf., translate as a gerund
τοῖς αὐτοῖς: *the same things*
(τοῦ) χαίρειν: *the delighting in...*; articular inf. parallel to the first
8 οἶμαι: parenthetical, οἴομαι
9 οἷα...ἀφικέσθαι: *such as never to arrive...*; οἷος + inf. denoting result; the infinitive are epexegetic (explanatory) infinitives
εἰς Ἅιδου: *to Hades' (house)*
10 ὥστε...: *so as...*; + inf., result clause

ἄλλο σῶμα καὶ ὥσπερ σπειρομένη ἐμφύεσθαι, καὶ ἐκ τούτων    e
ἄμοιρος εἶναι τῆς τοῦ θείου τε καὶ καθαροῦ καὶ μονοειδοῦς
συνουσίας.

ἀληθέστατα, ἔφη, λέγεις, ὁ Κέβης, ὦ Σώκρατες.

τούτων τοίνυν ἕνεκα, ὦ Κέβης, οἱ δικαίως φιλομαθεῖς    5
κόσμιοί εἰσι καὶ ἀνδρεῖοι, οὐχ ὧν οἱ πολλοὶ ἕνεκά φασιν·
ἢ σὺ οἴει;

οὐ δῆτα ἔγωγε.    **84**

οὐ γάρ· ἀλλ' οὕτω λογίσαιτ' ἂν ψυχὴ ἀνδρὸς φιλοσόφου,
καὶ οὐκ ἂν οἰηθείη τὴν μὲν φιλοσοφίαν χρῆναι αὐτὴν λύειν,
λυούσης δὲ ἐκείνης, αὐτὴν παραδιδόναι ταῖς ἡδοναῖς καὶ
λύπαις ἑαυτὴν πάλιν αὖ ἐγκαταδεῖν καὶ ἀνήνυτον ἔργον πράτ-    5
τειν Πηνελόπης τινὰ ἐναντίως ἱστὸν μεταχειριζομένης, ἀλλὰ

---

ἄ-μοιρος, -ον: without share in (+ gen.), 3
ἀν-ήνυτος, -ον: endless, never ending, 1
ἀνδρεῖος, -α, -ον: brave, courageous, manly, 4
δῆτα: certainly, to be sure, of course, 5
δίκαιος, -α, -ον: just, right(eous), fair, 13
ἐγ-κατα-δέω: to bind fast in, 1
ἐμ-φύω: to grow in or on, implant, 1
ἕνεκα: for (the sake of), because of, (gen.) 13
ἔργον, τό: work, labor, deed, act, 5
ἡδονή, ἡ: pleasure, enjoyment, delight, 17
θεῖος, -α, -ον: divine, sent by the gods, 15
ἱστός, ὁ: web (of weaving), loom, shipmast, 1
κόσμιος, -η, -ον: well-ordered, regular, 4
λογίζομαι: to reason, calculate, count, 9

λύπη, ἡ: pain, grief, 8
λύω: to loosen, dissolve, break up, 7
μετα-χειρίζω: to handle, take in hand, 1
μονο-ειδής, -ές: one in kind, simple, 3
παρα-δίδωμι: give or hand over, transmit, 2
Πηνελόπης, ἡ: Penelope (Odysseus' wife), 1
πράττω: to do, accomplish, make, act, 12
σπείρω: to plant, sow, 1
συν-ουσία, ἡ: communion, association, 4
τοί-νυν: well then; therefore, accordingly, 21
φιλο-μαθής, -ές: pursuer of learning, 5
φιλο-σοφία, ἡ: pursuit or love of wisdom, 13
φιλό-σοφος, ὁ, ἡ: pursuer of wisdom, 18

e1 σπειρομένη: pass. pple
4 ἀληθέστατα: superlative adv. or dir. obj.
5 δικαίως: *rightly*
6 εἰσι: 3p pres. εἰμί
   ὧν...ἕνεκα: *for the sake of the (things)
   which*; τούτων ἅ
7 οἴει: 2s pres. mid. οἴομαι
84a2 οὐ γάρ· ἀλλ': *no indeed; rather...*; or
   'no indeed, but...' γαρ expresses assent (S
   2806)
   λογίσαιτ(ο) ἄν: *would reason, would
   calculate*; potential opt.
3 ἂν οἰηθείη: *would...*; potential opt., aor.

pass. deponent οἴομαι
   χρῆναι: *that...*; inf. χρή
   αὐτὴν: i.e. ψυχὴν
4 λυούσης...ἐκείνης: *but while...*; gen. abs.
   αὐτὴν...ἑαυτὴν: *that it... itself*; both acc.
   subject and reflexive obj. refer to ἡ ψυχή
5 πάλιν...ἐγκαταδεῖν: *to bind (itself) back
   again*; i.e. to the body; inf. of result
6 Πηνελόπης...μεταχειριζομέντης: *of a
   Penelope...*; i.e. just as Penelope, wife of
   Odysseus, weaves and unravels a web on a
   loom to delay choosing a suitor; a
   subjective gen. modifying ἔργον

γαλήνην τούτων παρασκευάζουσα, ἑπομένη τῷ λογισμῷ καὶ
ἀεὶ ἐν τούτῳ οὖσα, τὸ ἀληθὲς καὶ τὸ θεῖον καὶ τὸ ἀδόξαστον

b θεωμένη καὶ ὑπ' ἐκείνου τρεφομένη, ζῆν τε οἴεται οὕτω
δεῖν ἕως ἂν ζῇ, καὶ ἐπειδὰν τελευτήσῃ, εἰς τὸ συγγενὲς
καὶ εἰς τὸ τοιοῦτον ἀφικομένη ἀπηλλάχθαι τῶν ἀνθρωπίνων
κακῶν. ἐκ δὴ τῆς τοιαύτης τροφῆς οὐδὲν δεινὸν μὴ φοβηθῇ,

5 [ταῦτα δ' ἐπιτηδεύσασα,] ὦ Σιμμία τε καὶ Κέβης, ὅπως μὴ
διασπασθεῖσα ἐν τῇ ἀπαλλαγῇ τοῦ σώματος ὑπὸ τῶν ἀνέ-
μων διαφυσηθεῖσα καὶ διαπτομένη οἴχηται καὶ οὐδὲν ἔτι
οὐδαμοῦ ᾖ.

c σιγὴ οὖν ἐγένετο ταῦτα εἰπόντος τοῦ Σωκράτους ἐπὶ
πολὺν χρόνον, καὶ αὐτός τε πρὸς τῷ εἰρημένῳ λόγῳ ἦν ὁ

---

ἀ-δόξαστος, -ον: not a matter of opinion, 1
ἄνεμος, -ου, ὁ: wind, 4
ἀνθρώπινος, -η, -ον: belonging to human,
human, 7
ἀπ-αλλαγή, ἡ: release, departure; escape, 7
ἀπ-αλλάττω: release; set free; escape, 15
γαλήνη, ἡ: calm, stillness, 1
δεινός, -ή, -όν: terrible; wondrous, clever, 6
δια-πέταμαι: to fly through, 2
δια-σπάω: to tear apart, pull asunder, 1
δια-φυσάω: to blow in different directions, 3
ἐπιτήδευω: to pursue, practice, 4
ἕπομαι: to follow, accompany, escort, 9
ἕως: until, as long as, 15

θεάομαι: to see, watch, look at; consider, 3
θεῖος, -α, -ον: divine, sent by the gods, 15
λογισμός, ὁ: a counting, calculation; account,
reasoning, 3
οἴχομαι: to go, go off, depart, 14
ὅπως: how, in what way; in order that, that 10
οὐδαμοῦ: nowhere, 5
παρα-σκευάζω: to get ready, prepare, 8
σιγή, ἡ: silence, 1
συγ-γενής, -ές: related; *subst.* relative, 6
τρέφω: to foster, nourish, rear, 1
τροφή, ἡ: food; rearing, upbringing, 4
φοβέω: to terrify, frighten; *mid.* fear, 15

4 οὖσα: fem. nom. sg. pres. pple εἰμί
b1 τρεφομένη: pass. pple + gen. agent/cause
οἴεται οὕτω: *and in this way it thinks…*;
governs inf. of δεῖ and ζάω
2 ἂν ζῇ: 3s pres. subj. in an indefinite
temporal clause, ζάω
τὸ συγγενὲς: *what is related*
3 ἀπηλλάχθαι: aor. pass. inf. with δεῖν in b2
τῶν…κακῶν: *from…*; gen. of separation
4 οὐδὲν δεινὸν μὴ φοβηθῇ: *there (is) no risk
that it fear…*; 'there (is) nothing terrible
that…' μὴ + subj. (aor. pass. dep. φοβέω)
is a fearing clause
5 ὅπως μὴ: *that…*; 'lest,' another fearing
clause: ὅπως μὴ + subj. may be used in

place of of μὴ to suggest something that
will happen (S 2230), see also 77b4
6 διασπασθεῖσα: nom. sg. aor. pass. pple
τοῦ σώματος: *from…*; gen. of separation
ὑπὸ: *because of…, by…*; gen. of cause
7 διαφυσηθεῖσα: nom. sg. aor. pass. pple
διαπτομένη: aor. mid. pple, διαπέταμαι
ᾖ: *exists*; 3s pres. subj. εἰμί, fearing clause
c1 εἰπόντος…Σωκράτους: gen. abs.
2 ἐπὶ…χρόνον: *over…*; acc. of duration
αὐτὸς: *himself*; modifies ὁ Σωκράτης
πρὸς…λόγῳ ἦν: *was (intent) in the account
just spoken* πρός + dat. can have a
meaning similar to ἐν + dat. or denote
occupation (S 1695.2); pf. pass. λέγω (ἐρ-)

Σωκράτης, ὡς ἰδεῖν ἐφαίνετο, καὶ ἡμῶν οἱ πλεῖστοι· Κέβης
δὲ καὶ Σιμμίας σμικρὸν πρὸς ἀλλήλω διελεγέσθην. καὶ ὁ
Σωκράτης ἰδὼν αὐτὼ ἤρετο, τί; ἔφη, ὑμῖν τὰ λεχθέντα μῶν 5
μὴ δοκεῖ ἐνδεῶς λέγεσθαι; πολλὰς γὰρ δὴ ἔτι ἔχει ὑποψίας
καὶ ἀντιλαβάς, εἴ γε δή τις αὐτὰ μέλλει ἱκανῶς διεξιέναι. εἰ
μὲν οὖν τι ἄλλο σκοπεῖσθον, οὐδὲν λέγω· εἰ δέ τι περὶ
τούτων ἀπορεῖτον, μηδὲν ἀποκνήσητε καὶ αὐτοὶ εἰπεῖν καὶ
διελθεῖν, εἴ πη ὑμῖν φαίνεται βέλτιον ἂν λεχθῆναι, καὶ αὖ καὶ   d
ἐμὲ συμπαραλαβεῖν, εἴ τι μᾶλλον οἴεσθε μετ᾽ ἐμοῦ
εὐπορήσειν.

κ αὶ ὁ Σιμμίας ἔφη· καὶ μήν, ὦ Σώκρατες, τἀληθῆ σοι ἐρῶ.
πάλαι γὰρ ἡμῶν ἑκάτερος ἀπορῶν τὸν ἕτερον προωθεῖ   5

---

ἀντί-λαβή, ἡ: point of attack; handle, grip, 1
ἀπ-οκνέω: to shrink from, 1
ἀ-πορέω: be at a loss, puzzled, bewildered, 4
βελτίων, -ον (-ονος): better, 7
δια-λέγομαι: to converse with, discuss, 13
δι-εξ-έρχομαι: to pass through, go through 5
δι-έρχομαι: to go or pass through, 5
ἑκάτερος, -α, -ον: each of two, either, 5
ἐν-δεῶς: defectively, insufficiently, 3
ἔρομαι: to ask, enquire, question, 12

εὐ-πορέω: to prosper, thrive, be well off, 1
μέλλω: to be about to, intend to (fut. inf.) 19
μῶν (μὴ οὖν): surely not? (expects a no reply)
πάλαι: for some time, long ago, of old, 13
πη: in some way, somehow, 4
πλεῖστος, -η, -ον: most, greatest, 3
προ-ωθέω: to push forward, 1
σμικρός, -ά, -όν: small, little, 19
συμπαραλαμβάνω: take along (as a helper) 2
ὑπ-οψία, ἡ: suspicion, apprehension, 1

3 ὡς ἰδεῖν ἐφαίνετο: *as it seemed to look at*; epexegetic (explanatory) aor. inf. ὁράω (εἶδον), impersonal use of φαίνομαι
4 σμικρόν: *lowly*; or 'barely' adverbial acc., the two are talking so quietly that Socrates cannot make out the words
ἀλλήλω (dual) acc.
διελεγέσθην: dual 3rd pers. aor. pass. dep.
5 ἰδών: aor. pple ὁράω (εἶδον)
ἤρετο: aor. ἔρομαι
τὰ λεχθέντα: *things said*; aor. pass. λέγω
μῶν μή: *surely do not seem...*; expecting a no reply; for the repetition of μή: S 2651c
6 ἔχει: *(the account) has...*; add subject
7 εἴ γε δή: *if, at any rate indeed*; γε δή reinforce one another and are emphatic and restrictive (GP 245)
εἰ μὲν οὖν...εἰ δὲ: *if then....but if...*
8 σκοπεῖσθον: *you two are considering*; dual

2nd pers. pres. mid. σκοπέω
οὐδὲν: *nothing (important)*; i.e. nonsense
τι: *at all*; inner acc.
9 ἀπορεῖτον: *you two...*; dual 2nd pers. pres. act. ἀπορέω
μηδὲν ἀποκνήσητε: *do not at all....*; + inf., prohibitive subj. (μη + aor. subj.) μηδὲν is an inner acc.
d1 ἂν λεχθῆναι: *could have been said*; ἂν + aor. pass. inf. indicates past (unrealized) potential (ἂν + aor.) in direct speech or potential opt. (e.g. 'could be said')
καὶ αὖ καὶ: *and moreover also*
2 τι: *at all*; inner acc.
4 καὶ μὴν: *well certainly*; GP 356
ἐρῶ: ἐρέω, fut. λέγω
5 πάλαι...προωθεῖ: *has been pushing the other*; pf.. progressive in sense

105

καὶ κελεύει ἐρέσθαι διὰ τὸ ἐπιθυμεῖν μὲν ἀκοῦσαι, ὀκνεῖν δὲ
ὄχλον παρέχειν, μή σοι ἀηδὲς ᾖ διὰ τὴν παροῦσαν συμφοράν.
     καὶ ὃς ἀκούσας ἐγέλασέν τε ἠρέμα καί φησιν· Βαβαί,
ὦ Σιμμία· ἦ που χαλεπῶς ἂν τοὺς ἄλλους ἀνθρώπους πεί-
e σαιμι ὡς οὐ συμφορὰν ἡγοῦμαι τὴν παροῦσαν τύχην, ὅτε
γε μηδ᾽ ὑμᾶς δύναμαι πείθειν, ἀλλὰ φοβεῖσθε μὴ δυσκολώ-
τερόν τι νῦν διάκειμαι ἢ ἐν τῷ πρόσθεν βίῳ· καί, ὡς ἔοικε,
τῶν κύκνων δοκῶ φαυλότερος ὑμῖν εἶναι τὴν μαντικήν, οἳ
5 ἐπειδὰν αἴσθωνται ὅτι δεῖ αὐτοὺς ἀποθανεῖν, ᾄδοντες καὶ ἐν
85 τῷ πρόσθεν χρόνῳ, τότε δὴ πλεῖστα καὶ κάλλιστα ᾄδουσι,
γεγηθότες ὅτι μέλλουσι παρὰ τὸν θεὸν ἀπιέναι οὗπέρ εἰσι
θεράποντες. οἱ δ᾽ ἄνθρωποι διὰ τὸ αὐτῶν δέος τοῦ θανάτου

---

ᾄδω (ἀείδω): to sing, 7
ἀ-ηδής, -ές: unpleasant, disagreeable, 3
αἰσθάνομαι: perceive, feel, learn, realize, 11
ἀπ-έρχομαι: to go away, depart, 14
Βαβαί: ah-ha, bless me (in shock), 1
γελάω: to laugh, 6
γηθέω: to rejoice, 1
δέος, τό: fear, alarm, 1
διά-κειμαι: to be disposed, be affected, 3
δυσ-σκολός, -ή, -όν: hard to please, 1
ἐπι-θυμέω: to desire, long for, 10
ἔρομαι: to ask, enquire, question, 12
ἦ: in truth, truly (begins open question), 5
ἠρέμα: gently, softly, quietly, 3
θεράπων, -οντος ὁ: attendant, assistant, 1

κάλλιστα: most nobly, most beautifully, 2
κελεύω: to bid, order, command, exhort, 8
κύκνος, ὁ: a swan, 4
μαντικός, -ή, -όν: prophetic, oracular, 3
μέλλω: to be about to, intend to (fut. inf.) 19
ὀκνέω: to shirk, hesitate, hang back, 1
ὄχλος, ὁ: trouble; crowd, throng, mob, 1
παρ-έχω: to provide, furnish, supply, 16
πλεῖστος, -η, -ον: most, greatest, 3
πρόσθεν: before, 10
συμ-φορά, ἡ: misfortune, mishap, 3
τύχη, ἡ: chance, luck, fortune, 5
φαῦλος –η -ον: slight, trifling, insignificant, 9
φοβέω: to terrify, frighten; mid. fear, 15
χαλεπός, -ά, -όν: difficult, hard, harmful, 5

6 ἐρέσθαι: inf. ἔρομαι
   ἀκοῦσαι: *to hear (your response)*; aor. inf.
   object of articular inf. τὸ ἐπιθυμεῖν
   (διὰ τὸ) ὀκνεῖν δὲ: *but (ov account of)*
   *skrinking from*; + inf., an articular inf.; 2nd
   object of διὰ and parallel to ἐπιθυμεῖν
7 μὴ...ᾖ: *that...*; fearing clause, μή + subj. εἰμί
   παροῦσαν: *present*; pple πάρειμι
8 ὃς: *this one*; demonstrative
9 χαλεπῶς: *with difficulty*
   ἄν...πείσαιμι: *I would...*; potential opt.
e1 ὡς: *that...*
   ὅτε γε: *when at any rate...*
2 φοβεῖσθε: *you are afraid*; 2s mid.

3 μὴ...διάκειμαι: *that...*; 'lest,' fearing clause,
   μή governs a subjunctive for fear regarding
   the future and an indicative, as here, for a
   fear regarding the present or past (S 2233)
   δυσκολώτερον: comparative adv.
3 τι: *somewhat, at all*; acc. of extent by
   degree with the comparative
4 τῶν κύκνων: *than...*; gen. of comparison
   τὴν μαντικήν (τέχνην): *in prophetic art*;
   acc. of respect
85a1 πλεῖστα καὶ κάλλιστα: superlative advs.
2 γεγηθότες: *being joyous because*; pf. pple
   οὗπέρ...: *whose servants they are*
3 αὐτῶν: *their own*; ἑαυτῶν

καὶ τῶν κύκνων καταψεύδονται, καί φασιν αὐτοὺς θρηνοῦντας
τὸν θάνατον ὑπὸ λύπης ἐξᾴδειν, καὶ οὐ λογίζονται ὅτι οὐδὲν   5
ὄρνεον ᾄδει ὅταν πεινῇ ἢ ῥιγῷ ἤ τινα ἄλλην λύπην λυπῆται,
οὐδὲ αὐτὴ ἥ τε ἀηδὼν καὶ χελιδὼν καὶ ὁ ἔποψ, ἃ δή φασι
διὰ λύπην θρηνοῦντα ᾄδειν. ἀλλ' οὔτε ταῦτά μοι φαίνεται
λυπούμενα ᾄδειν οὔτε οἱ κύκνοι, ἀλλ' ἅτε οἶμαι τοῦ Ἀπόλ-   b
λωνος ὄντες, μαντικοί τέ εἰσι καὶ προειδότες τὰ ἐν Ἅιδου
ἀγαθὰ ᾄδουσι καὶ τέρπονται ἐκείνην τὴν ἡμέραν διαφερόντως
ἢ ἐν τῷ ἔμπροσθεν χρόνῳ. ἐγὼ δὲ καὶ αὐτὸς ἡγοῦμαι
ὁμόδουλός τε εἶναι τῶν κύκνων καὶ ἱερὸς τοῦ αὐτοῦ θεοῦ,   5
καὶ οὐ χεῖρον ἐκείνων τὴν μαντικὴν ἔχειν παρὰ τοῦ δεσπότου,
οὐδὲ δυσθυμότερον αὐτῶν τοῦ βίου ἀπαλλάττεσθαι. ἀλλὰ

---

ἀηδών, -ονος, ἡ: a nightingale, 1
ᾄδω (ἀείδω): to sing, 7
Ἅιδης, -ου ὁ: Hades, 15
ἀπ-αλλάττω: escape, release; set free, 15
Ἀπόλλω, Ἀπόλλωνος, ὁ: Apollo, 4
ἅτε: inasmuch as, since, seeing that (+ pple) 6
δεσπότης, ὁ: master, lord, 6
δια-φερόντως: especially; differently, 4
δύσ-θυμος, -ον: despondent, melancholy, 1
ἔμ-προσθεν: before, former; earlier, 7
ἐξ-ᾄδω: to sing out (one's last song), 1
ἔποψ, -οπος, ὁ: hoopoe (bird), 1
ἡμέρα, ἡ: day, 7
θρηνέω: wail, bewail, sing a dirge, 2
ἱερός, -ή, -όν: holy, divine; temple 2

καταψεύδομαι: to speak falsely of (gen) 1
κύκνος, ὁ: a swan, 4
λογίζομαι: to reason, calculate, count, 9
λυπέω: to cause pain, distress, grief, 5
λύπη, ἡ: pain, grief, 8
μαντικός, -ή, -όν: prophetic, oracular, 3
ὁμό-δουλος, ὁ: fellow slave, 1
ὄρνεον, (τὸ) (ὄρνις): bird, 1
πεινάω: to be hungry, crave, 1
προ-οῖδα: to know beforehand, 3
ῥιγόω: to be cold, shiver, 1
τέρπομαι: to satisfy, delight, 1
χείρων, -ον, (-οντος): worse, inferior, 5
χελιδών, -όνος, ἡ: a swallow (bird), 1

---

4 φασιν: *they claim*; i.e. the people claim
   αὐτοὺς: *that they*...; i.e. geese, acc. subject
5 ὑπὸ: *because of*...; gen. of cause
6 πεινῇ...ῥιγῷ...λυπῆται: 3s pres. subj.
   α-contract, o-contract, and ε-contract
   verbs, indefinite temporal clause
7 οὐδὲ: *not even*
   ἃ δή: *which very (birds)*...; acc. subj., the
   the neut. pl. refers to neut. τό ὄρνεον (l. 4)
   φασι: i.e. the people say
8 ταῦτα: *these (birds)*
b1 ἅτε...ὄντες: *inasmuch as*...; 'since,' ἅτε +
   pple indicates cause from the speaker's
   point of view, pple of εἰμί
   οἶμαι: parenthetical, οἴομαι

τοῦ Ἀπόλλωνος: *Apollo's (birds)*; gen.
predicate of the pple εἰμί
εἰσι: 3p pres. εἰμί
2 προειδότες: pple προ-οῖδα
   ἐν Ἅιδου: *in Hades' (house)*
3 ἐκείνην...ἡμέραν: *during*...; acc. duration
   διαφερόντως ἤ: *differently from*; i.e. more
   than
4 καὶ: *also*
6 οὐ χεῖρον ἐκείνων: *no worse than these*;
   comparative adv. and gen. of comparison
   παρὰ: *from*...; gen. of source
7 δυσθυμότερον αὐτῶν: see line 6
   τοῦ βίου: *from*...; gen. of separation

τούτου γ᾽ ἕνεκα λέγειν τε χρὴ καὶ ἐρωτᾶν ὅτι ἂν βούλησθε,
ἕως ἂν Ἀθηναίων ἐῶσιν ἄνδρες ἕνδεκα.

10   καλῶς, ἔφη, λέγεις, ὁ Σιμμίας· καὶ ἐγώ τέ σοι ἐρῶ ὃ
c  ἀπορῶ, καὶ αὖ ὅδε, ᾗ οὐκ ἀποδέχεται τὰ εἰρημένα. ἐμοὶ
γὰρ δοκεῖ, ὦ Σώκρατες, περὶ τῶν τοιούτων ἴσως ὥσπερ καὶ
σοὶ τὸ μὲν σαφὲς εἰδέναι ἐν τῷ νῦν βίῳ ἢ ἀδύνατον εἶναι
ἢ παγχάλεπόν τι, τὸ μέντοι αὖ τὰ λεγόμενα περὶ αὐτῶν μὴ
5  οὐχὶ παντὶ τρόπῳ ἐλέγχειν καὶ μὴ προαφίστασθαι πρὶν ἂν
πανταχῇ σκοπῶν ἀπείπῃ τις, πάνυ μαλθακοῦ εἶναι ἀνδρός·
δεῖν γὰρ περὶ αὐτὰ ἕν γέ τι τούτων διαπράξασθαι, ἢ μαθεῖν
ὅπῃ ἔχει ἢ εὑρεῖν ἤ, εἰ ταῦτα ἀδύνατον, τὸν γοῦν βέλ-
τιστον τῶν ἀνθρωπίνων λόγων λαβόντα καὶ δυσεξελεγκτό-

---

ἀ-δύνατος, -ον: unable, incapable, impossible, 6
Ἀθηναῖος, -α, -ον: Athenian, of Athens, 6
ἀνθρώπινος, -η, -ον: belonging to human, human, 7
ἀπ-εῖπον: to forbid, deny, give up, 1
ἀπο-δέχομαι: to accept, receive, 9
ἀ-πορέω: be at a loss, puzzled, bewildered, 4
βέλτιστος, -η, -ον: best, 14
γοῦν: γε οὖν, at least, at any rate, any way, 4
δια-πράττω: to accomplish, effect, 1
δυσ-εξ-έλεγκτος, -ον: difficult to refute, 1
ἐάω: to permit, allow, let be, suffer, 9
ἐλέγχω: cross-examine, refute; disgrace, 1
ἕν-δεκα: eleven, 3

ἕνεκα: for the sake of, because of, for (gen.) 13
ἐρωτάω: to ask, inquire, question, 10
εὑρίσκω: to find, discover, devise, invent, 8
ἕως: until, as long as, 15
καλῶς: well; beautifully, 11
μαλθακός, -ή, -όν: soft, gentle; faint-hearted, 1
μανθάνω: to learn, understand, 12
ὅπῃ: where; in what way, how, 11
παγ-χάλεπος, -η, -ον: very difficult, 1
παντα-χῇ: everywhere, in every way, 3
προ-αφίσταμαι: to cease beforehand, 1
σαφής, -ές: clear, distinct; certain, reliable, 16
τρόπος, ὁ: a manner, way; turn, direction, 17

8 ἐρωτᾶν: inf. α-contract verb
  ὅτι ἄν: *whatever*...; ὅ τι, indefinite relative
9 ἕως...ἐῶσιν: 3p pres. ἐάω
10 καλῶς: *well*
  ἐγώ τε...καὶ αὖ ὅδε: *both I will speak...and in turn this one here (will speak)*; i.e. Cebes
c1 ᾗ οὐκ ἀποδέχεται: *in what way he...* relative clause, dat. of manner
  τὰ εἰρημένα: pf. pass. pple, λέγω (ἐρ)
2 καί: *also*; or 'too,' adverbial
3 τὸ...εἰδέναι: *that to know something reliable*; inf. οἶδα is subject of εἶναι
4 τὸ μέντοι αὖ...μὴ οὐχὶ ἐλέγχειν: *however, not to question in turn...*; μὴ οὐχὶ + inf. may follow a negated verb; this articular

inf. is the subject of εἶναι from line 6
5 παντὶ τρόπῳ: *in*...; dat. of manner
  ἀπείπῃ: *renounces from examining*; 3s aor. subj. in an indefinite temporal clause
6 πάνυ μαλθακοῦ εἶναι ἀνδρός: *is (the sign) of quite a weak man*; gen. predicate, the two articular infinitives τὸ ἐλέγχειν and τὸ προαφίστασθαι are subject
7 δεῖν γάρ: *for that it is necessary*
  ἕν γέ τι: *some one thing at least*; γε is restrictive, obj. of aor. inf. διαπράξασθαι
  ἤ...ἤ...ἤ: *either...or...or*
8 ὅπῃ ἔχει: *in what way he is able*
  εἰ ταῦτα (διαπράξασθαι): *if (to do) these is*
9 τῶν...λόγων: i.e. *of things said by men*

*revelation*

τατον, ἐπὶ τούτου ὀχούμενον ὥσπερ ἐπὶ σχεδίας κινδυνεύοντα    d
διαπλεῦσαι τὸν βίον, εἰ μή τις δύναιτο ἀσφαλέστερον καὶ
ἀκινδυνότερον ἐπὶ βεβαιοτέρου ὀχήματος, ἢ λόγου θείου
τινός, διαπορευθῆναι. καὶ δὴ καὶ νῦν ἔγωγε οὐκ ἐπαισχυν-
θήσομαι ἐρέσθαι, ἐπειδὴ καὶ σὺ ταῦτα λέγεις, οὐδ' ἐμαυ-    5
τὸν αἰτιάσομαι ἐν ὑστέρῳ χρόνῳ ὅτι νῦν οὐκ εἶπον ἅ μοι
δοκεῖ. ἐμοὶ γάρ, ὦ Σώκρατες, ἐπειδὴ καὶ πρὸς ἐμαυτὸν
καὶ πρὸς τόνδε σκοπῶ τὰ εἰρημένα, οὐ πάνυ φαίνεται ἱκανῶς
εἰρῆσθαι.                                                    10

κὰι ὁ Σωκράτης, ἴσως γάρ, ἔφη, ὦ ἑταῖρε, ἀληθῆ σοι    e
φαίνεται· ἀλλὰ λέγε ὅπῃ δὴ οὐχ ἱκανῶς.

ταύτῃ ἔμοιγε, ἦ δ' ὅς, ᾗ δὴ καὶ περὶ ἁρμονίας ἄν τις καὶ

---

αἰτιάομαι: accuse, charge; blame, 4
ἀ-σφαλής, -ές: safe, secure, not liable to fall 6
βέβαιος, -α, -ον: steadfast, steady, firm, 3
δια-πλέω: to sail through, 1
δια-πορεύω: to travel through, 1
δύναμαι: to be able, can, be capable, 15
ἐπ-αισχύνομαι: to be ashamed to, 1
ἔρομαι: to ask, enquire, question, 12
ἑταῖρος, ὁ: a comrade, companion, mate, 11

θεῖος, -α, -ον: divine, sent by the gods, 15
κινδυνεύω: to risk, venture; it is likely, 7
κίνδυνος, ὁ: risk, danger, venture, 2
ὅπῃ: where; in what way, how, 11
ὀχέω: to ride, carry, convey, 1
ὄχημα, -ατος, τό: raft, vehicle, carriage, 2
σχέδια, ἡ: raft, make-shift boat, 1
ὕστερος, -α, -ον: later, last; adv. later 17

---

d1 ἐπὶ τούτου ὀχούμενον: conveyed upon it
  ἐπὶ: upon
2 διαπλεῦσαι aor. inf. διαπλέω
  εἰ μή...δύναιτο: unless one should...; pres.
  opt., equivalent to an apodosis in a fut. less
  vivid condition
3 ἀσφαλέστερον καὶ ἀκινδυνότερον:
  comparative adverbs
  ἢ λόγου θείου τινός: or some divine
  proclamation; in apposition to ὀχήματος
4 διαπορευθῆναι: aor. pass. dep. inf.
  καὶ δὴ καὶ νῦν: and in particular now; 'and
  especially now', lit. 'and indeed also now'
5 καὶ: also, too
6 εἶπον: 1s aor. λέγω
7 πρὸς...πρὸς...σκοπῶ: I examine with...

with...; i.e. I speak to...and to...
9 τὰ εἰρημένα: pf. pass. pple λέγω (ἐρ)
  οὐ πάνυ: not quite
10 εἰρῆσθαι: pf. pass. inf. λέγω (ἐρ)
e2 ἀλλὰ: come...; as often preceding an
  imperative
  ὅπῃ δὴ: in what way precisely...
3 οὐχ ἱκανῶς (φαίνεται εἰρῆσθαι): supply
  verbs from d9-10
3 ταύτῃ...ᾗ δὴ: in this way...in which very
  way; dat. of manner, demonstrative and
  relative pronouns
  ἔμοιγε: supply ἱκανῶς φαίνεται
  εἰρῆσθαι
  καὶ...καὶ: both...and...

λύρας τε καὶ χορδῶν τὸν αὐτὸν τοῦτον λόγον εἴποι, ὡς ἡ

5 μὲν ἁρμονία ἀόρατον καὶ ἀσώματον καὶ πάγκαλόν τι καὶ

86 θεῖόν ἐστιν ἐν τῇ ἡρμοσμένῃ λύρᾳ, αὐτὴ δ᾽ ἡ λύρα καὶ

αἱ χορδαὶ σώματά τε καὶ σωματοειδῆ καὶ σύνθετα καὶ

γεώδη ἐστὶ καὶ τοῦ θνητοῦ συγγενῆ. ἐπειδὰν οὖν ἢ κατάξῃ

τις τὴν λύραν ἢ διατέμῃ καὶ διαρρήξῃ τὰς χορδάς, εἴ τις

5 διισχυρίζοιτο τῷ αὐτῷ λόγῳ ὥσπερ σύ, ὡς ἀνάγκη ἔτι εἶναι

τὴν ἁρμονίαν ἐκείνην καὶ μὴ ἀπολωλέναι—οὐδεμία γὰρ

μηχανὴ ἂν εἴη τὴν μὲν λύραν ἔτι εἶναι διερρωγυιῶν τῶν

χορδῶν καὶ τὰς χορδὰς θνητοειδεῖς οὔσας, τὴν δὲ ἁρμονίαν

---

ἀ-όρατος, -ον: unseen, invisible, 12
ἁρμόζω: harmonize, fit together, join, adapt 7
ἀ-σώματος, -ον: disembodied, incorporeal, 1
γεώδης, -ες: earth-like, earthy, 2
δια-ρρήγνυμι: break through, 2
δια-τέμνω: to cut through, cut apart, 1
δι-ισχυρίζομαι: affirm confidently; rely on, 5
θεῖος, -α, -ον: divine, sent by the gods, 15
θνητο-ειδής, -ές: of mortal nature or kind, 1

θνητός, -ή, -όν: mortal, liable to death, 7
κατ-άγνυμι: to shatter, break in pieces, 1
λύρα, ἡ: lyre, 11
μηχανή, ἡ: means, instrument, contrivance, 2
παγ-καλός, -η, -ον: very beautiful or noble, 1
συγ-γενής, -ές: related; *subst.* relative, 6
σύν-θετος, -ον: put together, composite, 4
σωματο-ειδής, -ές: corporeal, bodily, 5
χορδή, ἡ: string, gut-string, 7

---

4 ἄν τις...εἴποι: *one might say*; potential opt.
   ὡς: *(namely) that...*; in apposition to λόγον
86a1 ἡρμοσμένῃ: *tuned*; pf. pass. ἁρμόζω
2 σωματοειδῆ...γεώδη...συγγενῆ: neuter pl.:
   σωματοειδέ-α, γεώδε-α, συγγενέ-α
3 κατάξῃ, διατέμῃ, διαρρήξῃ: 3s subj. in
   an indefinite temporal clause; aor. pres. and
   aor. subj. respectively
5 τῷ...λόγῳ: *with..*; dat. of means
   ὡς: *that...*; governed by διισχυρίζοιτο

ἀνάγκη: *(it is) necessary*
6 ἀπολωλέναι: pf. act. inf. ἀπόλλυμι
   οὐδεμία...ἀπολομένην: a very large
   parenthetical statement (lines a6-b2)
   οὐδεμία...ἂν εἴη: *there would be no way*
   *that...*; potential opt. εἰμί
7 εἶναι: *exist*
   διερρωγυιῶν: pf. pple διαρρήγνυμι
8 οὔσας: fem. acc. pl. pple εἰμί

ἀπολωλέναι τὴν τοῦ θείου τε καὶ ἀθανάτου ὁμοφυῆ τε καὶ   b
συγγενῆ, προτέραν τοῦ θνητοῦ ἀπολομένην‒ἀλλὰ φαίη
ἀνάγκη ἔτι που εἶναι αὐτὴν τὴν ἁρμονίαν, καὶ πρότερον τὰ
ξύλα καὶ τὰς χορδὰς κατασαπήσεσθαι πρίν τι ἐκείνην
παθεῖν‒καὶ γὰρ οὖν, ὦ Σώκρατες, οἶμαι ἔγωγε καὶ αὐτόν   5
σε τοῦτο ἐντεθυμῆσθαι, ὅτι τοιοῦτόν τι μάλιστα ὑπολαμ-
βάνομεν τὴν ψυχὴν εἶναι, ὥσπερ ἐντεταμένου τοῦ σώματος
ἡμῶν καὶ συνεχομένου ὑπὸ θερμοῦ καὶ ψυχροῦ καὶ ξηροῦ
καὶ ὑγροῦ καὶ τοιούτων τινῶν, κρᾶσιν εἶναι καὶ ἁρμονίαν

---

ἐν-θυμέομαι: to take to heart, ponder, 2
ἐν-τείνω: to stretch, strain tight, 3
θεῖος, -α, -ον: divine, sent by the gods, 15
θερμός, -ή, -όν: hot, warm; subst. heat, 11
θνητός, -ή, -όν: mortal, liable to death, 7
κατα-σήπω: to make rotten, let rot, 2
κρᾶσις, -εως, ἡ: mixing, blending, 4
ξηρός, -ά, -όν: dry, 1

ξύλον, τό: wood, firewood, 6
ὁμο-φυής, -ές: of the same growth or nature, 1
συγ-γενής, -ές: related to, akin to (gen), 6
συν-έχω: to hold together, 4
ὑγρός, -ά, -όν: moist, wet, 4
ὑπο-λαμβάνω: to suppose; take up, reply, 8
χορδή, ἡ: string, gut-string, 7
ψυχρός, -ά, -όν: cold, chill, frigid, 10

b1 ἀπολωλέναι: pf. act. inf. ἀπόλλυμι
  τὴν: τὴν ἁρμονίαν
  ὁμοφυῆ, συγγενῆ: acc. sg. ὁμοφυέ-α,
  συγγενέ-α modifying ἁρμονίαν
2 προτέραν τοῦ θνητοῦ ἀπολομένην:
  *perishing earlier than (the harmony akin)*
  *to the mortal human;* supply missing words
  from the context above
  ἀλλὰ φαίη: *but one would claim;* resuming
  the condition in 86a4-5; 1s opt. equivalent
  to an apodosis in a fut. less vivid
3 ἀνάγκη: *that (it is) necessary*
  πρότερον: *previously;* adverbial acc.
4 κατασαπήσεσθαι: fut. mid., the preceding
  accusatives are the subject

  ἐκείνην: *that one...;* i.e. τὴν ἁρμονίαν
5 παθεῖν: inf. πάσχω
  καὶ γὰρ οὖν: *and in fact*
  καὶ (σε)αὐτόν σε: *that you yourself also*
6 ἐντεθυμῆσθαι: pf. inf. ἐν-θυμέομαι
  τοιοῦτόν τι: *that...some such thing;*
  acc. predicate of εἶναι
7 ἐντεταμένου...σώματος καὶ συνεχομένου:
  gen. abs. (pf. pass. pple. ἐντείνω and pres.
  pass. pple συνέχω
8 ὑπό...: *because of...;* gen. of cause
9 κρᾶσιν εἶναι: *(and) that...;* τὴν ψυχὴν is
  acc. subject

c  αὐτῶν τούτων τὴν ψυχὴν ἡμῶν, ἐπειδὰν ταῦτα καλῶς καὶ
   μετρίως κραθῇ πρὸς ἄλληλα–εἰ οὖν τυγχάνει ἡ ψυχὴ οὖσα
   ἁρμονία τις, δῆλον ὅτι, ὅταν χαλασθῇ τὸ σῶμα ἡμῶν
   ἀμέτρως ἢ ἐπιταθῇ ὑπὸ νόσων καὶ ἄλλων κακῶν, τὴν μὲν
5  ψυχὴν ἀνάγκη εὐθὺς ὑπάρχει ἀπολωλέναι, καίπερ οὖσαν
   θειοτάτην, ὥσπερ καὶ αἱ ἄλλαι ἁρμονίαι αἵ τ᾽ ἐν τοῖς
   φθόγγοις καὶ ἐν τοῖς τῶν δημιουργῶν ἔργοις πᾶσι, τὰ δὲ
   λείψανα τοῦ σώματος ἑκάστου πολὺν χρόνον παραμένειν,
d  ἕως ἂν ἢ κατακαυθῇ ἢ κατασαπῇ—ὅρα οὖν πρὸς τοῦτον τὸν
   λόγον τί φήσομεν, ἐάν τις ἀξιοῖ κρᾶσιν οὖσαν τὴν ψυχὴν
   τῶν ἐν τῷ σώματι ἐν τῷ καλουμένῳ θανάτῳ πρώτην ἀπόλ-
   λυσθαι.

---

ἀ-μέτρως: immoderately, without measure, 1
ἀξιόω: to think worthy, deem right, 3
δῆλος, -η, -ον: clear, evident, conspicuous, 14
δημιουργός, ὁ: skilled workman, craftsman 1
ἐπι-τείνω: to overstretch, stretch over, 3
ἔργον, τό: work, labor, deed, act, 5
εὐθύς: right away, straight, directly, at once, 9
ἕως: until, as long as, 15
θεῖος, -α, -ον: divine, sent by the gods, 15
καίπερ: although, albeit, 1
καλῶς: well; beautifully, 11

κατα-καίω: to burn down, burn completely, 1
κατα-σήπω: to make rotten, let rot, 2
κεράννυμι: to mix, mingle, 1
κρᾶσις, -εως, ἡ: mixing, blending, 4
λείψανον, τό: remains, remnant, 1
μέτριος, -α, -ον: moderate, in due measure, 7
νόσος, ὁ: illness, sickness, 5
παρα-μένω: to abide, remain, 2
ὑπ-άρχω: to be there, be ready, be available 4
φθόγγος, ὁ: voice, utterance, sound 2
χαλάω: to slacken, loosen, release, 3

c1 καλῶς: *well*
2 μετρίως: *in due proportion, in due measure*
   κραθῇ: 3s aor. subj. κεράννυμι
   τυγχάνει...οὖσα: pple εἰμί, see p. 20
3 δῆλον ὅτι: *it is clear that...*
   χαλασθῇ: 3s aor. subj. χαλάω in an
   indefinite temporal clause
4 ἐπιταθῇ: *is overstrained*; 3rd sg. aor. subj.
   ἐπιτείνω
   ὑπὸ..: *because of...*; gen. of cause
5 ἀνάγκη...ὑπάρχει: *(it is) necessary*
   ἀπολωλέναι: pf. act. inf. ἀπόλλυμι
   καίπερ: *although...*; introducing, as often,
   a pple
6 θειοτάτην: superlative, predicate of οὖσαν
8 πολὺν χρόνον: *for...*; acc. of duration
d1 ἢ...ἢ...: *either...or*

κατακαυθῇ, κατασαπῇ: 3s aor. pass.
subjunctive in an indefinite temporal clause
κατακαίω, κατασήπω
ὅρα..τί: *see what we will say*; i.e.
consider.., ὅρα-ε, imperative sg. ὁράω
ὅρα..τί φήσομεν: *see what...*; i.e. consider..,
ὅρα-ε, imperative sg. and fut. φημί
πρὸς: *in response to..., in reply to...*
2 ἀξιοῖ: 3s pres. subj. o-contract verb as
apodosis of a fut. more vivid condition
(εἰ ἄν + subj., fut. ind.)
τὴν ψυχὴν...ἀπόλλυσθαι: *that...*; ind. disc.
governed by ἀξιοῖ; κρᾶσιν οὖσαν is a
participial phrase modifying ψυχὴν
3 καλουμένῳ: *so-named, so-called*; i.e. what
is called death

διαβλέψας οὖν ὁ Σωκράτης, ὥσπερ τὰ πολλὰ εἰώθει, 5
καὶ μειδιάσας, δίκαια μέντοι, ἔφη, λέγει ὁ Σιμμίας. εἰ
οὖν τις ὑμῶν εὐπορώτερος ἐμοῦ, τί οὐκ ἀπεκρίνατο; καὶ γὰρ
οὐ φαύλως ἔοικεν ἁπτομένῳ τοῦ λόγου. δοκεῖ μέντοι μοι
χρῆναι πρὸ τῆς ἀποκρίσεως ἔτι πρότερον Κέβητος ἀκοῦσαι
τί αὖ ὅδε ἐγκαλεῖ τῷ λόγῳ, ἵνα χρόνου ἐγγενομένου βου- e
λευσώμεθα τί ἐροῦμεν, ἔπειτα [δὲ] ἀκούσαντας ἢ συγχωρεῖν
αὐτοῖς ἐάν τι δοκῶσι προσᾴδειν, ἐὰν δὲ μή, οὕτως ἤδη
ὑπερδικεῖν τοῦ λόγου. ἀλλ᾽ ἄγε, ἦ δ᾽ ὅς, ὦ Κέβης, λέγε,
τί ἦν τὸ σὲ αὖ θρᾶττον [ἀπιστίαν παρέχει.] 5

λέγω δή, ἦ δ᾽ ὃς ὁ Κέβης. ἐμοὶ γὰρ φαίνεται ἔτι ἐν
τῷ αὐτῷ ὁ λόγος εἶναι, καί, ὅπερ ἐν τοῖς πρόσθεν ἐλέγομεν,

---

ἄγω: to lead, to bring, to carry, to convey, 12
ἀ-πιστία, ἡ: disbelief, distrust, doubt, 6
ἀπο-κρίνομαι: to answer, reply, 13
ἀπο-κρισις, ἡ: reply, answer, 4
ἅπτω: fasten, grasp (gen); kindle, set fire; 11
βουλεύω: to deliberate, plan, take counsel, 1
δια-βλέπω: to look straight at, stare 1
δίκαιος, -α, -ον: just, right(eous), fair, 13
ἐγ-γίγνομαι: to be inborn, innate, happen,
come in; impers. to be possible, 6
ἐγ-καλέω: to make a charge against (dat.), 1
εἴωθα: to be accustomed, 12

εὔ-πορος, -ον: resourceful, easily done, 1
ἤδη: already, now, at this time, 16
θράττω (τ(α)ράττω): to trouble, disquiet, 1
ἵνα: in order that (+ subj.); where (+ ind.), 7
μειδιάω: to smile, 2
παρ-έχω: to provide, furnish, supply, 16
πρό: before, in front; in place of (+ gen.), 13
προσ-ᾴδω: to sing in tune to, harmonize, 1
πρόσθεν: before, 10
συγ-χωρέω: agree, yield, come together, 13
ὑπερ-δικέω: to plead for, advocate for (gen), 1
φαῦλος -η -ον: slight, paltry, cheap, trifling 9

---

5 διαβλέψας: i.e. looking at Simmias and
Cebes with a piercing glance
τὰ πολλὰ: many times; 'often,' adv. acc.
6 δίκαια μέντοι: fair words to be sure; neuter
pl. object of λέγει, μέντοι gives assent
7 εὐπορώτερος (ἐστίν): comparative
predicate, add a linking verb
ἐμοῦ: gen. of comparison
τί οὐκ ἀπεκρίνατο: why does he not reply
(to Simmias); an aor. with pres. sense is
usually found after τί οὐ to express surprise
that something has not been done (S 1936)
καὶ γὰρ: for in fact
8 ἔοικεν: he seems like; + dat.
ἁπτομένῳ: (to one) getting a grip on; +
partitive gen.
μέντοι: however; adversative

9 χρῆναι: inf. χρή
πρὸ: before...
Κέβητος: from Cebes; the gen. of source is
common with the verb ἀκούω
e1 ὅδε: this here one; i.e. Cebes
ἵνα...βουλευσώμεθα: so that we may...;
purpose clause, aor. subj.
χρόνου ἐγγενομένου: gen. abs.
2 ἐροῦμεν: 1p fut. of λέγω
3 αὐτοῖς: with them; dat. of compound verb
4 ἄγε: come now; an imperative which often
introduces a second imperative
5 τὸ...θρᾶττον: the thing troubling...; neuter
sg. pple
6 ἐν τῷ αὐτῷ: in the same (place)
7 ἐν τοῖς πρόσθεν: in the (discussion) before

**87**  ταὐτὸν ἔγκλημα ἔχειν. ὅτι μὲν γὰρ ἦν ἡμῶν ἡ ψυχὴ καὶ
πρὶν εἰς τόδε τὸ εἶδος ἐλθεῖν, οὐκ ἀνατίθεμαι μὴ οὐχὶ πάνυ
χαριέντως καί, εἰ μὴ ἐπαχθές ἐστιν εἰπεῖν, πάνυ ἱκανῶς
ἀποδεδεῖχθαι· ὡς δὲ καὶ ἀποθανόντων ἡμῶν ἔτι που ἔστιν,
5  οὔ μοι δοκεῖ τῇδε. ὡς μὲν οὐκ ἰσχυρότερον καὶ πολυ-
χρονιώτερον ψυχὴ σώματος, οὐ συγχωρῶ τῇ Σιμμίου ἀντι-
λήψει· δοκεῖ γάρ μοι πᾶσι τούτοις πάνυ πολὺ διαφέρειν. τί
οὖν, ἂν φαίη ὁ λόγος, ἔτι ἀπιστεῖς, ἐπειδὴ ὁρᾷς ἀποθανόντος
τοῦ ἀνθρώπου τό γε ἀσθενέστερον ἔτι ὄν; τὸ δὲ πολυ-
b  χρονιώτερον οὐ δοκεῖ σοι ἀναγκαῖον εἶναι ἔτι σῴζεσθαι ἐν
τούτῳ τῷ χρόνῳ; πρὸς δὴ τοῦτο τόδε ἐπίσκεψαι, εἴ τι λέγω·

---

ἀνα-τίθημι: take back; set up, dedicate, 1
ἀντί-ληψις, -εως, ἡ: objection, counter, 1
ἀ-πιστέω: to distrust, not believe (+ dat.), 8
ἀπο-δείκνυμι: to demonstrate, prove 11
ἀ-σθενής, -ές: without strength, weak, feeble 3
δια-φέρω: to carry over; differ, surpass, 8
ἔγκλημα, -ατος, το: charge, objection, 1
εἶδος, -εος, τό: form, shape, figure, 17

ἐπ-αχθής -ές: burdensome, ponderous, heavy 1
ἐπι-σκέπτομαι: to examine, inspect, 2
ἰσχυρός, -ά, -όν: strong, powerful; severe, 5
πολυ-χρόνιος, -α, -ον: long-existing, 6
συγ-χωρέω: agree, yield, come together, 13
σῴζω: to save, keep, preserve, 4
τῇδε: here; in this way, thus, 8
χαριέντως: gracefully, elegantly, 2

87a1 **ταὐτὸν**: *the same*; τὸ αὐτὸν
  **ὅτι...ἦν**: *that...existed*; impf. εἰμί
  **καὶ πρὶν**: *even before...*; + aor. inf. ἔρχομαι
2 **ἀνατίθεμαι**: i.e. I do not reject
3 **μὴ οὐχὶ**: *that...*; 'lest...,' οὐ μή + inf. may
  follow a negated verb expressing denial
  or prohibition (S 2745)
4 **ἀποδεδεῖχθαι**: pf. pass. inf.
  **ὡς δὲ...**: *but that...*; supply ἡ ψυχὴ as
  subject of ἔστιν
  **ἀποθανόντων ἡμῶν**: gen. abs., aor. pple
  ἀποθνήσκω
5 **τῇδε**: *in the following way*; 'in this here
  way', dat. of manner
  **ὡς μὲν...**: *that...*
6 **ψυχὴ**: supply linking ἐστίν
  **σώματος**: *than...*; gen. of comparison

7 **πᾶσι τούτοις**: *in all things*; dat. of respect
  **πολὺ**: *far*; or 'much' adverbial acc. (acc. of
  extent by degree)
  **διαφέρειν**: *that (the soul) surpasses*; i.e. is
  superior
  **τί**: *why....?*
8 **ἂν φαίη ὁ λόγος**: *(as) the argument might
  say*; parenthetical, potential opt. φημί
  **ἀποθανόντος τοῦ ἀνθρώπου**: gen. abs.
9 **τό γε ἀσθενέστερον**: *the weaker part in
  fact...*; i.e. the body
  **τὸ δὲ πολυχρονιώτερον**: *but...that the
  more long-lived part...*; i.e. the soul
b2 **ἐπίσκεψαι**: aor. imperative
  **τι λέγω**: *I am saying anything (important)*;
  i.e. not speaking nonsense

εἰκόνος γάρ τινος, ὡς ἔοικεν, κἀγὼ ὥσπερ Σιμμίας δέομαι.
ἐμοὶ γὰρ δοκεῖ ὁμοίως λέγεσθαι ταῦτα ὥσπερ ἄν τις περὶ
ἀνθρώπου ὑφάντου πρεσβύτου ἀποθανόντος λέγοι τοῦτον   5
τὸν λόγον, ὅτι οὐκ ἀπόλωλεν ὁ ἄνθρωπος ἀλλ' ἔστι που
σῶς, τεκμήριον δὲ παρέχοιτο θοἰμάτιον ὃ ἠμπείχετο αὐτὸς
ὑφηνάμενος ὅτι ἐστὶ σῶν καὶ οὐκ ἀπόλωλεν, καὶ εἴ τις
ἀπιστοίη αὐτῷ, ἀνερωτῴη πότερον πολυχρονιώτερόν ἐστι   c
τὸ γένος ἀνθρώπου ἢ ἱματίου ἐν χρείᾳ τε ὄντος καὶ φορου-
μένου, ἀποκριναμένου δή [τινος] ὅτι πολὺ τὸ τοῦ ἀνθρώπου,
οἴοιτο ἀποδεδεῖχθαι ὅτι παντὸς ἄρα μᾶλλον ὅ γε ἄνθρωπος
σῶς ἐστιν, ἐπειδὴ τό γε ὀλιγοχρονιώτερον οὐκ ἀπόλωλεν.   5
τὸ δ' οἶμαι, ὦ Σιμμία, οὐχ οὕτως ἔχει· σκόπει γὰρ καὶ σὺ

---

ἀμπ-έχω: to wrap around, to surround, 1
ἀν-ερωτάω: to ask about, inquire into, 1
ἀ-πιστέω: to distrust, not believe (+ dat.), 8
ἀπο-δείκνυμι: demonstrate, prove 11
ἀπο-κρίνομαι: to answer, reply. 13
γένος, -εος, τό: lineage, family, stock; race, 7
δέομαι: lack, need, want; ask for (+ gen.) 7
εἰκών, -όνος, ἡ: a likeness, image, statue, 3
ἱμάτιον, τό: a cloak or mantle, 7
ὀλιγο-χρόνιος, -ον: lasting a short time, 2

παρ-έχω: to provide, furnish, supply, 16
πολυ-χρόνιος, -α, -ον: long-existing, 6
πότερος, -α, -ον: (untranslated), whether, 19
πρεσβύτης, ὁ: old man, 1
σῶς, ὁ, ἡ: safe and sound, safe, sound, 6
τεκμήριον, τό: sign, indication, proof, 5
ὑφαίνω: to weave, 2
ὑφάντης, -ου, ὁ: weaver, 2
φορέω: bear, carry, 1
χρεία, ἡ: use, advantage, service; need, want 2

3 εἰκόνος τινος: *a certain imagery*; separation
   κἀγὼ: *I too*; καὶ ἐγὼ
4 ἄν τις...λέγοι: *one might say...*
   ἀποθανόντος: aor. pple ἀποθνῇσκω
6 ὅτι: *(namely) that...*
   ἀπόλωλεν: *did perish*; aor. ἀπόλλυμι
7 τεκμήριον: *as evidence*
   (ἄν) παρέχοιτο: *he might...*; supply ἄν,
   potential opt. parallel to ἄν λέγοι above
   θοἰμάτιον: τὸ ἱμάτιον
   ἠμπείχετο: impf. mid. ἀμπ-έχω
   αὐτὸς: *(the weaver) himself*
8 ὑφηνάμενος: aor. mid. pple
   ὅτι: *that...*; following τεκμήριον
   ἐστὶ σῶν: *that (the cloak) is*; proleptic use
   of ἱμάτιον; note that σῶν is neut. predicate
   modifying ἱμάτιον
   ἀπόλωλεν: aor. ἀπόλλυμι
c1 ἀπιστοίη: *should...*; 3s opt. ἀπιστέω
   in a fut. less vivid condition

(ἄν) ἀνερωτῴη: *one could...*; ἀνερωταοίη
   (~ἀνερωταοι) 3s pres. opt. α-contract verb
   parallel to ἄν λέγοι in b4-5
   πότερον...τὸ γένος ἀνθρώπου ἢ (τὸ
   γένος) ἱματίου: *which one...the class of a
   human being or the class of a cloak*
3 ἀποκριναμένου δή [τινος]: *with (one) then
   responding*; gen. abs.
   πολὺ (πολυχρονιώτερον) τὸ (γένος) τοῦ
   ἀνθρώπου: *far (more long-lived) is that of a
   human being*; adv. acc. (acc. of extent of
   degree); add words missing by ellipsis
4 οἴοιτο: *he would think*; parallel to ἄν λέγοι
   ἀποδεδεῖχθαι: *that it...*; pf. pass. inf.
   ὅτι: *that...*
   παντὸς...μᾶλλον: *more than everything*
   ὅ γε ἄνθρωπος: *the man at least*
5 τό γε ὀλιγοχρονιώτερον: i.e. the cloak
6 τὸ δ'...ἔχει: *but this is not so*; see p. 7
   σκόπει: *consider...*; σκοπέ-ε, sg. imperative

115

ἃ λέγω. πᾶς [γὰρ] ἂν ὑπολάβοι ὅτι εὔηθες λέγει ὁ τοῦτο
λέγων· ὁ γὰρ ὑφάντης οὗτος πολλὰ κατατρίψας τοιαῦτα
ἱμάτια καὶ ὑφηνάμενος ἐκείνων μὲν ὕστερος ἀπόλωλεν πολ-
d λῶν ὄντων, τοῦ δὲ τελευταίου οἶμαι πρότερος, καὶ οὐδέν τι
μᾶλλον τούτου ἕνεκα ἄνθρωπός ἐστιν ἱματίου φαυλότερον
οὐδ' ἀσθενέστερον. τὴν αὐτὴν δὲ ταύτην οἶμαι εἰκόνα
δέξαιτ' ἂν ψυχὴ πρὸς σῶμα, καί τις λέγων αὐτὰ ταῦτα περὶ
5 αὐτῶν μέτρι' ἄν μοι φαίνοιτο λέγειν, ὡς ἡ μὲν ψυχὴ
πολυχρόνιόν ἐστι, τὸ δὲ σῶμα ἀσθενέστερον καὶ ὀλιγο-
χρονιώτερον· ἀλλὰ γὰρ ἂν φαίη ἑκάστην τῶν ψυχῶν πολλὰ
σώματα κατατρίβειν, ἄλλως τε κἂν πολλὰ ἔτη βιῷ—εἰ γὰρ
ῥέοι τὸ σῶμα καὶ ἀπολλύοιτο ἔτι ζῶντος τοῦ ἀνθρώπου,

---

ἄλλως: otherwise, in another way, 14
ἀ-σθενής, -ές: without strength, weak, feeble 3
βιόω: to live, 4
‖ εἰκών, -όνος, ἡ: a likeness, image; statue, 3
ἕνεκα: for (the sake of), because of, (gen.) 13
| ἔτος, -εως, τό: a year, 2
| εὐ-ήθης, -ες: foolish, simple-natured, silly, 3
ἱμάτιον, τό: a cloak or mantle, 7
\ κατα-τρίβω: wear out, rub down, 4
| μέτριος, -α, -ον: moderate, in due measure, 7

ὀλιγο-χρόνιος, -ον: lasting a short time, 2
πολυ-χρόνιος, -α, -ον: long-existing, 6
| ῥέω: to flow, be in flux, run, stream, 10
[ τελευταῖος, -α, -ον: last, final, 5
ὑπο-λαμβάνω: to take up, reply; suppose, 8
ὕστερος, -α, -ον: later, last; adv. later 17
ὑφαίνω: to weave, 2
ὑφάντης, -ου, ὁ: weaver, 2
φαῦλος –η -ον: slight, paltry, cheap, trifling 9

---

7 πᾶς: *everyone*; i.e. anyone
ἂν ὑπολάβοι: potential opt.
εὔηθες: *a foolish thing*; neuter acc. sg.
8 πολλὰ...τοιαῦτα ἱμάτια: *many such cloaks*
ἐκείνων: *than...*; gen. of comparison
ἀπόλωλεν: *perished*; aor. ἀπόλλυμι
πολλῶν ὄντων: *although...*; participial
phrase is concessive
d1 τοῦ τελευταίου (ἱματίου): *than the last
(cloak)...*; gen. of comparison
οἶμαι: parenthetical, οἴομαι
οὐδέν τι μᾶλλον: *not at all more*; modifies
the comparative adj. that follows; οὐδέν τι
is acc. of extent by degree
2 ἱματίου: *than...*; gen. of comparison
3 τὴν αὐτὴν...εἰκόνα: *the same imagery*

4 δέξαιτο...σῶμα: *the soul in relation to the
body would accept*; potential aor. opt
4 αὐτὰ ταῦτα: *these very things*; intensive
5 ὡς...: *(namely) that...*
7 ἀλλὰ γὰρ: *but in fact*; 'and yet,' introduces
an objection (S 2819, GP 105)
ἂν φαίη: 3s potential opt.
8 ἄλλως τε κ(αὶ) ἂν...: *especially...*; 'both
otherwise and' a common idiom
ἂν...βιῷ: *one might live*; 3$^{r3s}$potential pres.
opt. o-contract verb,
πολλὰ ἔτη: *for...*; ἔτε-α, acc. of duration
9 ῥέοι...ἀπολλύοιτο: *is in flux...*; indicatives
assimilated into opt. by preceding optatives
ἔτι: belongs with the following gen. abs

ἀλλ' ἡ ψυχὴ ἀεὶ τὸ κατατριβόμενον ἀνυφαίνοι–ἀναγκαῖον   e
μεντἂν εἴη, ὁπότε ἀπολλύοιτο ἡ ψυχή, τὸ τελευταῖον ὕφασμα
τυχεῖν αὐτὴν ἔχουσαν καὶ τούτου μόνου προτέραν ἀπόλ-
λυσθαι, ἀπολομένης δὲ τῆς ψυχῆς τότ' ἤδη τὴν φύσιν τῆς
ἀσθενείας ἐπιδεικνύοι τὸ σῶμα καὶ ταχὺ σαπὲν διοίχοιτο.   5
ὥστε τούτῳ τῷ λόγῳ οὔπω ἄξιον πιστεύσαντα θαρρεῖν ὡς
ἐπειδὰν ἀποθάνωμεν ἔτι που ἡμῶν ἡ ψυχὴ ἔστιν. εἰ γὰρ   88
τις καὶ πλέον ἔτι τῷ λέγοντι ἢ ἃ σὺ λέγεις συγχωρήσειεν,
δοὺς αὐτῷ μὴ μόνον ἐν τῷ πρὶν καὶ γενέσθαι ἡμᾶς χρόνῳ
εἶναι ἡμῶν τὰς ψυχάς, ἀλλὰ μηδὲν κωλύειν καὶ ἐπειδὰν
ἀποθάνωμεν ἐνίων ἔτι εἶναι καὶ ἔσεσθαι καὶ πολλάκις γενή-   5
σεσθαι καὶ ἀποθανεῖσθαι αὖθις–οὕτω γὰρ αὐτὸ φύσει

---

ἀν-υφαίνω: to weave anew, weave again, 1
ἄξιος, -α, -ον: worthy of, deserving of, 15
ἀ-σθένεια, ἡ: weakness, feebleness, 4
αὖθις: back again, later, 9
δίδωμι: to give, offer, grant, provide, 15
δι-οίχομαι: be clean gone, be quite gone, 1
ἔνιοι, -αι, -α: some, 7
ἐπι-δείκνυμι: to indicate, point out, prove, 5
ἤδη: already, now, at this time, 16
θαρρέω: be confident or bold, take courage, 9
κατα-τρίβω: wear out, rub down, 4
κωλύω: to hinder or prevent, 5

ὁπότε: when, by what time, 6
οὔ-πω: not yet, 3
πιστεύω: to trust, believe in, rely on, 5
πλέων, -ον: more, greater, 17
πολλάκις: many times, often, frequently, 14
σάπω (σήπω): make rotten; corrupt, waste, 2
συγ-χωρέω: agree, yield, come together, 13
ταχύς, εῖα, ύ: quick, swift, hastily, 9
τελευταῖος, -α, -ον: last, final, 5
ὕφασμα, -ατος, τό: woven web, woven robe 1
φύσις, -εως, ἡ: nature, character; form, 11

---

e1 ἀλλά: *yet*; or 'rather' introducing the
    apodosis
    ἀνυφαίνοι... ἀπολλύοιτο: indicatives made
    opt. by assimilation to preceding optatives
    ἀναγκαῖον μεντ(οι) ἂν εἴη: *it would be...*;
    apodosis in the fut. less vivid condition
2 τὸ τελευταῖον ὕφασμα: acc. object
3 τυχεῖν αὐτὴν ἔχουσαν: *that it (the soul)
    happens to have...*; i.e. ψυχή, ind. disc.
    governed by ἀναγκαῖον ἂν εἴη
    τούτου μόνου: *than...*; i.e. the body, gen.
    of comparison with προτέραν
4 ἀπολομένης...ψυχῆς: gen. abs. ἄνθρωπος
    τὴν φύσιν...ἀσθενείας: i.e. natural weakness
5 ἐπιδεικνύοι...διοίχοιτο: indicatives made
    opt. by assimilation to preceding optatives
    σαπὲν: neuter sg. aor. pass. pple σάπω

    modifying τὸ σῶμα
6 τούτῳ τῷ λόγῳ: dat. of pple πιστεύω
    ἄξιον (ἐστίν): *it is not deserving (for us)*; +
    inf., impersonal constructon
    ὡς: *that...*
88a2 καὶ πλέον...συγχωρήσειεν: *one were to
    yield even more...*; + dat. ind. object; opt.
3 δοὺς: *granting...*; 'allowing' nom. sg. aor.
    pple. δίδωμι
    μὴ μόνον...ἀλλά: *not only...but*
    πρὶν καὶ γενέσθαι ἡμᾶς: *before we were
    born also*; modifying ἐν τῷ χρόνῳ
4 εἶναι: *that...existed*; governed by δοὺς
    μηδὲν κωλύειν: *that nothing prevents...*;
5 ἐνίων: *(that the souls) of some*;
    ἔσεσθαι...ἀποθανεῖσθαι: fut. infs., εἰμί
6 αὐτὸ φύσει: *that it by nature...*; i.e. soul

ἰσχυρὸν εἶναι, ὥστε πολλάκις γιγνομένην ψυχὴν ἀντέχειν
—δοὺς δὲ ταῦτα ἐκεῖνο μηκέτι συγχωροῖ, μὴ οὐ πονεῖν
αὐτὴν ἐν ταῖς πολλαῖς γενέσεσιν καὶ τελευτῶσάν γε ἔν
10 τινι τῶν θανάτων παντάπασιν ἀπόλλυσθαι, τοῦτον δὲ τὸν
b θάνατον καὶ ταύτην τὴν διάλυσιν τοῦ σώματος ἢ τῇ ψυχῇ
φέρει ὄλεθρον μηδένα φαίη εἰδέναι–ἀδύνατον γὰρ εἶναι
ὁτῳοῦν αἰσθέσθαι ἡμῶν–εἰ δὲ τοῦτο οὕτως ἔχει, οὐδενὶ
προσήκει θάνατον θαρροῦντι μὴ οὐκ ἀνοήτως θαρρεῖν, ὃς ἂν
5 μὴ ἔχῃ ἀποδεῖξαι ὅτι ἔστι ψυχὴ παντάπασιν ἀθάνατόν τε
καὶ ἀνώλεθρον· εἰ δὲ μή, ἀνάγκην εἶναι ἀεὶ τὸν μέλλοντα
ἀποθανεῖσθαι δεδιέναι ὑπὲρ τῆς αὐτοῦ ψυχῆς μὴ ἐν τῇ νῦν
τοῦ σώματος διαζεύξει παντάπασιν ἀπόληται.

---

ἀ-δύνατος, -ον: unable, incapable,
impossible, 6
αἰσθάνομαι: perceive, feel, learn, realize, 11
ἀ-νόητος, -ον: foolish, unintelligent, 5
ἀντ-έχω: to endure, hold out (against), 1
ἀν-ώλεθρος, -α, -ον: indestructible, 12
ἀπο-δείκνυμι: demonstrate, prove 11
γένεσις, -εως, ἡ: coming-to-be, birth, 16
δείδω: fear, dread, shrink from, feel awe, 11
δια-ζεύξις, -εως, ἡ: unyoking, separating, 1
διά-λυσις, ἡ: separating, breaking up, 1

δίδωμι: to give, offer, grant, provide, 15
θαρρέω: be confident, take courage; be bold 9
ἰσχυρός, -ά, -όν: strong, powerful; severe, 5
μέλλω: to be about to, intend to (fut. inf.) 19
μη-κέτι: no longer, no more, 1
ὄλεθρος, ὁ: death, ruin, destruction, 3
ὅστις-οῦν, ἥτισουν, ὅτι-οῦν: whosoever, 11
παντά-πασι: all in all, absolutely 15
πονέω: to labor, work; suffer, 1
προσ-ήκει: it belongs to, it is fitting, befits 15
συγ-χωρέω: agree, yield, come together, 13

7 ἰσχυρὸν...ὥστε: *(so) strong that...*; result
πολλάκις γιγνομένην...ἀντέχειν: *endure
being born many times*
8 δοὺς δὲ ταῦτα: *although granting...*;
concessive in sense; aor. pple. δίδωμι
ἐκεῖνο...συγχωροῖ: *one might no longer
concede that (point), namely that...*; the
opt. is parallel to εἰ γὰρ...συγχωρήειεν
above (88a1-2)
μὴ οὐχὶ: *that...*; 'lest' οὐ μή + inf. may
follow a negated verb expressing denial
or prohibition (S 2745)
πονεῖν αὐτήν: *that it suffer...*; 'it labor...'
9 τελευτῶσαν γε: *finally*; pple as adverb
10 ἔν τινι...θανάτων: *in one of its deaths*
τοῦτον δὲ...φαίη εἰδέναι: *but one might say
that no one knows this death and this*

*separation from the body which brings
destruction to the soul*
b3 ὁτῳοῦν: *for anyone whomsoever of us*;
dat. of interest
αἰσθέσθαι: aor. inf. αἰσθάνομαι
εἰ...ἔχει: *if... is*; ; + adv., see p. 7; this
conditional clause marks an end to the
conditional clause started in a1
οὐδενὶ προσήκει...θαρρεῖν: *it is fitting for
anyone being confident about death that
he is foolishly confident*; the negations are
best expressed positively
5 ὃς...μὴ ἔχῃ: *whoever is not able...*; οὐδενὶ is
the antecedent, 3s subj. in an indefinite
relative clause
7 δεδιέναι: pf. inf. δείδω
μὴ...ἀπόληται: *that...perish*; fearing clause

πάντες οὖν ἀκούσαντες εἰπόντων αὐτῶν ἀηδῶς διετέθη-   c
μεν, ὡς ὕστερον ἐλέγομεν πρὸς ἀλλήλους, ὅτι ὑπὸ τοῦ
ἔμπροσθεν λόγου σφόδρα πεπεισμένους ἡμᾶς πάλιν ἐδόκουν
ἀναταράξαι καὶ εἰς ἀπιστίαν καταβαλεῖν οὐ μόνον τοῖς
προειρημένοις λόγοις, ἀλλὰ καὶ εἰς τὰ ὕστερον μέλλοντα   5
ῥηθήσεσθαι, μὴ οὐδενὸς ἄξιοι εἶμεν κριταὶ ἢ καὶ τὰ πρά-
γματα αὐτὰ ἄπιστα ᾖ.

ΕΧ. νὴ τοὺς θεούς, ὦ Φαίδων, συγγνώμην γε ἔχω ὑμῖν.
καὶ γὰρ αὐτόν με νῦν ἀκούσαντά σου τοιοῦτόν τι λέγειν
πρὸς ἐμαυτὸν ἐπέρχεται· 'τίνι οὖν ἔτι πιστεύσομεν λόγῳ;   d
ὡς γὰρ σφόδρα πιθανὸς ὤν, ὃν ὁ Σωκράτης ἔλεγε λόγον,
νῦν εἰς ἀπιστίαν καταπέπτωκεν.' θαυμαστῶς γάρ μου ὁ

---

ἀ-ηδής, -ές: unpleasant, disagreeable
ἀ-πιστία, ἡ: disbelief, distrust, doubt, 6
ἄ-πιστος, -ον:, ὁ: not trustworthy, distrustful 2
ἀνα-ταράττω: to trouble, stir up again, 1
ἄξιος -α -ον: worthy of, deserving of (gen) 15
δια-τίθημι: arrange, dispose, 1
ἔμ-προσθεν: before, former; earlier, 7
ἐπ-έρχομαι: to come upon, approach, 8
θαυμαστός, -ή, -όν: wonderful, marvelous, 11
κατα-βάλλω: to strike down, cast down, 1
κατα-πίπτω: fall down, drop, 1

κριτής, ὁ: a judge, decider, 1   *κριταί*
μέλλω: to be about to, intend to (fut. inf.) 19
νή: by…(+ acc, invoking a god ), 14
πιθανός, -ή, -όν: persuasive, plausible, 3
πιστεύω: to trust, believe in, rely on (dat) 5
πρᾶγμα, -ατος τό: deed, act; matter, affair 18
προ-λέγω: to say or mention beforehand, 4
συγ-γνώμη, ἡ: forgiveness, sympathy, 1
σφόδρα: very much, exceedingly, 18
ὕστερος, -α, -ον: later, last; adv. later 17

---

c1 πάντες…διετέθημεν: *we all were disposed*;
+ adv.1p aor. pass. διατίθημι; Phaedo, as
narrator of the dialogue, now refers to his
own presence and reaction to the discussion
εἰπόντων αὐτῶν: *them*…; gen. of source,
object of ἀκούσαντες, and not a gen. abs.
2 ὅτι: *because*…
ὑπό: *by*…; gen. of cause
3 πεπεισμένους: pf. pass. pple πείθω
ἐδόκουν: *they seemed*…; 3p, i.e. Socrates,
Simmias, and Cebes, the main interlocutors
4 ἀναταράξαι, καταβαλεῖν: aor. inf.
οὐ μόνον…ἀλλὰ καί: *not only…but also*
τοῖς…λόγοις: dat. governed by ἀπιστίαν
5 προειρημένοις: pf. pass. pple προλέγω
εἰς τὰ…μέλλοντα: *to (things) about to*…;
governed by καταβαλεῖν and parallel to εἰς
ἀπιστίαν
6 ῥηθήσεσθαι: fut. pass. inf. λέγω (ἐρ)

μὴ…εἶμεν…ᾖ: *that we're…be…*; 'lest,' a
fearing clause in secondary sequence with
1p. pres. opt. εἰμί and 3s. pres. subj. εἰμί;
though opt. is more common, a subj. in
secondary sequence presents a fear vividly
(S 2226)
8 νὴ τοὺς θεούς: in exclamation
συγγνώμην γε ἔχω ὑμῖν: *I certainly have
sympathy for you all*
9 καὶ γάρ: *for in fact*…
αὐτόν με: *that I myself*…; subj. of λέγειν
σου: gen. of source, obj. of ἀκούσαντα
d1 πρὸς ἐμαυτὸν ἐπέρχεται: *it occurs to me
that*…; impersonal, governs an acc. + inf.
τίνι…λόγῳ: *what account*…?
2 ὡς…πιθανὸς ὤν: *how exceedingly
persuasive though it is, the account*; the
pple εἰμί is concessive, supply ὁ λόγος
3 καταπέπτωκεν: pf. καταπίπτω

119

λόγος οὗτος ἀντιλαμβάνεται καὶ νῦν καὶ ἀεί, τὸ ἁρμονίαν
5  τινὰ ἡμῶν εἶναι τὴν ψυχήν, καὶ ὥσπερ ὑπέμνησέν με ῥηθεὶς
ὅτι καὶ αὐτῷ μοι ταῦτα προυδέδοκτο. καὶ πάνυ δέομαι πάλιν
ὥσπερ ἐξ ἀρχῆς ἄλλου τινὸς λόγου ὅς με πείσει ὡς
τοῦ ἀποθανόντος οὐ συναποθνῄσκει ἡ ψυχή. λέγε οὖν πρὸς
Διὸς πῇ ὁ Σωκράτης μετῆλθε τὸν λόγον; καὶ πότερον
e  κἀκεῖνος, ὥσπερ ὑμᾶς φῄς, ἔνδηλός τι ἐγένετο ἀχθόμενος ἢ
οὔ, ἀλλὰ πρᾴως ἐβοήθει τῷ λόγῳ; [ἢ] καὶ ἱκανῶς ἐβοήθησεν
ἢ ἐνδεῶς; πάντα ἡμῖν δίελθε ὡς δύνασαι ἀκριβέστατα.

ΦΑΙΔ. καὶ μήν, ὦ Ἐχέκρατες, πολλάκις θαυμάσας
5  Σωκράτη οὐ πώποτε μᾶλλον ἠγάσθην ἢ τότε παραγενόμενος.
89  τὸ μὲν οὖν ἔχειν ὅτι λέγοι ἐκεῖνος ἴσως οὐδὲν ἄτοπον· ἀλλὰ

---

ἄγαμαι: to admire, wonder, marvel at, 1
ἀκριβής, -ές: exact, accurate, precise, 5
ἀντι-λαμβάνω: take hold of, captivate (+gen 1)
ἀρχή, ἡ: a beginning; rule, office, 8
ἄ-τοπος, -ον: strange, odd, extraordinary, 9
ἄχθομαι: to be burdened, grieved, pained, 1
βοηθέω: to come to help, rescue, aid (dat) 2
δέομαι: lack, need, want; ask for (+ gen.) 7
δι-έρχομαι: to go or pass through, 5
δύναμαι: to be able, can, be capable, 15
ἐν-δεῶς: defectively, insufficiently, 3
ἔν-δηλός, -όν: visible, manifest, clear, 1

Ζεύς, ὁ: Zeus, 6
θαυμάζω: to wonder, marvel, be amazed at, 7
μετ-έρχομαι: to go after, pursue, 2
μήν: truly, surely, certainly, 22
παρα-γίγνομαι: to come near, be present, 11
πῇ: in what way, how, 5
πολλάκις: many times, often, frequently, 14
πρᾷος, -ον: mild, gentle, soft, 3
προ-δοκέω: seem good (beforehand), 1
πώ-ποτε: ever yet, ever, 6
συν-αποθνῄσκω: to die together with, 1
ὑπο-μιμνῄσκω: to remind, mention, 3

4  ἀντιλαμβάνεται: with partitive gen μου
καὶ...καὶ: both...and
τὸ...εἶναι: namely that the soul...; articular
inf. is ind. discourse in apposition to λόγος
ὥσπερ: as it were
5  ῥηθεὶς: the account spoken (by you); nom.
sg. aor. pass. pple λέγω (ἐρ) Neuter
6  καὶ...ταῦτα: these things too; nom. subject
προυδέδοκτο: 3s plpf. mid.
7  ἄλλου τινὸς λόγου: gen. of separation,
obj. of δέομαι
πείσει: fut. πείθω
8  τοῦ ἀποθανόντος: of one...; aor. pple
ἀποθνῄσκω
πρὸς Διὸς: by Zeus!; πρός + gen. is another
common way of invoking the gods
9  πότερον: whether...
e1 κα(ι ἐ)κεῖνος: that one also; i.e. Socrates

ἔνδηλος: clearly; the adj. is often translated
as an adv.
τι: at all; inner acc. with ἀχθόμενος
2  ἀλλὰ: but instead, rather
ἐβοήθησεν: aor. active βοηθέω
3  δίελθε: go through; i.e. relate, aor. sg.
imperative διέρχομαι
ὡς...: as...; + 2s pres. δύναμαι
ἀκριβέστατα: superlative adv.
4  καὶ μήν: well certainly; in acceptance of an
invitation to speak (GP 356) but often used
in tragedy to open a new scene or introduce
a new character (S 2921)
5  ἠγάσθην: 1s aor. pass. dep. ἄγαμαι
μὲν οὖν: certainly in fact; in affirmation
τὸ...ἔχειν: that (he) knew...
ὅ τι λέγοι: what he was to say; deliberative
οὐδὲν ἄτοπον: (it is) nothing strange that...

ἔγωγε μάλιστα ἐθαύμασα αὐτοῦ πρῶτον μὲν τοῦτο, ὡς ἡδέως
καὶ εὐμενῶς καὶ ἀγαμένως τῶν νεανίσκων τὸν λόγον ἀπ-
εδέξατο, ἔπειτα ἡμῶν ὡς ὀξέως ᾔσθετο ὃ 'πεπόνθεμεν ὑπὸ
τῶν λόγων, ἔπειτα ὡς εὖ ἡμᾶς ἰάσατο καὶ ὥσπερ πεφευγότας     5
καὶ ἡττημένους ἀνεκαλέσατο καὶ προύτρεψεν πρὸς τὸ παρ-
έπεσθαί τε καὶ συσκοπεῖν τὸν λόγον.

ΕΧ. πῶς δή;

ΦΑΙΔ. ἐγὼ ἐρῶ. ἔτυχον γὰρ ἐν δεξιᾷ αὐτοῦ καθή-
μενος παρὰ τὴν κλίνην ἐπὶ χαμαιζήλου τινός, ὁ δὲ ἐπὶ πολὺ     b
ὑψηλοτέρου ἢ ἐγώ. καταψήσας οὖν μου τὴν κεφαλὴν καὶ
συμπιέσας τὰς ἐπὶ τῷ αὐχένι τρίχας—εἰώθει γάρ, ὁπότε
τύχοι, παίζειν μου εἰς τὰς τρίχας—Αὔριον δή, ἔφη, ἴσως, ὦ
Φαίδων, τὰς καλὰς ταύτας κόμας ἀποκερῇ.     5

---

ἀγαμένως: with respect, with admiration 1
αἰσθάνομαι: perceive, feel, learn, realize, 11
ἀνα-καλέω: to call back, rally, call up, 1
ἀπο-δέχομαι: to accept, receive, 9
ἀπο-κείρω: clip, cut off, 1
αὔριον. tomorrow, 2
αὐχήν, -ένος, ὁ: the neck, throat, 1
δεξιός, -ά, -όν: on the right hand or side, 1
εἴωθα: to be accustomed, 12
εὐ-μενής, -ές: well-disposed, favorable, 1
ἡδέως: sweetly, pleasantly, gladly, 6
ἡττάομαι: to be defeated, be inferior, 1
θαυμάζω: to wonder, marvel, be amazed at, 7
θρίξ, τριχός ἡ: hair, 2
ἰάομαι: to heal, cure, 1
ἴσως: perhaps, probably; equally, likely, 19

κάθ-ημαι: to sit, 4
κατα-ψάω: stroke with the hand, caress, 1
κεφαλή, ἡ: the head, 6
κλίνη, ἡ: couch, 2
κόμη, ἡ: hair, 1
νεανίσκος, ὁ: youth, 1
ὀξύς, -εῖα, -υ: sharp, keen, bitter, 1
ὁπότε: when, by what time, 6
παίζω: to play, jest, 1
παρ-έπομαι: follow alongside, accompany, 1
προ-τρέπω: urge on or forward, turn to, 1
συμ-πιέζω: to press or grasp together, 1
συ-σκοπέω: to contemplate together, 1
ὑψηλός, -ή, -όν: high, lofty, 1
φεύγω: to flee, escape; defend in court, 10
χαμαί-ζηλος -ον: low seat, stool, 1

2 αὐτοῦ...τοῦτο: this (aspect) of him;
partitive gen.
πρῶτον: adverbial acc.
ὡς: how...; modifies the next three adverbs
4 ὡς: how
ἡμῶν...ᾔσθετο ὃ (ἐ)πεπόνθεμεν...λόγων:
he sensed us what we had experienced by
his words; aor. mid. αἰσθάνομαι governs a
partitive gen. which is here used
proleptically as the acc. obj. and is more
suitably the subject of the plpf. πάσχω
5 ὡς εὖ: how well

ὥσπερ: (us) as if
πεφευτόγας: pf. acc. pple, φεύγω
9 ἐρῶ: fut. λέγω
ἔτυχον: 1s aor. + pple, see p. 20
b1 παρά: beside...
ὁ δὲ: and he; i.e. Socrates
ἐπὶ πολὺ ὑψηλοτέρου: on a much higher
(position); Socrates is on the couch
4 ὁπότε: whenever he happened; indefinite
temporal clause with opt. in secondary seq.
5 ἀποκερῇ: 2s fut. mid. ἀποκείρω

ἔοικεν, ἦν δ' ἐγώ, ὦ Σώκρατες.

οὔκ, ἄν γε ἐμοὶ πείθῃ.

ἀλλὰ τί; ἦν δ' ἐγώ.

τήμερον, ἔφη, κἀγὼ τὰς ἐμὰς καὶ σὺ ταύτας, ἐάνπερ γε
10 ἡμῖν ὁ λόγος τελευτήσῃ καὶ μὴ δυνώμεθα αὐτὸν ἀναβιώ-
c σασθαι. καὶ ἔγωγ' ἄν, εἰ σὺ εἴην καί με διαφεύγοι ὁ
λόγος, ἔνορκον ἂν ποιησαίμην ὥσπερ Ἀργεῖοι, μὴ πρότερον
κομήσειν, πρὶν ἂν νικήσω ἀναμαχόμενος τὸν Σιμμίου τε καὶ
Κέβητος λόγον.

5 ἀλλ', ἦν δ' ἐγώ, πρὸς δύο λέγεται οὐδ' ὁ Ἡρακλῆς οἷός
τε εἶναι.

ἀλλὰ καὶ ἐμέ, ἔφη, τὸν Ἰόλεων παρακάλει, ἕως ἔτι
φῶς ἐστιν.

---

ἀνα-βιώσκομαι: to bring back to life, 6
ἀνα-μάχομαι: to fight back against, 1
Ἀργεῖος, ὁ: Argive, citizen of Argos, 1
δια-φεύγω: to flee, get away from, escape, 2
δύναμαι: to be able, can, be capable, 15
ἐάν-περ: εἰ ἄν, if, if really (+ subj.), 3
ἐμός, -ή, -όν: my, mine, 7
ἔν-ορκος, -ον: under an oath, bound by oath 1

ἕως: until, as long as, 15
Ἡρακλέης, ὁ: Heracles, 3
Ἰόλεως, ὁ: Iolaus, 2
κομάω: wear long hair, plume oneself, 1
νικάω: to conquer, defeat, win, 1
παρα-καλέω: to summon, call to, 2
τήμερον: today, 2
φῶς (φάος), φάεος, τό: light, 1

6 ἔοικεν: *it's likely*
ἦν: 1s impf. ἠμί, see pg. 6
7 ἄν: *if...*; ἐὰν (ἐι ἄν)
πείθῃ: πείθε(σ)αι, 2s pres. mid.
8 ἀλλὰ τί: *well, what (then)*; GP 9
9 κἀγὼ τὰς ἐμας (κόμας) καὶ σὺ ταύτας
(κόμας): *I (will cut off)...and you (will cut off)...*; ellipsis, add verbs and obj. from b5
ἐάνπερ γε...: *if at any rate...*; + subj. (3s aor. τελευτάω and pres. δύναμαι)
in a future more vivid condition
c1 ἄν...ἄν ποιησαίμην: the duplication of ἄν often emphasizing the intervening words
εἰ...εἴην..διαφεύγοι...ἄν ποιησαίμην: *if should...should, I would...*; a future less

vivid condition (εἰ + opt., ἄν + opt.)
2 ἔνορκον...ποιησαίμην: *I would make an oath*; 'I would bring myself under an oath'
μή...κομήσειν: *not to.. ...*; μή + inf. is often used in oaths (S 2716)
3 ἄν νικήσω: *I conquer*; ἄν + 1s aor. subj. in an indefinite temporal clause
5 ἦν: 1s impf. ἠμί, see pg. 6
πρὸς δύο: *against two*; i.e. two enemies
οὐδὲ ὁ Ἡρακλῆς: *not even Heracles*
οἷος τε εἶναι: *to be capable*; 'to be the sort'
7 τὸ Ἰόλεων: *as Iolaus*; assistant to Heracles, who helped Heracles cauterize the Hydra's necks as he fended off a large crab
παρακάλει: παρακαλε-ε; sg. imperative

παρακαλῶ τοίνυν, ἔφην, οὐχ ὡς Ἡρακλῆς, ἀλλ᾽ ὡς
Ἰόλεως τὸν Ἡρακλῆ. 10

οὐδὲν διοίσει, ἔφη. ἀλλὰ πρῶτον εὐλαβηθῶμέν τι πάθος
μὴ πάθωμεν.

τὸ ποῖον; ἦν δ᾽ ἐγώ.

μὴ γενώμεθα, ἦ δ᾽ ὅς, μισόλογοι, ὥσπερ οἱ μισάνθρωποι d
γιγνόμενοι· ὡς οὐκ ἔστιν, ἔφη, ὅτι ἄν τις μεῖζον τούτου
κακὸν πάθοι ἢ λόγους μισήσας. γίγνεται δὲ ἐκ τοῦ αὐτοῦ
τρόπου μισολογία τε καὶ μισανθρωπία. ἥ τε γὰρ μισαν-
θρωπία ἐνδύεται ἐκ τοῦ σφόδρα τινὶ πιστεῦσαι ἄνευ τέχνης, 5
καὶ ἡγήσασθαι παντάπασί γε ἀληθῆ εἶναι καὶ ὑγιῆ καὶ
πιστὸν τὸν ἄνθρωπον, ἔπειτα ὀλίγον ὕστερον εὑρεῖν τοῦτον
πονηρόν τε καὶ ἄπιστον, καὶ αὖθις ἕτερον· καὶ ὅταν τοῦτο

---

ἄνευ: without, 9
ἄ-πιστος, -ον:, ὁ: not trustworthy, distrustful 2
αὖθις: back again, later, 9
δια-φέρω: to carry over; differ, surpass, 8
ἐν-δύομαι: to go into, enter, 2
εὐλαβέομαι: be cautious, be careful, beware, 5
εὑρίσκω: to find, discover, devise, invent, 8
Ἡρακλέης, ὁ: Heracles, 3
Ἰόλεως, ὁ: Iolaus, 2
μισ-ανθρωπία, ἡ: hatred of mankind, 2
μισ-άνθρωπος, -ον: hating mankind, 1
μισέω: to hate, 4
μισο-λογία, ἡ: hatred of argument, 1
μισό-λογος, -ον: hating argument, 1

ὀλίγος, -η, -ον: few, little, small, 15
πάθος -εος τό: experience incident passion 11
παντά-πασι: all in all, absolutely 15
παρα-καλέω: to summon, call to, 2
πιστεύω: to trust, believe in, rely on, 5
πιστός, -ή, -όν: trustworthy; credible 2
ποῖος, -α, -ον: what sort of? what kind of?, 9
πονηρός, -ά, -όν: bad, evil; painful, grievous 2
σφόδρα: very much, exceedingly, 18
τέχνη, ἡ: craft, art, 6
τρόπος, ὁ: a manner, way; turn, direction, 17
ὑγιής, -ές: sound, healthy, wholesome, 7
ὕστερος, -α, -ον: later, last; adv. later 17

9 τοίνυν: accepting an invitation ( GP 571)
  ἔφην: see p. 6
  ὡς: as
  ὡς Ἰόλεως (παρακαλεῖ) τὸν Ἡρακλῆ:
  as...; supply verb from above
11 οὐδὲν διοίσει: it will make no difference;
  inner acc., fut. διαφέρω
  πρῶτον: adverbial acc.
3 εὐλαβηθῶμεν: let us...; hortatory subj.
  aor. pass. deponent
12 μὴ πάθωμεν τι πάθος: that...; 'lest'
  fearing clause: μή + aor. subj. πάσχω
13 τὸ ποῖον: what?; the article is not unusual
  ἦν: I said; impf. ἠμί (see pg. 6)

d1 μὴ γενώμεθα: lest...; a fearing clause in
  response to μὴ πάθωμεν above
2 ὡς οὐκ ἔστιν...ὅτι: since it is not possible
  that...; impersonal ἔστι
  ἄν...πάθοι: could suffer; potential aor. opt.
3 μισήσας: nom. sg. aor. pple μισέω
  ἐκ τοῦ...τρόπου: from the same manner
5 ἐκ τοῦ...πιστεῦσαι: from trusting...;
  τινὶ: someone; dat. object
  ἡγήσασθαι: that (you) think that...
6 ὑγιέ-α: 3rd decl. acc. sg. with ἄνθρωπον
7 ὀλίγον: a little; adv. (acc. extent by degree)
  εὑρεῖν: to find (this one); with πιστεῦσαι
8 ἕτερον: i..e the same outcome with another

123

πολλάκις πάθῃ τις καὶ ὑπὸ τούτων μάλιστα οὓς ἂν ἡγήσαιτο

e οἰκειοτάτους τε καὶ ἑταιροτάτους, τελευτῶν δὴ θαμὰ προσ-
κρούων μισεῖ τε πάντας καὶ ἡγεῖται οὐδενὸς οὐδὲν ὑγιὲς
εἶναι τὸ παράπαν. ἢ οὐκ ᾔσθησαι σύ πω τοῦτο γιγνόμενον;
πάνυ γε, ἦν δ᾽ ἐγώ.

5 οὐκοῦν, ἦ δ᾽ ὅς, αἰσχρόν, καὶ δῆλον ὅτι ἄνευ τέχνης τῆς
περὶ τἀνθρώπεια ὁ τοιοῦτος χρῆσθαι ἐπεχείρει τοῖς ἀνθρώ-
ποις; εἰ γάρ που μετὰ τέχνης ἐχρῆτο, ὥσπερ ἔχει οὕτως
90 ἂν ἡγήσατο, τοὺς μὲν χρηστοὺς καὶ πονηροὺς σφόδρα
ὀλίγους εἶναι ἑκατέρους, τοὺς δὲ μεταξὺ πλείστους.
πῶς λέγεις; ἔφην ἐγώ.
ὥσπερ, ἦ δ᾽ ὅς, περὶ τῶν σφόδρα σμικρῶν καὶ μεγάλων·

---

αἰσθάνομαι: perceive, feel, learn, realize, 11
αἰσχρός -ά -όν: ugly, shameful, disgraceful 3
ἄνευ: without, 9
ἀνθρώπειος, -α, -ον: human, of a human, 3
δῆλος, -η, -ον: clear, evident, conspicuous, 14
ἑκάτερος, -α, -ον: each of two, either, 5
ἐπι-χειρέω: attempt, try, put one's hand on, 8
ἑταιροτάτος, ὁ: closest companion, 1
θαμά: often, 2
μεταξύ: between, betwixt, 6
μισέω: to hate, 4
οἰκεῖος, -α, -ον: one's own; *subst.* relatives, 4
ὀλίγος, -η, -ον: few, little, small, 15

παρά-παν: altogether, absolutely, 3
πλεῖστος, -η, -ον: most, greatest, 3
πολλάκις: many times, often, frequently, 14
πονηρός, -ά, -όν: bad, evil; painful, grievous 2
προσ-κρούω: to clash; knock against, 1
πω: yet, up to this time, 1
σμικρός, -ά, -όν: small, little, 19
σφόδρα: very much, exceedingly, 18
τέχνη, ἡ: craft, art, 6
ὑγιής, -ές: sound, healthy, wholesome, 7
χράομαι: to use, employ, engage, (+ dat.) 11
χρηστός, -ή, -όν: good, worthy, 1

3 ἄν...πάθῃ: 3s aor. subj. πάσχω in a
indefinite temporal clause
ὑπὸ τούτων: *because of these (men)*; gen.
of cause
μάλιστα: *especially*
ἂν ἡγήσαιτο: *he might consider (x) (y)*;
potential aor. opt. governs a double acc.
(object and predicate)
e1 τελευτῶν δή: *finally*; pple as adverb
2 οὐδενὸς οὐδέν: *that nothing of anyone is
altogether sound*
3 ᾔσθησαι: 2s pf. mid. αἰσθάνομαι
4 πάνυ γε: *quite so*
ἦν: 1s impf. ἠμί, see p. 6
5 οὐκοῦν...αἰσχρόν...δῆλον: *Then, (is it) not*

*disgraceful and clear that*; add linking verb
ἦ δ᾽ ὅς: see note on pg. 9
τῆς περὶ τ(ὰ) ἀνθρώπεια: *regarding
human nature*; prepositional phrase in the
attributive position modifying τέχνης
6 χρῆσθαι: *to engage with*; + dat.
7 εἰ...ἐχρῆτο,...ἂν ἡγήσατο: *if he were
engaging...he would have considered.*
mixed contrafactual condition (εἰ + impf.,
ἄν + aor. indicative)
ἔχει οὕτως: *is so*; see p. 7
90a1 τοὺς μέν...τοὺς δέ: *namely that...and
that...*; ind. disc. governed by ἡγήσατο
πλείστους: *(are) very many*; predicate
3 λέγεις: *do you mean*

οἴει τι σπανιώτερον εἶναι ἢ σφόδρα μέγαν ἢ σφόδρα σμικρὸν  5
ἐξευρεῖν ἄνθρωπον ἢ κύνα ἢ ἄλλο ὁτιοῦν; ἢ αὖ ταχὺν ἢ
βραδὺν ἢ αἰσχρὸν ἢ καλὸν ἢ λευκὸν ἢ μέλανα; ἢ οὐχὶ
ᾔσθησαι ὅτι πάντων τῶν τοιούτων τὰ μὲν ἄκρα τῶν ἐσχάτων
σπάνια καὶ ὀλίγα, τὰ δὲ μεταξὺ ἄφθονα καὶ πολλά;

πάνυ γε, ἦν δ' ἐγώ                                                10

οὐκοῦν οἴει, ἔφη, εἰ πονηρίας ἀγὼν προτεθείη, πάνυ ἂν  b
ὀλίγους καὶ ἐνταῦθα τοὺς πρώτους φανῆναι;

εἰκός γε, ἦν δ' ἐγώ.

εἰκὸς γάρ, ἔφη. ἀλλὰ ταύτῃ μὲν οὐχ ὅμοιοι οἱ λόγοι
τοῖς ἀνθρώποις, ἀλλὰ σοῦ νυνδὴ προάγοντος ἐγὼ ἐφεσπόμην,  5
ἀλλ' ἐκείνῃ, ᾗ, ἐπειδάν τις πιστεύσῃ λόγῳ τινὶ ἀληθεῖ

---

ἀγών, ἀγῶνος, ὁ: contest, 1
αἰσθάνομαι: perceive, feel, learn, realize, 11
αἰσχρός -ά -όν: ugly, shameful, disgraceful 3
ἄκρος, -η, -ον: topmost, peak; end, extreme, 3
ἄ-φθονος, ον: ungrudging; abundant, 1
βραδύς, -εῖα, -ύ: slow, 2
εἰκός, ότος, τό: likely, probable, reasonable 18
ἐνταῦθα: here, hither, there, thither, then, 5
ἐξ-ευρίσκω: to find out, discover, 3
ἔσχατος, -η, -ον: extreme, last, furthest, 5
ἐφ-έπομαι: to follow after, pursue after, 1
κύων, κυνός, ὁ: a dog, 2
λευκός, -ή, -όν: white, bright, brilliant, 3

μέλας, μέλαινα, μέλαν: black, dark, 1
μεταξύ: between, betwixt, 6
νυν-δὴ: just now, 15
ὀλίγος, -η, -ον: few, little, small, 15
ὅστισ-οῦν, ἥτισουν, ὅτι-οῦν: whosoever, 11
πιστεύω: to trust, believe in, rely on (dat) 5
πονηρία, ἡ: wickedness, vice, 1
προ-άγω: to lead the way, bring forth, 1
προ-τίθημι: to set forth, set out, propose, 2
σμικρός, -ά, -όν: small, little, 19
σπάνιος, -α, -ον: rare, scarce, 2
σφόδρα: very much, exceedingly, 18
ταχύς, εῖα, ύ: quick, swift, hastily, 9

5 οἴει: do you think...?; 2s pres. οἴομαι
   in a very lengthy question
   σπανιώτερον: i.e. more unusual
7 ἢ οὐχὶ ᾔσθησαι: or have you not perceived;
   2s pf. αἰσθάνομαι
8 τὸ ἄκρα...ἐσχάτων: the ends of the
   extremes (are)...; add a linking verb
10 τὰ δὲ μεταξὺ: but those inbetween
5 πάνυ γε: quite so, quite indeed; affirmative
   οἴει: see line 5
b1 εἰ...προτεθείη,...ἂν...φανῆναι: if...should be
   proposed, would appear; fut. less vivid,
   here with aor. pass. opt. and an aor. pass.
   inf. (ἂν aor. pass. inf is equiv. to aor. pass.
   opt. in direct speech)

   ἀγών: a noun, not pple
2 καὶ ἐνταῦθα: there also; i.e. in that case
3 γε: quite, indeed; for emphasis
4 εἰκὸς γάρ: (yes) for it is likely
   ταύτῃ: in this way; dat. of manner
   ὅμοιοι (εἰσί): predicate; add linking verb
5 σοῦ...προάγοντος: gen. abs.
   ἐφεσπόμην: 1s aor. mid. ἐφ-έπομαι
6 ἐκείνῃ, ᾗ: (I followed) in that way, in which
   (way one follows)...; dat. of manner,
   demonstrative and relative
   πιστεύσῃ...ἀληθεῖ εἶναι: believes some
   account to be true...; ἀληθεῖ is a dat. sg.
   predicate following εἶναι

εἶναι ἄνευ τῆς περὶ τοὺς λόγους τέχνης, κἄπειτα ὀλίγον
ὕστερον αὐτῷ δόξῃ ψευδὴς εἶναι, ἐνίοτε μὲν ὤν, ἐνίοτε δ'
c οὐκ ὤν, καὶ αὖθις ἕτερος καὶ ἕτερος·—καὶ μάλιστα δὴ οἱ
περὶ τοὺς ἀντιλογικοὺς λόγους διατρίψαντες οἶσθ' ὅτι τελευ-
τῶντες οἴονται σοφώτατοι γεγονέναι καὶ κατανενοηκέναι
μόνοι ὅτι οὔτε τῶν πραγμάτων οὐδενὸς οὐδὲν ὑγιὲς οὐδὲ
βέβαιον οὔτε τῶν λόγων, ἀλλὰ πάντα τὰ ὄντα ἀτεχνῶς ὥσπερ
5 ἐν Εὐρίπῳ ἄνω κάτω στρέφεται καὶ χρόνον οὐδένα ἐν
οὐδενὶ μένει.

πάνυ μὲν οὖν, ἔφην ἐγώ, ἀληθῆ λέγεις.

οὐκοῦν, ὦ Φαίδων, ἔφη, οἰκτρὸν ἂν εἴη τὸ πάθος, εἰ
ὄντος δή τινος ἀληθοῦς καὶ βεβαίου λόγου καὶ δυνατοῦ

---

ἄνευ: without, 9
ἀντι-λογικός -όν: contradictory, disputatous 2
ἄνω: up, above, 6
ἀ-τεχνῶς: simply, absolutely, really, 6
αὖθις: back again, later, 9
βέβαιος, -α, -ον: steadfast, steady, firm, 3
δια-τρίβω: to spend time, waste time, 5
δυνατός, -ή, -όν: capable, strong, possible, 8
ἐνί-οτε: sometimes, 7
Εὐρίπος, ὁ: Euripus (strait off Euboea) 1
κατα-νοέω: to understand, observe well, 2

κάτω: downwards, below, beneath, 6
οἰκτρός, -ή, -όν: pitable, pitiful, miserable, 2
πάθος -εος τό: experience incident passion 11
πρᾶγμα, -ατος τό: deed, act; matter, affair 18
σοφός, -ή, -όν: wise, skilled, 5
στρέφω: to turn (about), wheel around, 1
τέχνη, ἡ: craft, art, 6
ὑγιής, -ές: sound, healthy, wholesome, 7
ὕστερος, -α, -ον: later, last; *adv.* later 17
ψευδής, -ές: false, lying, 1

---

7 κἄπειτα...δόξῃ: καὶ ἔπειτα...; 3s aor. subj.
  δοκέω parallel to πιστεύσῃ
  ὀλίγον: *a little*; adv. acc. (acc. of extent by
  degree)
8 αὐτῷ: *to him*; dat. of reference, refers to
  the τις in line 6
  ἐνίοτε μὲν...ἐνίοτε δ': *sometimes...at other
  times*
  ὤν (ψευδὴς): *being (false)*; pple εἰμί, add
  the same missing predicate to both pples
9 ἕτερος καὶ ἕτερος: *the next one and the next
  one*; i.e. the same is true again and again
c1 οἶσθ(α) ὅτι: *you know (that)*; 2s οἶδα, the
  clause is almost parenthetical here
  τελευτῶντες: *in the end*; or 'finally' the
  pple is often translated as an adv.
2 γεγονέναι: pf. inf. γίγνομαι
  κατανενοηκέναι: pf. inf.

3 οὔτε...οὐδενὸς οὐδὲν (ἐστί)...λόγων: *that
  nothing of anything is sound and steadfast-
  neither among the state of affairs nor
  among the arguments*; supply a linking
  verb, οὐδὲν is neuter subject; πραγμάτων
  and λόγων are partitive gen. with οὐδενὸς;
  πραγμάτων refer to τὰ ὄντα 'the things
  which are' in the next line
4 τὰ ὄντα: *the things which are*
5 ἐν Εὐρίπῳ: i.e. the tide in the Euripus
  χρόνον οὐδένα: *for...*; acc. duration
  οὐδενὶ: i.e. place, dat. of place where
7 πάνυ μὲν οὖν: *quite certainly indeed*; μὲν
  οὖν is a strong assent
8 ἂν εἴη: *would be*; potential opt. εἰμί
9 ὄντος...δυνατοῦ: *while an argument is...*;
  gen. abs. εἰμί

κατανοῆσαι, ἔπειτα διὰ τὸ παραγίγνεσθαι τοιούτοις τισὶ   d
λόγοις, τοῖς αὐτοῖς τοτὲ μὲν δοκοῦσιν ἀληθέσιν εἶναι, τοτὲ
δὲ μή, μὴ ἑαυτόν τις αἰτιῶτο μηδὲ τὴν ἑαυτοῦ ἀτεχνίαν,
ἀλλὰ τελευτῶν διὰ τὸ ἀλγεῖν ἄσμενος ἐπὶ τοὺς λόγους ἀφ'
ἑαυτοῦ τὴν αἰτίαν ἀπώσαιτο καὶ ἤδη τὸν λοιπὸν βίον μισῶν   5
τε καὶ λοιδορῶν τοὺς λόγους διατελοῖ, τῶν δὲ ὄντων τῆς
ἀληθείας τε καὶ ἐπιστήμης στερηθείη.

νὴ τὸν Δία, ἦν δ' ἐγώ, οἰκτρὸν δῆτα.

πρῶτον μὲν τοίνυν, ἔφη, τοῦτο εὐλαβηθῶμεν, καὶ μὴ
παρίωμεν εἰς τὴν ψυχὴν ὡς τῶν λόγων κινδυνεύει οὐδὲν   e
ὑγιὲς εἶναι, ἀλλὰ πολὺ μᾶλλον ὅτι ἡμεῖς οὔπω ὑγιῶς ἔχομεν,
ἀλλὰ ἀνδριστέον καὶ προθυμητέον ὑγιῶς ἔχειν, σοὶ μὲν οὖν

---

αἰτιάομαι: accuse, charge; blame, 4
ἀλγέω: to feel pain, suffer, grief, 1
ἀνδριστεός, -ον: one must play the man, 1
ἀπ-ωθέω: to push away, repel, reject, 1
ἄσμενος, -η, -ον: well-pleased, glad, 4
ἀ-τεχνία, ἡ: lack of skill, lack of art, 1
δῆτα: certainly, to be sure, of course, 5
δια-τελέω: continue, live; accomplish, 1
εὐλαβέομαι: be cautious, be careful, beware, 5
Ζεύς, ὁ: Zeus, 11
κατα-νοέω: to understand, observe well, 2
κινδυνεύω: to risk, venture; it is likely, 7

λοιδορέω: to abuse, rail against, revile, 1
λοιπός, -ή, -όν: remaining, the rest, 3
μισέω: to hate, 4
νή: by...(+ acc, invoking a god ), 14
οἰκτρός, -ή, -όν: pitable, pitiful, miserable, 2
οὔ-πω: not yet, 3
παρ-ίημι: to admit; let pass, let in, 1
παρα-γίγνομαι: to come near, be present, 11
προθυμητεός, -ον: one must be eager, 1
στερέω: to deprive from, rob, defraud, 5
τοτέ: sometimes, at some time, 4
ὑγιής, -ές: sound, healthy, wholesome, 7

d1 κατανοῆσαι: *capable to understand*; i.e.
'capable to be understood' aor. inf. as an
epexegetic (explanatory) inf. with the adj.
δυνατοῦ; English would prefer a pass. inf.
διὰ...παραγίγνεσθαι: *on account of (his)*
*meeting with*; the missing subj. is a person
τοιούτοις...λόγοις: dat. of compound verb
2 τοῖς αὐτοῖς: *the same (arguments)*...; in
apposition to λόγοις
τοτὲ μὲν...τοτὲ δὲ: *at one time...at another*
δοκοῦσιν: dat. pl. pres. pple
3 μή...αἰτιῶτο: *(if) one should not...*; the opt.
(αἰτιάοιτο) is the main verb of the protasis
starting with εἰ in c8; a pres. mid. optative
in a fut. less vivid condition
4 τελευτῶν: *finally*; pple as adv.
ἄσμενος: *gladly*; an adj. in the nom. can
often be translated as an adverb

ἐπὶ: *onto...*
5 ἀπώσαιτο: *should...*; aor. opt. ἀπ-ωθέω
parallel to αἰτιῷτο
τὸν λοιπὸν βίον: *for...*; acc. of duration
3 διατελοῖ: *should...*; opt. in same protasis
6 τῶν ὄντων: *of the things which are*
τῆς ἀληθείας...ἐπιστήμης: *from...*; gen. of
separation
7 στερηθείη: *(that one) should be...*; 3s aor
pass. opt. in still the same protasis from c8
8 τὸν Δία: *Zeus*; acc. sg.
e1 εὐλαβηθῶμεν...μὴ παρίωμεν: *let us...and*
*let us not...*; hortatory subj., aor. pass. dep.
and pres. subj. παρ-ίημι
ὡς...ὅτι: *that...that...*; object of παρίωμεν
2 ἔχομεν: *we are...*; + adv., see p. 7
3 ἀνδριστέον...: *one must be a man and be*
*eager*; impers. verbal adj. for obligation

καὶ τοῖς ἄλλοις καὶ τοῦ ἔπειτα βίου παντὸς ἔνεκα, ἐμοὶ δὲ

**91** αὐτοῦ ἔνεκα τοῦ θανάτου, ὡς κινδυνεύω ἔγωγε ἐν τῷ παρόντι
περὶ αὐτοῦ τούτου οὐ φιλοσόφως ἔχειν ἀλλ᾽ ὥσπερ οἱ πάνυ
ἀπαίδευτοι φιλονίκως. καὶ γὰρ ἐκεῖνοι ὅταν περί του ἀμ-
φισβητῶσιν, ὅπῃ μὲν ἔχει περὶ ὧν ἂν ὁ λόγος ᾖ οὐ φροντί-
5 ζουσιν, ὅπως δὲ ἃ αὐτοὶ ἔθεντο ταῦτα δόξει τοῖς παροῦσιν,
τοῦτο προθυμοῦνται. καὶ ἐγώ μοι δοκῶ ἐν τῷ παρόντι
τοσοῦτον μόνον ἐκείνων διοίσειν· οὐ γὰρ ὅπως τοῖς παροῦσιν
ἃ ἐγὼ λέγω δόξει ἀληθῆ εἶναι προθυμήσομαι, εἰ μὴ εἴη
πάρεργον, ἀλλ᾽ ὅπως αὐτῷ ἐμοὶ ὅτι μάλιστα δόξει οὕτως

**b** ἔχειν. λογίζομαι γάρ, ὦ φίλε ἑταῖρε—θέασαι ὡς πλεο-
νεκτικῶς—εἰ μὲν τυγχάνει ἀληθῆ ὄντα ἃ λέγω, καλῶς δὴ

---

ἀμφισ-βητέω: stand apart, disagree, dispute, 1
ἀ-παίδευτος, -ον: uneducated, crude, 1
δια-φέρω: to differ, surpass; carry over; 8
ἔνεκα: for (the sake of), because of, (gen.) 13
ἑταῖρος, ὁ: a comrade, companion, mate, 11
θεάομαι: to see, watch, look at; consider, 3
καλῶς: well; beautifully, 11
κινδυνεύω: to risk, venture; it is likely, 7
λογίζομαι: to reason, calculate, count, 9
ὅπῃ: where; in what way, how, 11

ὅπως: how, in what way; in order that, that 10
πάρ-εργον, τό: secondary or indirect matter 1
πλεονεκτικός, -ή, -όν: greedy, grasping, 1
προ-θυμέομαι: be eager for, zealous for, 12
τίθημι: to set, put, place, arrange, 10
τοσοῦτος, -αύτη, -οῦτο: so great, so many, 3
φιλο-νίκος, -ον: fond of victory, ambition, 1
φίλος -η -ον: dear, friendly; *noun* friend, kin 8
φιλό-σοφος, ὁ, ἡ: pursuer of wisdom, 18
φροντίζω: to think, worry, give heed to, 3

4 τοῦ ἔπειτα βίου: *future life*; 'life hereafter'
91a1 αὐτοῦ ἔνεκα...θανάτου: *for the sake of my death itself*
ὡς: *since*
κινδυνεύω: as often, this verb governs an inf. an may be translated as 'run to risk to...' or 'is likely to'
παρόντι: *present (moment)*; pple πάρειμι
2 φιλοσόφως ἔχειν: *to be philosophic, to be disposed philosophically,*; see p. 7
3 φιλονίκως (ἔχειν): parallel to line 2 above
καὶ γὰρ: *for in fact*
του: *something*; alternative to gen. τινος
ἀμφισβητῶσιν: 3p pres. subj. in an indefinite temporal clause
4 ὅπῃ...ἔχει περὶ...λόγος ᾖ: this is the object of φροντίζουσι; ὅπῃ...ἔχει, 'how it is...,' refers to whether the λόγος is true or false; ᾖ is 3s subj. εἰμί in an indefinite relative

clause beginning with περὶ ὧν
5 ὅπως....δόξει: *but that...will seem*; in apposition to τοῦτο in l. 6
ἃ...ἔθεντο: *which they themselves proposed* aor. mid. τίθημι (θε), the antecedent is ταῦτα, the neuter pl. subject of δόξει
τοῖς παροῦσιν: dat. pl. pple πάρειμι
7 τοσοῦτον μόνον: *only so much*; inner acc. + adverbial acc.
ἐκείνων: *from those*; i.e. οἱ ἀπαίδευτοι, gen. of comparison with διαφέρω (S 1401)
διοίσειν: fut. διαφέρω
ὅπως...δόξει: see line 5 above
8 (ταῦτα) ἃ..λέγω: *these things which...*; add antecedent ταῦτα as subject of δόξει
εἰ μὴ...πάρεργον: *except it is...*
9 ὅτι μάλιστα: *as much as possible*
(ἃ...λέγω) δόξει: *(what I say) will seem*
b1 θέασαι ὡς: *watch how...!*; aor. imperative

ἔχει τὸ πεισθῆναι· εἰ δὲ μηδέν ἐστι τελευτήσαντι, ἀλλ' οὖν
τοῦτόν γε τὸν χρόνον αὐτὸν τὸν πρὸ τοῦ θανάτου ἧττον τοῖς
παροῦσιν ἀηδὴς ἔσομαι ὀδυρόμενος, ἡ δὲ ἄνοιά μοι αὕτη οὐ 5
συνδιατελεῖ—κακὸν γὰρ ἂν ἦν—ἀλλ' ὀλίγον ὕστερον ἀπο-
λεῖται. παρεσκευασμένος δή, ἔφη, ὦ Σιμμία τε καὶ Κέβης,
οὑτωσὶ ἔρχομαι ἐπὶ τὸν λόγον· ὑμεῖς μέντοι, ἂν ἐμοὶ πεί-
θησθε, σμικρὸν φροντίσαντες Σωκράτους, τῆς δὲ ἀληθείας c
πολὺ μᾶλλον, ἐὰν μέν τι ὑμῖν δοκῶ ἀληθὲς λέγειν, συνομο-
λογήσατε, εἰ δὲ μή, παντὶ λόγῳ ἀντιτείνετε, εὐλαβούμενοι
ὅπως μὴ ἐγὼ ὑπὸ προθυμίας ἅμα ἐμαυτόν τε καὶ ὑμᾶς ἐξα-
πατήσας, ὥσπερ μέλιττα τὸ κέντρον ἐγκαταλιπὼν οἰχήσομαι. 5
    ἀλλ' ἰτέον, ἔφη. πρῶτόν με ὑπομνήσατε ἃ ἐλέγετε, ἐὰν
μὴ φαίνωμαι μεμνημένος. Σιμμίας μὲν γάρ, ὡς ἐγᾦμαι,

---

ἀ-ηδής, -ές: unpleasant, disagreeable
ἄ-νοια, ἡ: folly, lack of understanding, 3
ἀντι-τείνω: to resist, strive against (dat) 2
ἐγ-καταλείπω: to leave behind, leave out, 1
ἐξ-απατάω: to deceive, beguile, 4
εὐλαβέομαι: be cautious, be careful, beware, 5
ἥττων, -ον: less, weaker, inferior, 16
ἰτέος, -ον: one must go (ἔρχομαι), 2
κέντρον, τό: sting; spur, goad, 1
μέλιττα, ἡ: bee, 2
μιμνήσκω: to remind, recall, recollect, 6
ὀδύρομαι: to lament, bewail, mourn, 1

οἴχομαι: to go, go off, depart, 14
ὀλίγος, -η, -ον: few, little, small, 15
ὅπως: how, in what way; in order that, that 10
οὑτωσί: in this way, thus, so, 2
παρα-σκευάζω· to get ready, prepare, 8
προ-θυμία, ἡ: eagerness, zeal, enthusiasm, 1
σμικρός, -ά, -όν: small, little, 19
συν-διατελέω: to continue, last (to the end) 1
συν-ομολογέω: to agree with, say the same, 4
ὑπο-μιμνήσκω: to remind, mention, 3
ὕστερος, -α, -ον: later, last; adv. later 17
φροντίζω: think, worry, give heed to, (gen) 3

3 καλῶς δὴ ἔχει: see p. 7
  τὸ πεισθῆναι: articular inf. as subject; aor.
  pass. inf. πείθω
  τελευτήσαντι: (for me) after dying; aor.
  pple; i.e. no afterlife
  ἀλλ(ὰ) οὖν...γε: well, at any rate; γε
  emphasizes the preceding (GP 444, S 2957)
4 τοῦτόν...τοῦ θανάτου: during, at least,...;
  acc. of duration
  ἧττον: less; comparative adv. with ἀηδὴς
  τοῖς παροῦσιν: to those...; pple πάρειμι
5 ἔσομαι: 1s fut. deponent εἰμί
  ὀδυρόμενος: by...; pple is causal in sense
  ἄνοια....αὕτη: i.e. the belief in an afterlife
  μοι: of mine; dat. of possession
6 συνδιατελεῖ: fut. tense

ἂν ἦν: it would be...; ἄν + impf. is present
(unrealized) potential
ὀλίγον: a little; adv. (acc. extent by degree)
ἀπολεῖται: fut. ἀπόλλυμι
9 οὑτωσί: in this here way; deictic ἱ ending
intensifies the demonstrative
ἔρχομαι ἐπί...: I come to...; i.e. approach...
ἂν: if...; (ἐ)ὰν + 2p pres. subj. πείθω
c1 σμικρὸν: little; inner acc.
Σωκράτους: Σωκράτε-ος, obj. of pple
τῆς δὲ ἀληθείας...μᾶλλον (φροντίσαντες):
but...; add pple, parallel to previous phrase
2 συνομολογήσατε, ἀντιτείνετε: imperatives
4 ὅπως μή: that...not; effort cl.+ fut (S 2231)
6 ἰτέον: (we) must go on; impers. verbal adj.
7 φαίνωμαι: appear to have...; + pf. pple.

ἀπιστεῖ τε καὶ φοβεῖται μὴ ἡ ψυχὴ ὅμως καὶ θειότερον καὶ

d κάλλιον ὂν τοῦ σώματος προαπολλύηται ἐν ἁρμονίας εἴδει

οὖσα· Κέβης δέ μοι ἔδοξε τοῦτο μὲν ἐμοὶ συγχωρεῖν,

πολυχρονιώτερόν γε εἶναι ψυχὴν σώματος, ἀλλὰ τόδε

ἄδηλον παντί, μὴ πολλὰ δὴ σώματα καὶ πολλάκις κατα-

5 τρίψασα ἡ ψυχὴ τὸ τελευταῖον σῶμα καταλιποῦσα νῦν

αὐτὴ ἀπολλύηται, καὶ ᾖ αὐτὸ τοῦτο θάνατος, ψυχῆς ὄλε-

θρος, ἐπεὶ σῶμά γε ἀεὶ ἀπολλύμενον οὐδὲν παύεται. ἆρα

ἄλλ᾽ ἢ ταῦτ᾽ ἐστίν, ὦ Σιμμία τε καὶ Κέβης, ἃ δεῖ ἡμᾶς

ἐπισκοπεῖσθαι;

e συνωμολογείτην δὴ ταῦτ᾽ εἶναι ἄμφω.

πότερον οὖν, ἔφη, πάντας τοὺς ἔμπροσθε λόγους οὐκ

ἀποδέχεσθε, ἢ τοὺς μέν, τοὺς δ᾽ οὔ;

---

ἄ-δηλος, -ον: unclear, unknown, obscure, 1
ἄμφω: both (dual), 1
ἀ-πιστέω: to distrust, not believe (+ dat.), 8
ἀπο-δέχομαι: to accept, receive, 9
εἶδος, -εος, τό: form, shape, figure, 17
ἔμ-προσθεν: before, former; earlier, 7
ἐπι-σκοπέω: to examine, inspect, 3
θεῖος, -α, -ον: divine, sent by the gods, 15
καλλίων, -ον: more noble or beautiful, 7
κατα-λείπω: to leave behind, abandon, 1
κατα-τρίβω: wear out, rub down, 4

ὄλεθρος, ὁ: death, ruin, destruction, 3
ὅμως: nevertheless, however, yet, 13
παύω: to stop, make cease, 6
πολλάκις: many times, often, frequently, 14
πολυ-χρόνιος, -α, -ον: long-existing, 6
πότερος, -α, -ον: (untranslated), whether, 19
προ-απόλλυμαι: to perish beforehand, 1
συγ-χωρέω: agree, yield, come together, 13
συν-ομολογέω: to agree with, say the same, 4
τελευταῖος, -α, -ον: last, final, 5
φοβέω: to terrify, frighten; *mid.* fear, 15

7 ὡς ἔγωμαι: *as…*; ἐγὼ οἶμαι; or οἴομαι
8 μή...προαπολλύηται.: *that…*; 'lest,'
   fearing clause (μή + subj.)
   ὅμως...ὂν: *although…*; neuter sg. pple εἰμί
   is concessive in sense, modifies fem. ψυχή
d1 τοῦ σώματος: *than…*; gen. of comparison
   ἐν ἁρμονίας εἴδει οὖσα: *since…*; pple is
   causal in sense, dat. sg. εἶδος
2 ἐμοί: *with me*; dat. of compound
3 πολυχρονιώτερον...: *(namely) that…*; in
   apposition to τοῦτο, obj. of συγχωρεῖν
   σώματος: *than…*; gen. of comparison
4 τόδε ἄδηλον παντί (εἶναι): *(he says that)
   this (is) unclear to everyone*
   μὴ...ἀπολλύηται: *that…*; 'lest,' μή + subj.
   in a fearing clause following ἄδηλον
5 τὸ τελευταῖον: *finally*; adv. acc.

καταλιποῦσα: aor. pple καταλείπω
6 αὐτή: *itself*; intensive ἡ ψυχή
   ᾖ: *is*; 3s pres. subj. in same clause, αὐτὸ
   τοῦτο is subject, and θάνατος is predicate
   ψυχῆς ὄλεθρος: in apposition
7 ἐπεί: *since…*; causal in sense
   οὐδέν: *not at all*; inner acc.
   παύεται: *cease* + complementary pple
8 ἄλλ(ο) ἢ ταῦτ(α) ἐστίν: *are these the
   things…?*; 'is it other than these things…?'
   ἄλλο τι ἢ often introduces a direct
   question and may be left untranslated
   ἅ: *which…*; ταῦτα is the antecedent
e1 συνωμολογείτην: 3rd pl. dual impf.
   ἄμφω: *both*; dual nom. subj.
2 πότερον....ἤ: *then do you…accept…or…?*
3 τοὺς μέν, τοὺς δ᾽οὔ: *some…not others*

τοὺς μέν, ἐφάτην, τοὺς δ' οὔ.

τί οὖν, ἦ δ' ὅς, περὶ ἐκείνου τοῦ λόγου λέγετε ἐν ᾧ 5
ἔφαμεν τὴν μάθησιν ἀνάμνησιν εἶναι, καὶ τούτου οὕτως
ἔχοντος ἀναγκαίως ἔχειν ἄλλοθι πρότερον ἡμῶν εἶναι τὴν
ψυχήν, πρὶν ἐν τῷ σώματι ἐνδεθῆναι; 92

ἐγὼ μέν, ἔφη ὁ Κέβης, καὶ τότε θαυμαστῶς ὡς ἐπείσθην
ὑπ' αὐτοῦ καὶ νῦν ἐμμένω ὡς οὐδενὶ λόγῳ.

καὶ μήν, ἔφη ὁ Σιμμίας, καὶ αὐτὸς οὕτως ἔχω, καὶ πάνυ
ἂν θαυμάζοιμι εἴ μοι περί γε τούτου ἄλλο ποτέ τι δόξειεν. 5

καὶ ὁ Σωκράτης, ἀλλὰ ἀνάγκη σοι, ἔφη, ὦ ξένε Θηβαῖε,
ἄλλα δόξαι, ἐάνπερ μείνῃ ἥδε ἡ οἴησις, τὸ ἁρμονίαν μὲν εἶναι
σύνθετον πρᾶγμα, ψυχὴν δὲ ἁρμονίαν τινὰ ἐκ τῶν κατὰ τὸ

---

ἄλλο-θι: in another place, elsewhere, 7
ἀνά-μνησις, -εως, ἡ: recollection, recall, 11
δόξα, ἡ: opinion, reputation, honor, glory, 7
ἐμ-μένω: to abide in, remain, 1
ἐν-δέω: to bind, bind in, imprison, 3
θαυμάζω: to wonder, marvel, be amazed at, 7
θαυμαστός, -ή, -όν: wonderful, marvelous, 11

Θηβαῖος, -η, -ον: Theban, 2
μάθησις, -εως, ἡ: learning, instruction, 6
μένω: to stay, remain, 8
ξένος, ὁ: guest-friend, friend, stranger, 3
οἴησις, -εως, ἡ: opinion, notion, 1
πρᾶγμα, -ατος τό: thing, act; matter, affair 18
σύν-θετος, -ον: put together, composite, 4

---

4 τοὺς μέν, τοὺς δ' οὔ: interlocutors often
repeat the question (l. 3) to express assent
ἐφάτην: 3rd pers. dual impf. φημί
5 ἦ δ' ὅς: see note on p. 9
6 τούτου...ἔχοντος: gen. abs.; see p. 7
7 ἀναγκαίως ἔχειν: that it is necessary that;
'that it is disposed necessarily'
ἡμῶν: possessive with acc. subj. ψυχήν
92a1 ἐνδεθῆναι: aor. pass. inf. ἐνδέω, πρίν
often governs an inf.
2 καὶ...καί: both...and
θαυμαστῶς ὡς: how marvelously...; once,
'it is marvelous how...' the neut. predicate
θαυμαστόν has assimilated to the adv. ὡς
ἐπείσθην: 1s aor. pass. πείθω
3 ὡς οὐδενὶ λόγῳ: as...; dat. of compound
verb

4 καὶ μήν: well certainly; in acceptance of an
invitation to speak (GP 356) but often used
in tragedy to open a new scene or introduce
a new character (S 2921)
5 ἂν θαυμάζοιμι εἴ...δόξειεν: I would..., if...
should seem good; fut. less vivid condition
(εἰ opt., ἄν + opt.), pres. and aor. opt.
περί γε τούτου: concerning this, at least
6 ἀνάγκη: (it is) necessary
7 δόξαι: aor. inf. δοκέω
μείνῃ: 3s aor. μένω
τὸ...εἶναι: (namely) that...; in apposition to
οἴησις, articular inf.
8 ἁρμονίαν τινὰ: in apposition to ψυχήν, the
acc. subject of συγκεῖσθαι
κατὰ τὸ σῶμα: in the body

σῶμα ἐντεταμένων συγκεῖσθαι· οὐ γάρ που ἀποδέξῃ γε
b σαυτοῦ λέγοντος ὡς πρότερον ἦν ἁρμονία συγκειμένη, πρὶν
ἐκεῖνα εἶναι ἐξ ὧν ἔδει αὐτὴν συντεθῆναι. ἢ ἀποδέξῃ;
οὐδαμῶς, ἔφη, ὦ Σώκρατες.

αἰσθάνῃ οὖν, ἦ δ' ὅς, ὅτι ταῦτά σοι συμβαίνει λέγειν,
5 ὅταν φῇς μὲν εἶναι τὴν ψυχὴν πρὶν καὶ εἰς ἀνθρώπου εἶδός
τε καὶ σῶμα ἀφικέσθαι, εἶναι δὲ αὐτὴν συγκειμένην ἐκ τῶν
οὐδέπω ὄντων; οὐ γὰρ δὴ ἁρμονία γέ σοι τοιοῦτόν ἐστιν
ᾧ ἀπεικάζεις, ἀλλὰ πρότερον καὶ ἡ λύρα καὶ αἱ χορδαὶ καὶ
c οἱ φθόγγοι ἔτι ἀνάρμοστοι ὄντες γίγνονται, τελευταῖον δὲ
πάντων συνίσταται ἡ ἁρμονία καὶ πρῶτον ἀπόλλυται. οὗτος
οὖν σοι ὁ λόγος ἐκείνῳ πῶς συνάσεται;

---

αἰσθάνομαι: perceive, feel, learn, realize, 11
ἀν-άρμοστος, -ον: not fitting, out-of-tune, 1
ἀπ-εικάζω: compare, copy from a model, 2
ἀπο-δέχομαι: to accept, receive, 9
εἶδος, -εος, τό: form, shape, figure, 17
ἐν-τείνω: to stretch, strain tight, 3
λύρα, ἡ: lyre, 11
οὐδαμῶς: in no way, not at all, 11
οὐδέ-πω: not yet, not as yet, 1

συγ-κείμαι: be composed, be compounded, 6
συμ-βαίνω: to happen, occur, result, 8
συν-ᾴδω: sing with, be attune with, agree, 1
συν-ίστημι: to set together, unite, combine, 2
συν-τίθημι: put together, combine, 7
τελευταῖος, -α, -ον: last, final, 5
φθόγγος, ὁ: voice, utterance, sound 2
χορδή, ἡ: string, gut-string, 7

9 ἐντεταμένων: *things…*; pf. pass. pple, the
image of strings stretched and in harmony
ἀποδέξῃ: 2s fut. mid.
γε: *not indeed*; emphasizing οὐ
b1 σ(ε)αυτοῦ λέγοντος: gen. abs.
ὡς: *that…*; ind. disc.
πρότερον: adv. acc.
ἦν…συγκειμένη: *was (already) composed*;
periphastic form impf. εἰμί + pple (S 1961)
2 εἶναι: *existed*
συντεθῆναι: pf. pass. inf. συντίθημι
ἀποδέξῃ: ἀποδέξε(σ)αι, 2s fut. mid.
4 αἰσθάνῃ: αἰσθάνε(σ)αι, 2s pres. mid.
5 ἦ δ'ὅς: see note on p. 9
ταῦτα…λέγειν: *you happen to say these
things*; 'it happens to you to say these
things,' impers. verb and dat. of interest
φῇς: 2s pres. subj. φημί in a indefinite

temporal clause
εἶναι: *exists*
ἀνθρώπου: modifies both εἶδος and σῶμα
6 ἀφικέσθαι: aor. inf., τὴν ψυχήν is subject
εἶναι δὲ αὐτὴν συγκειμένην: *but it is
(already) composed*; see line b1
τῶν…ὄντων: *things which are*
7 οὐ γὰρ δή: *for of course…not*; employed
with γε to eliminate a possibilty (GP 244)
8 ᾧ: *to which*; dat. of compound verb
c1 ἔτι…ὄντες: pple, εἰμί
τελευταῖον πάντων: *the last of all*; adv.
acc. and partitive gen.
2 οὗτος…ὁ λόγος: *this argument*; i.e. that the
soul is a harmony
3 ἐκείνῳ (λόγῳ): *with that argument*; i.e.
that the soul is recollection; dat. compound

οὐδαμῶς, ἔφη ὁ Σιμμίας.

καὶ μήν, ἦ δ' ὅς, πρέπει γε εἴπερ τῳ ἄλλῳ λόγῳ συνῳδῷ   5
εἶναι καὶ τῷ περὶ ἁρμονίας.

πρέπει γάρ, ἔφη ὁ Σιμμίας.

οὗτος τοίνυν, ἔφη, σοὶ οὐ συνῳδός· ἀλλ' ὅρα πότερον
αἱρῇ τῶν λόγων, τὴν μάθησιν ἀνάμνησιν εἶναι ἢ ψυχὴν
ἁρμονίαν;   10

πολὺ μᾶλλον, ἔφη, ἐκεῖνον, ὦ Σώκρατες. ὅδε μὲν γάρ
μοι γέγονεν ἄνευ ἀποδείξεως μετὰ εἰκότος τινὸς καὶ εὐπρε-   d
πείας, ὅθεν καὶ τοῖς πολλοῖς δοκεῖ ἀνθρώποις· ἐγὼ δὲ τοῖς
διὰ τῶν εἰκότων τὰς ἀποδείξεις ποιουμένοις λόγοις σύνοιδα
οὖσιν ἀλαζόσιν, καὶ ἄν τις αὐτοὺς μὴ φυλάττηται, εὖ μάλα

---

αἱρέω: to seize, take; mid. choose, 4
ἀλαζών, -όνος, ὁ, ἡ: pretentious, braggart; subst. imposter, pretender, vagabond, 1
ἀνά-μνησις, -εως, ἡ: recollection, recall, 11
ἄνευ; without, 9
ἀπό-δειξις, εως, ἡ: demonstration, proof, 4
εἰκός, ότος, τό: likely, probable, reasonable 18
εὐ-πρεπεία, ἡ: attractiveness; plausibility, 1

μάθησις, -εως, ἡ: learning, instruction, 6
μάλα: very, very much, exceedingly, 10
ὅ-θεν: from where, from which, 4
οὐδαμῶς: in no way, not at all, 11
πρέπει: it is fitting, it is suitable (impers.) 8
σύν-οιδα: to know of, be conscious of (dat), 1
συν-ῳδός, -ον: in tune, in harmony, ?
φυλάττω: to guard, keep watch over, 1

---

5 καὶ μὴν...γε: and yet...in fact; καὶ μὴν can often be positive, but here it is adversative and γε introduces a point of greater importance (GP 358)
ἦ δ' ὅς: see note on p. 9
πρέπει...ἁρμονίας: it is appropriate--if any other argument to be in tune—in fact for the (argument) concerning harmony (to be in tune); i.e. the argument of the soul as harmony should in tune with the argument of the soul as recollection; πρέπει governs a dative; καί is adverbial

7 γὰρ: (yes), for...

8 ὅρα: ὅρα-ε, imperative

9 αἱρῇ: 2s pres. mid.
τῶν λόγων: partitive gen. with πότερον, 'which one'

11 πολύ: far, by far; adv. acc. (acc. of extent

by degree)
ἐκεῖνον: i.e. the λόγος that learning is recollection
ὅδε: this (other) one; i.e. the λόγος that the soul is harmony

d1 γέγονεν: pf. γίγνομαι
εἰκότος: likelihood, probabilty

2 ὅθεν: i.e. for which reason
καὶ: also

3 διὰ τῶν εἰκότων...ποιουμένοις: having made their proofs through likelihoods

4 οὖσιν: dat. pl. pple εἰμί
ἀλαζόσιν: dat. predicate

d1 ἄν...φυλάττηται: if...is on guard against; (ἐ)ὰν, a present general condition (εἰ ἄν subj., pres. ind.)

5 ἐξαπατῶσι, καὶ ἐν γεωμετρίᾳ καὶ ἐν τοῖς ἄλλοις ἅπασιν.
ὁ δὲ περὶ τῆς ἀναμνήσεως καὶ μαθήσεως λόγος δι' ὑποθέσεως
ἀξίας ἀποδέξασθαι εἴρηται. ἐρρήθη γάρ που οὕτως ἡμῶν
εἶναι ἡ ψυχὴ καὶ πρὶν εἰς σῶμα ἀφικέσθαι, ὥσπερ αὐτῆς
ἐστιν ἡ οὐσία ἔχουσα τὴν ἐπωνυμίαν τὴν τοῦ 'ὃ ἔστιν'
e ἐγὼ δὲ ταύτην, ὡς ἐμαυτὸν πείθω, ἱκανῶς τε καὶ ὀρθῶς ἀπο-
δέδεγμαι. ἀνάγκη οὖν μοι, ὡς ἔοικε, διὰ ταῦτα μήτε ἐμαυτοῦ
μήτε ἄλλου ἀποδέχεσθαι λέγοντος ὡς ψυχή ἐστιν ἁρμονία.
τί δέ, ἦ δ' ὅς, ὦ Σιμμία, τῇδε; δοκεῖ σοι ἁρμονίᾳ ἢ ἄλλη
93 τινὶ συνθέσει προσήκειν ἄλλως πως ἔχειν ἢ ὡς ἂν ἐκεῖνα
ἔχῃ ἐξ ὧν ἂν συγκέηται;
οὐδαμῶς.

---

ἄλλως: otherwise, in another way, 14
ἀνά-μνησις, -εως, ἡ: recollection, recall, 11
ἄξιος, -α, -ον: worthy of, deserving of, 15
ἅπας, ἅπασα, ἅπαν: every, quite all, 14
ἀπο-δέχομαι: to accept, receive, 9
γεω-μετρία, ἡ: geometry, land survey, 1
ἐξ-απατάω: to deceive, beguile, 4
ἐπωνυμία, ἡ: a nickname, surname, 5
μάθησις, -εως, ἡ: learning, instruction, 6

μή-τε: and not, neither...nor, 15
οὐδαμῶς: in no way, not at all, 11
οὐσία, ἡ: being, essence, substance, 6
προσ-ήκει: it belongs to, it is fitting, befits 15
πως: somehow, in any way, 3
συγ-κεῖμαι: be composed, be compounded, 6
συν-θέσις, -εως ἡ: composition, combination 1
τῇδε: here; in this way, thus, 8
ὑπο-θέσις, -εως, ἡ: proposal, hypothesis, 6

5 ἐξαπατῶσι: (the arguments) deceive (us);
   3p pres. or possibly dat. pl. α-contract
   pple modifying λόγοις in d3
   καὶ...καὶ...: both...and
7 ἀξίας ἀποδέξασθαι: worthy to accept; an
   aor. mid. epexegetic (explanatory) inf.,
   English prefers the passive: 'worthy to be
   accepted'
   εἴηται: pf. pass. λέγω (ἐρ-)
   ἐρρήθη: 3s aor. pass. λέγω (ἐρ-)
8 καὶ πρὶν: even before...
   ὥσπερ...'ὃ ἔστιν': just as being exists,
   having the name of "what it is"; The use
   of gen. αὐτῆς is not easy to determine.
   Rowe prefers the less attestable reading
   αὐτή, 'being itself'
e1 ταύτην: referring to fem. sg. ἡ οὐσία
   ἀποδέδεγμαι: pf. mid. ἀποδέχομαι

2 ἀνάγκη...ἀποδέχεσθαι: (it is) necessary to
   accept
3 ἐμαυτοῦ...ἄλλου...λέγοντος: from... nor
   from...; gen. of source, ἀποδέχεσθαι is
   dependent on ἀνάγκη, not the genitive
4 τί δέ: what (about); as often, employed to
   make a further point
   ἦ δ'ὅς: see note on p. 9
   ἁρμονία...προσήκειν: that it belongs to
   harmony or...; προσήκειν is impersonal
   and governs a dat. of compound verb
3 ἄλλως πως ἔχειν: to be...; the true subject
   of προσήκειν; for ἔχω + adv., see p. 7
93a1 ἢ ὡς ἂν...ἔχῃ: than in whatever way
   those things are (disposed); ἔχω + adv.
2 ἐξ ὧν ἂν...: ἄν + subj. in an indefinite
   relative clause

οὐδὲ μὴν ποιεῖν τι, ὡς ἐγῷμαι, οὐδέ τι πάσχειν ἄλλο παρ'
ἃ ἂν ἐκεῖνα ἢ ποιῇ ἢ πάσχῃ; συνέφη.                                          5
οὐκ ἄρα ἡγεῖσθαί γε προσήκει ἁρμονίαν τούτων ἐξ ὧν ἂν
συντεθῇ, ἀλλ' ἔπεσθαι. συνεδόκει.
πολλοῦ ἄρα δεῖ ἐναντία γε ἁρμονία κινηθῆναι ἂν ἢ
φθέγξασθαι ἤ τι ἄλλο ἐναντιωθῆναι τοῖς αὑτῆς μέρεσιν.
πολλοῦ μέντοι, ἔφη.                                                          10
τί δέ; οὐχ οὕτως ἁρμονία πέφυκεν εἶναι ἑκάστη ἁρμονία
ὡς ἂν ἁρμοσθῇ;
οὐ μανθάνω, ἔφη.
ἢ οὐχί, ἦ δ' ὅς, ἂν μὲν μᾶλλον ἁρμοσθῇ καὶ ἐπὶ πλέον,
εἴπερ ἐνδέχεται τοῦτο γίγνεσθαι, μᾶλλόν τε ἂν ἁρμονία εἴη καὶ   b
πλείων, εἰ δ' ἧττόν τε καὶ ἐπ' ἔλαττον, ἥττων τε καὶ ἐλάττων;

---

ἁρμόζω: harmonize, fit together, join, adapt 7
ἐναντιόομαι: to oppose, contradict (dat) 5
ἐν-δέχομαι: allow, admit; is allowed, 3
ἕπομαι: to follow, accompany, escort, 9
ἥττων, -ον. less, weaker, inferior, 16
κινέω: to set in motion, move, 3
μανθάνω: to learn, understand, 12
μέρος, -έος, τό: a part, share, portion, 4

πλέ(ι)ων, -ον: more, greater, 17
προσ-ήκει: it belongs to, it is fitting, befits 15
σύμ-φημι: to agree, approve, 3
συν-δοκέω: to seem good also, 6
συν-τίθημι: put together, combine, compose 7
φθέγγομαι. to utter a sound, voice, speak, 2
φύω: to bring forth, beget, engender; am by
nature, 14

4 οὐδὲ μὴν...πάσχῃ: *certainly (does it seem
   to you belong to harmony) neither to do
   something, as I suppose, nor to suffer
   something other contrary to whatever those
   things either do or suffer?*; supply δοκεῖ
   σοι προσήκειν ἁρμονίᾳ; παρά + acc. here
   means 'contrary to' and introduces an
   indefinite relative clause (ἄν + 3s subj.)
   οὐδὲ μὴν: *certainly neither*...; GP 339
   ὡς ἐγῷμαι: *as*...; ἐγὼ οἶμαι (οἴομαι)
5 συνέφη: *he agreed*; 3s impf. σύμφημι
6 ἡγεῖσθαι: *lead*; in contrast to ἔπεσθαι
   προσήκει: *it is fitting*; governs acc. subj. +
   inf. construction
   ἂν συντεθῇ: 3s aor. pass. subj. συντίθημι in
   an indefinite relative clause
7 συνεδόκει: *he agrees*
8 πολλοῦ...δεῖ: *is far from* + inf.; 'lacks
   from much,' gen. of separation, the subject
   is ἁρμονία

ἐναντία: *in opposite directions*; inner acc.
   κινηθῆναι: *moving*; aor. pass. inf. deponent
   ἂν: leave untranslated, ἄν + inf. is equiv.
   here to past potential in dir. disc., see l. 14
9 τι ἄλλο ἐναντιωθῆναι: *doing any other
   thing opposing*; inner acc., aor. pass.
   deponent inf.
   τοῖς (ἑ)αυτῆς μέρεσιν: obj of ἐναντιωθῆναι
10 πολλοῦ μέντοι: repeating l. 8 as an assent
11 τί δέ: *what (then)?*; a new argument
   πέφυκεν εἶναι: *is by nature*; 'has grown by
   nature to be'; pf. φύω is often translated 'is
   by nature' but here with a superfluous inf.
12 ὡς ἂν: *in whatever way*...; 3s aor. pass.
14 ἢ οὐχί (ἐ)ἂν...,ἂν εἴη.: *or if it is harmonized
   would harmony not be...?*; mixed condition
   εἰ ἂν + subj. (aor. pass.), ἂν + opt.. (εἰμί)
   καὶ ἐπὶ πλέον: *and to a greater extent*
b2 εἰ δ'ἧττον...: *if (it is harmonized)*; add verb
   ἐπ(ὶ) ἔλαττον: *and to a lesser extent*

πάνυ γε.

ἦ οὖν ἔστι τοῦτο περὶ ψυχήν, ὥστε καὶ κατὰ τὸ σμικρό-
5 τατον μᾶλλον ἑτέραν ἑτέρας ψυχῆς ἐπὶ πλέον καὶ μᾶλλον
ἢ ἐπ' ἔλαττον καὶ ἧττον αὐτὸ τοῦτο εἶναι, ψυχήν;

οὐδ' ὁπωστιοῦν, ἔφη.

φέρε δή, ἔφη, πρὸς Διός· λέγεται ψυχὴ ἡ μὲν νοῦν τε
ἔχειν καὶ ἀρετὴν καὶ εἶναι ἀγαθή, ἡ δὲ ἄνοιάν τε καὶ μοχθηρίαν
c καὶ εἶναι κακή; καὶ ταῦτα ἀληθῶς λέγεται;

ἀληθῶς μέντοι.

τῶν οὖν θεμένων ψυχὴν ἁρμονίαν εἶναι τί τις φήσει
ταῦτα ὄντα εἶναι ἐν ταῖς ψυχαῖς, τήν τε ἀρετὴν καὶ τὴν
5 κακίαν; πότερον ἁρμονίαν αὖ τινα ἄλλην καὶ ἀναρμοστίαν;
καὶ τὴν μὲν ἡρμόσθαι, τὴν ἀγαθήν, καὶ ἔχειν ἐν αὑτῇ

---

ἀν-αρμοστία, ἡ: discord, lack of harmony, 4
ἄ-νοια, ἡ: folly, lack of understanding, 3
ἀρετή, ἡ: excellence, goodness, virtue, 9
ἁρμόζω: harmonize, fit together, join, adapt 7
Ζεύς, ὁ: Zeus, 6
ἥττων, -ον: less, weaker, inferior, 16
κακία, ἡ: wickedness, flaw, cowardice, 6

μοχθηρία, ἡ: badness, depravity, 2
νοῦς, ὁ: mind, intention, attention, thought, 14
ὁπωστιοῦν: in any way whatever, 5
πλέων, -ον: more, greater, 17
σμικρός, -ά, -όν: small, little, 19
τίθημι: to set, put, place, arrange, 10

4 ἦ οὖν ἔστι τοῦτο...: *in truth this the case...?*
ὥστε: *so that...*; result, governs acc. + inf.
5 καὶ κατὰ τὸ σμικρότατον μᾶλλον: *even in the smallest (degree)*; καὶ is adverbial, μᾶλλον is repeated and likely redundant
ἑτέραν (ψυχήν εἶναι) ἑτέρας ψυχῆς ἐπὶ πλέον καὶ μᾶλλον...ψυχήν: *that one (soul is) to a greater extent and more (fully) a soul than another soul...*; gen. comparison
6 ἢ ἐπ'ἔλαττον...ἧττον: *or to a lesser degree and less fully*; parallel to clause above
8 φέρε δή: *come now*; 'carry on, now'
πρὸς Διός: *by Zeus*; πρός + gen. is often used in invocation
ψυχὴ ἡ μὲν...ἡ δὲ: *one soul....another...*;
9 ἄνοιάν...μοχθηρίαν (ἔχειν): supply the

infinitive for parallelism
c3 τῶν θεμένων: *among those setting forth that...*; partitive gen., aor. mid. τίθημι
τί: *what*; interrogative
φήσει: fut. φημί
4 ὄντα...ἐν ταῖς ψυχαῖς: *being in the souls*; this phrase modifies acc. subject ταῦτα
τήν τε ἀρετὴν...: in apposition to ταῦτα
5 πότερον: leave untranslated
6 καὶ τὴν μὲν ἡρμόσθαι: *and that the one is in harmony*; τὴν μὲν is acc. subject and is explained by the appositive τὴν ἀγαθήν, pf. pass. ἁρμόζω denotes a state
ἐν (ἑ)αυτῇ...: *in itself*; modified by the pple εἰμί and a dat. predicate, ἁρμονίᾳ οὔσῃ; Socrates suggests harmony within harmony

---

**Philosophical Vocabulary:** The following comparatives are near equivalents in the argument.

| | | |
|---|---|---|
| ἐπὶ πλέον (to a greater extent) | is equivalent to | μᾶλλον (more fully) |
| ἐπὶ ἔλαττον (to a less extent) | is equivalent to | ἧττον (less fully) |

ἁρμονίᾳ οὔσῃ ἄλλην ἁρμονίαν, τὴν δὲ ἀνάρμοστον αὐτήν τε
εἶναι καὶ οὐκ ἔχειν ἐν αὐτῇ ἄλλην;

    οὐκ ἔχω ἔγωγ᾽, ἔφη ὁ Σιμμίας, εἰπεῖν· δῆλον δ᾽ ὅτι
τοιαῦτ᾽ ἄττ᾽ ἂν λέγοι ὁ ἐκεῖνο ὑποθέμενος.                        10

    ἀλλὰ προωμολόγηται, ἔφη, μηδὲν μᾶλλον μηδ᾽ ἧττον   d
ἑτέραν ἑτέρας ψυχὴν ψυχῆς εἶναι· τοῦτο δ᾽ ἔστι τὸ ὁμο-
λόγημα, μηδὲν μᾶλλον μηδ᾽ ἐπὶ πλέον μηδ᾽ ἧττον μηδ᾽ ἐπ᾽
ἔλαττον ἑτέραν ἑτέρας ἁρμονίαν ἁρμονίας εἶναι. ἦ γάρ;
    πάνυ γε.                                                 5
    τὴν δέ γε μηδὲν μᾶλλον μηδὲ ἧττον ἁρμονίαν οὖσαν μήτε
μᾶλλον μήτε ἧττον ἡρμόσθαι· ἔστιν οὕτως;
    ἔστιν.

---

ἀν-άρμοστος, -ον: not fitting, out-of-tune, 1
ἁρμόζω: harmonize, fit together, join, adapt 7
δῆλος, -η, -ον: clear, evident, conspicuous, 14
ἦ: in truth, truly (begins open question), 5
ἥττων, -ον: less, weaker, inferior, 16

ὁμολόγημα, -ατος, τό: what is agreed upon 1
πλέων, -ον: more, greater, 17
προ-ομολογέω: agree or grant beforehand, 1
ὑπο-τίθημι: to set up, suppose, propose, 4

7 τὴν δὲ: *but the other is..*
  ἀνάρμοστον: fem. sg. adj., acc. predicate
8 ἐν αὐτῇ: ἐν ἑαυτῇ
  ἄλλην (ἁρμονίαν): parallel to lines 6-7
9 ἔχω: *I am able*; 'I have the capacity to'
  δῆλον ὅτι: *(it is) clear that…*; or 'clearly'
  ἄττ(α): *some*; an alternative form for the
  indefinite neuter pl. τινά
  ἂν λέγοι: *would…*; potential opt.
  ὁ…ὑποθέμενος: aor. mid. pple; ὑποτίθημι
d1 προωμολόγηται: *it…*; impers. pf. pass.
  μηδὲν: *that not at all*; adv. acc. (acc. of
  extent by degree) modifies 2 comparatives
2 μᾶλλον μηδὲ ἧττον: see box on p. 136
  ἑτέραν ἑτέρας ψυχὴν ψυχῆς: ἑτέραν

ψυχὴν is acc. subj. while ετέρας ψυχῆς
is gen. of comparison; the stylistic device
(interlocking word order) is synchesis
3 μηδὲν: *that not at all*; see line d1
  μᾶλλον… ἐπὶ ἔλαττον: see box on p. 136
4 ἑτέραν ἑτέρας ἁρμονίαν ἁρμονίας:
  parallel to d2 above
  ἦ γάρ: *is this so?* (S 2805)
5 πάνυ γε: *quite so*
3 τὴν δὲ γε (ἁρμονίαν)…οὖσαν: *but has that
  harmony being…*; acc. subj. of ἁρμόσθαι
6 μηδὲν: *not at all*; see line d1
  ἡρμόσθαι: *is in harmony*; pf. pass. denotes
  a state rather than an activity

ἡ δὲ μήτε μᾶλλον μήτε ἧττον ἡρμοσμένη ἔστιν ὅτι πλέον
10 ἢ ἔλαττον ἁρμονίας μετέχει, ἢ τὸ ἴσον;

τὸ ἴσον.

οὐκοῦν ψυχὴ ἐπειδὴ οὐδὲν μᾶλλον οὐδ' ἧττον ἄλλη
e ἄλλης αὐτὸ τοῦτο, ψυχή, ἐστίν, οὐδὲ δὴ μᾶλλον οὐδὲ ἧττον
ἥρμοσται;

οὕτω.

τοῦτο δέ γε πεπονθυῖα οὐδὲν πλέον ἀναρμοστίας οὐδὲ
5 ἁρμονίας μετέχοι ἄν;

οὐ γὰρ οὖν.

τοῦτο δ' αὖ πεπονθυῖα ἆρ' ἄν τι πλέον κακίας ἢ ἀρετῆς
μετέχοι ἑτέρα ἑτέρας, εἴπερ ἡ μὲν κακία ἀναρμοστία, ἡ δὲ
ἀρετὴ ἁρμονία εἴη;

---

ἀν-αρμοστία, ἡ: discord, lack of harmony, 4
ἀρετή, ἡ: excellence, goodness, virtue, 9
ἁρμόζω: harmonize, fit together, join, adapt 7
ἥττων, -ον: less, weaker, inferior, 16

κακία, ἡ: wickedness, flaw, cowardice, 6
μετ-έχω: to partake of, have share in (gen) 13
πλέων, -ον: more, greater, 17

9 ἡ δὲ (ἁρμονία)...ἡρμοσμένη ἔστιν ὅτι: *and
that being neither more fully nor less fully
harmonized, is it because...*; pf. pass. pple,
the comparatives are adverbs
πλέον ἢ ἔλαττον: *greater (share) or lesser
(share)...*; inner acc.; possibly equivalent to
ἐπὶ πλέον, ἐπὶ ἔλαττον, see p. 136
10 ἁρμονίας: partitive gen. obj. of μετέχει
τὸ ἴσον: *equal (share)*; an inner acc.
12 οὐκοῦν ψυχή...ἐστίν: *then a soul, since one
is not at all more fully nor less fully this
itself, a soul, than another*; ἄλλης is a gen.
of comparison; αὐτὸ τοῦτο is a predicate
and ψυχή in apposition
e1 δή: *then, therefore*; inferential (GP 225)
2 ἥρμοσται: 3s pf. pass.
4 πεπονθυῖα (ψυχὴ): *(a soul) having
experienced...*; pf. pple. πάσχω, fem. sg.

modifying the missing subject ψυχή
οὐδὲν: *not at all*; adv. acc. (acc. of extent
by degree) modifying πλέον
πλέον: *greater (share)*; inner acc.
5 μετέχοι ἄν: *would...*; potential opt.
6 οὐ γὰρ οὖν: *no for certain*; 'no for sure'
(S 2958) (GP 447)
7 πεπονθυῖα (ψυχὴ): *(a soul)...*; pf. pple.
πάσχω, supply a noun
ἆρ(α) ἄν...μετέχοι: introducing a yes/no
question, potential opt.
τι: *at all*; adv. acc. (acc. of extent of
degree) modifying πλέον
8 ἑτέρα ἑτέρας: *one (soul)...than another
(soul)*; nom. subj. and gen. of comparison
εἴπερ...εἴη: *if...should*; protasis in a fut. less
vivid condition (εἰ opt., ἄν + opt.)

οὐδὲν πλέον. 10

μᾶλλον δέ γέ που, ὦ Σιμμία, κατὰ τὸν ὀρθὸν λόγον 94
κακίας οὐδεμία ψυχὴ μεθέξει, εἴπερ ἁρμονία ἐστίν· ἁρμονία
γὰρ δήπου παντελῶς αὐτὸ τοῦτο οὖσα, ἁρμονία, ἀναρμοστίας
οὔποτ᾽ ἂν μετάσχοι.
οὐ μέντοι. 5
οὐδέ γε δήπου ψυχή, οὖσα παντελῶς ψυχή, κακίας.
πῶς γὰρ ἔκ γε τῶν προειρημένων;
ἐκ τούτου ἄρα τοῦ λόγου ἡμῖν πᾶσαι ψυχαὶ πάντων
ζῴων ὁμοίως ἀγαθαὶ ἔσονται, εἴπερ ὁμοίως ψυχαὶ πεφύκασιν
αὐτὸ τοῦτο, ψυχαί, εἶναι. 10
ἔμοιγε δοκεῖ, ἔφη, ὦ Σώκρατες.

---

ἀν-αρμοστία, ἡ: discord, lack of harmony, 4
δή-που: perhaps, I suppose; of course, 8
ζῷον, τό: a living being, animal, 6
κακία, ἡ: wickedness, flaw, cowardice, 6
μετ-έχω: to partake of, have share in (gen) 13
οὔ-ποτε: never, 1

παντελῶς: altogether, utterly, absolutely, 3
πλέων, -ον: more, greater, 17
προ-λέγω: to say or mention beforehand, 4
φύω: to bring forth, beget, engender; am by nature, 14

94a1 οὐδὲν: *not at all*; adv. acc. (acc. of extent by degree)
μᾶλλον δέ γέ: *but rather...*; μᾶλλον δέ, 'but rather' often makes a further point while δὲ γέ, 'yes, but' or 'and yet' often adds a remark to those of the previous speaker (GP 154)
κατὰ: *according to...*
2 μεθέξει: fut. μετέχω, governing a partitive gen.
3 αὐτὸ τοῦτο: predicate
ἁρμονία: in apposition to αὐτὸ τοῦτο
ἀναρμοστίας: gen. sg.

6 οὐδέ γε: *yes, but...not*; 'and, yet...not' a negative counterpart to δέ γέ, 'yes, but' in a2 (GP 156)
κακίας (ἂν μετάχοι): gen. obj., supply verb from above
7 προειρημένων: pf. pass. pple προλέγω
9 ἔσονται: 3p fut. dep. εἰμί
πεφύκασιν εἶναι: *are by nature*; 'have grown by nature to be'; pf. φύω is often translated 'is/are by nature' but here with a superfluous inf. 93a11
10 ψυχαί: in apposition to αὐτὸ τοῦτο

ἢ καὶ καλῶς δοκεῖ, ἦ δ' ὅς, οὕτω λέγεσθαι, καὶ πάσχειν
b  ἂν ταῦτα ὁ λόγος εἰ ὀρθὴ ἡ ὑπόθεσις ἦν, τὸ ψυχὴν ἁρμονίαν
εἶναι;

οὐδ' ὁπωστιοῦν, ἔφη.

τί δέ; ἦ δ' ὅς· τῶν ἐν ἀνθρώπῳ πάντων ἔσθ' ὅτι ἄλλο
5  λέγεις ἄρχειν ἢ ψυχὴν ἄλλως τε καὶ φρόνιμον;

οὐκ ἔγωγε.

πότερον συγχωροῦσαν τοῖς κατὰ τὸ σῶμα πάθεσιν ἢ καὶ
ἐναντιουμένην; λέγω δὲ τὸ τοιόνδε, οἷον καύματος ἐνόντος
καὶ δίψους ἐπὶ τοὐναντίον ἕλκειν, τὸ μὴ πίνειν, καὶ πείνης
10  ἐνούσης ἐπὶ τὸ μὴ ἐσθίειν, καὶ ἄλλα μυρία που ὁρῶμεν
c  ἐναντιουμένην τὴν ψυχὴν τοῖς κατὰ τὸ σῶμα· ἢ οὔ;

---

ἄλλως: otherwise, in another way, 14
ἄρχω: to rule, be leader of; begin; 12
δίψος, -εος, τό: thirst, 1
ἕλκω: to draw, drag; weigh, 3
ἐναντιόομαι: to oppose, contradict (dat) 5
ἐν-ειμι: to be in or within, 8
ἐσθίω: to eat, 3
καλῶς: well; beautifully, 11
καῦμα, -ατος, τό: fever, heat, 1

μυρίος, -η, -ον: countless, infinite, 6
ὁπωστιοῦν: in any way whatever, 5
πάθος -εος τό: experience incident passion 11
πείνη, ἡ: hunger, longing; famine, 2
πίνω: to drink, 16
πότερος, -α, -ον: (untranslated), whether, 19
συγ-χωρέω: agree, yield, come together, 13
ὑπο-θέσις, -εως, ἡ: proposal, hypothesis, 6
φρόνιμος, -ον: sensible, wise, prudent, 8

12 καὶ καλῶς: *quite well*; καὶ is adv. (S 2882)
  δοκεῖ: the subject is ὁ λόγος in b1
  ἦ δ'ὅς: see note on pg. 9
  καὶ πάσχειν ἂν ταῦτα...εἰ...ἦν: *and would
  experience...*, *if...were*; equiv. to a present
  contrafactual condition in direct speech (εἰ
  + impf., ἄν + impf.); ταῦτα is an inner acc
b1 τὸ...εἶναι: *(namely) that...*; articular inf. in
  apposition to ἡ ὑπόθεσις
4 τί δέ;: *What then?*; 'what about this?' often
  introduces a new point and precedes
  another question
  τῶν...πάντων: *among...*; partitive gen.
  ἔσ(τι) ὅτι: *is there (anything) which...*;
  ἔστιν ὅ τι is missing an antecedent: 'is
  there (anything) which' (S 2513), ὅ τι
  is acc. subject of ἄρχειν
5 ἄλλως τε καὶ: *especially a sensible one*;
  'both otherwise and,' φρόνιμον is fem. sg.
7 (ψυχὴν) συγχωροῦσαν: *yielding...*; + dat.

both participles agree with understood
ψυχὴν from l. 5, there is no finite verb
κατὰ τὸ σῶμα: *in the body*
καὶ: *even*
8 λέγω δὲ τὸ τοιόνδε: *I mean this sort...*
  οἷον...ἕλκειν: *such as to draw...*; i.e. the
  question is whether the soul will be drawn
  to the opposite of the body itself; an
  epexegetic (explanatory) inf.
  καύματος...δίψους: *(when) fear and thirst
  are in (the body)*; gen. abs.
9 ἐπὶ τοὐναντίον: *to...*; τὸ ἐναντίον
  τὸ μὴ πίνειν: *(namely) not to be thirsty*; in
  apposition to τὸ ἐναντίον
  πείνης ἐνούσης: *when...*; i.e. in the body,
  gen. abs. parallel to line 8
10 ἐπὶ...ἐσθίειν: parallel to ἐπὶ τοὐναντίον
  ἄλλα μυρία: *in countless other ways*; 'in
  respect to...' acc. of respect
c1 τοῖς...: *those in...*; dat. of special verb

πάνυ μὲν οὖν.

οὐκοῦν αὖ ὡμολογήσαμεν ἐν τοῖς πρόσθεν μήποτ᾽ ἂν
αὐτήν, ἁρμονίαν γε οὖσαν, ἐναντία ᾄδειν οἷς ἐπιτείνοιτο
καὶ χαλῷτο καὶ ψάλλοιτο καὶ ἄλλο ὁτιοῦν πάθος πάσχοι  5
ἐκεῖνα ἐξ ὧν τυγχάνοι οὖσα, ἀλλ᾽ ἕπεσθαι ἐκείνοις καὶ οὔποτ᾽
ἂν ἡγεμονεύειν;

ὡμολογήσαμεν, ἔφη· πῶς γὰρ οὔ;

τί οὖν; νῦν οὐ πᾶν τοὐναντίον ἡμῖν φαίνεται ἐργαζομένη,
ἡγεμονεύουσά τε ἐκείνων πάντων ἐξ ὧν φησί τις αὐτὴν  10
εἶναι, καὶ ἐναντιουμένη ὀλίγου πάντα διὰ παντὸς τοῦ βίου  d
καὶ δεσπόζουσα πάντας τρόπους, τὰ μὲν χαλεπώτερον κολά-
ζουσα καὶ μετ᾽ ἀλγηδόνων, τά τε κατὰ τὴν γυμναστικὴν καὶ

---

ᾄδω (ἀείδω): to sing, play a song, 7
ἀλγηδών, -όνος, ἡ: pain, suffering, grief, 2
γυμναστική, ἡ: gymnastics, 1
δεσπόζω: to be master, lord, 3
ἐναντιόομαι: to oppose, contradict, 5
ἐπι-τείνω: to stretch over, tighten, 3
ἕπομαι: to follow, accompany, escort, 9 +dat
ἐργάζομαι: to work, labor, toil, 4
ἡγεμονεύω: to lead, rule, command (+gen) 3
κολάζω: to punish, correct, check, 1

μή-ποτε: not ever, never, 1
ὀλίγος, -η, -ον: few, little, small, 15
ὅστισ-οῦν, ἥτισουν, ὅτι-οῦν: whosoever, 11
οὔ-ποτε: never, 1
πάθος -εος τό: experience incident passion 11
πρόσθεν: before, 10
τρόπος, ὁ: a manner, way; turn, direction, 17
χαλάω: to loosen, release, slacken, 3
χαλεπός, -ά, -όν: difficult, hard, harmful, 5
ψάλλω: to pull, pluck, vibrate, play a lyre, 1

2  πάνυ μὲν οὖν: *quite certainly indeed*; μὲν
οὖν is a strong assent
3  ἐν τοῖς πρόσθεν (λόγοις): *in the previous
conversation*
μήποτε ἄν...ᾄδειν: *could sing things
opposing*; equiv. to potential opt. in direct
discourse
4  αὐτήν: *that it...*; i.e. the soul, acc. subject
ἁρμονίαν γε οὖσαν: *since...*; pple εἰμί is
conditional in force; ἁρμονίαν is predicate
οἷς ἐπιτείνοιτο...ἐκεῖνα...οὖσα:: *to (the
things) which those (ἐκεῖνα) out of which
(the soul) happens to be (composed) tighten
and loosen and vibrate and experience
whatever other experience*; neut. pl. ἐκεῖνα
is subject of 3s opt verbs in an indefinite
relative clause in secondary sequence; the
relative οἷς (τούτοις ἃ) is acc. pl. Attracted

into the dat. of the missing antecedent, a
dat. of special adj. ἐναντία)
6  ἕπεσθαι, ἡγεμονεύειν: parallel to ᾄδειν ,
the soul is still acc. subject
8  πῶς γὰρ οὔ: *how (could it) not?*; lit. '(yes),
for how could it not'
9  πᾶν τ(ὸ) ἐναντίον: acc. direct object
φαίνεται: supply ἡ ψυχή as subject
10  ἐξ ὧν φησί τις αὐτὴν εἶναι: *from which
one says that it is (composed)*
d1  ὀλίγου πάντα: *in almost all things*; acc. of
respect and gen. of separation, i.e. almost is
lit. 'from a little' (see also 80c9)
2  πάντας τρόπους: *in all ways*; acc. respect
τὰ μὲν..τὰ δὲ...: *some (things)...other
(things)*; 'some corrections...' inner acc.
χαλεπώτερον: comparative adv.
3  τὰ τε κατὰ...: *those in...*; in apposition

τὴν ἰατρικήν, τὰ δὲ πραότερον, καὶ τὰ μὲν ἀπειλοῦσα, τὰ δὲ
5 νουθετοῦσα, ταῖς ἐπιθυμίαις καὶ ὀργαῖς καὶ φόβοις ὡς ἄλλη
οὖσα ἄλλῳ πράγματι διαλεγομένη; οἷόν που καὶ Ὅμηρος ἐν
Ὀδυσσείᾳ πεποίηκεν, οὗ λέγει τὸν Ὀδυσσέα·
   στῆθος δὲ πλήξας κραδίην ἠνίπαπε μύθῳ·
e  'τέτλαθι δή, κραδίη· καὶ κύντερον ἄλλο ποτ᾽ ἔτλης.᾽
ἆρ᾽ οἴει αὐτὸν ταῦτα ποιῆσαι διανοούμενον ὡς ἁρμονίας
αὐτῆς οὔσης καὶ οἵας ἄγεσθαι ὑπὸ τῶν τοῦ σώματος παθη-
μάτων, ἀλλ᾽ οὐχ οἵας ἄγειν τε ταῦτα καὶ δεσπόζειν, καὶ
5 οὔσης αὐτῆς πολὺ θειοτέρου τινὸς πράγματος ἢ καθ᾽
ἁρμονίαν;
   νὴ Δία, ὦ Σώκρατες, ἔμοιγε δοκεῖ.

---

ἄγω: to lead, to bring, to carry, to convey, 12
ἀπ-ειλέω: to threaten; boast, promise, 1
δεσπόζω: to be master, lord, 3
δια-λέγομαι: to converse with, discuss, 13
δια-νοέομαι: to think, consider, intend, 6
ἐνίπτω: to upbraid, chide, reprove, 1
ἐπιθυμία, ἡ: desire, longing, yearning, 10
Ζεύς, ὁ: Zeus, 11
θεῖος, -α, -ον: divine, sent by the gods, 15
ἰατρική, ἡ: medicine, 1
κραδίη, ἡ: heart, 2
κύντερος, -η, -ον: more shameless/audacious 1
μῦθος, ὁ: story, word, speech, 7

νή: by...(+ acc, invoking a god ), 14
νουθετέω: to admonish, warn; put in mind; 1
Ὀδυσσεία, ἡ: the Odyssey, 1
Ὀδυσσεύς, ὁ: Odysseus, 1
Ὅμηρος, ὁ: Homer, 3
ὀργή, ἡ: anger; temperment, passion, 2
πάθημα, -ατος, τό: experience, misfortune, 4
πλήττω: to strike, smite, 1
πρᾶγμα, -ατος τό: deed, act; matter, affair 18
πρᾶος, -ον: mild, gentle, soft, 3
στῆθος, τό: chest, 1
τλάω: to suffer, undergo, 2
φόβος, ὁ: fear, terror, panic, 10

4 τὰ δὲ πραότερον (κολάζουσα): *correcting
other things more mildly*; add the missing
pple, an inner acc. and comparative adv.
καὶ τὰ μὲν...τὰ δὲ: *and some(things)...other
(things)*; inner acc.
5 ταῖς ἐπιθυμίαις...: *with...*; all are dat. of
compound verb/ind. obj. with διαλεγομένη
ὡς ἄλλη οὖσα ἄλλῳ πράτματι: *as if
being one thing (conversing) with another
thing*; i.e. as if the soul is different from
that from which it is composed
6 οἷον: *which sort of thing...*
καὶ: *also*
7 οὗ: *where*; relative adv.
τὸν Ὀδυσσέα: *(about) Odysseus*
8 πλήξας: nom. sg. aor. pple; πλήττω with
neut. στῆθος as object;   *Odys. 20.17-18*

ἠνίπαπε: aor. ἐνίπτω
μύθῳ: *in a speech*; dat. of means
e1 τέτλαθι: 2s pf. imperative, τλάω, δή
δή: *now*; or 'just,' an intensive particle
κραδίη: vocative, direct address
ἔτλης: aor. τλάω
2 οἴει: 2s pres. οἴομαι
αὐτὸν: *that he...*; i.e. Odysseus
ὡς...: *on the grounds that it (the soul) is a
harmony and...*; ὡς + pple, alleged cause
3 οἵας ἄγεσθαι: *the sort to be led...*, gen.
sg. predicate of οὔσης + explanatory inf.
οἵας ἄγεσθαι: *the sort to lead ...*, gen.
5 οὔσης αὐτῆς: *(on the grounds that) it is...*
πολύ: *far*; adv. acc. (acc. extent by degree)
ἢ κατὰ...: *than for harmony* (S 1690.2.c),
i.e. than compared to harmony

οὐκ ἄρα, ὦ ἄριστε, ἡμῖν οὐδαμῇ καλῶς ἔχει ψυχὴν
ἁρμονίαν τινὰ φάναι εἶναι· οὔτε γὰρ ἄν, ὡς ἔοικεν, Ὁμήρῳ 95
θείῳ ποιητῇ ὁμολογοῖμεν οὔτε αὐτοὶ ἡμῖν αὐτοῖς.

ἔχει οὕτως, ἔφη.

εἶεν δή, ἦ δ' ὃς ὁ Σωκράτης, τὰ μὲν Ἁρμονίας ἡμῖν τῆς
Θηβαϊκῆς ἵλεά πως, ὡς ἔοικε, μετρίως γέγονεν· τί δὲ δὴ τὰ 5
Κάδμου, ἔφη, ὦ Κέβης, πῶς ἱλασόμεθα καὶ τίνι λόγῳ;

σύ μοι δοκεῖς, ἔφη ὁ Κέβης, ἐξευρήσειν· τουτονὶ γοῦν
τὸν λόγον τὸν πρὸς τὴν ἁρμονίαν θαυμαστῶς μοι εἶπες ὡς
παρὰ δόξαν. Σιμμίου γὰρ λέγοντος ὅτε ἠπόρει, πάνυ ἐθαύ-
μαζον εἴ τι ἕξει τις χρήσασθαι τῷ λόγῳ αὐτοῦ· πάνυ οὖν b
μοι ἀτόπως ἔδοξεν εὐθὺς τὴν πρώτην ἔφοδον οὐ δέξασθαι

---

ἀ-πορέω: be at a loss, puzzled, bewildered, 4
ἄριστος, -η, -ον: best, most excellent, 6
ἄ-τοπος, -ον: strange, odd, extraordinary, 9
γοῦν: γε οὖν, at least, at any rate, any way, 4
δόξα, ἡ: opinion, reputation, honor, glory, 7
ἐξ-ευρίσκω: to find out, discover, 3
εὐθύς: right away, straight, directly, at once, 9
ἐφ-οδος (ἡ): attack, approach, access;, 1
θαυμάζω: to wonder, marvel, be amazed at, 7
θαυμαστός, -ή, -όν: wonderful, marvelous, 11
θεῖος, -α, -ον: divine, sent by the gods, 15

Θηβαϊκός, -ή, -ον: Theban, 1
ἵλαος, -ον: propitious, gracious (Ion. ἵλεος) 2
ἱλάσκομαι: to propitiate, make propitious, 1
Κάδμος, -ου, ὁ: Cadmus, 2
καλῶς: well; beautifully, 11
μέτριος, -α, -ον: moderate, in due measure, 7
Ὅμηρος, ὁ: Homer, 3
οὐδαμῇ: in no place, in no way, not at all, 3
ποιητής, οῦ, ὁ: maker, creator, poet, 6
πως: somehow, in any way, 3
χράομαι: to use, employ, enjoy, (+ dat.) 11

8 οὐκ...οὐδαμῇ: *not...in any way*; redundant
καλῶς ἔχει: *it is good*; see p. 7
φάναι: inf. φημί
95a1 ἄν...ὁμολογοῖμεν: *we should agree with*
2 αὐτοὶ ἡμῖν αὐτοῖς: *we ourselves (agree)
with outselves*; Intensive and reflexive
3 εἶεν δή: *very well*; εἶεν is a particle based on
the 3p opt. form of εἰμί
ἦ δ' ὃς ὁ Σωκράτης: *Socrates here said*;
note on p. 9
4 τὰ μὲν Ἁρμονίας...γέγονεν: *the affairs of
Harmonia, the Theban, have somehow, as
it seems, turned to be moderately
propitious for us*; the goddess Harmonia
was the wife of Cadmus, the mythical
founder of the city of Thebes, Simmis and
Cebes' home city

5 τί δὲ δή...τίνι λόγῳ: *Just what (are) the
affairs of Cadmus? Cebes, how and with
what account will we propitiate (him)?*
7 τουτονὶ: *this here*; deictic iota
8 πρός...: *against...*
θαυμαστῶς...ὡς παρὰ δόξαν: *marvellously
how contrary to expectation; 'it is amazing
how...'* a predicate assimilated into an adv.
εἶπες: 2s aor. λέγω
9 Σιμμίου λέγοντος: gen. abs.
ἐθαύμαζον: *I wondered...*; 1s impf.
b1 ἕξει: *would be able*; fut. ἔχω, secondary
sequence
χρήσασθαι: i.e. engage with or deal with
3 δέξασθαι: *not to have withstood the first
attack...*; i.e. not to have received an attack
and to have survived

τοῦ σοῦ λόγου. ταῦτα δὴ οὐκ ἂν θαυμάσαιμι καὶ τὸν τοῦ
Κάδμου λόγον εἰ πάθοι.

5   ὠγαθέ, ἔφη ὁ Σωκράτης, μὴ μέγα λέγε, μή τις ἡμῖν
βασκανία περιτρέψῃ τὸν λόγον τὸν μέλλοντα ἔσεσθαι.
ἀλλὰ δὴ ταῦτα μὲν τῷ θεῷ μελήσει, ἡμεῖς δὲ Ὁμηρικῶς
ἐγγὺς ἰόντες πειρώμεθα εἰ ἄρα τι λέγεις. ἔστι δὲ δὴ τὸ
κεφάλαιον ὧν ζητεῖς· ἀξιοῖς ἐπιδειχθῆναι ἡμῶν τὴν ψυχὴν
c   ἀνώλεθρόν τε καὶ ἀθάνατον οὖσαν, εἰ φιλόσοφος ἀνὴρ μέλ-
λων ἀποθανεῖσθαι, θαρρῶν τε καὶ ἡγούμενος ἀποθανὼν ἐκεῖ
εὖ πράξειν διαφερόντως ἢ εἰ ἐν ἄλλῳ βίῳ βιοὺς ἐτελεύτα,
μὴ ἀνόητόν τε καὶ ἠλίθιον θάρρος θαρρήσει. τὸ δὲ ἀπο-
5   φαίνειν ὅτι ἰσχυρόν τί ἐστιν ἡ ψυχὴ καὶ θεοειδὲς καὶ ἦν ἔτι

---

ἀ-νόητος, -ον: foolish, unintelligent, 5
ἀν-ώλεθρος, -α, -ον: indestructible, 12
ἀξιόω: to think worthy, deem right, 3
ἀπο-φαίνω: to show, make clear; perform, 2
βασκανία, ἡ: slander, malice; witchery, 1
δια-φερόντως: especially; differently, 4
ἐγγύς: near (+ gen.); adv. nearby, 5
ἐπι-δείκνυμι: to indicate, point out, prove, 5
εὖ: well, 19
ζητέω: to seek, look for, investigate, 9
ἠλίθιος, -ον: foolish, silly; idle, vain, 1
θαρρέω: be confident, take courage; be bold 9
θάρρος, (τό:) courage, confidence, boldness, 1

θαυμάζω: wonder, be surprised at, amazed, 7
θεο-ειδής, -ές: god-like, of divine form, 1
ἰσχυρός, -ά, -όν: strong, powerful; severe, 5
Κάδμος, -ου, ὁ: Cadmus, 2
κεφάλαιον, τό: chief point, main point, 1
μέλει: there is a care for (dat.) for (gen.), 4
μέλλω: to be about to, intend to (fut. inf.) 19
Ὁμηρικῶς: in the manner of Homer, 1
πειράω: to try, attempt, endeavor, 11
περι-τρέπω: turn or bring around, divert 1
πράττω: to do, accomplish, make, act, 12
φιλό-σοφος, ὁ, ἡ: pursuer of wisdom, 18

---

3 ταῦτὰ δὴ: *the same very things*; τὰ αὐτὰ
obj. of aor. opt.πάθοι
ἂν θαυμάσαιμι... εἰ πάθοι: *I would...if it
should...*; fut. less vivid, the λόγον is both
the object of θαυμάσαιμι and the subject of
πάθοι (aor. opt. πάσχω)
καὶ: *also*
5 ὠγαθέ: ὦ ἀγαθέ; vocative, direct address
μὴ...λέγε: negative imperative
μέγα: *haughty words*; i.e. 'big words' often
denotes words that provoke divine wrath
μή...περιτρέψῃ: *lest...*; '(I fear) that..' a
fearing clause with μή + 3s aor. subj.
6 ἔσεσθαι: fut. inf. εἰμί following μέλλοντα
ἀλλὰ δὴ: *well then* (GP 241)
7 μελήσει( fut. )μέλει, neuter pl. subject
8 ἰόντες: pple ἔρχομαι

πειρώμεθα: *let us...*; (hortatory subj)
τι: *something (important)*
ἔστι δὲ δὴ: *but now.....is (this)*
9 ἀξιοῖς: 2nd sg. pres. ἀξιόω
ἐπιδειχθῆναι: aor. pass. inf.
c2 ἀποθανεῖσθαι: fut. mid. ἀποθνήσκω
3 εὖ πράξειν: *that...will fare well*; fut. inf.
διαφερόντως ἢ: *differently from, better than*
ἐν ἄλλῳ βίῳ: *in a different life*; i.e. in a
non-philosophic life
4 μὴ ἀνόητόν...θαρρήσει: *will not (prove to)
have a senseless and silly confidence*; inner
acc., μή is employed instead of οὐ in a
protasis, the subject is φιλόσοφος ἀνήρ
τὸ δὲ ἀποφαίνειν ὅτι: *but as for showing
that...*; 'in respect to showing' acc. respect
5 ἦν: *existed*

πρότερον, πρὶν ἡμᾶς ἀνθρώπους γενέσθαι, οὐδὲν κωλύειν
φῂς πάντα ταῦτα μηνύειν ἀθανασίαν μὲν μή, ὅτι δὲ πολυ-
χρόνιόν τέ ἐστιν ψυχὴ καὶ ἦν που πρότερον ἀμήχανον ὅσον
χρόνον καὶ ᾔδει τε καὶ ἔπραττεν πολλὰ ἄττα· ἀλλὰ γὰρ
οὐδέν τι μᾶλλον ἦν ἀθάνατον, ἀλλὰ καὶ αὐτὸ τὸ εἰς ἀν-    d
θρώπου σῶμα ἐλθεῖν ἀρχὴ ἦν αὐτῇ ὀλέθρου, ὥσπερ νόσος·
καὶ ταλαιπωρουμένη τε δὴ τοῦτον τὸν βίον ζώῃ καὶ τελευτῶσά
γε ἐν τῷ καλουμένῳ θανάτῳ ἀπολλύοιτο. διαφέρειν δὲ δὴ
φῂς οὐδὲν εἴτε ἅπαξ εἰς σῶμα ἔρχεται εἴτε πολλάκις, πρός    5
γε τὸ ἕκαστον ἡμῶν φοβεῖσθαι· προσήκει γὰρ φοβεῖσθαι,
εἰ μὴ ἀνόητος εἴη, τῷ μὴ εἰδότι μηδὲ ἔχοντι λόγον διδόναι
ὡς ἀθάνατόν ἐστι. τοιαῦτ' ἄττα ἐστίν, οἶμαι, ὦ Κέβης, ἃ    e

---

ἀ-θανασία, ἡ: immortality, 1
ἀ-μήχανος, -ον: impossible, inconceivable, 5
ἀ-νόητος, -ον: foolish, unintelligent, 5
ἅπαξ: once, once only, once for all, 2
ἀρχή, ἡ: a beginning; rule, office, 8
δια-φέρω: to carry over; differ, surpass, 8
εἴ-τε: either...or; whether...or, 13
ζωή, ἡ: living, way of life, 5
κωλύω: to hinder from, prevent from + inf. 5

μηνύω: to reveal, make known, inform, 1
νόσος, ὁ: illness, sickness, 5
ὄλεθρος, ὁ: death, ruin, destruction, 3
πολλάκις: many times, often, frequently, 14
πολυ-χρόνιος, -α, -ον: long-existing, 6
πράττω: to do, accomplish, make, act, 12
προσ-ήκει: it belongs, it is fitting, befits 15
ταλαιπωρέω: suffer hardship, distress, 1
φοβέω: to terrify, frighten; mid. fear, 15

6 οὐδὲν κωλύειν φῂς...: you claim that
    nothing hinders (acc) from (inf)
7 ἀθανασίαν μὲν μή, ὅτι δὲ πολυχρόνιον...:
    not immorality but that...'; there is a lack
    of parallelism but the meaning is clear
    πολυχρόνιον: predicate, Plato often offers
    neuter predicates for masc. or fem. subjects
    ἀμήχανον...χρόνον: for an inconceivable,
    long time; acc. duration, (S 2535), see 80c9
8 ἦν: 3s impf. εἰμί
9 ᾔδει: 3s plpf. οἶδα, simple past with no obj.
    ἄττα: other things; alternative to τινά
    ἀλλὰ γάρ: but in fact; 'and yet,'
    introducing an objection (S 2819, GP 105)
d1 οὐδέν τι μᾶλλον: not at all more; modifies
    the comparative adjectives that follow;
    οὐδέν τι are acc. of extent by degree
    ἦν: ἡ ψυχή is subject
    ἀθάνατον: neuter predicate, see line 7
    καί: in fact

τό...ἐλθεῖν: entering...; articular aor. inf.,
    subject of ἦν
2 αὐτῇ: for...; dat. of interest, i.e. ψυχῇ
3 καὶ...τε...καί: and...both...and; δή and γε
    are intensives with the preceding pples
    ζώῃ...ἀπολλύοιτο: 3s pres. opt. as if ind.
    disc. in secondary seq. (opt. replaces pres.
    indicative) ζάω, translate in present
4 καλουμένῳ: what is called; or 'so-called'
    διαφέρειν...οὐδέν: that it makes no
    difference; impersonal, inner acc.
    δὲ δή: but now; introducing a new point
    (S 2839)
5 πρός γε: at least, in regard to...; γε is
    restrictive
7 εἰ μὴ...εἴη: unless...should...
    τῷ μὴ εἰδότι...: for one (if) not knowing...;
    pple οἶδα is conditional in sense
    λόγον: an account; i.e. a proof
e1 ἄττα: other things; alternative to τινά

145

λέγεις· καὶ ἐξεπίτηδες πολλάκις ἀναλαμβάνω, ἵνα μή τι
διαφύγῃ ἡμᾶς, εἴ τέ τι βούλει, προσθῇς ἢ ἀφέλῃς.

καὶ ὁ Κέβης, ἀλλ᾽ οὐδὲν ἔγωγε ἐν τῷ παρόντι, ἔφη,
5 οὔτε ἀφελεῖν οὔτε προσθεῖναι δέομαι· ἔστι δὲ ταῦτα ἃ
λέγω.

ὁ οὖν Σωκράτης συχνὸν χρόνον ἐπισχὼν καὶ πρὸς ἑαυτόν
τι σκεψάμενος, οὐ φαῦλον πρᾶγμα, ἔφη, ὦ Κέβης, ζητεῖς·
ὅλως γὰρ δεῖ περὶ γενέσεως καὶ φθορᾶς τὴν αἰτίαν δια-
96 πραγματεύσασθαι. ἐγὼ οὖν σοι δίειμι περὶ αὐτῶν, ἐὰν
βούλῃ, τά γε ἐμὰ πάθη· ἔπειτα ἄν τί σοι χρήσιμον
φαίνηται ὧν ἂν λέγω, πρὸς τὴν πειθὼ περὶ ὧν δὴ λέγεις
χρήσῃ.

---

ἀνα-λαμβάνω: to take up, find, resume, 3
ἀφ-αιρέω: to take away, take away from, 2
γένεσις, -εως, ἡ: coming-to-be, generation, 16
δέομαι: lack, need, want; ask for (+ gen.) 7
δι-έρχομαι: go through, narrate, describe, 1
δια-πραγματεύομαι: examine thoroughly, 2
δια-φεύγω: to flee, get away from, escape, 2
ἐμός, -ή, -όν: my, mine, 7
ἐξεπίτηδες: on purpose, 1
ἐπ-ίσχω: hold up, restrain; wait, stop, 4
ζητέω: to seek, look for, investigate, 9
ἵνα: in order that (+ subj.); where (+ ind.), 7

ὅλος, -η, -ον: whole, entire, complete, 9
πειθώ, -όος, ἡ: persuasion, conviction, 1
πολλάκις: many times, often, frequently, 14
πρᾶγμα, -ατος τό: deed, act; matter, affair 18
προσ-τίθημι: to add, attribute, impose, give 10
σκέπτομαι: look at, examine, consider, 9
συχνός, -ή, -όν: long, much, great, 4
φαῦλος -η -ον: slight, paltry, cheap, trifling 9
φθορά, ἡ: destruction, ruin, 4
χράομαι: to use, employ, enjoy, (+ dat.) 11
χρήσιμος, -η, -ον: useful, serviceable, 1

2 ἀναλαμβάνω: *I am taking up (it) again*;
   i.e. restating it *purposely ἐξ ἐπιτηδες*
   ἵνα μή...διαφύγῃ: *so that...may*; purpose,
   3s. aor. subj.; indefinite τι is subject
3 βούλει: 2s pres. mid.
   προσθῇς, ἀφέλῃς: you may...you may...;
   same purpose clause, aor. subj. προστίθημι
   (θε-), ἀφαιρέω (ἐλ-)
4 παρόντι: *present (moment)*; pple πάρειμι
   οὐδὲν: *not at all*; inner acc. with δέομαι
5 ἀφελεῖν, προσθεῖναι: aor. infs., προστίθημι
   (θε-), ἀφαιρέω (ἐλ-), same verbs as in l. 3
5 ἔστι...ταῦτα: *these things are...*; i.e. what
   Socrates has restated
7 συχνὸν χρόνον: *for...*; acc. of duration

96a1 δίειμι: 1s fut. διέρχομαι
2 βούλῃ: βούλη(σ)αι, 2s pres. mid. subj. in a
   fut. more vivid (εἰ ἂν + subj., fut. ind.)
   τὰ...πάθη: *my own experiences*
   ἄν...φαίνηται,...χρήσῃ: ἄν = ἐὰν, another
   fut. more vivid condition, χρήσε(σ)αι is 2s
   fut. χράομαι
   τί: *something*; indefinite τι, nom. subject
3 ὧν ἄν...: *of (the things) which*; or 'or
   whatever,' ἄν + subj. in an indefinite
   relative clause
   πρὸς τὴν πειθώ: *with regard to...*; πειθώ
   (πειθο-α) is 3rd decl. acc. sg.; this noun is
   often personified as the goddess Peitho

ἀλλὰ μήν, ἔφη ὁ Κέβης, βούλομαί γε.                                        5
ἄκουε τοίνυν ὡς ἐροῦντος. ἐγὼ γάρ, ἔφη, ὦ Κέβης,
νέος ὢν θαυμαστῶς ὡς ἐπεθύμησα ταύτης τῆς σοφίας ἣν
δὴ καλοῦσι περὶ φύσεως ἱστορίαν· ὑπερήφανος γάρ μοι
ἐδόκει εἶναι, εἰδέναι τὰς αἰτίας ἑκάστου, διὰ τί γίγνεται
ἕκαστον καὶ διὰ τί ἀπόλλυται καὶ διὰ τί ἔστι. καὶ πολλάκις   10
ἐμαυτὸν ἄνω κάτω μετέβαλλον σκοπῶν πρῶτον τὰ τοιάδε·   b
ἆρ' ἐπειδὰν τὸ θερμὸν καὶ τὸ ψυχρὸν σηπεδόνα τινὰ
λάβῃ, ὥς τινες ἔλεγον, τότε δὴ τὰ ζῷα συντρέφεται; καὶ
πότερον τὸ αἷμά ἐστιν ᾧ φρονοῦμεν, ἢ ὁ ἀὴρ ἢ τὸ πῦρ; ἢ
τούτων μὲν οὐδέν, ὁ δ' ἐγκέφαλός ἐστιν ὁ τὰς αἰσθήσεις   5
παρέχων τοῦ ἀκούειν καὶ ὁρᾶν καὶ ὀσφραίνεσθαι, ἐκ τούτων

---

ἀήρ, ἀέρος m.: air, mist  16
αἷμα, -ατος τό: blood, 1
αἴσθησις, -εως, ἡ: sensation, perception, 19
ἄνω: up, above, 6
ἐγ-κέφαλος, ὁ: brain, 2
ἐπι-θυμέω: to desire, long for (gen) 10
ζῷον, τό: a living being, animal, 6
θαυμαστός, -ή, -όν: wonderful, marvelous, 11
θερμός, -ή, -όν: hot, warm; subst. heat, 11
ἱστορία, ἡ: inquiry, investigation, 1
κάτω: downwards, below, beneath, 6
μετα-βάλλω: turn (position), shift, change, 1
νέος, -α, -ον: young; new, novel, strange, 1

ὀσφραίνομαι: to catch scent of, smell, 1
παρ-έχω: to provide, furnish, supply, 16
πολλάκις: many times, often, frequently, 14
πότερος, -α, -ον: (untranslated); whether, 19
πῦρ, πυρός, τό: fire, 14
σηπεδών, -όνος, ἡ: decay, putrefaction, 2
σοφία, ἡ: wisdom, judgment, intelligence, 2
συν-τρέφομαι: to grow by composition, be organized; feed together, 1
ὑπερήφανος, -ον: magnificent; overweening 1
φρονέω: to think, to be wise, prudent, 2
φύσις, -εως, ἡ: nature, character; form, 11
ψυχρός, -ά, -όν: cold, chill, frigid, 10

5 ἀλλὰ μήν...γε: well, certainly; in assent, γε emphasizes the verb, GP 343-4
6 ὡς ἐροῦντος: as (I)...; 'on the grounds that' or 'since' + fut. pple ἐρέω, ὡς + pple is causal and ὡς + fut. pple often expresses purpose
7 θαυμαστῶς ὡς: how marvelously...; once, 'it is marvelous how...' the neut. predicate θαυμαστόν has assimilated to the adv. ὡς
ἣν δὴ: which very thing...
8 καλοῦσι: call (x) (y); governs a double acc.
9 εἰδέναι: inf. οἶδα
διὰ τί: why; 'on account of what' or 'for

what reason'
b1 ἄνω κάτω: back and forth
μετέβαλλον: 1s impf.
πρῶτον: first (of all); adverbial acc.
3 λάβῃ: 3s aor. subj. λαμβάνω
ὥς τινες ἔλεγον: as some used to say; iterative impf.
τότε δὴ: at that very moment
4 ᾧ: by which we think; or 'because of which' dat. of means or cause
5 ὁ...παρέχων: the one providing...
6 τοῦ ἀκούειν...: of...; all three infinitives are articular infinitives

δὲ γίγνοιτο μνήμη καὶ δόξα, ἐκ δὲ μνήμης καὶ δόξης λα-
βούσης τὸ ἠρεμεῖν, κατὰ ταῦτα γίγνεσθαι ἐπιστήμην; καὶ
αὖ τούτων τὰς φθορὰς σκοπῶν, καὶ τὰ περὶ τὸν οὐρανόν
c τε καὶ τὴν γῆν πάθη, τελευτῶν οὕτως ἐμαυτῷ ἔδοξα πρὸς
ταύτην τὴν σκέψιν ἀφυὴς εἶναι ὡς οὐδὲν χρῆμα. τεκμή-
ριον δέ σοι ἐρῶ ἱκανόν· ἐγὼ γὰρ ἃ καὶ πρότερον σαφῶς
ἠπιστάμην, ὥς γε ἐμαυτῷ καὶ τοῖς ἄλλοις ἐδόκουν, τότε
5 ὑπὸ ταύτης τῆς σκέψεως οὕτω σφόδρα ἐτυφλώθην, ὥστε
ἀπέμαθον καὶ ταῦτα ἃ πρὸ τοῦ ᾤμην εἰδέναι, περὶ ἄλλων τε
πολλῶν καὶ διὰ τί ἄνθρωπος αὐξάνεται. τοῦτο γὰρ ᾤμην
πρὸ τοῦ παντὶ δῆλον εἶναι, ὅτι διὰ τὸ ἐσθίειν καὶ πίνειν·
d ἐπειδὰν γὰρ ἐκ τῶν σιτίων ταῖς μὲν σαρξὶ σάρκες προσ-
γένωνται, τοῖς δὲ ὀστοῖς ὀστᾶ, καὶ οὕτω κατὰ τὸν αὐτὸν

---

ἀπο-μανθάνω: to unlearn, lose knowledge, 1
ἀ-φυής, -ές: witless, naturally unsuited, 1
αὐξάνω: to increase, augment, 2
δῆλος, -η, -ον: clear, evident, conspicuous, 14
δόξα, ἡ: opinion, reputation, honor, glory, 7
ἐπίσταμαι: know, know how, understand, 13
ἐσθίω: to eat, 3
ἠρεμέω: to keep quiet, be at rest, 1
μνήμη, ἡ: memory, remembrance, 2
ὀστέον, τό: bone, 9
οὐρανός, ὁ: sky, heaven, 10
πάθος -εος τό: experience incident passion 11

πίνω: to drink, 16
πρό: before, in front; in place of (+ gen.), 13
προσ-γίγνομαι: to come to be in addition to 4
σάρξ, σαρκός, ἡ: flesh, 3
σαφής, -ές: clear, distinct; certain, reliable, 16
σιτίον, τό: grain, bread; provisions, 2
σκέψις, -εως, ἡ: viewing, observation, 4
σφόδρα: very much, exceedingly, 18
τεκμήριον, τό: sign, indication, proof, 5
τυφλόω: to make blind, 2
φθορά, ἡ: destruction, ruin, 4
χρῆμα, -ατος, τό: thing, money, possessions 6

---

7 γίγνοιτο: *comes to be*; an unexpected shift
to opt., which may be replacing an
indicative in ind. disc. in secondary seq.
ἐκ...μνήμης...λαβούσης...ἐπιστήμην: *and
from memory and opinion, taking a resting,
does knowledge come to be in this way?*;
aor. pple with articular inf. as direct object
9 τὰ...πάθη: *the happenings*; πάθε-α
c1 τελευτῶν: *finally, at last*; pple as adv.
πρὸς...: *with regard to...*
2 οὕτως...ὡς οὐδὲν χρῆμα: *as...as no other
creature*; χρῆμα can denote the strange or
extraordinary in kind: 'monster,' 'creature'
ἐρῶ: fut. λέγω
3 ἃ καὶ...ἠπιστάμην: *(the things) which*

*in fact...*; ταῦτα ἃ, the missing antecedent
is subject of ἔδόκουν, καί is adverbial
4 ὥς γε.. ἐδόκουν: *since they...*; ὥς γε is
causal in sense, the subject of ἔδόκουν
is the missing neuter pl. ταῦτα above
5 ὑπὸ...: *because of*; gen. of cause
ἐτυφλώθην: 1s aor. pass.
6 πρὸ τοῦ: *before this (time)*
ᾤμην: impf. οἴομαι
εἰδέναι: inf. οἶδα
7 διὰ τί: *why*; 'on account of what or 'for
what reason'
8 πρὸ τοῦ: *before this this*
διὰ...: *on account of...*; + acc.
d2 κατὰ τὸν αὐτὸν λόγον: *in the same way*

λόγον καὶ τοῖς ἄλλοις τὰ αὐτῶν οἰκεῖα ἑκάστοις προσγένηται,
τότε δὴ τὸν ὀλίγον ὄγκον ὄντα ὕστερον πολὺν γεγονέναι,
καὶ οὕτω γίγνεσθαι τὸν σμικρὸν ἄνθρωπον μέγαν. οὕτως 5
τότε ᾤμην· οὐ δοκῶ σοι μετρίως;

ἔμοιγε, ἔφη ὁ Κέβης.

σκέψαι δὴ καὶ τάδε ἔτι. ᾤμην γὰρ ἱκανῶς μοι δοκεῖν,
ὁπότε τις φαίνοιτο ἄνθρωπος παραστὰς μέγας σμικρῷ μείζων
εἶναι αὐτῇ τῇ κεφαλῇ, καὶ ἵππος ἵππου· καὶ ἔτι γε τούτων  e
ἐναργέστερα, τὰ δέκα μοι ἐδόκει τῶν ὀκτὼ πλέονα εἶναι διὰ
τὸ δύο αὐτοῖς προσεῖναι, καὶ τὸ δίπηχυ τοῦ πηχυαίου μεῖζον
εἶναι διὰ τὸ ἡμίσει αὐτοῦ ὑπερέχειν.

νῦν δὲ δή, ἔφη ὁ Κέβης, τί σοι δοκεῖ περὶ αὐτῶν;  5

---

δέκα: ten, 3
δί-πηχυς, -υ: two cubits, two cubits long, 2
ἐν-αργής, -ές: visible, distinct, manifest, 4
ἥμισυς, -εια, -υ: half, 5
ἵππος, ὁ: a horse, 3
κεφαλή, ἡ: the head, 6
μέτριος, -α, -ον: moderate, in due measure, 7
ὄγκος, ὁ: bulk, mass, size, 1
οἰκεῖος, -α, -ον: one's own, proper; kin, 4
ὀκτώ: eight, 2
ὀλίγος, -η, -ον: few, little, small, 15

ὁπότε: when, by what time, 6
παρ-ίστημι: to stand near, present, offer, 3
πηχυαῖος, -η, -ον: a cubit, a cubit long, 2
πλέων, -ον: more, greater, 17
προσ-γίγνομαι: to come to be in addition, 4
πρόσ-ειμι: to be added to, add, 1
σκέπτομαι: look at, examine, consider, 9
σμικρός, -ά, -όν: small, little, 19
ὑπερ-έχω: to exceed, hold over or above, 8
ὕστερος, -α, -ον: later, last; adv. later 17

3 τοῖς ἄλλοις...προσγένηται: *things proper to each of them are added to his other (parts)*; οἰκεῖος governs a dat. or gen., aor. subj. in an indefinite temporal clause
4 τότε δὴ: *at that very moment*
τὸν...ὄντα: *that the thing being...*; acc. subject, ὀλίγον ὄγκον is predicate of the pple
γεγονέναι: pf. inf. γίγνομαι
6 ᾤμην: impf, οἴομαι
8 σκέψαι: aor. mid. imperative
δὴ: *just, now*; an intensive frequently employed with an imperative
καὶ: *also*
9 ὁπότε: *whenever...*; indefinite temporal, opt. replaces ἄν + subj. in secondary seq.
παραστὰς: nom. sg. aor. pple
σμικρῷ: *beside a short one*; dat. compound

μείζων: i.e. taller
e1 αὐτῇ τῇ κεφαλῇ: *by...*; dat. of degree of difference
ἵππου: *than...*, gen. of comparison, supply verbs from earlier, φαίνοιτο εἶναι μείζων
καὶ...γε: *and...*; emphasizing the intervening word (S 2829)
τούτων: gen. of comparative
2 τὰ δέκα, τῶν ὀκτὼ: *ten, eight*; ignore the the article in translation; gen. comparison
3 διὰ τὸ...προσεῖναι: articular inf.
αὐτοῖς: *to...*; dat. of compound verb
τοῦ πηχυαίου: gen. of comparison;
4 διὰ τὸ...ὑπερέχειν: articular inf.
ἡμίσει αὐτοῦ: *by...*; dat. sg. ἥμισυς, dat. of degree of difference and partitive gen.
5 νῦν δὲ δή: *and just now*

149

πόρρω που, ἔφη, νὴ Δία ἐμὲ εἶναι τοῦ οἴεσθαι περὶ
τούτων του τὴν αἰτίαν εἰδέναι, ὅς γε οὐκ ἀποδέχομαι ἐμαυτοῦ
οὐδὲ ὡς ἐπειδὰν ἑνί τις προσθῇ ἕν, ἢ τὸ ἓν ᾧ προσετέθη
δύο γέγονεν, ἢ τὸ προστεθέν, ἢ τὸ προστεθὲν καὶ ᾧ προσ-
97 ετέθη διὰ τὴν πρόσθεσιν τοῦ ἑτέρου τῷ ἑτέρῳ δύο ἐγένετο·
θαυμάζω γὰρ εἰ ὅτε μὲν ἑκάτερον αὐτῶν χωρὶς ἀλλήλων
ἦν, ἓν ἄρα ἑκάτερον ἦν καὶ οὐκ ἤστην τότε δύο, ἐπεὶ δ᾽
ἐπλησίασαν ἀλλήλοις, αὕτη ἄρα αἰτία αὐτοῖς ἐγένετο τοῦ δύο
5 γενέσθαι, ἡ σύνοδος τοῦ πλησίον ἀλλήλων τεθῆναι. οὐδέ
γε ὡς ἐάν τις ἓν διασχίσῃ, δύναμαι ἔτι πείθεσθαι ὡς αὕτη
αὖ αἰτία γέγονεν, ἡ σχίσις, τοῦ δύο γεγονέναι· ἐναντία γὰρ
b γίγνεται ἢ τότε αἰτία τοῦ δύο γίγνεσθαι. τότε μὲν γὰρ ὅτι

---

ἀπο-δέχομαι: to accept, admit, receive, 9
δια-σχίζω: to divide; split asunder, 2
δύναμαι: to be able, can, be capable, 15
ἑκάτερος, -α, -ον: each of two, either, 5
Ζεύς, ὁ: Zeus, 11
θαυμάζω: to wonder, marvel, be amazed at, 7
νή: by…(+ acc, invoking a god ), 14
πλησιάζω: to bring near, 2

πλησίος, -η, -ον: near, close to, (gen) 4
πόρρω: far from, far off; further into, 1
προσ-θέσις, ἡ: adding, addition, 3
προσ-τίθημι: to add; attribute, impose, give 10
σύν-οδος, ἡ: an assembly, meeting, 1
σχίσις, -εως, ἡ: division, parting, cleavage, 4
χωρίς: separately; apart from, without (gen) 6

6 **πόρρω…τοῦ οἴεσθαι**: *that I am far from
thinking…!*; this acc. + inf. is an infinitive
of exclamation: employed as main clause to
express surprise or indignation (S 2015)
**Δία**: acc. sg. Ζεύς

7 **του**: *of anything*; gen. sg. of indefinite τις
**εἰδέναι**: inf. οἶδα
**ὅς γε…ἀποδέχομαι…ὡς**: *since I do not
accept from myself even that…*; a relative
pronoun + γε is often causal (S 2826)

8 **ἑνί…ἕν**: dat. sg. of compound verb and acc.
obj., both neuter from εἷς, μία, ἕν
**προσθῇ**: 3s aor. subj. προστίθημι (θε-)
**τὸ ἕν**: nom. subject, hence the article
**ᾧ προσετέθη**: *to which…*; 3s aor. pass.
προστίθημι

9 **γέγονεν**: pf. γίγνομαι,
**ἢ τὸ πρόσθεθέν ἢ**: *either the one …or*; neut.
sg. aor. pass. pple, beginning a new clause
**ᾧ προσετέθη**: *and (the one) to which it was
added*; the missing antecedent is part of the
subject

97a1 **τῷ ἑτέρῳ** : *to the other*; dat. governed
by τὴν πρόσθεσιν

3 **ἓν ἑκάτερον**: the first word is the predicate
and the second is the subject
**ἤστην**: 3rd pers. dual impf.

4 **αὕτη ἄρα**: *this, it turns out,…*; αὕτη is the
subject and αἰτία, the predicate
**τοῦ…γενέσθαι**: *for…*; articular inf., an
objective gen. following αἰτία

5 **ἡ σύνοδος**: in apposition to αὕτη;
**τοῦ τεθῆναι**: *of…*; aor. pass. inf. τίθημι

6 **οὐδέ γε ὡς**: *and yet that…not*; parallel to
οὐδε ὡς in line 96e8; οὐδὲ γέ ὡς,
introduces a negative counterpart (GP 156)
**διασχίσῃ**: 3s aor. subj.
**πείθεσθαι**: *to be persuaded*; passive
**ἡ σχίσις**: in apposition to αὕτη

b1 **ἐναντία…γίγνεται…γίγνεσθαι**: *for (this)
turns out to be opposite ~~than~~ the cause
of their becoming two at that (earlier) time*;
ἐναντία ἤ, 'opposite than,' is unusual

2 **ὅτι**: *because*

συνήγετο πλησίον ἀλλήλων καὶ προσετίθετο ἕτερον ἑτέρῳ,
νῦν δ' ὅτι ἀπάγεται καὶ χωρίζεται ἕτερον ἀφ' ἑτέρου. οὐδέ
γε δι' ὅτι ἓν γίγνεται ὡς ἐπίσταμαι, ἔτι πείθω ἐμαυτόν,
οὐδ' ἄλλο οὐδὲν ἑνὶ λόγῳ δι' ὅτι γίγνεται ἢ ἀπόλλυται ἢ  5
ἔστι, κατὰ τοῦτον τὸν τρόπον τῆς μεθόδου, ἀλλά τιν' ἄλλον
τρόπον αὐτὸς εἰκῇ φύρω, τοῦτον δὲ οὐδαμῇ προσίεμαι.

ἀλλ' ἀκούσας μέν ποτε ἐκ βιβλίου τινός, ὡς ἔφη, Ἀναξ-
αγόρου ἀναγιγνώσκοντος, καὶ λέγοντος ὡς ἄρα νοῦς ἐστιν ὁ  c
διακοσμῶν τε καὶ πάντων αἴτιος, ταύτῃ δὴ τῇ αἰτίᾳ ἥσθην τε
καὶ ἔδοξέ μοι τρόπον τινὰ εὖ ἔχειν τὸ τὸν νοῦν εἶναι πάντων
αἴτιον, καὶ ἡγησάμην, εἰ τοῦθ' οὕτως ἔχει, τόν γε νοῦν
κοσμοῦντα πάντα κοσμεῖν καὶ ἕκαστον τιθέναι ταύτῃ ὅπῃ  5

---

αἴτιος, -α, -ον: responsible, blameworthy, 8
ἀνα-γιγνώσκω: read; recognize, persuade, 3
Ἀναξαγόρας, ου, ὁ: Anaxagoras, 2
ἀπ-άγω: to remove, lead away, carry off, 3
βιβλίον, τό: a scroll, book, 1
δια-κοσμέω: to arrange, order, 2
εἰκῇ: without plan or purpose, heedlessly, 1
ἐπίσταμαι: know, know how, understand, 13
ἥδομαι: to delight in, be pleased (dat) 6
κοσμέω: to order, arrange, adorn, 5
μεθ-όδος, ἡ,: pursuit, investigation, method, 2

νοῦς, ὁ: mind, intention, attention, thought, 14
ὅπῃ: where; in what way, how, 11
οὐδαμῇ: in no place, in no way, not at all, 3
πλησίος, -η, -ον: near, close to; neighbors, 4
προσ-ίημι: to admit, send to, let come to, 2
προσ-τίθημι: to add, attribute, impose, give 10
πλησίος, -η, -ον: near, close to, (gen) 4
τίθημι: to set, put, place, arrange, 10
τρόπος, ὁ: a method, manner, way; turn, 17
φύρω: to mix up, jumble up; 1
χωρίζω: to separate, sever, divide, 3

2 ἕτερον ἑτέρῳ: one...to the other...; neuter
nom. subj. and dat. object
3 ὅτι: because...
ἀπάγεται: is removed
ἕτερον: neuter nom. subj.
οὐδέ γε...ἔτι πείθω ἐμαυτόν: and yet I no
longer persuade myself that...; governs ὡς
ἐπίσταμαι and δι(ὰ)... γίγνεται is
governed by τὸ ἐπίσταμαι, (GP 156)
4 δι(ὰ) ὅτι: why...; 'on account of that'
5 ἄλλο οὐδὲν: subject of the following verbs,
here used proleptically: 'I do not know
nothing other why...' is equivalent to 'I
do not know why nothing other...'
ἑνὶ λόγῳ: in one word; i.e. in brief, dat. of
manner
δι(ὰ) γίγνεται...ἔστι: all governed by
ἐπίσταμαι

6 κατὰ...τρόπον: according to this method
7 τοῦτον (τρόπον) οὐδαμῇ προσίεμαι: 1s
pres. mid.
c1 ἀναγιγνώσκοντος, καὶ λέγοντος: from
(someone) reading and...; the missing noun
is a gen. of source following ἀκούσας, the
gen Ἀναξαγόρου modifies βιβλίου
νοῦς: Mind, Nous; subject, scholars often
leave the noun capitalized and in Greek
2 ταύτῃ...αἰτίᾳ: by...; or 'in', dat. of means
ἥσθην: 1s aor. pass. deponent; ἥδομαι
3 εὖ ἔχειν: is good; see p. 7
τὸ...εἶναι: (namely) that...; ind. discourse
4 οὕτως ἔχει: see p. 7
5 ἕκαστον: each thing; obj. of τιθέναι
ταύτῃ: in this way; dat. of manner

ἂν βέλτιστα ἔχῃ· εἰ οὖν τις βούλοιτο τὴν αἰτίαν εὑρεῖν
περὶ ἑκάστου ὅπῃ γίγνεται ἢ ἀπόλλυται ἢ ἔστι, τοῦτο δεῖν
περὶ αὐτοῦ εὑρεῖν, ὅπῃ βέλτιστον αὐτῷ ἐστιν ἢ εἶναι ἢ

d ἄλλο ὁτιοῦν πάσχειν ἢ ποιεῖν· ἐκ δὲ δὴ τοῦ λόγου τούτου
οὐδὲν ἄλλο σκοπεῖν προσήκειν ἀνθρώπῳ καὶ περὶ αὐτοῦ ἐκεί-
νου καὶ περὶ τῶν ἄλλων ἀλλ᾽ ἢ τὸ ἄριστον καὶ τὸ βέλτιστον.
ἀναγκαῖον δὲ εἶναι τὸν αὐτὸν τοῦτον καὶ τὸ χεῖρον εἰδέναι·

5 τὴν αὐτὴν γὰρ εἶναι ἐπιστήμην περὶ αὐτῶν. ταῦτα δὴ
λογιζόμενος ἄσμενος ηὑρηκέναι ᾤμην διδάσκαλον τῆς αἰτίας
περὶ τῶν ὄντων κατὰ νοῦν ἐμαυτῷ, τὸν Ἀναξαγόραν, καί
μοι φράσειν πρῶτον μὲν πότερον ἡ γῆ πλατεῖά ἐστιν ἢ

e στρογγύλη, ἐπειδὴ δὲ φράσειεν, ἐπεκδιηγήσεσθαι τὴν αἰτίαν

---

Ἀναξαγόρας, ου, ὁ: Anaxagoras, 2
ἄριστος, -η, -ον: best, most excellent, 6
ἄσμενος, -η, -ον: well-pleased, glad, 4
βέλτιστος, -η, -ον: best, 14
διδάσκαλος, ὁ: teacher, 1
ἐπεκ-διηγέομαι: to explain in addition, 3
εὑρίσκω: to find, discover, devise, invent, 8
λογίζομαι: to reason, calculate, count, 9

νοῦς, ὁ: mind, intention, attention, thought, 14
ὅπῃ: where; in what way, how, 11
ὅστισ-οῦν, ἥτισουν, ὅτι-οῦν: whosoever, 11
πλατύς, -εῖα, -ύ: wide, broad, flat, 3
προσ-ήκει: it belongs, it is fitting, befits 15
στρογγύλος, -η, -ον: round, spherical, 1
φράζω: to point out, tell, indicate, 6
χείρων, -ον, (-οντος): worse, inferior, 5

6 βέλτιστα: ἔχω + superlative adv. (see p.
  7); 3s subj. in an indefinite relative clause
7 βούλοιτο: *wished*; opt. replacing ἄν + subj.
  in ind. disc. in secondary seq.
7 τοῦτο...ὅπῃ: *this...(namely) in what way*;
  object of εὑρεῖν
  δεῖν: *that is was necessary...*; ind. disc.
  continuing from ἡγησάμην in c4
8 περὶ αὐτοῦ: *concerning it*; i.e. ἑκάστου,
  whatever object of inquiry
  αὐτῷ: *for it*; dat. of interest
  ἢ εἶναι...ἢ ποιεῖν: subject infinitives of ἐστιν
d2 προσήκειν: *that it is fitting*; impersonal,
  still governed by ἡγησάμην in line c4
  καὶ...καὶ: *both...and*
  ἀλλ(ὰ) ἤ: *but*; οὐδὲν...ἀλλ(ὰ) ἤ is an
  elliptical expression: 'nothing but' (S 2778)
4 εἶναι: *that it is...*; parallel to προσήκειν in

d2 and also governed by ἡγησάμην (l. c4)
τὸν αὐτὸν τοῦτον: *that this same (man)...*
  acc. subj. of inf. οἶδα
  καί: *also*
  ταῦτα δὴ: *these very things*; intensive δή
6 ηὑρηκέναι: pf. inf. εὑρίσκω
  ᾤμην: impf. οἴομαι
7 τῶν ὄντων: *the things which are*; pple
  κατὰ νοῦν: *according to my mind*; likely a
  wordplay on Anaxagoras' *Nous*
  τὸν Ἀναξαγόραν: in apposition
8 φράσειν: *that (he)...*; assume Anaxagoras
  as acc. subject of this fut. inf., governed by
  ᾤμην
  πρῶτον: *first*; adverbial acc.
e1 φράσειεν: *he had told (me)*; aor. opt. may
  replace ἄν + subj. in ind. disc. in
  secondary sequence

καὶ τὴν ἀνάγκην, λέγοντα τὸ ἄμεινον καὶ ὅτι αὐτὴν ἄμεινον
ἦν τοιαύτην εἶναι· καὶ εἰ ἐν μέσῳ φαίη εἶναι αὐτήν, ἐπεκ-
διηγήσεσθαι ὡς ἄμεινον ἦν αὐτὴν ἐν μέσῳ εἶναι· καὶ εἴ μοι
ταῦτα ἀποφαίνοι, παρεσκευάσμην ὡς οὐκέτι ποθεσόμενος 98
αἰτίας ἄλλο εἶδος. καὶ δὴ καὶ περὶ ἡλίου οὕτω παρεσκευ-
άσμην ὡσαύτως πευσόμενος, καὶ σελήνης καὶ τῶν ἄλλων
ἄστρων, τάχους τε πέρι πρὸς ἄλληλα καὶ τροπῶν καὶ τῶν
ἄλλων παθημάτων, πῇ ποτε ταῦτ' ἄμεινόν ἐστιν ἕκαστον 5
καὶ ποιεῖν καὶ πάσχειν ἃ πάσχει. οὐ γὰρ ἄν ποτε αὐτὸν
ᾤμην, φάσκοντά γε ὑπὸ νοῦ αὐτὰ κεκοσμῆσθαι, ἄλλην τινὰ
αὐτοῖς αἰτίαν ἐπενεγκεῖν ἢ ὅτι βέλτιστον αὐτὰ οὕτως ἔχειν
ἐστὶν ὥσπερ ἔχει· ἑκάστῳ οὖν αὐτῶν ἀποδιδόντα τὴν αἰτίαν b

---

ἀμείνων, -ον (-ονος): better, 10
ἀπο-δίδωμι: to give back, return, render, 5
ἀπο-φαίνω: to show, make clear; perform, 2
ἄστρον, τὸ: a star, 5
βέλτιστος, -η, -ον: best, 14
εἶδος, -εος, τό: form, shape, figure, 17
ἐπεκ διηγέομαι: to explain in addition, 3
ἐπι-φέρω: to introduce; bring, attack, 6
ἥλιος, ὁ: the sun, 7
κοσμέω: to order, arrange, adorn, 5
μέσος, -η, -ον: middle, in the middle of, 8

νοῦς, ὁ: mind, intention, attention, thought, 14
πάθημα, -ατος, τό: experience, misfortune, 4
παρα-σκευάζω: to get ready, prepare, 8
πῇ: in what way, how, 5
ποθέω: to long for, yearn after, 1
πυνθάνομαι: to learn by inquiry or hearsay, 3
σελήνη, ἡ: the moon, 2
ταχύς, εῖα, ύ: quick, swift, hastily, 9
τρόπος, ὁ: a manner, way; turn, direction, 17
φάσκω: to say, speak, assert, 1
ὡσ-αύτως: in the same manner, just so, 4

2 τὴν ἀνάγκην: the necessity; i.e. why it
must be so
τὸ ἄμεινον: what is better; i.e. round or flat
αὐτήν...εἶναι τοιαύτην: that it; i.e. τὴν γῆν
3 εἰ...φαίη: if he said; pres. opt. replacing ἄν
+ subj. in ind. disc. in secondary sequence
αὐτήν: that it...; i.e. τὴν γῆν
4 ὡς...ἦν: how it...; impersonal verb
98a1 εἰ...ἀποφαίνοι: if he showed; pres. opt.
replacing ἄν + subj. in secondary sequence
in ind. disc. governed by παρεσκευάσμην
παρεσκευάσμην: I had prepared myself;
plpf. mid., mid. is often reflexive in sense
ὡς...ποθεσόμενος...εἶδος: to long no longer
for...; 'so as going to long for.' While
readers expect ind. disc., Plato employs ὡς
+ fut pple (mid.) to express purpose.
2 καὶ δὴ καί: in particular; 'and indeed also'

3 πευσόμενος: fut. pple πυνθάνομαι again
expressing purpose, i.e. 'intending to...'
(περὶ) σελήνης: ellipsis, supply preposition
4 τάχους...πέρι: περὶ τάχους; gen. τάχε-ος
πρὸς ἄλληλα: compared to one another
5 πῇ ποτε...ἄμεινόν ἐστιν: how in the world...
ταῦτα...ἕκαστον: acc. obj. and acc. subject
6 ἄν ᾤμην: I would suppose;. ἄν + impf.
expresses present (unrealized) potential
7 φάσκοντα: that (Anaxagoras), claiming...;
supply acc. subj of aor. inf. ἐπιφέρω
7 ὑπὸ νοῦ: by Mind, by Nous; gen. of agent
αὐτοῖς: for these things; dat. interest
ἐπ-ενεγκεῖν: aor. inf. ἐπι-φέρω
8 ἢ ὅτι: than that...; following ἄλλην
βέλτιστον...ἐστιν: it is...; impersonal
b1 ἀποδιδόντα...αἰτίαν: then (the one)
assigning a cause to...

καὶ κοινῇ πᾶσι τὸ ἑκάστῳ βέλτιστον ᾤμην καὶ τὸ κοινὸν
πᾶσιν ἐπεκδιηγήσεσθαι ἀγαθόν· καὶ οὐκ ἂν ἀπεδόμην πολλοῦ
τὰς ἐλπίδας, ἀλλὰ πάνυ σπουδῇ λαβὼν τὰς βίβλους ὡς
5  τάχιστα οἷός τ' ἦ ἀνεγίγνωσκον, ἵν' ὡς τάχιστα εἰδείην τὸ
βέλτιστον καὶ τὸ χεῖρον.

ἀπὸ δὴ θαυμαστῆς ἐλπίδος, ὦ ἑταῖρε, ᾠχόμην φερόμενος,
ἐπειδὴ προϊὼν καὶ ἀναγιγνώσκων ὁρῶ ἄνδρα τῷ μὲν νῷ
οὐδὲν χρώμενον οὐδέ τινας αἰτίας ἐπαιτιώμενον εἰς τὸ
c  διακοσμεῖν τὰ πράγματα, ἀέρας δὲ καὶ αἰθέρας καὶ ὕδατα
αἰτιώμενον καὶ ἄλλα πολλὰ καὶ ἄτοπα. καί μοι ἔδοξεν
ὁμοιότατον πεπονθέναι ὥσπερ ἂν εἴ τις λέγων ὅτι Σωκράτης
πάντα ὅσα πράττει νῷ πράττει, κἄπειτα ἐπιχειρήσας λέγειν

---

ἀήρ, ἀέρος m.: air, mist 16
αἰθήρ, -έρος ὁ: aether, air, sky, 4
αἰτιάομαι: assign, accuse, charge; blame, 4
ἀνα-γιγνώσκω: recognize, persuade; read, 3
ἀπο-δίδωμι: to give back, return, render, 5
ἄ-τοπος, -ον: strange, odd, extraordinary, 9
βέλτιστος, -η, -ον: best, 14
βίβλος, ὁ: book, 1
δια-κοσμέω: to arrange, order, 2
ἐλπίς, -ίδος, ἡ: hope, expectation, 9
ἐπ-αιτιάομαι: assign (as cause), accuse 1
ἐπεκ-διηγέομαι: to explain in addition, 3
ἐπι-χειρέω: put one's hand on, attempt, try, 8
ἑταῖρος, ὁ: a comrade, companion, mate, 11

θαυμαστός, -ή, -όν: wonderful, marvelous, 11
ἵνα: in order that (+ subj.); where (+ ind.), 7
κοινός, -ή, -όν: common, ordinary; public, 3
νοῦς, ὁ: mind, intention, attention, thought, 14
οἴχομαι: to go, go off, depart, 14
πρᾶγμα, -ατος τό: deed, act; matter, affair 18
πράττω: to do, accomplish, make, act, 12
προ-έρχομαι: to go forth, advance, 1
σπουδή, ἡ: haste, earnestness, enthusiasm, 1
ταχύς, εῖα, ύ: quick, swift, hastily, 9
ὕδωρ, ὕδατος, τό: water, 14
χείρων, -ον, (-οντος): worse, inferior, 5
χράομαι: to use, employ, enjoy, (+ dat.) 11

---

2  καὶ κοινῇ πᾶσι: and to everything in
common; parallel to ἑκάστῳ in b1
τὸ...ᾤμην...ἀγαθόν: I thought that (the
one)...would explain what is best for each
and what is the good common to all; the
missing acc. subj. governs ἀποδιδόντα
3  ἂν ἀπεδόμην πολλοῦ τὰς ἐλπίδας: and I
would not give up (my) hopes for a great
price; i.e. I had high hopes; ἂν + aor. mid.
expresses past unrealized potential; the
mid. of ἀποδίδωμι often means 'sell' or
'exchange and governs a gen. of price
4  ὡς τάχιστα οἷός τ(ε) ἦ: as quickly as I was
able; '...I was the sort to...' οἷός τε εἰμί is
a common idiom for 'I am able...'

5  ἵνα...εἰδείην: so that...might...; purpose, 1s.
opt. οἶδα in secondary sequence
ὡς τάχιστα: as...as possible; + superlative
7  φερόμενος: carried along; pass. pple
8  προϊών: nom. sg. pres. pple προέρχομαι
τῷ νῷ: dat. sg. νοῦς, obj. of χρώμενον
9  οὐδέν: not at all; inner acc.
εἰς: for...; expressing purpose
c2  αἰτιώμενον: assigning (as causes)...; i.e. to
point out as responsible
3  ὁμοιότατον: superlative adv.
πεπονθέναι: to have happened; pf. πάσχω
ὥσπερ ἂν εἰ: just as if...; ὥσπερ εἴ, see 1.5
4  νῷ: with mind, with nous; dat. of means
κἄπειτα: καὶ ἔπειτα

τὰς αἰτίας ἑκάστων ὧν πράττω, λέγοι πρῶτον μὲν ὅτι διὰ 5
ταῦτα νῦν ἐνθάδε κάθημαι, ὅτι σύγκειταί μου τὸ σῶμα ἐξ
ὀστῶν καὶ νεύρων, καὶ τὰ μὲν ὀστᾶ ἐστιν στερεὰ καὶ
διαφυὰς ἔχει χωρὶς ἀπ' ἀλλήλων, τὰ δὲ νεῦρα οἷα ἐπι-
τείνεσθαι καὶ ἀνίεσθαι, περιαμπέχοντα τὰ ὀστᾶ μετὰ τῶν d
σαρκῶν καὶ δέρματος ὃ συνέχει αὐτά· αἰωρουμένων οὖν τῶν
ὀστῶν ἐν ταῖς αὑτῶν συμβολαῖς χαλῶντα καὶ συντείνοντα
τὰ νεῦρα κάμπτεσθαί που ποιεῖ οἷόν τ' εἶναι ἐμὲ νῦν τὰ
μέλη, καὶ διὰ ταύτην τὴν αἰτίαν συγκαμφθεὶς ἐνθάδε κά- 5
θημαι· καὶ αὖ περὶ τοῦ διαλέγεσθαι ὑμῖν ἑτέρας τοιαύτας
αἰτίας λέγοι, φωνάς τε καὶ ἀέρας καὶ ἀκοὰς καὶ ἄλλα μυρία
τοιαῦτα αἰτιώμενος, ἀμελήσας τὰς ὡς ἀληθῶς αἰτίας λέγειν,

---

ἀήρ, ἀέρος m.: air, mist 16
αἰτιάομαι: assign, accuse, charge; blame, 4
αἰωρέω: to lift up, raise, 2
ἀκοή, ἡ: hearing, 1
ἀμελέω: to have no care for, neglect, 5
ἀν ἵημι: to relax, let loose, send up, 1
δέρμα, -ατος, τό: skin, 1
δια-λέγομαι: to converse with, discuss, 13
διαφυή, ἡ: joint, 1
ἐπι-τείνω: to stretch over, tighten, 3
κάθ-ημαι: to sit, 4
κάμπτομαι, ἡ: bend, curve, 1
μέλος, -εος, τό: limb, 1
νεῦρον, τό: sinew, tendon, nerve, 6

ὀστέον, τό: bone, 9
περι-αμπέχω: put on round, put on, clothe, 1
πράττω: to do, accomplish, make, act, 12
σάρξ, σαρκός, ἡ: flesh, 3
στερεός, -ά, -όν: solid, firm, 1
συγ-κάμπτω: to bend, bend together, 2
συγ-κεῖμαι: be composed, be compounded, 6
συμ-βολή, ἡ: ligament, 1
συν-έχω: to hold together, contain, 4
συν-τείνω: to draw tight, strain, 4
φωνή, ἡ: speech, voice, 2
χαλάω: to slacken, loosen, release, 3
χωρίς: separately; apart from, without (gen) 6

5 ὧν: which; ἅ, acc. pl. relative pronoun
attracted into the gen. of the antecedent
(ὥσπερ ἂν εἴ) λέγοι: (just as if) one should
say; opt. in a protasis beginning in line 3;
the ἄν is part of a suppressed apodosis (ἄν
+ opt) and can be left untranslated (S 2478)
6 ἐνθάδε: here
ὅτι: (namely) that...; or 'namely because...'
in apposition to διὰ ταῦτα
ἐξ: i.e. as a result from...;
8 (ἐστίν) οἷα: are the sort to...; add a linking
verb; οἷα is a predicate that governs two
epexegetic (explanatory) infinitives
d2 ὃ συνέχει αὐτά: which contains them
αἰωρουμένων...ὀστῶν ἐν...συμβολαῖς:

gen. abs., includes the prepositional phrase
4 τὰ νεῦρα: nom. subject of ποιεῖ
κάμπτεσθαι τὰ μέλη: governed by οἷον τε
εἶναι
ποιεῖ οἷον τ(ε) εἶναι ἐμέ: makes me able
to...; 'makes me be the sort to...'
5 συγκαμφθείς: nom. sg. aor. pass. pple
6 τοῦ διαλέγεσθαι ὑμῖν: conversing with you
7 λέγοι: (just as if) one should say; parallel
to λέγοι in c5 in the same protasis from
line c3
8 αἰτιώμενος: assigning (as causes)
ὡς ἀληθῶς: truly; τὰς ὡς ἀληθῶς αἰτίας
may be translated as 'the causes in reality'
or just 'the real causes'

ὅτι, ἐπειδὴ Ἀθηναίοις ἔδοξε βέλτιον εἶναι ἐμοῦ καταψη-
φίσασθαι, διὰ ταῦτα δὴ καὶ ἐμοὶ βέλτιον αὖ δέδοκται ἐνθάδε
καθῆσθαι, καὶ δικαιότερον παραμένοντα ὑπέχειν τὴν δίκην
5 ἣν ἂν κελεύσωσιν· ἐπεὶ νὴ τὸν κύνα, ὡς ἐγᾦμαι, πάλαι ἂν
99 ταῦτα τὰ νεῦρα καὶ τὰ ὀστᾶ ἢ περὶ Μέγαρα ἢ Βοιωτοὺς ἦν,
ὑπὸ δόξης φερόμενα τοῦ βελτίστου, εἰ μὴ δικαιότερον ᾦμην
καὶ κάλλιον εἶναι πρὸ τοῦ φεύγειν τε καὶ ἀποδιδράσκειν
ὑπέχειν τῇ πόλει δίκην ἥντιν' ἂν τάττῃ. ἀλλ' αἴτια μὲν
5 τὰ τοιαῦτα καλεῖν λίαν ἄτοπον· εἰ δέ τις λέγοι ὅτι ἄνευ
τοῦ τὰ τοιαῦτα ἔχειν καὶ ὀστᾶ καὶ νεῦρα καὶ ὅσα ἄλλα ἔχω
οὐκ ἂν οἷός τ' ἦ ποιεῖν τὰ δόξαντά μοι, ἀληθῆ ἂν λέγοι· ὡς
μέντοι διὰ ταῦτα ποιῶ ἃ ποιῶ, καὶ ταῦτα νῷ πράττων, ἀλλ' οὐ

---

ἄ-τοπος, -ον: strange, odd, extraordinary, 9
Ἀθηναῖος, -α, -ον: Athenian, of Athens, 6
ἄνευ: without, 9
ἀπο-διδράσκω: to run away, flee, escape, 2
βέλτιστος, -η, -ον: best, 14
βελτίων, -ον (-ονος): better, 7
Βοιωτός, ὁ: Boeotian, 1
δίκαιος, -α, -ον: just, right(eous), fair, 13
δόξα, ἡ: opinion, reputation, honor, glory, 7
ἐν-θάδε: here, hither, thither, 17
κάθ-ημαι: to sit, 4
καλλιων, -ον: more noble or beautiful, 7
κατα-ψηφίζομαι: to vote against (gen) 1
κελεύω: to bid, order, command, exhort, 8
κύων, κυνός, ὁ: a dog, 2

λίαν: very, exceedingly, 1
Μέγαρα, τά: Megara, 1
νεῦρον, τό: sinew, tendon, nerve, 6
νή: by...(+ acc, invoking a god ), 14
νοῦς, ὁ: mind, intention, attention, thought, 14
ὀστέον, τό: bone, 9
πάλαι: for some time, long ago, of old, 13
παρα-μένω: to abide, remain, 2
πόλις, ἡ: a city, 1
πράττω: to do, accomplish, make, act, 12
πρό: before, in front; in place of (+ gen.), 13
τάττω: to order, arrange, marshall, 2
ὑπ-έχω: to bear, suffer, undergo, 3
φεύγω: to flee, escape; defend in court, 10

2 ὅτι: (namely) that..., (namely) because...
3 ταῦτα δὴ: these very things, precisely these
   καὶ: also, too
   δέδοκται: it...; pf. pass. δοκέω
4 καὶ δικαιότερον: and (it has seemed) to be
   more just that I...; supply δέδοκται
   δίκην: penalty
5 ἣν ἂν: whatever; indefinite relative + subj.
   ἐπεὶ: since...; causal
   ἐγᾦμαι: ἐγὼ οἴομαι
   πάλαι ἂν...ἦν.... εἰ...ᾦμην: would have been
   long ago....if I did not think; present
   contrafactual (εἰ + impf., ἂν + impf.); ἦν
   governs a neuter pl. subject, and πάλαι

suggests that ἦν is progressive in sense
99a1 ἢ περὶ Μέγαρα ἢ (περὶ) Βοιωτούς:
   either around Megara or around the
   Boeotians; note the lack of parallelism
2 ὑπὸ: by...; gen. of cause
3 πρὸ...ἀποδιδράσκειν: instead of...; + infs.
4 τῇ πόλει: for the city; dat. of interest
   ἥντινα ἂν: whatever; indefinite relative
5 (ἐστίν) ἄτοπον: it is absurd; add verb
   εἰ λέγοι...ἂν λέγοι: should...would say
6 καὶ ὀστᾶ...ἔχω: in apposition to τοιαῦτα
7 οὐκ ἂν οἷός τ(ε) ἦ: I would be able...
   ὡς...: (to say) that...; ind. disc.
8 νῷ: with mind, with intention

τῇ τοῦ βελτίστου αἱρέσει, πολλὴ ἂν καὶ μακρὰ ῥᾳθυμία εἴη   b
τοῦ λόγου. τὸ γὰρ μὴ διελέσθαι οἷόν τ᾽ εἶναι ὅτι ἄλλο μέν
τί ἐστι τὸ αἴτιον τῷ ὄντι, ἄλλο δὲ ἐκεῖνο ἄνευ οὗ τὸ αἴτιον
οὐκ ἄν ποτ᾽ εἴη αἴτιον· ὃ δή μοι φαίνονται ψηλαφῶντες οἱ
πολλοὶ ὥσπερ ἐν σκότει, ἀλλοτρίῳ ὀνόματι προσχρώμενοι,   5
ὡς αἴτιον αὐτὸ προσαγορεύειν. διὸ δὴ καὶ ὁ μέν τις δίνην
περιτιθεὶς τῇ γῇ ὑπὸ τοῦ οὐρανοῦ μένειν δὴ ποιεῖ τὴν γῆν,
ὁ δὲ ὥσπερ καρδόπῳ πλατείᾳ βάθρον τὸν ἀέρα ὑπερείδει·
τὴν δὲ τοῦ ὡς οἷόν τε βέλτιστα αὐτὰ τεθῆναι δύναμιν οὕτω   c
νῦν κεῖσθαι, ταύτην οὔτε ζητοῦσιν οὔτε τινὰ οἴονται δαι-
μονίαν ἰσχὺν ἔχειν, ἀλλὰ ἡγοῦνται τούτου Ἄτλαντα ἄν
ποτε ἰσχυρότερον καὶ ἀθανατώτερον καὶ μᾶλλον ἅπαντα

---

ἀήρ, ἀέρος m.: air, mist 16
αἵρεσις, -εως, ἡ: choice, deliberation; taking, 1
αἴτιος, -α, -ον: responsible, blameworthy, 8
ἀλλότριος -α -ον: not belonging, of another, 3
ἄνευ: without, 9
ἅπας, ἅπασα, ἅπαν: every, quite all, 14
Ἄτλας, -αντος, ὁ: Atlas, 1
βάθρον, τό: base, pedestal, 1
βέλτιστος, -η, -ον: best, 14
δαιμόνιος, -α, -ον: divine, of a god, 1
δι-αιρέω (ἑλ): to divide, separate, discern, 3
δίνη, ἡ: vortex, rotation; whirlpool, eddy, 1
διό: δι᾽ ὅ, for which reason, for this reason, 4
δύναμις, -εως, ἡ: power, wealth, strength, 3
ζητέω: to seek, look for, investigate, 9

ἰσχυρός, -ά, -όν: strong, powerful; severe, 5
ἰσχύς, -ύος, ἡ: strength, might, power, force, 2
καρδόπος, ἡ: kneading-trough, 1
κεῖμαι: to lie, set down, be placed, establish, 4
μακρός, ά, όν: long, far, distant, large, 4
μένω: to stay, remain, 8
οὐρανός, ὁ: sky, heaven, 10
περι-τίθημι: to put or place around, envelop 1
πλατύς, -εῖα, -ύ: wide, broad, flat, 3
προσ-αγορεύω: to call (x) (y), name, 1
προσ-χράομαι: to use in addition (+ dat.), 2
ῥᾳ-θυμία, ἡ,: carelessness; laziness, 1
σκότος, -εος, τό: darkness, gloom, 1
ὑπ-ερείδω: to put under as support, 1
ψηλαφάω: to grope for, touch, feel for, 1

b1 τῇ...αἱρέσει: because of...; dat. of cause
ἂν εἴη: would be; ῥᾳθυμία is predicate; the
clause (ὡς...αἱρέσει, a7-b1) is the subject
2 τοῦ λόγου: of talking; or 'of speech'
τὸ γὰρ μὴ διελέσθαι οἷον τ(ε) εἶναι: (it is
remarkable) that one is not able to
distinguish...!; an inf. of exclamation,
is used to express surprise or indignation
(S 2015), see 96e6
3 ὅτι ἄλλο μέν...ἀλλὸ δὲ...αἴτιον: that
the cause in reality is one thing but that
without which the cause would not ever be
a cause (is) another thing; τὸ αἴτιον is
'the thing responsible,' hence 'cause' or
'reason'; τῷ ὄντι is adverbial

4 ὃ δή: which very thing...; obj. of the pple
6 ὡς...: so as to...; result clause.
ὁ μέν τις...γῆν: a certain man by placing a
vortex around the earth makes the earth
just stay under the sky; dat. of compound
8 ὁ δὲ...ὑπερείδει: another puts air as a base
under (the earth) as if (under) a flat trough
c1 τὴν δὲ...ζητοῦσιν: but they do not seek this,
(namely) the power for their being placed
as best as it is possible to be placed just
now; τοῦ τεθῆναι is an articular inf. aor.
pass. τίθημι; κεῖσθαι is an explanatory inf.
3 τινα...ἔχειν: that it has some divine force
τούτου: than this one; gen. of comparison
Ἄτλαντα: that a (new) Atlas...

5   συνέχοντα ἐξευρεῖν, καὶ ὡς ἀληθῶς τὸ ἀγαθὸν καὶ δέον
συνδεῖν καὶ συνέχειν οὐδὲν οἴονται. ἐγὼ μὲν οὖν τῆς
τοιαύτης αἰτίας ὅπῃ ποτὲ ἔχει μαθητὴς ὁτουοῦν ἥδιστ᾽ ἂν
γενοίμην· ἐπειδὴ δὲ ταύτης ἐστερήθην καὶ οὔτ᾽ αὐτὸς εὑρεῖν
οὔτε παρ᾽ ἄλλου μαθεῖν οἷός τε ἐγενόμην, τὸν δεύτερον

d   πλοῦν ἐπὶ τὴν τῆς αἰτίας ζήτησιν ᾗ πεπραγμάτευμαι βούλει
σοι, ἔφη, ἐπίδειξιν ποιήσωμαι, ὦ Κέβης;
    ὑπερφυῶς μὲν οὖν, ἔφη, ὡς βούλομαι.
    ἔδοξε τοίνυν μοι, ἦ δ᾽ ὅς, μετὰ ταῦτα, ἐπειδὴ ἀπειρήκη

5   τὰ ὄντα σκοπῶν, δεῖν εὐλαβηθῆναι μὴ πάθοιμι ὅπερ οἱ τὸν
ἥλιον ἐκλείποντα θεωροῦντες καὶ σκοπούμενοι πάσχουσιν·
διαφθείρονται γάρ που ἔνιοι τὰ ὄμματα, ἐὰν μὴ ἐν ὕδατι ἤ

---

ἀπο-λέγω: to renounce, refuse, decline, 1
δεύτερος, -η, -ον: second, 1
δια-φθείρω: to destroy, corrupt, kill, 6
ἐκ-λείπω: to leave, abandon, eclipse, 1
ἔνιοι, -αι, -α: some, 7
ἐξ-ευρίσκω: to find out, discover, 3
ἐπί-δειξις, ἡ: exhibition, display, 1
εὐλαβέομαι: be cautious, be careful, beware, 5
εὑρίσκω: to find, discover, devise, invent, 8
ζήτησις, εως, ἡ: seeking, examining, 3
ἡδύς, -εῖα, -ύ: sweet, pleasant, glad, 5
ἥλιος, ὁ: the sun, 7
θεωρέω: to see, watch, look at, 3

μαθητής, οῦ, ὁ: a learner, student, pupil, 1
μανθάνω: to learn, understand, 12
ὄμμα, -ατος, τό: the eye, 5
ὅπῃ: where; in what way, how, 11
ὅστις-οῦν, ἥτισουν, ὅτι-οῦν: whosoever, 11
πλόος (πλοῦς) ὁ: sailing, voyage, 1
πραγματεύομαι: busy oneself, take trouble, 2
στερέω: to deprive from, rob, defraud (gen) 5
συν-δέω: to bind together, bind fast, 1
συν-έχω: to hold together, contain, 4
ὕδωρ, ὕδατος, τό: water, 14
ὑπερφυῶς: extraordinarily, enormously, 3

---

5 ... συνέχοντα: *more all-encompassing*
ἄν...ἔξευρειν: *would...*; ἄν + aor. inf. is
   the equiv. to a potential opt. in direct disc.
ὡς ἀληθῶς: *truly*
τὸ ἀγαθὸν καὶ δέον: *what is good and*
   *binding*; 'the good and binding', neut. pple
6 οὐδὲν: *not at all.*; inner acc. with οἴονται
τῆς...αἰτίας...μαθητὴς ὁτουοῦν: *a pupil of*
   *whosoever of such a cause*; objective gen.
7 ὅπῃ ποτὲ ἔχει: *how in the world it is*; p. 7
ἥδιστ(α): superlative adv. ἡδύς
8 ἐστερήθην: 1s aor. pass. + gen. separation
9 παρ(ὰ): *from...*; place of source
οἷός τε ἐγενόμην: *I turned out to be able*;
   or 'came to be able', οἷός τε εἰμί, 'I am
   the sort to' is a common idiom for 'I am
   able' (here, with the aor. of γίγνομαι)

τὸν δεύτερον...ζήτησιν: *a second sailing*
   *for seeking the cause*; + πεπραγμάτευμαι
d1 ᾗ : *in what way...*; dat. of manner
πεπτραγμάτευμαι: pf. mid.
2 βούλει...ποιήσωμαι...: *do you wish that I*
   *create...*; 2s βούλομαι often accompanies a
   deliberative subj. conflating two questions:
   'what do you want?' and 'am I to create?'
3 ὑπερφυῶς...ὡς: *(it is) extraordinary how*;
   ὑπερφυές ἐστιν ὡς, nominative predicate
   is often attracted by the adverb ὡς
μὲν οὖν: *certainly indeed*; strong assent
ἀπειρήκη: plpf. ἀπολέγω (ἐρ-)
5 τὰ ὄντα: *the things which are*
δεῖν: *it is necessary*; impersonal δεῖ
εὐλαβηθῆναι: aor. pass. deponent inf.
μὴ πάθοιμι: *lest I experience*; fearing clause

τινι τοιούτῳ σκοπῶνται τὴν εἰκόνα αὐτοῦ. τοιοῦτόν τι καὶ   e
ἐγὼ διενοήθην, καὶ ἔδεισα μὴ παντάπασι τὴν ψυχὴν τυφλω-
θείην βλέπων πρὸς τὰ πράγματα τοῖς ὄμμασι καὶ ἑκάστῃ
τῶν αἰσθήσεων ἐπιχειρῶν ἅπτεσθαι αὐτῶν. ἔδοξε δή μοι
χρῆναι εἰς τοὺς λόγους καταφυγόντα ἐν ἐκείνοις σκοπεῖν   5
τῶν ὄντων τὴν ἀλήθειαν. ἴσως μὲν οὖν ᾧ εἰκάζω τρόπον
τινὰ οὐκ ἔοικεν· οὐ γὰρ πάνυ συγχωρῶ τὸν ἐν [τοῖς] λόγοις   100
σκοπούμενον τὰ ὄντα ἐν εἰκόσι μᾶλλον σκοπεῖν ἢ τὸν ἐν
[τοῖς] ἔργοις. ἀλλ' οὖν δὴ ταύτῃ γε ὥρμησα, καὶ ὑποθέμενος
ἑκάστοτε λόγον ὃν ἂν κρίνω ἐρρωμενέστατον εἶναι, ἃ μὲν
ἄν μοι δοκῇ τούτῳ συμφωνεῖν τίθημι ὡς ἀληθῆ ὄντα, καὶ   5
περὶ αἰτίας καὶ περὶ τῶν ἄλλων ἁπάντων [ὄντων], ἃ δ' ἂν

---

αἴσθησις, -εως, ἡ: sensation, perception, 19
ἅπας, ἅπασα, ἅπαν: every, quite all, 14
ἅπτω: fasten, grasp (gen); kindle, set fire; 11
βλέπτω: to look at, see, 3
δείδω: fear, dread, shrink from, feel awe, 11
δια-νοέομαι: to think, consider, intend, 6
εἰκάζω: to liken, compare; pass. be like, 1
εἰκών, -όνος, ἡ: a likeness, image; statue, 3
ἑκάστ-οτε: each time, on each occasion, 4
ἐπι-χειρέω: put one's hand on, attempt, try, 8
ἔργον, τό: work, labor, deed, act, 5
ἐρρωμένος -η -ον: strong, healthy, powerful 1
ἴσως: perhaps, probably; equally, likely, 19

κατα-φεύγω: to flee to refuge, seek refuge, 2
κρίνω: to pick out choose; judge, decide, 2
ὄμμα, -ατος, τό: the eye, 5
ὁρμάω: to set in motion; set out, begin, 5
παντά-πασι: all in all, absolutely 15
πρᾶγμα, -ατος τό: deed, act; matter, affair 18
συγ-χωρέω: agree, yield, come together, 13
συμ-φωνέω: be in harmony, agree (+dat.) 2
τίθημι: to set forth, put, place, arrange, 10
τρόπος, ὁ: a manner, way; turn, direction, 17
τυφλόω: to make blind, 2
ὑπο-τίθημι: to set up, suppose, propose, 4

e1 τινι τοιούτῳ: *(in) some sort of thing*
  σκοπῶνται: *they examine;* ἄν + subj. in a
  pres. general condition (εἰ ἄν subj., pres.)
2 διενοήθην: 1s aor. pass. deponent
  μὴ...τυφλωθείην: *that...;* 'lest', fearing, μὴ
  + 1s aor. pass. opt. in secondary sequence
  τὴν ψυχὴν: *in the soul;* acc. of respect
3 τοῖς ὄμμασι...ἑκάστῃ: both dat. of means
4 αὐτῶν: *them;* a partitive gen. is a common
  object of verbs of grasping or touching
5 χρῆναι: inf. χρή
  τοὺς λόγους: i.e. things said
6 τῶν ὄντων: *of the things which are*
  ἴσως μὲν...ἔοικεν: *perhaps in a way it is not*
  *like (this) which I am comparing it;* i.e.
  perhaps the metaphor is not apt; ᾧ (τούτῳ

ὅ) is an acc. (εἰκάζω + acc.) attracted into
  the dat. of a missing obj. of ἔοικεν
100a1 τὸν...σκοπούμενον: *one examining...*
  τὰ ὄντα: *the things which are*
  τὸν ἐν ἔργοις (σκοπούμενον): *the one...*
3 ἀλλ(ὰ) οὖν δὴ...γε: *well, in all events...;* δὴ
  reinforces the particles, γε emphasizes the
  preceding word; GP 445, S 2957
  ταύτῃ: *in this way;* dat. of manner
  ὑποθέμενος: aor. mid. pple ὑποτίθημι
4 ὃν ἂν: *whichever...;* ἄν + subj., relative
  ἃ μὲν...: *(these things) which;* (ταῦτα) ἅ
5 τούτῳ: i.e. the ἐρρωμενέστατος λόγος
  ὡς ἀληθῆ ὄντα: *on the grounds of being*
  *true;* i.e. as true; ὡς + pple, alleged cause
  ἃ δ(έ): *and whatever...;* in reply to ἃ μὲν

μή, ὡς οὐκ ἀληθῆ. βούλομαι δέ σοι σαφέστερον εἰπεῖν
ἃ λέγω· οἶμαι γάρ σε νῦν οὐ μανθάνειν.

    οὐ μὰ τὸν Δία, ἔφη ὁ Κέβης, οὐ σφόδρα.

b    ἀλλ᾽, ἦ δ᾽ ὅς, ὧδε λέγω, οὐδὲν καινόν, ἀλλ᾽ ἅπερ ἀεί
τε ἄλλοτε καὶ ἐν τῷ παρεληλυθότι λόγῳ οὐδὲν πέπαυμαι
λέγων. ἔρχομαι [γὰρ] δὴ ἐπιχειρῶν σοι ἐπιδείξασθαι τῆς
αἰτίας τὸ εἶδος ὃ πεπραγμάτευμαι, καὶ εἶμι πάλιν ἐπ᾽ ἐκεῖνα
5 τὰ πολυθρύλητα καὶ ἄρχομαι ἀπ᾽ ἐκείνων, ὑποθέμενος εἶναί
τι καλὸν αὐτὸ καθ᾽ αὑτὸ καὶ ἀγαθὸν καὶ μέγα καὶ τἆλλα
πάντα· ἃ εἴ μοι δίδως τε καὶ συγχωρεῖς εἶναι ταῦτα, ἐλπίζω
σοι ἐκ τούτων τὴν αἰτίαν ἐπιδείξειν καὶ ἀνευρήσειν ὡς
ἀθάνατον [ἡ] ψυχή.

---

ἄλλ-οτε: at another time, at other times, 4
ἀν-ευρίσκω: to find out, discover, 2 *prove*
ἄρχω: to begin; to rule, be leader of, 12
δίδωμι: to give, offer, grant, provide, 15
εἶδος, -εος, τό: form, shape, figure, 17
ἐλπίζω: to hope, expect, 2
ἐπι-δείκνυμι: to indicate, point out, prove, 5
ἐπι-χειρέω: put one's hand on, attempt, try, 8
Ζεύς, ὁ: Zeus, 11
καινός, -ή, -όν: new, novel, strange, 2
μά: by…(in oaths and invocations ), 3

μανθάνω: to learn, understand, 12
παρ-έρχομαι: to go pass, enter, 5 *Past*
παύω: to stop, make cease, 6
πολυ-θρύλητος, -ον: much spoken of, well
known, 1
πραγματεύομαι: busy oneself, take trouble, 2 *std.*
σαφής, -ές: clear, distinct; certain, reliable, 16
συγ-χωρέω: agree, yield, come together, 13
σφόδρα: very much, exceedingly, 18
ὑπο-τίθημι: to set up, suppose, propose, 4
ὧδε: in this way, so, thus, 4

7 ὡς οὐκ ἀληθῆ (ὄντα): *on the grounds of
not being true*; i.e. as not true; ὡς + pple,
expressed alleged cause
  σαφέστερον: comparative adv.
  λέγω: *I mean*
  τὸν Δία: acc. sg. Ζεύς
b1 ἀλλά: *well*; as often, beginning a speech
(S 2784)
  ἦ δ᾽ ὅς: see note on p. 9
  οὐδέν…: *nothing (is)*; add verb
2 παρεληλυθότι *past*: pf. pple παρ-έχομαι
  οὐδέν: *not at all*; 'made no ceasing,' inner
acc.
  πέπαυμαι: pf. mid. + complementary pple
4 εἶδος: i.e. kind

  πεπραγμάτευμαι: pf. mid.
  εἶμι: fut. ἔρχομαι
  ἐπί: *to…*; acc. place to which
5 ὑποθέμενος: aor. mid. pple ὑποτίθημι
  εἶναι: *that there exists…*
6 τι καλόν: *something beautiful*
6 αὐτὸ κατ(ὰ) (ἑ)αυτό: *itself in itself*
  τἆλλα: τὰ ἄλλα
7 ἅ: *(things) which*; (ταῦτα) ἅ
  δίδως: *you grant*; 2s pres.
8 ὡς ἀθάνατον (ἐστίν) ψυχή: *that a soul…*;
Plato often employs neuter predicates
through the subject is masc. or fem.; supply
a linking verb

ἀλλὰ μήν, ἔφη ὁ Κέβης, ὡς διδόντος σοι οὐκ ἂν c
φθάνοις περαίνων.

σκόπει δή, ἔφη, τὰ ἑξῆς ἐκείνοις ἐάν σοι συνδοκῇ ὥσπερ
ἐμοί. φαίνεται γάρ μοι, εἴ τί ἐστιν ἄλλο καλὸν πλὴν αὐτὸ
τὸ καλόν, οὐδὲ δι᾽ ἓν ἄλλο καλὸν εἶναι ἢ διότι μετέχει 5
ἐκείνου τοῦ καλοῦ· καὶ πάντα δὴ οὕτως λέγω. τῇ τοιᾷδε
αἰτίᾳ συγχωρεῖς;

συγχωρῶ, ἔφη.

οὐ τοίνυν, ἦ δ᾽ ὅς, ἔτι μανθάνω οὐδὲ δύναμαι τὰς ἄλλας
αἰτίας τὰς σοφὰς ταύτας γιγνώσκειν· ἀλλ᾽ ἐάν τίς μοι λέγῃ 10
δι᾽ ὅτι καλόν ἐστιν ὁτιοῦν, ἢ χρῶμα εὐανθὲς ἔχον ἢ σχῆμα d
ἢ ἄλλο ὁτιοῦν τῶν τοιούτων, τὰ μὲν ἄλλα χαίρειν ἐῶ,

---

γιγνώσκω: learn to know, to learn, realize 12
δίδωμι: to give, offer, grant, provide, 15
δι-ότι: because, for the reason that, 1
δύναμαι: to be able, can, be capable, 15
ἐάω: to permit, allow, let be, suffer, 9
ἑξῆς: one after another, in a row, in order, 1
εὐ-ανθής, -ές: bright, glowing, flowery, 1
μανθάνω: to learn, understand, 12
μετ-έχω: to partake of, have share in (gen) 13
ὅστισ-οῦν, ἥτισουν, ὅτι-οῦν: whosoever, 11

περαίνω: to bring to an end, finish, 1
πλήν: except, but (+ gen.), 7
σοφός, -ή, -όν: wise, skilled, clever, 5
συγ-χωρέω: agree, yield, come together, 13
συν-δοκέω: to seem good also, 6
σχῆμα, -ατος, τό: form, figure, appearance, 3
φθάνω: to anticipate, do first, 1
χαίρω: to rejoice, be glad, enjoy; fare well 12
χρῶμα, -ατος, τό: color, complexion, 9

c1 ἀλλὰ μὴν: *well certainly, well surely*;
here a strong assent; cf. 61d9, 63a4, etc.
ὡς διδόντος σοι: *since (I) grant (it) to you*;
'on the grounds that...' ὡς + pple (here
gen. abs.) expresses alleged cause
οὐκ...περαίνων: *you could not be too quick
in finishing (the task)*; φθάνω governs a
complementary pple (S 2096d); potential
opt. is used here as a command
3 σκόπει: σκόπε-ε, imperative
τὰ ἑξῆς ἐκείνοις: *the things next to those*;
i.e. the next point
4 εἴ...καλὸν: *if anything other is...*; τι
αὐτὸ τὸ καλόν: *the beautiful itself*
5 οὐδὲ δι(ὰ) ἓν ἄλλο: *that for no other
reason*; 'on account of not one other thing'
οὐδὲ... ἓν is here equiv. to οὐδὲν
μετέχει: *partakes of, participates in..*; this

common philosophical term governs a
partitive gen.
6 πάντα δὴ: *absolutely everything*; intensive,
S 2843
τῇ αἰτίᾳ: *with...*; dat. of compound verb
9 ἦ δ᾽ὅς: see note on pg. 9
τὰ σοφὰς ταύτας: all modify αἰτίας
d1 δι(ὰ) ὅτι: *for what reason, on account of
what*
ὁτιοῦν: *whatsoever*; neut. nom. sg. subject
ἢ....ἔχον: *(by) having either...or...or*; the
pple is neut. modifying neut. sg. ὁτιοῦν
2 χαίρειν ἐῶ: *I dismiss the other things*; ἐάω
'I allow the others to say farewell' a idiom
that relies on the fact that χαῖρε, 'fare well'
is a usual way of saying goodbye; the ἄλλα
refers to τὰς αἰτίας in c9-10

—ταράττομαι γὰρ ἐν τοῖς ἄλλοις πᾶσι–τοῦτο δὲ ἀπλῶς καὶ
ἀτέχνως καὶ ἴσως εὐήθως ἔχω παρ' ἐμαυτῷ, ὅτι οὐκ ἄλλο τι

5 ποιεῖ αὐτὸ καλὸν ἢ ἡ ἐκείνου τοῦ καλοῦ εἴτε παρουσία εἴτε
κοινωνία εἴτε ὅπῃ δὴ καὶ ὅπως †προσγενομένη· οὐ γὰρ ἔτι
τοῦτο διισχυρίζομαι, ἀλλ' ὅτι τῷ καλῷ πάντα τὰ καλὰ
[γίγνεται] καλά. τοῦτο γάρ μοι δοκεῖ ἀσφαλέστατον εἶναι
καὶ ἐμαυτῷ ἀποκρίνασθαι καὶ ἄλλῳ, καὶ τούτου ἐχόμενος

e ἡγοῦμαι οὐκ ἄν ποτε πεσεῖν, ἀλλ' ἀσφαλὲς εἶναι καὶ ἐμοὶ
καὶ ὁτῳοῦν ἄλλῳ ἀποκρίνασθαι ὅτι τῷ καλῷ τὰ καλὰ
[γίγνεται] καλά· ἢ οὐ καὶ σοὶ δοκεῖ;
    δοκεῖ.

5 καὶ μεγέθει ἄρα τὰ μεγάλα μεγάλα καὶ τὰ μείζω μείζω,
καὶ σμικρότητι τὰ ἐλάττω ἐλάττω;

---

ἀ-σφαλής, -ές: safe, secure, not liable to fall 6
ἀ-τεχνῶς: simply, absolutely, really, 6
ἀπλῶς: singly, plainly, absolutely, 2
ἀπο-κρίνομαι: to answer, reply, 13
δι-ισχυρίζομαι: affirm confidently; rely on, 5
εἴ-τε: either...or; whether...or, 13
εὐ-ήθης, -ες: foolish, simple-natured, silly, 3
ἴσως: perhaps, probably; equally, likely, 19
κοινωνία, ἡ: community, association, 2

μέγεθος, -εος, τό: size, magnitude, height, 17
ὅπῃ: in what way; where, how, 11
ὅπως: how, in what way; in order that, that 10
ὅστισ-οῦν, ἥτισουν, ὅτι-οῦν: whosoever, 11
παρ-ουσία, ἡ: presence, 1
πίπτω: to fall, 3
προσ-γίγνομαι: to come to be in addition, 4
σμικρότης, -τητος, ἡ: smallness, 10
ταράττω: to trouble, stir, agitate, confuse, 6

3 ἐν: *among...*; readers might prefer 'by' and
a dat. of cause in this context
4 ἔχω: *I hold*
παρ(ὰ) ἐμαυτῷ: *close to myself*
ὅτι: *(namely) that...*; in apposition to τοῦτο
ἄλλο τι: subject
5 ἐκείνου τοῦ καλοῦ: *of that beautiful*
6 ὅπῃ δὴ καὶ ὅπως προσγενομένη: *or in
just what way or how (it makes it beautiful)
by being added (to it)*; i.e. mid. pple is
causal in sense
7 ἀλλ(ὰ) (διισχυρίζομαι) ὅτι: *but (I affirm
confidently) that...*; supply missing verb
τῷ καλῷ: *by the beautiful*; dat. of cause

9 ἄλλῳ: *to anyone else*; dat. ind. object
τούτου ἐχόμενος: *clinging to this*; partitive
gen. is common with verbs of touching
e1 ἄν...πεσεῖν: *that I would fall short*; i.e. fail,
ἄν + inf. (aor. πίπτω) in place of potential
opt. in direct disc.
5 ὁτῳοῦν: dat. ind. obj., ὅστισ-οῦν
τῷ καλῷ: *because of the beautiful*; 'by...'
dat. of means or cause
5 μεγέθει: *by...*; dat. of cause
σμικρότητι: *by...*; dat. of cause
μείζω: μειζο(ν)α, neut. nom. pl.
6 ἐλάττω: ἐλαττο(ν)α, neut. nom. pl.

ναί.

οὐδὲ σὺ ἄρ' ἂν ἀποδέχοιο εἴ τίς τινα φαίη ἕτερον ἑτέρου
τῇ κεφαλῇ μείζω εἶναι, καὶ τὸν ἐλάττω τῷ αὐτῷ τούτῳ
ἐλάττω, ἀλλὰ διαμαρτύροιο ἂν ὅτι σὺ μὲν οὐδὲν ἄλλο λέγεις    101
ἢ ὅτι τὸ μεῖζον πᾶν ἕτερον ἑτέρου οὐδενὶ ἄλλῳ μεῖζόν ἐστιν
ἢ μεγέθει, καὶ διὰ τοῦτο μεῖζον, διὰ τὸ μέγεθος, τὸ δὲ
ἔλαττον οὐδενὶ ἄλλῳ ἔλαττον ἢ σμικρότητι, καὶ διὰ τοῦτο
ἔλαττον, διὰ τὴν σμικρότητα, φοβούμενος οἶμαι μή τίς σοι    5
ἐναντίος λόγος ἀπαντήσῃ, ἐὰν τῇ κεφαλῇ μείζονά τινα φῇς
εἶναι καὶ ἐλάττω, πρῶτον μὲν τῷ αὐτῷ τὸ μεῖζον μεῖζον εἶναι
καὶ τὸ ἔλαττον ἔλαττον, ἔπειτα τῇ κεφαλῇ σμικρᾷ οὔσῃ τὸν
μείζω μείζω εἶναι, καὶ τοῦτο δὴ τέρας εἶναι, τὸ σμικρῷ τινι    b
μέγαν τινὰ εἶναι· ἢ οὐκ ἂν φοβοῖο ταῦτα;

---

ἀπ-αντάω: to encounter, meet with (dat.), 1
ἀπο-δέχομαι: to accept, receive, 9
δια-μαρτύρομαι: protest, insist; call gods and
men to witness, 1
κεφαλή, ἡ: the head, 6
μέγεθος, -εος, τό: size, magnitude, height, 17

ναί: yes, yea, 15
σμικρός, -ά, -όν: small, little, 19
σμικρότης, -τητος, ἡ: smallness, 10
τέρας, τό: wonder, marvel, portent, 1
φοβέω: to put to flight, terrify, frighten, 15

7 ἂν ἀποδέχοι(σ)ο: would...; 2s pres. mid.,
fut. less vivid condition
8 φαίη: should claim; pres. opt.
ἑτέρου: than...; gen. of comparison
9 τῇ κεφαλῇ: by...; dat. of degree of
difference
μείζω: μειζο(ν)α, acc. sg. subject
τὸν ἐλάττω (εἶναι): ἐλαττο(ν)α, acc. sg.
subject; supply inf.
τῷ αὐτῷ τούτῳ: by...; dat. of degree of
difference
101a1 διαμαρτύροι(σ)ο ἂν: you would
protest; parallel to ἀποδέχοιο
2 τὸ μεῖζον πᾶν ἕτερον: every greater thing
ἑτέρου: than...; gen. of comparison
οὐδενὶ ἄλλῳ: by...; dat. of degree of
difference
3 μεγέθει: by...; 'because of...' dat. of cause
μεῖζον: (it is) greater; add linking verb
διὰ τὸ μέγεθος: in apposition to διὰ τοῦτο

τὸ ἔλαττον...σμικρότητα: parallel to a2-3
5 διὰ τὴν σμικρότητα: in apposition to διὰ
τοῦτο in line 4
οἶμαι: οἴομαι, parenthetical
μὴ...ἀπαντήσῃ: that...; 'lest', fearing
clause; μή + subj. (3s aor.. pple)
6 τῇ κεφαλῇ: dat. of degree of difference
μείζονά...καὶ ἐλάττω: i.e. greater or
smaller; ἐλαττο(ν)α, both predicates of
εἶναι, τινα is acc. subject
7 τῷ αὐτῷ: by...; dat., degree of difference
8 σμικρᾷ ουσῃ: σμικρᾷ is predicate of the sg.
pple εἰμί
b1 καὶ...δὴ: and...indeed; emphasizing the
intervening word just as καὶ...γε
τὸ...εἶναι: articular inf. in apposition to
τοῦτο, τινα is acc. subj.
σμικρῷ τινι: dat. of cause
2 φοβοῖ(σ)ο: 2s see e7 above

καὶ ὁ Κέβης γελάσας, ἔγωγε, ἔφη.

οὐκοῦν, ἦ δ' ὅς, τὰ δέκα τῶν ὀκτὼ δυοῖν πλείω εἶναι, καὶ
5 διὰ ταύτην τὴν αἰτίαν ὑπερβάλλειν, φοβοῖο ἂν λέγειν, ἀλλὰ
μὴ πλήθει καὶ διὰ τὸ πλῆθος; καὶ τὸ δίπηχυ τοῦ πηχυαίου
ἡμίσει μεῖζον εἶναι ἀλλ' οὐ μεγέθει; ὁ αὐτὸς γάρ που φόβος.
πάνυ γ', ἔφη.

τί δέ; ἑνὶ ἑνὸς προστεθέντος τὴν πρόσθεσιν αἰτίαν εἶναι
c τοῦ δύο γενέσθαι ἢ διασχισθέντος τὴν σχίσιν οὐκ εὐλαβοῖο
ἂν λέγειν; καὶ μέγα ἂν βοῴης ὅτι οὐκ οἶσθα ἄλλως πως
ἕκαστον γιγνόμενον ἢ μετασχὸν τῆς ἰδίας οὐσίας ἑκάστου
οὗ ἂν μετάσχῃ, καὶ ἐν τούτοις οὐκ ἔχεις ἄλλην τινὰ αἰτίαν
5 τοῦ δύο γενέσθαι ἀλλ' ἢ τὴν τῆς δυάδος μετάσχεσιν, καὶ

---

ἄλλως: otherwise, in another way, 14
βοάω: to cry aloud, shout, 3
γελάω: to laugh, 6
δέκα: ten, 3
δια-σχίζω: to cleave or rend asunder, 2
δί-πηχυς, -υ: two cubits, two cubits long, 2
δυάς, δυάδος, ἡ: two, pair, dyad, duality, 3
εὐλαβέομαι: be cautious, be careful, beware, 5
ἥμισυς, -εια, -υ: half, 5
ἴδιος, -α, -ον: peculiar, proper, personal, 1
μέγεθος, -εος, τό: size, magnitude, length, 17
μετ-έχω: to partake of, have share in (gen) 13
μετάσχεσις, ἡ: participation, 1

ὀκτώ: eight, 2
οὐσία, ἡ: being, essence, substance, 6
πηχυαῖος, -η, -ον: a cubit, a cubit long, 2
πλέων, -ον: more, greater, 17
πλῆθος, ἡ: number, multitude; size, crowd, 3
προσ-θέσις, ἡ: adding, addition, 3
προσ-τίθημι: to add, attribute, impose, give 10
πως: somehow, in any way, 3
σχίσις, -εως, ἡ: division, parting, cleavage, 4
ὑπερ-βάλλω: overshoot, exceed, go beyond 1
φοβέω: to put to flight, terrify, frighten, 15
φόβος, ὁ: fear, terror, panic, 10

3 γελάσας: *bursting into laughter*; inceptive
aor. pple., nom. sg., compare 64a10
4 τὰ δέκα: *ten*; do not translate the article
τῶν ὀκτώ: gen. of comparison
δυοῖν: *by...*; dual dat. of degree of
difference
πλείω: πλείο(ν)α, acc. sg. predicate
5 φοβοῖ(σ)ο ἂν: 2s pres mid., potential opt.
6 πλήθει: *by...*; 'because of...' dat. of cause
τοῦ πηχυαίου: gen. of comparison
7 ἡμίσει: dat. of degree of difference
μεγέθει: dat. of degree of difference
ὁ...φόβος: *(there would be)*; supply verb
9 τί δέ; *what (about this)?*
ἑνὶ: dat. of compound verb (pple), εἷς
ἑνὸς προστεθέντος: *one...*; gen. abs., aor.

pass. pple προστίθημι
c1 τοῦ δύο γενέσθαι: articular inf., δύο is the
predicate
(ἑνὸς) διαχισθέντος: *one...*; gen. absolute;
aor. pass. pple, parallel to line 9
εὐλαβοῖ(σ)ο ἂν: *would you not avoid*; +
inf., potential opt.; anticipates a 'yes' reply
2 μέγα: *loudly*; adverbial acc.
ἂν βοῴης: βοάοις, (alt. to βοάοις) opt.
οἶσθα: 2s. οἶδα
3 ἕκαστον γιγνόμενον: *each coming to be*
μετασχὸν: neuter sg. aor. pple.; see p. 27
4 οὗ...μετάσχῃ: *whatever...*; 3s aor. subj. in
an indefinite relative clause; see p. 27
οὐκ ἔχεις: *you do not hold that...*; i.e. accept
5 ἀλλ(ὰ) ἤ: *but...*; or 'rather than'

δεῖν τούτου μετασχεῖν τὰ μέλλοντα δύο ἔσεσθαι, καὶ μονάδος
ὃ ἂν μέλλῃ ἓν ἔσεσθαι, τὰς δὲ σχίσεις ταύτας καὶ προσθέσεις
καὶ τὰς ἄλλας τὰς τοιαύτας κομψείας ἐῴης ἂν χαίρειν, παρεὶς
ἀποκρίνασθαι τοῖς σεαυτοῦ σοφωτέροις· σὺ δὲ δεδιὼς ἄν, τὸ
λεγόμενον, τὴν σαυτοῦ σκιὰν καὶ τὴν ἀπειρίαν, ἐχόμενος   d
ἐκείνου τοῦ ἀσφαλοῦς τῆς ὑποθέσεως, οὕτως ἀποκρίναιο ἄν.
εἰ δέ τις αὐτῆς τῆς ὑποθέσεως ἔχοιτο, χαίρειν ἐῴης ἂν καὶ
οὐκ ἀποκρίναιο ἕως ἂν τὰ ἀπ᾽ ἐκείνης ὁρμηθέντα σκέψαιο
εἴ σοι ἀλλήλοις συμφωνεῖ ἢ διαφωνεῖ· ἐπειδὴ δὲ ἐκείνης   5
αὐτῆς δέοι σε διδόναι λόγον, ὡσαύτως ἂν διδοίης, ἄλλην αὖ
ὑπόθεσιν ὑποθέμενος ἥτις τῶν ἄνωθεν βελτίστη φαίνοιτο,
ἕως ἐπί τι ἱκανὸν ἔλθοις, ἅμα δὲ οὐκ ἂν φύροιο ὥσπερ οἱ   e

---

ἄνω-θεν: from above, from on high, 2
ἀ-πειρία, ἡ: inexperience, 1
ἀπο-κρίνομαι: to answer, reply, 13
ἀ-σφαλής, -ές: safe, secure, not liable to fall 6
βέλτιστος, -η, -ον: best, 14
δείδω: fear, dread, shrink from, feel awe, 11
διαφωνέω: be in disharmony, disagree +dat 1
δίδωμι: to give, offer, grant, provide, 15
ἐάω: to permit, allow, let be, suffer, 9
ἕως: until, as long as, 15
κομψεία, ἡ: subtleties, refinement, 1
μέλλω: to be about to, intend to (fut. inf.) 19
μετ-έχω: to partake of, have share in (gen) 13

μονάς, μονάδος ἡ: unity, monad; solitary, 1
ὁρμάω: to set in motion; set out, begin, 5
παρ-ίημι: to permit; let or allow pass, 1
προσ-θέσις, ἡ: adding, addition, 3
σαυτοῦ (σεαυτοῦ), -ῆ, -οῦ: yourself, 4
σκέπτομαι: look at, examine, consider, 9
σκιά, ἡ: shadow, 1
σοφός, -ή, -όν: wise, skilled, 5
συμ-φωνέω: be in harmony, agree (+dat.) 2
σχίσις, -εως, ἡ: division, parting, cleavage, 4
ὑπο-θέσις, -εως, ἡ: hypothesis; proposal, 6 principle
φύρω: to mix up, jumble up, 2
ὡσ-αύτως: in the same manner, just so, 4

6 δεῖν: *that it is necessary...*; following ἔχεις
  μετασχεῖν: aor. inf.; see p. 27
  τὰ μέλλοντα...: *things...*; acc. subj.
  ἔσεσθαι: fut. inf. εἰμί
  μονάδος (μετασχεῖν): add inf. to be parallel
7 ὃ: *(that) which...*; τοῦτο ὃ, acc. subj.
8 ἐῴης ἂν χαίρειν: *you should dismiss*; opt.,
  ἐάω χαίρειν, 'allow...to say farewell' is
  an idiom (see100d2), the verb is set in
  contrast to ἔχεις in c4
  παρεὶς: *permitting*: + dat. + inf., nom. sg.
  aor. pple παρ-ίημι
9 σεαυτοῦ: gen. of comparison
  δεδιὼς: nom. sg. pf. pple δείδω
  ἄν...ἄν: *as the saying goes*; 'in
  τὸ λεγόμενον: *as the saying goes*; 'in
  respect to what is sai' acc. respect

d1 ἐχόμενος: *clinging to...*; + partitive gen.
2 τοῦ ἀσφαλοῦς: *the safety*; ἀσφαλέος, a
  substantive
  ἀποκρίναι(σ)ο: 2s potential aor. opt.
3 εἰ...ἔχοιτο, ἐῴης ἂν: *if...should lay hold
  of...,you would*; otherwise, 'should attack'
4 ἕως ἂν...σκέψαι(σ)ο: indefinite temporal,
  assuming potential opt. of the main verb
  τὰ...ὁρμηθέντα: *things having arisen from
  that (hypothesis)*; i.e. consequences
5 ἐπειδὴ...δέοι, ἂν διδοίης: *when it should be
  necessary...*; equiv. to a fut. less vivid
6 διδόναι λόγον: *to give an account*
  ὑποθέμενος: *by...*; causal, aor. mid. pple
  τῶν ἄνωθεν: *among those above*
e1 ἔλθοις: aor. opt. ἔρχομαι, indef. temporal
  ἂν φυοι(σ)ο: *you would not jumble them*

ἀντιλογικοὶ περί τε τῆς ἀρχῆς διαλεγόμενος καὶ τῶν ἐξ
ἐκείνης ὡρμημένων, εἴπερ βούλοιό τι τῶν ὄντων εὑρεῖν;
ἐκείνοις μὲν γὰρ ἴσως οὐδὲ εἷς περὶ τούτου λόγος οὐδὲ
5 φροντίς· ἱκανοὶ γὰρ ὑπὸ σοφίας ὁμοῦ πάντα κυκῶντες ὅμως
δύνασθαι αὐτοὶ αὑτοῖς ἀρέσκειν· σὺ δ᾽, εἴπερ εἶ τῶν φιλοσόφων,
102 οἶμαι ἂν ὡς ἐγὼ λέγω ποιοῖς.

ἀληθέστατα, ἔφη, λέγεις, ὅ τε Σιμμίας ἅμα καὶ ὁ Κέβης.

ΕΧ. νὴ Δία, ὦ Φαίδων, εἰκότως γε· θαυμαστῶς γάρ
μοι δοκεῖ ὡς ἐναργῶς τῷ καὶ σμικρὸν νοῦν ἔχοντι εἰπεῖν
5 ἐκεῖνος ταῦτα.

ΦΑΙΔ. πάνυ μὲν οὖν, ὦ Ἐχέκρατες, καὶ πᾶσι τοῖς
παροῦσιν ἔδοξεν.

---

ἀντι-λογικός -όν: disputatious, contradictory; subst. disputant, 2
ἀρέσκω: to please, satisfy, appease (+ dat). 1
δια-λέγομαι: to converse with, discuss, 13
εἰκότως: suitably, reasonably, fairly, 5
ἐν-αργής, -ές: visible, distinct, manifest, 4
εὑρίσκω: to find, discover, devise, invent, 8
Ζεύς, ὁ: Zeus, 11
θαυμαστός, -ή, -όν: wonderful, marvelous, 11
ἴσως: perhaps, probably; equally, likely, 19

κυκάω: to stir up, throw into confusion, 1
νή: by…(+ acc, invoking a god ), 14
νοῦς, ὁ: mind, intention, attention, thought, 14
ὁμοῦ: at the same place, together, 3
ὅμως: nevertheless, however, yet, 13
ὁρμάω: to set in motion; set out, begin, 5
σμικρός, -ά, -όν: small, little, 19
σοφία, ἡ: wisdom, judgment, intelligence, 2
φιλό-σοφος, ὁ, ἡ: pursuer of wisdom, 18
φροντίς, -ίδος, ἡ: care, concern, throught, 1

2 τῆς ἀρχῆς: *the beginning*
(περὶ) τῶν…ὡρμημένων: pf. pass. ὁρμάω, i.e. consequences, see c4
3 ἐκείνης: i.e. τῆς ἀρχῆς
βούλοι(σ)ο: 2s pres. mid. opt.
τῶν ὄντων: *of the things which are*
4 ἐκείνοις: *to those (there is)…*; referring to the οἱ ἀντιλογικοί, a dat. of possession with missing linking verb
οὐδὲ εἷς…οὐδὲ (εἷς): *not even one account and not even (one) concern*
5 ἱκανοὶ…ἀρέσκειν: *for because of wisdom they (are) capable, (although) confusing everything together, nevertheless to be able to be pleased with themselves*; ἱκανοί is a predicate, add a linking verb; ἀντιλογικοί think that they are wise but are not
ὑπὸ…: *because of…*; gen. of cause
ὁμοῦ…κυκῶντες: *although…*; pple is

concessive in sense
6 αὑτοῖς: ἑαυτοῖς ; reflexive
εἶ: 2s pres. εἰμί
τῶν φιλοσόφων: *among…*; partitive gen.
102a1 οἶμαι: οἴομαι
ὡς…λέγω: *just as…*
3 Δία: *Zeus*; acc. sg.
θαυμαστῶς ὡς ἐναργῶς: *how marvelously clearly…*' once, '(it is) marvelous how clearly' the neut. predicate θαυμαστόν has assimilated to become an adv. before ὡς
4 μοῖ δοκεῖ: ἐκεῖνος is subject
τῷ…νοῦν ἔχοντι: *to one having even little sense*; dat. indirect object with εἰπεῖν
6 πάνυ μὲν οὖν: *quite certainly indeed*; μὲν οὖν is a strong assent
7 τοῖς παροῦσιν: dat. pl pple πάρ-ειμι

ΕΧ. καὶ γὰρ ἡμῖν τοῖς ἀποῦσι, νῦν δὲ ἀκούουσιν. ἀλλὰ τίνα δὴ ἦν τὰ μετὰ ταῦτα λεχθέντα;

ΦΑΙΔ. ὡς μὲν ἐγὼ οἶμαι, ἐπεὶ αὐτῷ ταῦτα συνεχωρήθη,  10
καὶ ὡμολογεῖτο εἶναί τι ἕκαστον τῶν εἰδῶν καὶ τούτων  b
τἆλλα μεταλαμβάνοντα αὐτῶν τούτων τὴν ἐπωνυμίαν ἴσχειν,
τὸ δὴ μετὰ ταῦτα ἠρώτα, εἰ δή, ἦ δ' ὅς, ταῦτα οὕτως λέγεις,
ἆρ' οὐχ, ὅταν Σιμμίαν Σωκράτους φῇς μείζω εἶναι, Φαίδωνος
δὲ ἐλάττω, λέγεις τότ' εἶναι ἐν τῷ Σιμμίᾳ ἀμφότερα, καὶ  5
μέγεθος καὶ σμικρότητα;

ἔγωγε.

ἀλλὰ γάρ, ἦ δ' ὅς, ὁμολογεῖς τὸ τὸν Σιμμίαν ὑπερέχειν
Σωκράτους οὐχ ὡς τοῖς ῥήμασι λέγεται οὕτω καὶ τὸ ἀληθὲς
ἔχειν; οὐ γάρ που πεφυκέναι Σιμμίαν ὑπερέχειν τούτῳ, τῷ  c

---

ἀμφότερος, -α, -ον: each of two, both, 5
ἄπ-ειμι: to be away, absent, distant, 1
εἶδος, -εος, τό: form, shape, figure, 17
ἐπωνυμία, ἡ: a nickname, surname, 5
ἐρωτάω: to ask, inquire, question, 10
ἴσχω: to have, hold back, check, restrain, 3
μέγεθος, -εος, τό: size, magnitude, height, 17
μείζων, μεῖζον: larger, greater, 26

μετα-λαμβάνω: take a share of, partake in 2
ῥῆμα, -ατος, τό: word, phrase, saying, 1
σμικρότης, -τητος, ἡ: smallness, 10
συγ-χωρέω: agree, yield, come together, 13
ὑπερ-έχω: exceed, hold over or above (gen) 8
φύω: to bring forth, beget, engender; am by nature, 14

8 καὶ γὰρ: and in fact...
τοῖς ἀποῦσι...ἀκούουσιν: pres. participles ἄπ-ειμι, ἀκούω
9 τὰ...λεχθέντα: aor. pass. pple λέγω
10 ὡς: as...; parenthentical
συνεχωρήθη: 3s aor. pass. συγχωρέω
b1 εἶναί τι...εἰδῶν: that each of the forms is something; i.e. exist
τούτων: partitive gen. of the pple
b2 καὶ...τἆλλα: and other things...; τὰ ἄλλα, acc. subject of ἴσχειν
αὐτῶν τούτων: from...; gen. of source i.e. from τῶν εἰδῶν
3 ἠρώτα: ἠρώτα-ε, 3s impf. ἐρωτάω
Socrates is subject
τὸ δὴ μετὰ ταῦτα: the very thing after these
ἦ δ' ὅς: see note on pg. 9
4 Σωκράτους: gen. of comparison
μείζω: μείζο(ν)α, acc. sg. predicate

Φαίδωνος: gen. of comparison
5 ἐλάττω: ἐλάττο(ν)α, acc. sg. predicate
6 μέγεθος: greatness; i.e. magnitude
8 ἀλλὰ γάρ: and yet...; GP 102
τὸ τὸν Σιμμίαν ὑπερέχειν Σωκράτους:
in respect to Simmias' exceeding Socrates;
this articular inf. is an acc. of respect
οὐχ ὡς...λέγεται οὕτω...ἔχειν: that the truth in fact is not thus as it is said with (these) words; τὸ ἀληθὲς is acc. subject, καί is adverbial, ἔχειν + οὕτως is 'is thus' (see p. 7), and οὕτως and ὡς are correlatives. τοῖς. ῥήμασι refers to Simmias' overcoming Socrates
c1 οὐ γάρ...(ὁμολογεῖς) πεφυκέναι...
ὑπερέχειν: for I suppose (you agree that) Simmias is not disposed by nature to exceed
τούτῳ: because of this; dat. of cause.
τῷ...εἶναι: (namely) because of...

Σιμμίαν εἶναι, ἀλλὰ τῷ μεγέθει ὃ τυγχάνει ἔχων· οὐδ' αὖ
Σωκράτους ὑπερέχειν ὅτι Σωκράτης ὁ Σωκράτης ἐστίν, ἀλλ'
ὅτι σμικρότητα ἔχει ὁ Σωκράτης πρὸς τὸ ἐκείνου μέγεθος;
5  ἀληθῆ.

οὐδέ γε αὖ ὑπὸ Φαίδωνος ὑπερέχεσθαι τῷ ὅτι Φαίδων
ὁ Φαίδων ἐστίν, ἀλλ' ὅτι μέγεθος ἔχει ὁ Φαίδων πρὸς τὴν
Σιμμίου σμικρότητα;

ἔστι ταῦτα.

10  οὕτως ἄρα ὁ Σιμμίας ἐπωνυμίαν ἔχει σμικρός τε καὶ
μέγας εἶναι, ἐν μέσῳ ὢν ἀμφοτέρων, τοῦ μὲν τῷ μεγέθει
d  ὑπερέχειν τὴν σμικρότητα ὑπέχων, τῷ δὲ τὸ μέγεθος τῆς
σμικρότητος παρέχων ὑπερέχον. καὶ ἅμα μειδιάσας, ἔοικα,

---

ἀμφότερος, -α, -ον: each of two, both, 5
ἐπωνυμία, ἡ: a nickname, surname, 5
μέγεθος, -εος, τό: size, magnitude, height, 17
μειδιάω: to smile, grin 2
μέσος, - η, -ον: middle, in the middle of, 8

παρ-έχω: to provide, furnish, supply, 16
σμικρός, -ά, -όν: small, little, 19
σμικρότης, -τητος, ἡ: smallness, 10
ὑπ-έχω: to undergo, bear, suffer; submit, 3
ὑπερ-έχω: exceed, surpass, hold over (gen) 8

2 τῷ...εἶναι: *(namely) because of...*;
   dat. of cause, in apposition to τούτῳ
   τῷ μεγέθει: i.e. greatness, dat. of cause
   τυγχάνει : + pple, see p. 20
3 (Σιμμίαν) ὑπερέχειν: *that...*; supply acc.
   subject
   ὅτι: *because...*
4 πρὸς: *in relation to...in comparison to..*
6 οὐδέ γε: *yes, but...not*; (GP 156)
   compare 94a6
   τῷ: *because of this*; demonstrative, dat. of
   (Σιμμίαν) ὑπερέχεσθαι: *(you agree) that*
   *Simmias is...*; add acc. subject; ind. disc.
   governed by ὁμολογεῖς in b8
   τῷ: *because of this*; demonstrative, cause
   ὅτι: *(namely) because...*
7 πρὸς: *in relation to...in comparison to..*

9 ἔστι: *are the case*; i.e. are true
10 ἐπωνυμίαν: *in (respect) to....*; acc. respect
   ἔχει: *is able*
11 ὢν: pple εἰμί
   ἀμφοτέρων: i.e. Phaedo and Socrates
   τοῦ μὲν...τῷ δὲ: *one...the other...*; Phaedo
   and Socrates respectively; lines c11-d2 can
   be interpreted a number of ways
d1 τοῦ μὲν...μεγέθει...ὑπέχων: *submitting his*
   *smallness to the largeness of one (i.e.*
   *Phaedo) to exceed*; inf. of purpose (S 2008)
2 τῷ δὲ...ὑπερέχον: *and providing to the*
   *other largeness exceeding his (i.e.*
   *Socrates') smallness*; neut. pple ὑπερέχω
   μειδιάσας: *beginning to smile*; inceptive
   aor., nom. sg. pple, compare 64a10, 101b3
   ἔοικα: *I seem, I look (as if)* + inf.

ἔφη, καὶ συγγραφικῶς ἐρεῖν, ἀλλ' οὖν ἔχει γέ που ὡς λέγω. συνέφη.

λέγω δὴ τοῦδ' ἕνεκα, βουλόμενος δόξαι σοὶ ὅπερ ἐμοί. ἐμοὶ 5
γὰρ φαίνεται οὐ μόνον αὐτὸ τὸ μέγεθος οὐδέποτ' ἐθέλειν
ἅμα μέγα καὶ σμικρὸν εἶναι, ἀλλὰ καὶ τὸ ἐν ἡμῖν μέγεθος
οὐδέποτε προσδέχεσθαι τὸ σμικρὸν οὐδ' ἐθέλειν ὑπερέχεσθαι,
ἀλλὰ δυοῖν τὸ ἕτερον, ἢ φεύγειν καὶ ὑπεκχωρεῖν ὅταν αὐτῷ
προσίῃ τὸ ἐναντίον, τὸ σμικρόν, ἢ προσελθόντος ἐκείνου e
ἀπολωλέναι· ὑπομένον δὲ καὶ δεξάμενον τὴν σμικρότητα
οὐκ ἐθέλειν εἶναι ἕτερον ἢ ὅπερ ἦν. ὥσπερ ἐγὼ δεξάμενος
καὶ ὑπομείνας τὴν σμικρότητα, καὶ ἔτι ὢν ὅσπερ εἰμί, οὗτος
ὁ αὐτὸς σμικρός εἰμι· ἐκεῖνο δὲ οὐ τετόλμηκεν μέγα ὂν 5

---

ἐθέλω: to be willing, wish, desire, 17
ἕνεκα: for (the sake of), because of, (gen.) 13
μέγεθος, -εος, τό: size, magnitude, height, 17
οὐδέ-ποτε: not ever, never, 11
προσ-δέχομαι: to receive to, accept, admit, 1
προσ-έρχομαι: to come or go to, approach, 4
προσ-ίημι: send to, let come to, let approach 2
σμικρός, -ά, -όν: small, little, 19

σμικρότης, -τητος, ἡ: smallness, 10
συγ-γραφικός, -ή, -όν: like a book, bookish 1
σύμ-φημι: to agree, approve, 3
τολμάω: to dare, undertake, endure, 2
ὑπ-εκ-χωρέω: to withdraw, move away, 4
ὑπερ-έχω: to hold over or above, 8
ὑπο μένω: to abide, endure, stay firm, 8
φεύγω: to flee, escape; defend in court, 10

2 ἐρεῖν: to be about to speak; fut. inf.
3 καὶ συγγραφικῶς: very much like a book;
i.e. with great detail, καί acts as a intensive
(S 2882, GP 319)
ἀλλ(ὰ) οὖν...γε: well, in all events...; γε
emphasizes the preceding word; GP 443, S
2957, compare 100a3
ἔχει (οὕτως): it is (thus)
4 συνέφη: impf.; Cebes is subject
5 δὴ: of course; or 'accordingly' S 2841
δόξαι: aor. inf. δοκέω
ὅπερ: just as...; 'the very thing (seemed
good)'
6 οὐ μόνον...ἀλλὰ καί: not only...but also
ἐθέλειν: to tend, to strive, to be able; + inf.
the meaning here is similar to δύναμαι; this
verb is often used with inanimate objects
8 ἐθέλειν: is it able, does it tend; see l 6
9 δυοῖν: dual partitive gen

τὸ ἕτερον: one
αὐτῷ: to it; i.e. to the ἕτερον, dat. of
compound verb
e1 προσίῃ: 3s pres. subj. προσέρχομαι
in an indefinite temporal clause
τὸ σμικρόν: in apposition to ἐναντίον
προσελθόντος ἐκείνου: gen. abs., i.e
smallness
2 ἀπολωλέναι: pf. inf. ἀπόλλυμι, τὸ
μέγεθος is the acc. subject
ὑπομένον δὲ: but abiding; i.e. τὸ μέγεθος
3 ἐθέλειν: is able, tends; see l 6
ἦν: 3s impf. εἰμί
ὥσπερ: in just this way
4 ὑπομείνας: transitive, nom. sg. aor. pple
ὢν: nom. sg. pple εἰμί
5 ἐκεῖνο: i.e. τὸ μέγεθος
οὐ τετόλμηκεν: has not endured; pf. act
μέγα ὂν: neuter acc. sg. pple εἰμί

σμικρὸν εἶναι· ὡς δ' αὔτως καὶ τὸ σμικρὸν τὸ ἐν ἡμῖν οὐκ
ἐθέλει ποτὲ μέγα γίγνεσθαι οὐδὲ εἶναι, οὐδ' ἄλλο οὐδὲν τῶν
103   ἐναντίων, ἔτι ὂν ὅπερ ἦν, ἅμα τοὐναντίον γίγνεσθαί τε
καὶ εἶναι, ἀλλ' ἤτοι ἀπέρχεται ἢ ἀπόλλυται ἐν τούτῳ τῷ
παθήματι.

παντάπασιν, ἔφη ὁ Κέβης, οὕτω φαίνεταί μοι.

καί τις εἶπε τῶν παρόντων ἀκούσας—ὅστις δ' ἦν, οὐ
5   σαφῶς μέμνημαι—πρὸς θεῶν, οὐκ ἐν τοῖς πρόσθεν ἡμῖν
λόγοις αὐτὸ τὸ ἐναντίον τῶν νυνὶ λεγομένων ὡμολογεῖτο, ἐκ
τοῦ ἐλάττονος τὸ μεῖζον γίγνεσθαι καὶ ἐκ τοῦ μείζονος τὸ
ἔλαττον, καὶ ἀτεχνῶς αὕτη εἶναι ἡ γένεσις τοῖς ἐναντίοις,
ἐκ τῶν ἐναντίων; νῦν δέ μοι δοκεῖ λέγεσθαι ὅτι τοῦτο οὐκ
10   ἂν ποτε γένοιτο.

---

ἀπ-έρχομαι: to go away, depart, 14
ἀ-τεχνῶς: simply, absolutely, really, 6
αὔτως: in the same manner, just, as it is, 2
γένεσις, -εως, ἡ: coming-to-be, generation, 16
ἐθέλω: to be willing, wish, desire, 17
ἤτοι: now surely, truly, 4
μιμνήσκω: to remind, recall, recollect, 6

νυνί: just now, here now; as it is, 2
πάθημα, -ατος, τό: experience, suffering, 4
παντά-πασι: all in all, absolutely 15
πρόσθεν: before, 10
σαφής, -ές: clear, distinct; certain, reliable, 16
σμικρός, -ά, -όν: small, little, 19

6   ὡς δ(ὲ) αὔτως καὶ: and in the same way
also; i.e. ὡσαύτως
7   ἐθέλει: tends, is able, strives + inf. the
meaning here is similar to that of δύναμαι
ἄλλο οὐδὲν...ἐναντίων (ἐθέλει...εἶναι):
nom. subj. supply verbs for parallelism
103a1 ὂν: neut. sg. pple εἰμί
ὅπερ ἦν: just as...; 'which very thing'
τοὐναντίον: τὸ ἐναντίον
2   ἤτοι..ἤ: either, you know, ...or; ἤτοι opens
a disjunction where the first choice is
more probable (GP 553)
4   εἶπε: aor. λέγω
τῶν παρόντων: partitive gen. πάρειμι

5   μέμνημαι: pf. μιμνήσκω, present sense
πρὸς θεῶν: By the gods!; an exclamation
ἐν τοῖς πρόσθεν...λόγοις: in the previous
conversation
ἡμῖν: for us; dat. of interest
οὐκ...ὡμολογεῖτο: was not...agreed upon?
anticipating a yes response
7   (ὡμολογεῖτο) γίγνεσθαι...εἶναι: (was
agreed) to...; supply verb from above
8   ἡ γένεσις τοῖς ἐναντίοις: coming-to-be for
the opposites; dat. of possession
τοῖς ἐναντίοις: past; pf. pple πέχομαι
10   ἂν...γένοιτο: could...; potential opt.

καὶ ὁ Σωκράτης παραβαλὼν τὴν κεφαλὴν καὶ ἀκούσας,
ἀνδρικῶς, ἔφη, ἀπεμνημόνευκας, οὐ μέντοι ἐννοεῖς τὸ b
διαφέρον τοῦ τε νῦν λεγομένου καὶ τοῦ τότε. τότε μὲν
γὰρ ἐλέγετο ἐκ τοῦ ἐναντίου πράγματος τὸ ἐναντίον πρᾶγμα
γίγνεσθαι, νῦν δέ, ὅτι αὐτὸ τὸ ἐναντίον ἑαυτῷ ἐναντίον οὐκ
ἂν ποτε γένοιτο, οὔτε τὸ ἐν ἡμῖν οὔτε τὸ ἐν τῇ φύσει. 5
τότε μὲν γάρ, ὦ φίλε, περὶ τῶν ἐχόντων τὰ ἐναντία ἐλέγο-
μεν, ἐπονομάζοντες αὐτὰ τῇ ἐκείνων ἐπωνυμίᾳ, νῦν δὲ περὶ
ἐκείνων αὐτῶν ὧν ἐνόντων ἔχει τὴν ἐπωνυμίαν τὰ ὀνομαζό-
μενα· αὐτὰ δ' ἐκεῖνα οὐκ ἂν ποτέ φαμεν ἐθελῆσαι γένεσιν c
ἀλλήλων δέξασθαι. καὶ ἅμα βλέψας πρὸς τὸν Κέβητα
εἶπεν, ἆρα μή που, ὦ Κέβης, ἔφη, καὶ σέ τι τούτων
ἐτάραξεν ὧν ὅδε εἶπεν;

---

ἀνδρικῶς: like a man, in a manly way, 1
ἀπο-μνημονεύω: recount, recall, 1
βλέπτω: to look at, see, 3
γένεσις, -εως, ἡ: coming-to-be, generation, 16
δια-φέρω: to carry over; differ, surpass, 8
ἔν-ειμι: to be in or within, 8
ἐν-νοέω: to have in mind, notice, consider, 18
ἐπ-ονομάζω: to name after, 3

ἐπωνυμία, ἡ: a nickname, surname, 5
κεφαλή, ἡ: the head, 6
ὀνομάζω: to name, call by name, 6
παρα-βάλλω: to cast or put to one side, 1
πρᾶγμα, -ατος τό: deed, act; matter, affair 18
ταράττω: to trouble, stir, agitate, 6
φίλος -η -ον: dear, friendly; noun friend, kin 8
φύσις, -εως, ἡ: nature, character; form, 11

b1 ἀνδρικῶς...ἀπεμνημόνευκας: 2s pf.
  τὸ διαφέρον: the difference; ' the differing
  thing'
2 τοῦ τε νῦν λεγομένου καὶ τοῦ πότε
  (λεγομένου): between...; gen. of
  comparison with διαφέρον
4 ἑαυτῷ: to itself; dat. of special adjective,
  the following ἐναντίον, a predicate
5 ἄν...γένοιτο: could become; potential opt.
  οὔτε τὸ ἐν ἡμῖν...φύσει: either that in us or
  that in nature; referring to τὸ ἐναντίον
6 τῶν ἐχόντων τὰ ἐναντία: things
  possessing the oppositesa
7 τῇ...ἐπωνυμίᾳ: by...; dat. of means
2 νῦν δὲ περὶ...ἐνόντων...ὀνομαζόμενα: but
  now (we are talking) about those very

things, of which, being in (them), the things
named have the name; pple ἔν-ειμι
c1 αὐτὰ δὲ ἐκεῖνα...δέξασθαι: we say that
  those very things would not ever tend to
  accept a coming-to-be from one another;
  ἄν...ἐθελῆσαι, 'would tend,' aor, inf., in
  is equivalent to a potential opt. in direct
  disc. (see 102d6 for meaning), ἀλλήλων is
  a gen. of source
3 μή...: introduces a question expecting a 'no'
  response (e.g. 'did...not...,did it?)
  καὶ σέ: you also, you too
  τι τούτων: nom. subj.
4 ὧν...: which; ἄ, acc. pl. relative pronoun
  attracted into the gen. of the antecedent
  τούτων; ὅδε refers to Socrates

5    οὐδ' αὖ, ἔφη ὁ Κέβης, οὕτως ἔχω· καίτοι οὔτι λέγω
ὡς οὐ πολλά με ταράττει.

συνωμολογήκαμεν ἄρα, ἦ δ' ὅς, ἁπλῶς τοῦτο, μηδέποτε
ἐναντίον ἑαυτῷ τὸ ἐναντίον ἔσεσθαι.

παντάπασιν, ἔφη.

10    ἔτι δή μοι καὶ τόδε σκέψαι, ἔφη, εἰ ἄρα συνομολογήσεις.
θερμόν τι καλεῖς καὶ ψυχρόν;

ἔγωγε.

ἆρ' ὅπερ χιόνα καὶ πῦρ;

d    μὰ Δί' οὐκ ἔγωγε.

ἀλλ' ἕτερόν τι πυρὸς τὸ θερμὸν καὶ ἕτερόν τι χιόνος τὸ
ψυχρόν;

---

ἁπλῶς: singly, plainly, absolutely, 2
Ζεύς, ὁ: Zeus, 11
θερμός, -ή, -όν: hot, warm; subst. heat, 11
καίτοι: and yet, and indeed, and further, 8
μά: by…(in oaths, ), 3
μηδέ-ποτε: not ever, never, 8
οὔ-τις, οὔ-τι: no one, not a thing, nothing, 1

παντά-πασι: all in all, absolutely 15
πῦρ, πυρός, τό: fire, 14
σκέπτομαι: look at, examine, consider, 9
συν-ομολογέω: to agree with, say the same, 4
ταράττω: to trouble, stir, agitate, 6
χιών, χιόνος, ἡ: snow, 7
ψυχρός, -ά, -όν: cold, chill, frigid, 10

5 αὖ: *again*; i.e. not as before
   οὕτως ἔχω: see p. 7
   οὔτι: *not at all*; inner acc.
6 ὡς: *that…*; neut. pl. πολλά is subject
7 συνωμολογήκαμεν: pf.
   ἦ δ' ὅς: see note on pg. 9
   μηδέποτε…ἔσεσθαι: *that…*; in apposition to
   τοῦτο, fut. inf. εἰμί
10 ἔτι δή: *still then…*; δή is inferential
   μοι: *please*; 'for me,' an ethical dative (S

1486)
σκέψαι: aor. mid. sg. imperative
11 καλεῖς: *you call (x) (y)*; governs a double
   acc.
13 ἄρ(α) ὅπερ (καλεῖς): *the very thing which
   (you call)…?*; or 'just as…' supply verb
d1 Δί(α): *Zeus*; acc. sg.
2 πυρός, χιόντος: *from…*; both are gen. of
   comparison following ἕτερον, 'different'

*ναί.*

*ἀλλὰ τόδε γ' οἶμαι δοκεῖ σοι, οὐδέποτε χιόνα γ' οὖσαν* 5
*δεξαμένην τὸ θερμόν, ὥσπερ ἐν τοῖς πρόσθεν ἐλέγομεν,*
*ἔτι ἔσεσθαι ὅπερ ἦν, χιόνα καὶ θερμόν, ἀλλὰ προσιόντος*
*τοῦ θερμοῦ ἢ ὑπεκχωρήσειν αὐτῷ ἢ ἀπολεῖσθαι.*

*πάνυ γε.*

*καὶ τὸ πῦρ γε αὖ προσιόντος τοῦ ψυχροῦ αὐτῷ ἢ* 10
*ὑπεξιέναι ἢ ἀπολεῖσθαι, οὐ μέντοι ποτὲ τολμήσειν δεξά-*
*μενον τὴν ψυχρότητα ἔτι εἶναι ὅπερ ἦν, πῦρ καὶ ψυχρόν.*

*ἀληθῆ, ἔφη, λέγεις.*                                          e

*ἔστιν ἄρα, ἦ δ' ὅς, περὶ ἔνια τῶν τοιούτων, ὥστε μὴ*
*μόνον αὐτὸ τὸ εἶδος ἀξιοῦσθαι τοῦ αὐτοῦ ὀνόματος εἰς τὸν*

---

ἀξιόω: to think worthy of, deem right (gen) 3
εἶδος, -εος, τό: form, shape, figure, 17
ἔνιοι, -αι, -α: some, 7
θερμός, -ή, -όν: hot, warm; *subst.* heat, 11
ναί: yes, yea, 15
ὄνομα, -ατος, τό: name, 7
οὐδέ-ποτε: not ever, never, 11
προσ-έρχομαι: to come or go to, approach, 4

πρόσθεν: before, 10
πῦρ, πυρός, τό: fire, 14
τολμάω: to dare, undertake, endure, 2
ὑπ-εκ-χωρέω: to withdraw, 4
ὑπ-εξ-έρχομαι: to withdraw gradually, 2
χιών, χιόνος, ἡ: snow, 7
ψυχρός, -ά, -όν: cold, chill, frigid, 10
ψυχρότης, ὁ: coldness, cold, 1

5 ἀλλὰ...γε: *but this*...; or 'well,' γε
emphasizes the preceding noun
οἶμαι: οἴομαι, parenthetical
οὐδέποτε...θερμόν: *(namely) that snow,*
*(while) being (snow), (after) accepting*
*heat—just as we said in the previous*
*conversation —will not longer be the very*
*thing it was*; γε + pple suggests that the
main clause is valid only *insofar as* the
participle is value (GP 143)
7 χιόνα καὶ θερμόν: in apposition
προσιόντος...θερμοῦ: gen. abs., pple
προσέρχομαι
8 ὑπεκχωρήσειν, ἀπολεῖσθαι: χιόνα is acc.
subject; both fut. infs. ἀπόλλυμι
9 πάνυ γε: *quite so, quite indeed*

10 καὶ...γε: *and*...; always emphasizing the
intervening words
προσιόντος...ψυχροῦ: gen. abs.
αὐτῷ: dat. of compound in the gen. abs.
11 ὑπεξιέναι...τολμήσειν...εἶναι: supply verb
δοκεῖ σοι and acc. subj. τὸ πῦρ from a
bove; fut. ὑπεξέρχομαι
δεξάμενον: *(after) accepting*...; modifies
missing τὸ πῦρ, parallel to lines 5-7
e2 ἔστιν ἄρα...: *it is the case then*...
ὥστε...: *so that*...; acc. + inf., result clause
μὴ μόνον...ἀλλὰ καί: *not only...but also*
3 ἀξιοῦσθαι: *is thought worthy of*; or 'is
deemed worthy of...' + gen.
αὐτοῦ: reflexive (ἑαυτοῦ)
εἰς τὸν ἀεὶ χρόνον: *for everylasting time*

ἀεὶ χρόνον, ἀλλὰ καὶ ἄλλο τι ὃ ἔστι μὲν οὐκ ἐκεῖνο, ἔχει
5  δὲ τὴν ἐκείνου μορφὴν ἀεί, ὅτανπερ ᾖ. ἔτι δὲ ἐν τῷδε
ἴσως ἔσται σαφέστερον ὃ λέγω· τὸ γὰρ περιττὸν ἀεί που
δεῖ τούτου τοῦ ὀνόματος τυγχάνειν ὅπερ νῦν λέγομεν· ἢ οὔ;
πάνυ γε.

ἆρα μόνον τῶν ὄντων—τοῦτο γὰρ ἐρωτῶ—ἢ καὶ ἄλλο
104  τι ὃ ἔστι μὲν οὐχ ὅπερ τὸ περιττόν, ὅμως δὲ δεῖ αὐτὸ
μετὰ τοῦ ἑαυτοῦ ὀνόματος καὶ τοῦτο καλεῖν ἀεὶ διὰ τὸ οὕτω
πεφυκέναι ὥστε τοῦ περιττοῦ μηδέποτε ἀπολείπεσθαι; λέγω
δὲ αὐτὸ εἶναι οἷον καὶ ἡ τριὰς πέπονθε καὶ ἄλλα πολλά.
5  σκόπει δὲ περὶ τῆς τριάδος. ἆρα οὐ δοκεῖ σοι τῷ τε αὐτῆς
ὀνόματι ἀεὶ προσαγορευτέα εἶναι καὶ τῷ τοῦ περιττοῦ, ὄντος

---

ἀπο-λείπω: leave behind, abandon, forsake, 7
ἐρωτάω: to ask, inquire, question, 10
ἴσως: perhaps, probably; equally, likely, 19
μηδέ-ποτε: not ever, never, 8
μορφή, ἡ: form, shape, 2
ὅμως: nevertheless, however, yet, 13
ὄνομα, -ατος, τό: name, 7

ὅτανπερ: whenever, 2
περιττός -ή -όν: odd, remarkable, 15
προσ-αγορευτέος, -α, -ον: to be called, 1
σαφής, -ές: clear, distinct; certain, reliable, 16
τριάς, τριάδος, ἡ: three, triad, 7
φύω: to bring forth, beget, engender; am by
nature, 14

4  ἀλλὰ καί: *but also…*
   ἄλλο τι (ἀξιοῦσθαι…ὀνόματος): *something*
   *else…*; supply 'is thought worthy of the
   its name…' from the previous clause
5  ᾖ: *it exists*; 3s pres. subj. εἰμί in an
   indefinite temporal clause
   ἔτι δέ: *and furthermore, and in addtion*
   ἐν τῷδε: *in the following*; 'in this here'
6  ἔσται: *it…*; impersonal, fut. εἰμί
7  τυγχάνειν: + partitive gen., see p. 20
8  πάνυ γε: *quite so, quite indeed*; affirmative
9  μόνον τῶν ὄντων (δεῖ…ὀνόματος
   τυγχάνειν): *(is it necessary that) this alone*
   *of the things which are (always attains this*
   *name)…*; supply clause from above
   καί…: *(is there) also…*

104a1 ὅπερ (ἐστίν)…: *the very thing which*
   *…(is)*; add linking verb
   αὐτὸ…καὶ τοῦτο καλεῖν: *to call it this also*;
   double acc., αὐτὸ refers to ἄλλο τι, τοῦτο
   refers to τὸ περιττόν
2  τὸ…πεφυκέναι: *being (naturally)*; pf. φύω
3  τοῦ περιττοῦ: *from…*; gen. of separation
4  οἷον: *the sort which…*
   πέπονθε: 3s pf. πάσχω
5  σκόπει: σκόπε-ε; sg. imperative
   τῷ…ὀνόματι: *by…*; dat. of means
   αὐτῆς: ἑαυτῆς
6  προσαγορευτέα εἶναι: *they must be*
   *addressed*; 'it is to be addressed' a verbal
   adj. + εἰμί expresses necessity or obligation
   τῷ (ὀνόματι) τοῦ περιττοῦ: *by…*; means

---

**Philosophical Vocabulary:** τὸ περιττόν *the odd* (oddness)   τὸ ἄρτιον *the even* (evenness)

Another everyday word that Plato employs in a technical sense is δέχομαι ('accept,' 'admit').
Socrates will frequently say, for example, that three *accepts*, δέχεται, the form of the odd but
does not *accept*, δέχεται, the even. This usage starts in 102d8 and continues in what follows.

οὐχ ὅπερ τῆς τριάδος; ἀλλ' ὅμως οὕτως πέφυκε καὶ ἡ
τριὰς καὶ ἡ πεμπτὰς καὶ ὁ ἥμισυς τοῦ ἀριθμοῦ ἅπας, ὥστε
οὐκ ὢν ὅπερ τὸ περιττὸν ἀεὶ ἕκαστος αὐτῶν ἐστι περιττός· b
καὶ αὖ τὰ δύο καὶ τὰ τέτταρα καὶ ἅπας ὁ ἕτερος αὖ στίχος
τοῦ ἀριθμοῦ οὐκ ὢν ὅπερ τὸ ἄρτιον ὅμως ἕκαστος αὐτῶν
ἄρτιός ἐστιν ἀεί· συγχωρεῖς ἢ οὔ;
πῶς γὰρ οὔκ; ἔφη. 5

ὃ τοίνυν, ἔφη, βούλομαι δηλῶσαι, ἄθρει. ἔστιν δὲ
τόδε, ὅτι φαίνεται οὐ μόνον ἐκεῖνα τὰ ἐναντία ἄλληλα οὐ
δεχόμενα, ἀλλὰ καὶ ὅσα οὐκ ὄντ' ἀλλήλοις ἐναντία ἔχει ἀεὶ
τἀναντία, οὐδὲ ταῦτα ἔοικε δεχομένοις ἐκείνην τὴν ἰδέαν ἢ
ἂν τῇ ἐν αὐτοῖς οὔσῃ ἐναντία ᾖ, ἀλλ' ἐπιούσης αὐτῆς ἤτοι 10

---

ἀθρέω: to gaze at, observe, 1
ἅπας, ἅπασα, ἅπαν: every, quite all, 14
ἀριθμός, ὁ: number, amount, quantity, 3
ἄρτιος, -α, -ον: even; exactly fitted, proper, 14
δηλόω: to make clear, show, reveal, 3
ἐπ-έρχομαι: to come upon, approach, 8
ἥμισυς, -εια, -υ: half, 5
ἤτοι: now surely, truly, 4
ἰδέα, ἡ: idea, character; appearance, form, 8

ὅμως: nevertheless, however, yet, 13
πεμπτάς, -άδος, ἡ: five, pentad, 1
περιττός -ή -όν: odd, remarkable, 15
στίχος, ὁ: series, line, row, 1
συγ-χωρέω: agree, yield, come together, 13
τέτταρες, -α: four, 2
τριάς, τριάδος, ἡ: three, triad, 7
φύω: to bring forth, beget, engender; am by
nature, 14

7 ὄντος οὐχ ὅπερ τῆς τριάδος: (although)
not being what three is; one expects ὅπερ
ἐστί ἡ τριάς; nom. is attracted into the gen.
πέφυκε: is naturely; pf. φύω
οὕτως...ὥστε: so...that; correlatives
b1 οὐκ ὢν ὅπερ (ἐστί) τὸ περιττόν: although
not being...; concessive; see a7 above
2 τὰ δύο, τὰ τέτταρα: two, four; as often,
do not translate with the article
3 οὐκ ὢν ὅπερ (ἐστί) τὸ ἄρτιον: see b1
5 πῶς γὰρ οὔ: how could (I) not?; 'yes for
how not?' γὰρ offer assent
6 ὃ: (that) which...; missing antecedent is
object of ἄθρει
ἄθρει: ἄθρε-ε, sg. imperative
7 ὅτι: (namely) that...
οὐ μόνον...ἀλλὰ καί: not only...but also

8 δεχόμενα: accepting, admitting, ἄλληλα
is an object
οὐκ ὄντ(α)...ἐναντία: although...; pple εἰμί
in concessive in sense
ἔχει: i.e. contain
τἀναντία: τὰ ἐναντία
9 οὐδὲ...τὴν ἰδέαν: nor are these like (those)
accepting that form
ἢ ἂν...ἐναντία ᾖ: whichever is...; ἂν + 3s
subj. εἰμί in an indefinite relative clause
τῇ...οὔσῃ: i.e. τῇ ἰδέᾳ; pple εἰμί
10 ἐπιούσης αὐτῆς: (when) it is approaching;
gen. abs.
ἤτοι..ἤ...: either, you know,...or...; ἤτοι
opens a disjunction where the first choice is
more probable (GP 553)

c  ἀπολλύμενα ἢ ὑπεκχωροῦντα. ἢ οὐ φήσομεν τὰ τρία καὶ
ἀπολεῖσθαι πρότερον καὶ ἄλλο ὁτιοῦν πείσεσθαι, πρὶν ὑπο-
μεῖναι ἔτι τρία ὄντα ἄρτια γενέσθαι;

    πάνυ μὲν οὖν, ἔφη ὁ Κέβης.

5   οὐδὲ μήν, ἦ δ' ὅς, ἐναντίον γέ ἐστι δυὰς τριάδι.

    οὐ γὰρ οὖν.

    οὐκ ἄρα μόνον τὰ εἴδη τὰ ἐναντία οὐχ ὑπομένει ἐπιόντα
ἄλληλα, ἀλλὰ καὶ ἄλλ' ἄττα τὰ ἐναντία οὐχ ὑπομένει
ἐπιόντα.

10  ἀληθέστατα, ἔφη, λέγεις.

    βούλει οὖν, ἦ δ' ὅς, ἐὰν οἷοί τ' ὦμεν, ὁρισώμεθα ὁποῖα
ταῦτά ἐστιν;

---

ἀπο-λείπω: leave behind, abandon, forsake, 7
ἄρτιος, -α, -ον: even; exactly fitted, proper, 14
εἶδος, -εος, τό: form, shape, figure, 17
ἐπ-έρχομαι: to come upon, approach, 8
δυάς, δυάδος, ἡ: two; pair, dyad, 3
ὁποῖος, -α, -ον: of what sort or kind, 2

ὁρίζω: to define, mark out, limit, 3
ὅστισ-οῦν, ἥτισουν, ὅτι-οῦν: whosoever, 11
τρεῖς, τρία: three, 9
τριάς, τριάδος, ἡ: three, triad, 7
ὑπ-εκ-χωρέω: to withdraw, 4
ὑπο-μένω: to abide, stay firm; endure, 8

c1 ἢ οὐ φήσομεν: *or will we not agree that...*;
    anticipating a 'yes' response
    καὶ...καὶ: *both...and*
2 ἀπολεῖσθαι: fut. ἀπόλλυμι
    πρότερον: adverbial acc.
    πείσεσθαι: fut. πάσχω
    ὑπομεῖναι...γενέσθαι: *abide to become*; ;
    aor. inf. ὑπομένω + complementary inf.
3 ἔτι τρία ὄντα: *while...*; circumstantial pple
4 πάνυ μὲν οὖν: *quite certainly indeed*; μὲν
    οὖν is a strong assent
5 οὐδὲ μήν: *and certainly...not*
    ἦ δ'ὅς: see note on p. 9
    ἐναντίον γε: the predicate governs a dat. of
    special adj. , δυὰς is subject
6 οὐ γὰρ οὖν: *for in fact it is not*; (S 2958)

(GP 447), compare 93e6
7 οὐκ...μόνον...ἀλλὰ καὶ: *not only...but also*
    τὰ εἴδη τὰ ἐναντία: *opposite forms*
    ὑπομένει ἐπιόντα: *abide...*; ὑπομένω
    governs a complementary pple here or, as
    in c2, a complementary inf.; ἐπέρχομαι
8 τὰ ἐναντία: acc. object, ἄλλ(α) ἄττα
    is subject (ἄττα is neuter pl. of τις)
11 βούλει...ὁρισώμεθα: *do you wish to define*;
    2s mid. βούλομαι often accompanies a
    deliberative subj., here aor., conflating two
    questions: 'what do you want?' and 'are we
    to define...?'; see 70b6, 79a6
    οἷός τε ὦμεν: οἷος τε εἰμί, 'I am the sort to'
    is a common idiom for 'I am able'; here
    with 1p pres. subj. εἰμί

πάνυ γε.

ἀρ᾽ οὖν, ἔφη, ὦ Κέβης, τάδε εἴη ἄν, ἃ ὅτι ἂν κατάσχῃ  d
μὴ μόνον ἀναγκάζει τὴν αὐτοῦ ἰδέαν αὐτὸ ἴσχειν, ἀλλὰ καὶ
ἐναντίου αὐτῷ ἀεί τινος;

πῶς λέγεις;

ὥσπερ ἄρτι ἐλέγομεν. οἶσθα γὰρ δήπου ὅτι ἃ ἂν ἡ τῶν  5
τριῶν ἰδέα κατάσχῃ, ἀνάγκη αὐτοῖς οὐ μόνον τρισὶν εἶναι
ἀλλὰ καὶ περιττοῖς.

πάνυ γε.

ἐπὶ τὸ τοιοῦτον δή, φαμέν, ἡ ἐναντία ἰδέα ἐκείνῃ τῇ
μορφῇ ᾗ ἂν τοῦτο ἀπεργάζηται οὐδέποτ᾽ ἂν ἔλθοι.  10

οὐ γάρ.

εἰργάζετο δέ γε ἡ περιττή;

---

ἀναγκάζω: to force, compel, require, 10
ἀπ-εργάζομαι: produce, complete, finish, 2
ἄρτι: just, exactly, 4
δή-που: perhaps, I suppose; of course, 8
ἐργάζομαι: to work, labor, toil, 4
ἰδέα, ἡ: idea, character; appearance, form, 8

ἴσχω: to have, hold back, check, restrain, 3
κατ-έχω: to hold fast, possess, grasp, 5
μορφή, ἡ: form, shape, 2
οὐδέ-ποτε: not ever, never, 11
περιττός -ή -όν: odd, remarkable, 15
τρεῖς, τρία: three, 9

13 πάνυ γε: *quite so, quite indeed*
d1 εἴη ἂν: *would…*; potential opt. εἰμί
 ἃ…ἀναγκάζει…ἴσχειν: *(things) which
 compel whatever possesses (them) itself not
 only to have its character*; vague pronoun
 references, ellipsis, and nested clauses
 make this passage a challenge to interpret
2 ἐναντίου…τινος (τὴν ἰδέαν): *but also
 always (the form) of some opposite to it*
4 πῶς λέγεις: i.e. What do you mean?
5 οἶσθα: 2s οἶδα, pf. with pres. sense
 ἃ…κατάσχῃ: *whatever…*; ἂν + aor. subj.
 κατέχω in an indefinite relative clause
6 ἀνάγκη: *(it is) necessary…*
 αὐτοῖς: *for them*; dat. of interest, the
 remaining datives would otherwise be
 accusative but all agree with αὐτοῖς

τρισὶν: predicate, dat. τρία; see note above
9 ἐπὶ τὸ τοιοῦτον δή, φαμεν: *then, to this
 sort of thing*; governed by ἔλθοι; δή is
 inferential
 φαμεν: parenthetical, p. 6
 ἐκείνῃ τῇ μορφῇ: dat. of special adjective
 ἐναντία
 ᾗ ἂν τοῦτο ἀπεργάζηται: *this (result)*;
 inner. acc. in an indefinite relative clause
 ἂν ἔλθοι: *could…*; potential aor. opt.
 ἔρχομαι
11 οὐ γὰρ: *no indeed*; 'no for (it could not)'
12 εἰργάζετο: *produced (it)*; 'produces it (as
 it appears)' impf. for a truth just realized (S
 1902), a present fact that is just recognized
 but was true before as well
 ἡ περιττή: fem. agreeing with ἡ ἰδέα

ναί.

ἐναντία δὲ ταύτῃ ἡ τοῦ ἀρτίου;

ναί.

e    ἐπὶ τὰ τρία ἄρα ἡ τοῦ ἀρτίου ἰδέα οὐδέποτε ἥξει.

οὐ δῆτα.

ἄμοιρα δὴ τοῦ ἀρτίου τὰ τρία.

ἄμοιρα.

5    ἀνάρτιος ἄρα ἡ τριάς.

ναί.

ὃ τοίνυν ἔλεγον ὁρίσασθαι, ποῖα οὐκ ἐναντία τινὶ ὄντα

ὅμως οὐ δέχεται αὐτό, τὸ ἐναντίον—οἷον νῦν ἡ τριὰς τῷ

ἀρτίῳ οὐκ οὖσα ἐναντία οὐδέν τι μᾶλλον αὐτὸ δέχεται, τὸ

---

ἄ-μοιρος, -ον: without a share in (gen.), 3
ἀν-άρτιος, -ον: uneven, 4
ἄρτιος, -α, -ον: even; exactly fitted, proper, 14
δῆτα: certainly, to be sure, of course, 5
ἥκω: to have come, be present, 14
ἰδέα, ἡ: idea, character; appearance, form, 8

ναί: yes, yea, 15
ὅμως: nevertheless, however, yet, 13
ὁρίζω: to define, mark out, limit, 3
οὐδέ-ποτε: not ever, never, 11
τρεῖς, τρία: three, 9
τριάς, τριάδος, ἡ: three, triad, 7

14 ἐναντία δὲ ταύτῃ (μορφῇ) ἡ τοῦ ἀρτίου
(ἰδέα ἐστί): supply a linking verb and fem.
nouns understood from d9-10
e1 ἐπὶ...: *to...*
ἥξει: fut. ἥκω
3 ἄμοιρα (ἐστί): predicate, supply a linking
verb; δή is inferential: 'then'
7 ὃ...ἔλεγον ὁρίσασθαι: *as for what I said to
define*; 'in respect to (that) which...' acc. of
respect, see 104c12 (βούλει...ὁρισώμεθα
ὁποῖα ταῦτά ἐστιν;)
ποῖα: *what things...*; subject of 3s verb
ἐναντία τινὶ ὄντα: predicate and pple εἰμί

modifying ποῖα
τινί: *to something*; indefinite
8 δέχεται: see box on p. 174
τὸ ἐναντίον: in apposition to αὐτό, the
object of δέχεται
οἷον: *for example*; 'in respect to such,' acc.
of respect
τῷ ἀρτίῳ...οὖσα ἐναντία: although...; the
pple is concessive in sense
9 οὐδέν τι μᾶλλον: *not at all*; acc. of extent
by degree
αὐτὸ: i.e. τὸ ἄρτιον

γὰρ ἐναντίον ἀεὶ αὐτῷ ἐπιφέρει, καὶ ἡ δυὰς τῷ περιττῷ καὶ   10
τὸ πῦρ τῷ ψυχρῷ καὶ ἄλλα πάμπολλα–ἀλλ' ὅρα δὴ εἰ   105
οὕτως ὁρίζῃ, μὴ μόνον τὸ ἐναντίον τὸ ἐναντίον μὴ δέχεσθαι,
ἀλλὰ καὶ ἐκεῖνο, ὃ ἂν ἐπιφέρῃ τι ἐναντίον ἐκείνῳ, ἐφ' ὅτι
ἂν αὐτὸ ἴῃ, αὐτὸ τὸ ἐπιφέρον τὴν τοῦ ἐπιφερομένου ἐναν-
τιότητα μηδέποτε δέξασθαι. πάλιν δὲ ἀναμιμνήσκου· οὐ   5
γὰρ χεῖρον πολλάκις ἀκούειν. τὰ πέντε τὴν τοῦ ἀρτίου
οὐ δέξεται, οὐδὲ τὰ δέκα τὴν τοῦ περιττοῦ, τὸ διπλάσιον.
τοῦτο μὲν οὖν καὶ αὐτὸ ἄλλῳ ἐναντίον, ὅμως δὲ τὴν
τοῦ περιττοῦ οὐ δέξεται· οὐδὲ δὴ τὸ ἡμιόλιον οὐδὲ τἆλλα   b
τὰ τοιαῦτα, τὸ ἥμισυ, τὴν τοῦ ὅλου, καὶ τριτημόριον αὖ
καὶ πάντα τὰ τοιαῦτα, εἴπερ ἔπῃ τε καὶ συνδοκεῖ σοι οὕτως.

---

ἀνα-μιμνήσκω: remind, recall (acc. gen.) 16
ἄρτιος, -α, -ον: even; exactly fitted, proper, 14
δέκα: ten, 3
δι-πλάσιος, -α, -ον: double, two-fold, 1
δυάς, δυάδος, ἡ: two; pair, dyad, 3
ἐναντιότης, ὁ: opposite(ness) contrariety, 1
ἐπι-φέρω: to carry up; attack, rush on, 6
ἕπομαι: to follow, accompany, escort, 9
ἡμι-όλιος, -η, -ον: one and a half, 1
ἥμισυς, -εια, -υ: one-half, 5
μηδέ-ποτε: not ever, never, 8
ὅλος, -η, -ον: whole, entire, complete, 9

ὅμως: nevertheless, however, yet, 13
ὁρίζω: to define, mark out, limit, 3
πάμ-πολυς, -πόλλη, -πολυ: very many, 1
πέντε: five, 1
περιττός -ή -όν: odd, remarkable, 15
πολλάκις: many times, often, frequently, 14
πῦρ, πυρός, τό: fire, 14
συν-δοκέω: to seem good also, 6
τριτ-ημόριος, -ον: a third part, a third, 1
χείρων, -ον, (-οντος): worse, inferior, 5
ψυχρός, -ά, -όν: cold, chill, frigid, 10

10 ἐπιφέρει: *for it brings the opposite to it*;
αὐτῷ (i.e. τὸ ἄρτιον) is dat. of compound
verb; the subject is still ἡ τριάς from e8
ἡ δυὰς (ἐπιφέρει) τῷ περιττῷ καὶ τὸ πῦρ
(ἐπιφέρει)...: ellipsis, supply the verbs
105a1 ὅρα δὴ: *just see...!*; ὅρα-ε imperative
2 ὁρίζῃ: ὁρίζε(σ)αι, 2s pres. id.
μὴ μόνον...ἀλλὰ καὶ: *not only...but also*
3 ἐκεῖνο, ὃ ἂν...δέξασθαι: *that that which
brings some opposite to that, to which it
itself approaches, (i.e.) the thing itself
bringing, never accepts the opposite of the
thing being brought*; αὐτὸ τὸ ἐπιφέρον
is in apposition to ἐκεῖνο acc. subj.
4 ἂν ἴῃ: 3s subj. ἔρχομαι, indefinite relative
5 ἀναμιμνήσκου: ἀναμιμνήσκε(σ)ο, pres.
mid. sg. imperative

6 οὐ χεῖρον (ἐστίν): *we may as well*; litotes,
'it is not bad' + inf.
τὴν (ἰδέαν): *the character*
7 τὸ διπλάσιον: in apposition to τὰ δέκα
8 τοῦτο..(ἐστίν)...ἄλλῳ ἐναντίον: *then, this
(the double) is itself also opposite to
something else*; τοῦτο refers to διπλάσιον
τὴν (ἰδέαν): *the character*
b1 οὐδὲ δή...: *then neither one-and-a-half nor
other such things, the half, (accept)
the (character) of the whole and again one-
third and all such other things*; i.e. mixed
fractions
3 ἔπῃ: *you follow (me)*; i.e. you understand
me; ἔπε(σ)αι, 2s pres. mid. ἕπομαι

πάνυ σφόδρα καὶ συνδοκεῖ, ἔφη, καὶ ἕπομαι.

5 πάλιν δή μοι, ἔφη, ἐξ ἀρχῆς λέγε. καὶ μή μοι ὃ ἂν
ἐρωτῶ ἀποκρίνου, ἀλλὰ μιμούμενος ἐμέ. λέγω δὴ παρ᾽ ἣν
τὸ πρῶτον ἔλεγον ἀπόκρισιν, τὴν ἀσφαλῆ ἐκείνην, ἐκ τῶν
νῦν λεγομένων ἄλλην ὁρῶν ἀσφάλειαν. εἰ γὰρ ἔροιό με
ᾧ ἂν τί ἐν τῷ σώματι ἐγγένηται θερμὸν ἔσται, οὐ τὴν
c ἀσφαλῆ σοι ἐρῶ ἀπόκρισιν ἐκείνην τὴν ἀμαθῆ, ὅτι ᾧ ἂν
θερμότης, ἀλλὰ κομψοτέραν ἐκ τῶν νῦν, ὅτι ᾧ ἂν πῦρ· οὐδὲ
ἂν ἔρῃ ᾧ ἂν σώματι τί ἐγγένηται νοσήσει, οὐκ ἐρῶ ὅτι
ᾧ ἂν νόσος, ἀλλ᾽ ᾧ ἂν πυρετός· οὐδ᾽ ᾧ ἂν ἀριθμῷ τί
5 ἐγγένηται περιττὸς ἔσται, οὐκ ἐρῶ ᾧ ἂν περιττότης, ἀλλ᾽
ᾧ ἂν μονάς, καὶ τἆλλα οὕτως. ἀλλ᾽ ὅρα εἰ ἤδη ἱκανῶς
οἶσθ᾽ ὅτι βούλομαι.

---

ἀ-μαθής, -ές: unlearned, ignorant, stupid, 1
ἀπο-κρίνομαι: to answer, reply, 13
ἀπο-κρισις, ἡ: reply, answer, 4
ἀριθμός, ὁ: number, amount, quantity, 3
ἀρχή, ἡ: a beginning; rule, office, 8
ἀ-σφάλεια, ἡ: steadfastness, assurance, 1
ἀ-σφαλής, -ές: safe, secure, not liable to fall 6
ἐγ-γίγνομαι: to come in be inborn, innate,
happen,; *impers.* to be possible, 6
ἕπομαι: to follow, accompany, escort, 9
ἔρομαι: to ask, enquire, question, 12
ἐρωτάω: to ask, inquire, question, 10
θερμός, -ή, -όν: hot, warm; subst. heat, 11

θερμότης, -τητος, ἡ: heat, 3
κομψός, -ή, -όν: refined, clever, ingenious, 1
μιμέομαι: imitate, represent, portray, 1
μονάς, μονάδος ἡ: number one, monad; unit, 1
νοσέω: to be sick, ill, 2
νόσος, ὁ: illness, sickness, 5
περιττός -ή -όν: odd, remarkable, 15
περιττότης, -ητος, ἡ: oddness, 1
πῦρ, πυρός, τό: fire, 14
πυρετός, ὁ: fire; fiery heat, fever, 1
συν-δοκέω: to seem good also, 6
σφόδρα: very much, exceedingly, 18

4 ἕπομαι: i.e. understand
  μή...ἀποκρινε(σ)ο: neg. mid. imperative
6 ἀλλὰ μιμούμενος ἐμέ: *but by...;* pple is
  causal in sense
  λέγω δὴ...: *I am speaking now beyond
  what response I spoke first, that safe
  (response), now seeing another safe refuge
  from the things being said*
8 εἰ...ἔροι(σ)ο...ἐρῶ: *if you should...;* 2s pres.
  opt. + fut. λέγω in a mixed condition
9 ᾧ ἂν...ἐγγένηται...εσται: *what (τί), in
  whichever (part) in the body (it) comes to
  be, will be hot;* confusing word order:
  indirect question (τί...θερμὸν ἔσται) with
  an indefinite relative modifying τί

τὴν ἀσφαλή..ἀπόκρισιν...ἀμαθῆ: *that safe
(but) ignorant response*
c1 ὅτι ᾧ ἂν θερμότης (ἐγγένηται): *(namely)
that in whichever (part) heat (comes to be);*
the reply repeats vocabulary in the question
2 κομψοτέραν (ἀπόκρισιν): comparative adj.,
supply acc. fem. sg. ἀπόκρισιν from above
ἐκ τῶν νῦν (λεγομένων): add pass. pple
ὅτι ᾧ ἂν πῦρ: see c1
3 ἂν ἔρῃ: *if you ask;* εἰ ἂν + 2s mid. subj.
ᾧ ἂν...νοσήσει: for translation, see b9
ὅτι ᾧ ἂν νόσος (ἐγγένηται): see c1
4 ᾧ ἂν...ἀριθμῷ: for translation, see b9
5 ᾧ ἂν περττότης (ἐγγένηται): see c1
7 οἶσθ(α): 2s οἶδα, pf. with pres. sense

ἀλλὰ πάνυ ἱκανῶς, ἔφη.

ἀποκρίνου δή, ἦ δ᾽ ὅς, ᾧ ἂν τί ἐγγένηται σώματι ζῶν
ἔσται;                                                 10

ᾧ ἂν ψυχή, ἔφη.

οὐκοῦν ἀεὶ τοῦτο οὕτως ἔχει;           **d**

πῶς γὰρ οὐχί; ἦ δ᾽ ὅς.

ψυχὴ ἄρα ὅτι ἂν αὐτὴ κατάσχῃ, ἀεὶ ἥκει ἐπ᾽ ἐκεῖνο
φέρουσα ζωήν;

ἥκει μέντοι, ἔφη.                                     5

πότερον δ᾽ ἔστι τι ζωῇ ἐναντίον ἢ οὐδέν;

ἔστιν, ἔφη.

τί;

θάνατος.

---

ἀπο-κρίνομαι: to answer, reply, 13
ἐγ-γίγνομαι: to be inborn, innate; *impers.* to
be possible, 6

ζωή, ἡ: living, way of life, 5
ἥκω: to have come, be present, 14
κατ-έχω: to hold fast, possess, grasp, 5

8 ἀλλὰ πάνυ ἱκανῶς: *well, quite…* (GP 19)
9 ἀποκρίνε(σ)ο: 2s mid. imperative
  **δή**: *just, now*
  ἦ δ᾽ ὅς: see note on pg. 9
  ᾧ ἂν…ἐγγένηται…εσται: *what (τί), in
whichever (part) in the body (it) comes to
be, will be living*; confusing word order:
indirect question (τί…ζῶν ἔσται) with
an indefinite relative modifying τί; see c9
11 ᾧ ἂν ψυχή (ἐγγένηται): *in whichever the*

soul comes to be
d1 οὕτως ἔχει: see p. 7
2 πῶς γὰρ οὐχί: *how could (it) not?*; 'yes for
how not?' γὰρ offers assent
3 ὅτι ἂν…κατάσχῃ: *whatever (the soul)
itself) possesses*; aor. subj. κατέχω
  ἐπὶ ἐκεῖνο: *to that one*; neut. sg. referring to
ὅτι..κατασχῇ
5 μέντοι: *certainly*; affirmative
6 ζωῇ: dat. sg. with special adj. ἐναντίον

10    οὐκοῦν ψυχὴ τὸ ἐναντίον ᾧ αὐτὴ ἐπιφέρει ἀεὶ οὐ μή

     ποτε δέξηται, ὡς ἐκ τῶν πρόσθεν ὡμολόγηται;

     καὶ μάλα σφόδρα, ἔφη ὁ Κέβης.

     τί οὖν; τὸ μὴ δεχόμενον τὴν τοῦ ἀρτίου ἰδέαν τί νυνδὴ

     ὠνομάζομεν;

15    ἀνάρτιον, ἔφη.

     τὸ δὲ δίκαιον μὴ δεχόμενον καὶ ὃ ἂν μουσικὸν μὴ δέχηται;

e     ἄμουσον, ἔφη, τὸ δὲ ἄδικον.

     εἶεν· ὃ δ' ἂν θάνατον μὴ δέχηται τί καλοῦμεν;

     ἀθάνατον, ἔφη.

     οὐκοῦν ψυχὴ οὐ δέχεται θάνατον;

5    οὔ.

     ἀθάνατον ἄρα ψυχή.

---

ἄ-δικος, -ον: unrighteous, unjust, 6
ἄ-μουσος, -ον: unmusical, unrefined, rude, 1
ἀν-άρτιος, -ον: uneven, not even, 4
ἄρτιος, -α, -ον: even; exactly fitted, proper, 14
δίκαιος, -α, -ον: just, right(eous), fair, 13
ἐπι-φέρω: to carry upon; attack, rush on, 6
ἰδέα, ἡ: idea, character; appearance, form, 8

μάλα: very, very much, exceedingly, 10
μουσικός, -ή -όν: musical, educated, cultured, 1
νυν-δὴ: just now, 15
ὀνομάζω: to name, call by name, 6
πρόσθεν: before, 10
σφόδρα: very much, exceedingly, 18

10 ᾧ...ἐπιφέρει ἀεὶ: *to that which (the soul) itself always brings*; ἐκείνῳ ὅ; acc. relative attracted into the dat. of missing antecedent (dat. of special adjective ἐναντίον); see 104e10
   οὐ μὴ ποτε: *absolutely not ever...*; οὐ μή + aor. subj. expresses a strong denial (S 1804, 2755); for δέχομαι, see 174
11 ὡς: *as...*
   ἐκ τῶν πρόσθεν (λεγόμενων): add noun
   ὡμολόγηται: 3s pf. ὁμολογέω
12 καὶ μάλα: *quite very*; καί is adverbial and my emphasize adverbs (S 2882, GP 318)
13 τὸ μὴ δεχόμενον...ἰδέαν: *the thing not accepting...*; obj. of ὠνομάζομεν

τί: *what...?*; interrogative, also acc. obj.
16 τὸ...δεχόμενον: *the thing not accepting...*; supply τί νυνδὴ ὠνομάζομεν
   ὅ...δέχηται: *whatever...*; 'the thing which...' indefinite relative clause (ἄν + subj); add τί νυνδὴ ὠνομάζομεν
e1 (τὸ) ἄμουσον...τὸ δὲ ἄδικον: δέ is simply a conjunction 'and' joining the two answers
2 εἶεν: *well then*; a particle based on the 3p opt. form of εἰμί
   ὅ...τί καλοῦμεν: *and what will we...?*; καλοῦμεν is future and governs a double acc.
6 ψυχή: subject, supply linking verb

ἀθάνατον.

εἶεν, ἔφη· τοῦτο μὲν δὴ ἀποδεδεῖχθαι φῶμεν; ἢ πῶς δοκεῖ;
καὶ μάλα γε ἱκανῶς, ὦ Σώκρατες.

τί οὖν, ἦ δ' ὅς, ὦ Κέβης; εἰ τῷ ἀναρτίῳ ἀναγκαῖον ἦν   10
ἀνωλέθρῳ εἶναι, ἄλλο τι τὰ τρία ἢ ἀνώλεθρα ἂν ἦν;   106
πῶς γὰρ οὔ;

οὐκοῦν εἰ καὶ τὸ ἄθερμον ἀναγκαῖον ἦν ἀνώλεθρον εἶναι,
ὁπότε τις ἐπὶ χιόνα θερμὸν ἐπάγοι, ὑπεξήει ἂν ἡ χιὼν οὖσα
σῶς καὶ ἄτηκτος; οὐ γὰρ ἂν ἀπώλετό γε, οὐδ' αὖ ὑπο-   5
μένουσα ἐδέξατο ἂν τὴν θερμότητα.

ἀληθῆ, ἔφη, λέγεις.

ὡς δ' αὔτως οἶμαι κἂν εἰ τὸ ἄψυκτον ἀνώλεθρον ἦν,
ὁπότε ἐπὶ τὸ πῦρ ψυχρόν τι ἐπήει, οὔποτ' ἂν ἀπεσβέννυτο

---

ἀ-θερμος, -ον: without heat, without warmth 1
ἀν-άρτιος, -ον: uneven, odd, 4
ἀν-ώλεθρος, -α, -ον: indestructible, 12
ἀπο-δείκνυμι: demonstrate, prove 11
ἀπο-σβέννυμι: to extinguish, quench, 1
ἄ-τηκτος, -ον: unmelted, 1
αὔτως: in the same manner, just, as it is, 2
ἄ-ψυκτος, -ον: not able to be cooled, 1
ἐπ-άγω: to bring to, 1
ἐπ-έρχομαι: to come upon, approach, 8
θερμός, -ή, -όν: hot, warm; subst. heat, 11

θερμότης, -τητος, ἡ: heat, 3
μάλα: very, very much, exceedingly, 10
ὁπότε: when, by what time, 6
οὔ-ποτε: never, 1
πῦρ, πυρός, τό: fire, 14
σῶς, ὁ, ἡ: whole, sound, safe and sound, 6
τρεῖς, τρία: three, 9
ὑπ-εξ-έρχομαι: to withdraw gradually, 2
ὑπο-μένω: to abide, stay firm; endure, 8
χιών, χιόνος, ἡ: snow, 7
ψυχρός, -ά, -όν: cold, chill, frigid, 10

8 εἶεν: *well then*
ἀποδεδεῖχθαι: pf. pass. inf.
φῶμεν: *are we to say...?*; deliberative subj.
9 καὶ...γε: *and...*; καὶ...γε emphasizes the
intervening word
10 εἰ...ἦν...ἂν ἦν: *if...it were..., it would be...*;
present contrafactual condition (εἰ + impf.,
impf.)
106a1 ἄλλο τι...ἤ: *anything other...than*
πῶς γὰρ οὐχί: *how could (it) not?*;
'yes for how not?' γὰρ offers assent
3 εἰ...ἀναγκαῖον ἦν...ἂν ὑπεξήει: *if it
were..., would...*; present contrafactual,
εἰμί, ὑπεξέρχομαι
καὶ: *actually, in fact*; adverbial
4 ὁπότε...ἐπάγοι: *whenever...*; opt. ἐπάγω

replaces ἄν+ subj. in an indefinite temporal
clause in secondary sequence
οὖσα: fem. sg. pple εἰμί
5 ἂν ἀπώλετο: *could have...*; ἄν + aor. is
past (unrealized) potential, ἀπόλλυμι; ἡ
χιών is the subject;
6 ἐδέξατο ἂν: *could have...*; ἄν + aor. mid.
is also past (unrealized) potential
8 ὡς δ(ὲ) αὔτως: *and in the same way*; i.e.
ὡσαύτως
οἶμαι: οἴομαι
κἂν εἰ...ἦν...ἂν ἀπεσβέννυτο: *even if...*;
καὶ ἄν, another present contrafactual
condition, the initial ἄν anticipates the
second and should be left untranslated
9 ἐπήει: impf. ἐπέρχομαι

10   οὐδ᾽ ἀπώλλυτο, ἀλλὰ σῶν ἂν ἀπελθὸν ᾤχετο.

b    ἀνάγκη, ἔφη.

     οὐκοῦν καὶ ὧδε, ἔφη, ἀνάγκη περὶ τοῦ ἀθανάτου εἰπεῖν;
εἰ μὲν τὸ ἀθάνατον καὶ ἀνώλεθρόν ἐστιν, ἀδύνατον ψυχῇ,
ὅταν θάνατος ἐπ᾽ αὐτὴν ἴῃ, ἀπόλλυσθαι· θάνατον μὲν γὰρ
5 δὴ ἐκ τῶν προειρημένων οὐ δέξεται οὐδ᾽ ἔσται τεθνηκυῖα,
ὥσπερ τὰ τρία οὐκ ἔσται, ἔφαμεν, ἄρτιον, οὐδέ γ᾽ αὖ τὸ
περιττόν, οὐδὲ δὴ πῦρ ψυχρόν, οὐδέ γε ἡ ἐν τῷ πυρὶ θερ-
μότης. 'ἀλλὰ τί κωλύει,' φαίη ἄν τις, 'ἄρτιον μὲν τὸ
περιττὸν μὴ γίγνεσθαι ἐπιόντος τοῦ ἀρτίου, ὥσπερ ὡμολόγη-
c ται, ἀπολομένου δὲ αὐτοῦ ἀντ᾽ ἐκείνου ἄρτιον γεγονέναι;'
τῷ ταῦτα λέγοντι οὐκ ἂν ἔχοιμεν διαμαχέσασθαι ὅτι οὐκ

---

ἀ-δύνατος, -ον: unable, incapable, impossible, 6
ἀνάγκη, ἡ: necessity, force, constraint, 36
ἀν-ώλεθρος, -α, -ον: indestructible, 12
ἀντί: instead of, in place of (+ gen.), 3
ἀπ-έρχομαι: to go away, depart, 14
ἄρτιος, -α, -ον: even; exactly fitted, proper, 14
δια-μάχομαι: fight, strive, struggle against 3
ἐπ-έρχομαι: to come upon, approach, 8
θερμότης, -τητος, ἡ: heat, 3

κωλύω: to hinder or prevent, 5
οἴχομαι: to go, go off, depart, 14
περιττός -ή -όν: odd, remarkable, 15
προ-λέγω: to say or mention beforehand, 4
πῦρ, πυρός, τό: fire, 14
σῶς, ὁ, ἡ: safe and sound, safe, sound, 6
τρεῖς, τρία: three, 9
ψυχρός, -ά, -όν: cold, chill, frigid, 10
ὧδε: in this way, so, thus, 4

---

10 (ἂν) ἀπώλλυτο: still part of the apodosis of the contrafactual, impf. ἀπόλλυμι
ἂν...ᾤχετο: *would....;* still part of the apodosis of a contrafactual, impf. οἴχομαι, a verb that governs a complementary pple (S 2099)
ἀπελθὸν: neuter sg. aor. pple ἀπ-έρχομαι
b1 ἀνάγκη (ἐστί): *(it is) necessary*
2 καί: *also, too;* adverbial, also in b3
ἀδύνατον (ἐστί): *(it) is impossible*
ψυχῇ: *for...;* dat. of interest
3 ἴῃ: 3s pres. subj. ἔρχομαι + ἂν in an indefinite temporal clause
4 μὲν γὰρ δή: *for...certainly in fact;* μὲν δή expresses positive certainty (S 2900)
5 προειρημένων: pf. pass. pple προλέγω
δέξεται: fut., see box on p. 174
ἔσται: fut. εἰμί
τεθνηκυῖα: fem. pf. pple ἀποθνῄσκω
ἄρτιον: neut. pred. with masc./fem. subject

6 οὐδέ γε: *and neither ...;* introducing a negative counterpart (GP 156); γε may be marking the ellipsis of a verb (S 2828)
7 τὸ περιττόν (ἔσται ἄρτιον): add verb
οὐδὲ δή: *nor then...;* inferential, add ἐστίν
οὐδέ γε: *nor...;* introducing a negative counterpart (GP 156); γε may be marking the ellipsis of a verb (S 2828)
8 φαίη ἄν τις: *one might say;* potential opt.
9 μὴ γίγνεσθαι: *from not becoming...;* 'that...not become...'
ἐπιόντος...ἀρτίου: gen. abs. ἐπέρχομαι, i.e. the doubling of an odd number
c1 ἀπολομένου αὐτοῦ: gen. abs.; ~περιττὸν
ἀντ(ὶ) ἐκείνου: *in place of that;* ~περιττὸν
γεγονέναι: pf. inf. γίγνομαι
2 τῷ...λέγοντι: *with the one...;* the verb μάχομαι governs a dat. of association
ἂν ἔχοιμεν: *we would be able;* potential opt.

ἀπόλλυται· τὸ γὰρ ἀνάρτιον οὐκ ἀνώλεθρόν ἐστιν· ἐπεὶ εἰ
τοῦτο ὡμολόγητο ἡμῖν, ῥᾳδίως ἂν διεμαχόμεθα ὅτι ἐπελ-
θόντος τοῦ ἀρτίου τὸ περιττὸν καὶ τὰ τρία οἴχεται ἀπιόντα· 5
καὶ περὶ πυρὸς καὶ θερμοῦ καὶ τῶν ἄλλων οὕτως ἂν διεμαχό-
μεθα. ἢ οὔ;

πάνυ μὲν οὖν.

οὐκοῦν καὶ νῦν περὶ τοῦ ἀθανάτου, εἰ μὲν ἡμῖν ὁμολογεῖται
καὶ ἀνώλεθρον εἶναι, ψυχὴ ἂν εἴη πρὸς τῷ ἀθάνατος εἶναι 10
καὶ ἀνώλεθρος· εἰ δὲ μή, ἄλλου ἂν δέοι λόγου.        d

ἀλλ᾽ οὐδὲν δεῖ, ἔφη, τούτου γε ἕνεκα· σχολῇ γὰρ ἂν
τι ἄλλο φθορὰν μὴ δέχοιτο, εἰ τό γε ἀθάνατον ἀίδιον ὂν
φθορὰν δέξεται.

---

ἀίδιος, -ον: everlasting, 1
ἀν-άρτιος, -ον: uneven, odd, 4
ἀν-ώλεθρος, -α, -ον: indestructible, 12
ἀπ-έρχομαι: to go away, depart, 14
ἄρτιος, -α, -ον: even; exactly fitted, proper, 14
δια-μάχομαι: contend, fight, struggle, 3
ἕνεκα· for the sake of, ( + preceding gen.) 13
ἐπ-έρχομαι: to come upon, approach, 8

θερμός, -ή, -όν: hot, warm; subst. heat, 11
οἴχομαι: to go, go off, depart, 14
περιττός -ή -όν: odd, remarkable, 15
πῦρ, πυρός, τό: fire, 14
ῥᾴδιος, -α, -ον: easy, ready, 9
σχολή, ἡ: leisure, rest; σχολῇ, scarcely, 3
τρεῖς, τρία: three, 9
φθορά, ἡ: destruction, ruin, 4

εἰ ὡμολόγητο,...ἂν διεμαχόμεθα: *if this
were..., we would...*; present contrafactual
(εἰ impf., ἄν + impf.) ὡμολόγητο is plpf.
or doric impf.
ἡμῖν: *by/with us*; dat. of compound verb
4 ἐπελθόντος τοῦ ἀρτίου: gen. abs., aor.
pple ἐπέρχομαι
οἴχεται ἀπιόντα: οἴχομαι, a verb that
governs a complementary pple (S 2099);
ἀπέρχομαι
8 πάνυ μὲν οὖν: *quite certainly indeed*; μὲν
οὖν is a strong assent
9 καὶ: *also*
ἡμῖν: *by/with us*; dat. of compound verb
ἂν διεμαχόμεθα: *we could...*; present

(unrealized) potential or merely part of the
apodosis of the contrafactual
10 ἂν εἴη: *would be*; potential opt.
πρὸς τῷ...εἶναι: *in addition to being...*;
articular inf.
d1 ἂν δέοι: *there would be need of...*; + abl.
of separation, i.e. 'there is a lack from,'
impersonal, potential opt.
2 οὐδὲν δεῖ: *there is not at all a need*; inner
acc.
σχολῇ: *scarely, hardly*
ἄν...δέχοιτο: *would accept*; τι ἄλλο is
subject
3 ὂν: neut. pple εἰμί

5   ὁ δέ γε θεὸς οἶμαι, ἔφη ὁ Σωκράτης, καὶ αὐτὸ τὸ τῆς
ζωῆς εἶδος καὶ εἴ τι ἄλλο ἀθάνατόν ἐστιν, παρὰ πάντων ἂν
ὁμολογηθείη μηδέποτε ἀπόλλυσθαι.

    παρὰ πάντων μέντοι νὴ Δί᾽, ἔφη, ἀνθρώπων τέ γε καὶ
ἔτι μᾶλλον, ὡς ἐγῷμαι, παρὰ θεῶν.

e   ὁπότε δὴ τὸ ἀθάνατον καὶ ἀδιάφθορόν ἐστιν, ἄλλο
τι ψυχὴ ἤ, εἰ ἀθάνατος τυγχάνει οὖσα, καὶ ἀνώλεθρος
ἂν εἴη;

    πολλὴ ἀνάγκη.

5   ἐπιόντος ἄρα θανάτου ἐπὶ τὸν ἄνθρωπον τὸ μὲν θνητόν,
ὡς ἔοικεν, αὐτοῦ ἀποθνῄσκει, τὸ δ᾽ ἀθάνατον σῶν καὶ
ἀδιάφθορον οἴχεται ἀπιόν, ὑπεκχωρῆσαν τῷ θανάτῳ.

---

ἀ-διάφθορος, -ον: imperishable, 2
ἀν-ώλεθρος, -α, -ον: indestructible, 12
ἀπ-έρχομαι: to go away, depart, 14
εἶδος, -εος, τό: form, shape, figure, 17
ἐπ-έρχομαι: to come upon, approach, 8
ζωή, ἡ: living, way of life, 5
θνητός, -ή, -όν: mortal, liable to death, 7

μηδέ-ποτε: not ever, never, 8
νή: by…(+ acc, invoking a god ), 14
οἴχομαι: to go, go off, depart, 14
ὁπότε: when, by what time, 6
σῶς, ὁ, ἡ: safe and sound, safe, sound, 6
ὑπ-εκ-χωρέω: to withdraw, 4

6 οἶμαι: οἴομαι, parenthetical
   παρὰ πάντων: by us; gen. of agent
7 ὁμολογηθείη: would…; 3s verb with 3p
   subject, aor. pass. potential opt.
8 Δία: Zeus; acc. sg.
   μέντοι: affirmative
   τέ γε: γε is emphasizing the word
   preceding τέ: ἀνθρώπων, which in turn
   follows παρὰ πάντων
9 ἐγῷμαι: ἐγὼ οἴομαι
   παρὰ θεῶν: gen. of agent
e1 ὁπότε δὴ: since then…; ὁπότε is causal
   and δή is inferential

ἄλλο τι…ἤ: anything other than…
2 τυγχάνει: + pple εἰμί, see p. 20
   πολλὴ ἀνάγκη (ἐστί): add linking verb
5 ἐπιόντος…θανάτου ἐπὶ…ἄνθρωπον: gen.
   abs. ἐπέρχομαι
   τὸ μὲν θνητόν…τὸ δ(ὲ) ἀθάνατον:
   the mortal (part)…the immortal (part),
   both are nom. subject
6 αὐτοῦ: of him; partitive gen.
7 οἴχεται ἀπιόν: οἴχομαι often governs a
   complementary pple (S 2099); ἀπέρχομαι
   τῷ θανάτῳ: from…; dat. of compound
   verb

φαίνεται.

παντὸς μᾶλλον ἄρα, ἔφη, ὦ Κέβης, ψυχὴ ἀθάνατον καὶ
ἀνώλεθρον, καὶ τῷ ὄντι ἔσονται ἡμῶν αἱ ψυχαὶ ἐν Ἅιδου.     107

οὔκουν ἔγωγε, ὦ Σώκρατες, ἔφη, ἔχω παρὰ ταῦτα ἄλλο
τι λέγειν οὐδέ πη ἀπιστεῖν τοῖς λόγοις. ἀλλ᾿ εἰ δή τι
Σιμμίας ὅδε ἤ τις ἄλλος ἔχει λέγειν, εὖ ἔχει μὴ κατασιγῆ-
σαι· ὡς οὐκ οἶδα εἰς ὅντινά τις ἄλλον καιρὸν ἀναβάλλοιτο     5
ἢ τὸν νῦν παρόντα, περὶ τῶν τοιούτων βουλόμενος ἤ τι
εἰπεῖν ἢ ἀκοῦσαι.

ἀλλὰ μήν, ἦ δ᾿ ὃς ὁ Σιμμίας, οὐδ᾿ αὐτὸς ἔχω ἔτι ὅπη
ἀπιστῶ ἔκ γε τῶν λεγομένων· ὑπὸ μέντοι τοῦ μεγέθους περὶ
ὧν οἱ λόγοι εἰσίν, καὶ τὴν ἀνθρωπίνην ἀσθένειαν ἀτιμάζων,     b

---

Ἅιδης, -ου ὁ: Hades, 15
ἀν-ώλεθρος, -α, -ον: indestructible, 12
ἀνα-βάλλω: to throw back, put off, delay 1
ἀνθρώπινος, -η, -ον: belonging to human, human, 7
ἀ-πιστέω: to distrust, not believe (+ dat.), 8
ἀ-σθένεια, ἡ: weakness, feebleness, 4

ἀ-τιμάζω: to dishonor, insult, slight, 4
καιρός, ὁ: time, (right) moment, 1
κατα-σιγάω: to remain silent, 1
μέγεθος, -εος, τό: size, magnitude, height, 17
ὅπη: in what way, how; where, 11
οὔκ-ουν: certainly not, not in fact, 2
πη: in some way, somehow, 4

9 παντὸς: than anything; gen. of comparison
107a1 τῷ ὄντι: actually, really; the pple is used as an adverbial
ἔσονται: 3p pres. dep. εἰμί
ἐν Ἅιδου: in (the house) of Hades
2 ἔχω: I am able
παρὰ: contrary to..., against...
4 ὅδε: here; as if he is pointing to Simmias
εὖ ἔχει: see p. 7
5 ὡς: as, since
εἰς ὅντινα...ἄλλον καιρὸν: to what other...

ἀναβάλλοιτο (ἄν): he might put (it) off; a potential opt. without ἄν (S 1821, 1822)
τὸν νῦν παρόντα (καιρόν): i.e. the present
8 ἀλλὰ μήν: well, certainly; in assent GP 343
8 ὃς ὁ Σιμμίας: Simmias here, this Simmias; ὅς is a demonstrative
ἔχω: I know
9 ὑπὸ τοῦ μεγέθους...: because of...; gen. of cause
b1 ἀτιμάζων: having a poor opinion of...

ἀναγκάζομαι ἀπιστίαν ἔτι ἔχειν παρ' ἐμαυτῷ περὶ τῶν
εἰρημένων.

οὐ μόνον γ', ἔφη, ὦ Σιμμία, ὁ Σωκράτης, ἀλλὰ ταῦτά
5 τε εὖ λέγεις καὶ τάς γε ὑποθέσεις τὰς πρώτας, καὶ εἰ
πισταὶ ὑμῖν εἰσιν, ὅμως ἐπισκεπτέαι σαφέστερον· καὶ ἐὰν
αὐτὰς ἱκανῶς διέλητε, ὡς ἐγῷμαι, ἀκολουθήσετε τῷ λόγῳ,
καθ' ὅσον δυνατὸν μάλιστ' ἀνθρώπῳ ἐπακολουθῆσαι· κἂν
τοῦτο αὐτὸ σαφὲς γένηται, οὐδὲν ζητήσετε περαιτέρω.

10    ἀληθῆ, ἔφη, λέγεις.

ἀλλὰ τόδε γ', ἔφη, ὦ ἄνδρες, δίκαιον διανοηθῆναι, ὅτι,
c εἴπερ ἡ ψυχὴ ἀθάνατος, ἐπιμελείας δὴ δεῖται οὐχ ὑπὲρ τοῦ
χρόνου τούτου μόνον ἐν ᾧ καλοῦμεν τὸ ζῆν, ἀλλ' ὑπὲρ τοῦ

---

ἀκολουθέω: to follow (dat.) 1
ἀναγκάζω: to force, compel, require, 10
ἀ-πιστία, ἡ: disbelief, distrust, doubt, 6
δέομαι: lack, need, want; ask for (+ gen.) 7
δι-αιρέω: to divide, separate, distinguish, 3
δια-νοέομαι: to think, consider, intend, 6
δίκαιος, -α, -ον: just, right(eous), fair, 13
δυνατός, -ή, -όν: capable, strong, possible, 8
ἐπ-ακολουθέω: to follow after, pursue (dat) 3
ἐπι-μέλεια, ἡ: care, attention; pursuit, 1

ἐπι-σκέπτεός -ον: one must examine, inspect 1
ζητέω: to seek, look for, investigate, 9
ὅμως: nevertheless, however, yet, 13
περαίτερω: further, (comp. of πέρα)1
πιστός, -ή, -όν: trustworthy; credible 2
σαφής, -ές: clear, distinct; certain, reliable, 16
ὑπέρ: above, on behalf of (gen.); over, beyond
(acc.), 6
ὑπο-θέσις, -εως, ἡ: proposal, hypothesis, 6

2 παρ(ὰ) ἐμαυτῷ: *in my mind* (S 1692.b)
εἰρημένων: pf. pass. pple λέγω (stem ερ)
4 οὐ μόνον γ(ε)...ἀλλὰ: *Yes, no only (this)
but (also)* ...;
5 τάς ὑποθέσεις...πρώτας: parallel to ταῦτα
(note τε...καί), object of λέγεις
καὶ εἰ: *even if...*; condition is concessive
εἰσιν: 3p εἰμί
6 ἐπισκεπτέαι (εἰσιν): *they must be examined*;
'are to be examined,' this verbal adj. + εἰμί,
here understood, expresses obligation; the
missing subject is αἱ ὑποθέσεις
6 σαφέστερον: comparative adv.
ἐὰν...διέλητε, ἀκολουθήσετε: *if you analyze
..., you will...*; 'distinguish' a fut. more
vivid condition (εἰ ἂν + subj., fut.), διέλητε
is 2s aor. subj. of διαιρέω (ἐλ)
7 ἐγῷμαι: ἐγὼ οἴομαι

8 κατ(ὰ) ὅσον δυνατόν (ἐστι): *inasmuch as*
ἀνθρώπῳ: *for...*; dat. of interest
ἐπακολουθῆσαι: aor. inf.
κἂν...γένηται, ζητήσετε: *and if...*; καὶ ἐὰν,
a fut. more vivid condition (εἰ ἂν + subj.,
fut.)
11 ἀλλὰ...γε: *but...*; or 'well,' γε emphasizes
the preceding noun
δίκαιον (ἐστί): *it is right*
διανοηθῆναι: aor. pass. dep. inf.
c1 δεῖται: *needs...*; + partitive gen., 3s pres.
δέομαι
δὴ: *then, accordingly*; inferential
οὐχ...μόνον...ἀλλ(ὰ): *not only...but (also)*
ὑπὲρ: *for...*; i.e. 'concerning' (S 1697.1b)
2 ἐν ᾧ: *in which (time)*
τὸ ζῆν: articular inf. ζάω
ὑπὲρ παντὸς: *for all (time)*; see c1

παντός, καὶ ὁ κίνδυνος νῦν δὴ καὶ δόξειεν ἂν δεινὸς εἶναι,
εἴ τις αὐτῆς ἀμελήσει. εἰ μὲν γὰρ ἦν ὁ θάνατος τοῦ παντὸς 5
ἀπαλλαγή, ἕρμαιον ἂν ἦν τοῖς κακοῖς ἀποθανοῦσι τοῦ τε
σώματος ἅμ' ἀπηλλάχθαι καὶ τῆς αὐτῶν κακίας μετὰ τῆς
ψυχῆς· νῦν δ' ἐπειδὴ ἀθάνατος φαίνεται οὖσα, οὐδεμία ἂν
εἴη αὐτῇ ἄλλη ἀποφυγὴ κακῶν οὐδὲ σωτηρία πλὴν τοῦ ὡς    d
βελτίστην τε καὶ φρονιμωτάτην γενέσθαι. οὐδὲν γὰρ ἄλλο
ἔχουσα εἰς Ἅιδου ἡ ψυχὴ ἔρχεται πλὴν τῆς παιδείας τε καὶ
τροφῆς, ἃ δὴ καὶ μέγιστα λέγεται ὠφελεῖν ἢ βλάπτειν τὸν
τελευτήσαντα εὐθὺς ἐν ἀρχῇ τῆς ἐκεῖσε πορείας. λέγεται   5
δὲ οὕτως, ὡς ἄρα τελευτήσαντα ἕκαστον ὁ ἑκάστου δαίμων,
ὅσπερ ζῶντα εἰλήχει, οὗτος ἄγειν ἐπιχειρεῖ εἰς δή τινα

---

ἄγω: to lead, bring, carry, convey, 12
Ἅιδης, -ου ὁ: Hades, 15
ἀμελέω: to have no care for, neglect, 5
ἀπ-αλλαγή, ἡ: escape; release, departure, 7
ἀπ-αλλάττω: escape, release; set free, 15
ἀπο-φυγή, ἡ: escape; refuge, 1
ἀρχή, ἡ: a beginning; rule, office, 8
βέλτιστος, -η, -ον: best, 14
βλάπτω: to harm, hurt, 1
δαίμων, -ονος, ὁ: a divine being or spirit, 3
δεινός, -ή, -όν: terrible; wondrous, clever, 6
ἐκεῖ-σε: thither, to that place, 10
ἐπι-χειρέω: put one's hand on, attempt, try, 8
ἕρμαιον, τό: a god-send, gift of the gods,

stroke of luck, 1
εὐθύς: right away, straight, directly, at once, 9
κακία, ἡ: wickedness, flaw, cowardice, 6
κίνδυνος, ὁ: risk, danger, venture, 2
λαγχάνω: to obtain by lot; be the tutelary
deity over, preside over, 1
μέγιστος, -η, -ον: very big, greatest, most, 6
παιδεία, ἡ: education, culture, learning, 1
πλήν: except, but (+ gen.), 7
πορεία, ἡ: journey; way, march, 3
σωτηρία, ἡ: deliverance, salvation, 1
τροφή, ἡ: rearing, upbringing; food, 4
φρόνιμος, -ον: sensible, wise, prudent, 8
ὠφελέω: to help, to be of use, benefit, 1

4 νῦν δή: now already; 'just now, i.e. if it
were true now that the soul is immortal
καί: actually; adverbial καί, potential opt.
5 ἀμελήσει: will care…; a fut. replaces opt.
in future less vivid to express heightened
emotion (emotional future less vivid)
εἰ…ἦν…ἂν ἦν: if…were,..would be…; pres.
contrafactual (εἰ impf., impf.), εἰμί
τοῦ παντός: from…; gen. of separation
6 ἂν ἦν: it would be; impersonal
τοῖς κακοῖς (ἀνθρώποις): dat. interest
ἀποθανοῦσι: aor. pple
τοῦ σώματος: from…; separation
7 ἀπηλλάχθαι: aor. pass. inf.
τῆς…κακίας: from…; separation, parallel to
σώματος

8 νῦν δ(ὲ): but as it is…; as often following a
contrafactual condition
φαίνεται οὖσα: appears to; + pple
ἂν εἴη: would…; potential opt. εἰμί
d1 αὐτῇ: for it; i.e. soul, dat. of interest
κακῶν: from…; separation
ὡς…: as…as possible; + superlative
3 εἰς Ἅιδου: into Hades' (house)
ἃ δή: which very things…; with sg. verb
4 καί: quite; an intensive modifying an adv.
μέγιστα: superlative adv.
τὸν τελευτήσαντα: the one having died
6 ὡς: that…
7 εἰλήχει: plpf. λαγχάνω
ζῶντα: that one (while) being alive
δή τινα: a certain (fixed); intensive δή

τόπον, οἷ δεῖ τοὺς συλλεγέντας διαδικασαμένους εἰς Ἅιδου

e πορεύεσθαι μετὰ ἡγεμόνος ἐκείνου ᾧ δὴ προστέτακται τοὺς
ἐνθένδε ἐκεῖσε πορεῦσαι· τυχόντας δὲ ἐκεῖ ὧν δὴ τυχεῖν
καὶ μείναντας ὃν χρὴ χρόνον ἄλλος δεῦρο πάλιν ἡγεμὼν
κομίζει ἐν πολλαῖς χρόνου καὶ μακραῖς περιόδοις. ἔστι δὲ
ἄρα ἡ πορεία οὐχ ὡς ὁ Αἰσχύλου Τήλεφος λέγει· ἐκεῖνος

108 μὲν γὰρ ἁπλῆν οἷμόν φησιν εἰς Ἅιδου φέρειν, ἡ δ' οὔτε
ἁπλῆ οὔτε μία φαίνεταί μοι εἶναι. οὐδὲ γὰρ ἂν ἡγεμόνων
ἔδει· οὐ γάρ πού τις ἂν διαμάρτοι οὐδαμόσε μιᾶς ὁδοῦ
οὔσης. νῦν δὲ ἔοικε σχίσεις τε καὶ τριόδους πολλὰς ἔχειν·

5 ἀπὸ τῶν θυσιῶν τε καὶ νομίμων τῶν ἐνθάδε τεκμαιρόμενος
λέγω. ἡ μὲν οὖν κοσμία τε καὶ φρόνιμος ψυχὴ ἕπεταί τε

---

Ἅιδης, -ου ὁ: Hades, 15
Αἰσχύλος, ὁ: Aeschylus (the playwright) 1
ἁπλός, ή, όν: single, simple, plain, 3
δια-δικάζω: give judgment in a case, decide 2
δι-αμαρτάνω: to go astray, miss entirely, 1
ἐκεῖ: there, in that place, 17
ἐν-θάδε: here, hither, thither, 17
ἐν-θένδε: hence, from here, 3
ἕπομαι: to follow, accompany, escort, 9
ἡγεμών, ὁ: guide, leader, commander, 5
θυσία, ἡ: sacrifice, offering, rite, 2
κομίζω: to carry, convey; travel, journey, 2
κόσμιος, -η, -ον: well-ordered, regular, 4
μακρός, ά, όν: long, far, distant, large, 4
μένω: to stay, remain, 8

νόμιμος, -η, -ον: customary, lawful, 2
ὁδός, ἡ: road, way, path, journey, 1
οἷμος, ὁ, ἡ: way, road, path, 1
οὐδαμό-σε: to no place, to nowhere, 2
περί-οδος, ἡ: cycle or period of time, circuit 1
πορεία, ἡ: journey; way, march, 3
πορεύω to conduct; *mid.* travel, journey, 7
προσ-τάττω: to order, assign, appoint (dat) 5
συλ-λέγω: to collect, gather, 4
σχίσις, -εως, ἡ: parting, cleavage, 4
τεκμαίρομαι: to judge by signs, conjecture, 1
Τήλεφος, ὁ: Telephus, (a lost tragedy) 1
τρί-οδος, ἡ: crossroads, meeting of roads, 1
φρόνιμος, -ον: sensible, wise, prudent, 8

8 οἷ: *to where*; relative adverb
  συλλεγέντας: aor. pass. pple
  διαδικασαμένους: aor. mid. pple.
  εἰς Ἅιδου: *to Hades' (house)*
e1 ᾧ δὴ: *the very one whom, precisely whom*
  προστέτακται: *it...*; impers., 3s pf. pass.
  προστάσσω
  τοὺς ἐνθένδε: *those here*; object of inf.
2 πορεῦσαι: *to conduct*; aor. inf. πορεύω
  τυχόντας δὲ ἐκεῖ ὧν δὴ (χρή) τυχεῖν:
  *(them) having attained there precisely what
  it is necessary to attain*; i.e. 'they ought to
  attain' aor. pple, inf. τυγχάνω, governing
  a partitive gen.

3 μείναντας: aor pple. μένω
  ὃν...χρόνον: *for which time...*; acc. duration
5 ὡς: *just as...*
108a1 φησιν: *says*; 3s pres.
  φέρειν: *leads...*; i.e. the path bears to...
  ἡ δ(ἐ): *and it...*; i.e. the path, ἡ οἷμος
2 ἄν...ἔδει: *there would be a need for...*; ἄν +
  impf. expresses present (unrealized)
  potential; governing a partitive gen.
3 διαμάρτοι: *could...*; 3s aor. potential opt.
  μιᾶς...οὔσης: *if...*; gen. abs., conditional
4 σχίσεις: i.e. forks in the road
5 νομίμων...ἐνθάδε: *ceremonies here*
  ἕπεται: *follows (the guide)*

καὶ οὐκ ἀγνοεῖ τὰ παρόντα· ἡ δ' ἐπιθυμητικῶς τοῦ σώματος
ἔχουσα, ὅπερ ἐν τῷ ἔμπροσθεν εἶπον, περὶ ἐκεῖνο πολὺν
χρόνον ἐπτοημένη καὶ περὶ τὸν ὁρατὸν τόπον, πολλὰ b
ἀντιτείνασα καὶ πολλὰ παθοῦσα, βίᾳ καὶ μόγις ὑπὸ τοῦ
προστεταγμένου δαίμονος οἴχεται ἀγομένη. ἀφικομένην δὲ
ὅθιπερ αἱ ἄλλαι, τὴν μὲν ἀκάθαρτον καί τι πεποιηκυῖαν
τοιοῦτον, ἢ φόνων ἀδίκων ἡμμένην ἢ ἄλλ' ἄττα τοιαῦτα 5
εἰργασμένην, ἃ τούτων ἀδελφά τε καὶ ἀδελφῶν ψυχῶν ἔργα
τυγχάνει ὄντα, ταύτην μὲν ἅπας φεύγει τε καὶ ὑπεκτρέπεται
καὶ οὔτε συνέμπορος οὔτε ἡγεμὼν ἐθέλει γίγνεσθαι, αὐτὴ
δὲ πλανᾶται ἐν πάσῃ ἐχομένη ἀπορίᾳ ἕως ἂν δή τινες c
χρόνοι γένωνται, ὧν ἐλθόντων ὑπ' ἀνάγκης φέρεται εἰς τὴν

---

ἀ-γνοέω: not know, be ignorant of, 1
ἄγω: to lead, bring, carry, convey, 12
ἀδελφός, -ή, -όν: akin to (gen); kindred, 2
ἄ-δικος, -ον: unrighteous, unjust, 6
ἀ-κάθαρτος, -ον: impure, not clean, 2
ἀντι-τείνω: to resist, strive against, 2
ἅπας, ἅπασα, ἅπαν: every, quite all, 14
ἀ-πορία, ἡ: bewilderment, puzzlement, 1
ἅπτω: engage in, touch (gen); kindle 11
βία, βίας, ἡ: bodily strength, force, might, 2
δαίμων, -ονος, ὁ: a divine being or spirit, 3
ἔμ-προσθεν: before, former; earlier, 7
ἐπι-θυμητικός, -ή, -όν: desiring, coveting, 1
ἐργάζομαι: to work, labor, toil, 4

ἔργον, τό: work, labor, deed, act, 5
ἕως: until, as long as, 15
ἡγεμών, ὁ: leader, commander, guide, 5
μόγις: with difficulty, scarcely, hardly, 1
ὅθι-περ: where, the very place where, 1
οἴχομαι: to go, go off, depart, 14
ὁρατός, -ή, -όν: visible, to be seen, 17
πλανάω: make wander; mid. wander, 4
προσ-τάττω: to order, assign, appoint, 5
πτοέω: to flutter, excite, terrify, scare, 1
συν-έμπορος ὁ: fellow-traveller, companion 2
ὑπ-εκ-τρέπω: to turn aside from + acc., 1
φεύγω: to flee, escape; avoid, 10
φόνος, ὁ: murder, slaughter, 2

7 τὰ παρόντα: *present circumstances*
ἡ δ'(ψυχή): *but (the soul)*; reply to ἡ μὲν...
ἐπιθυμητικῶς...ἔχουσα: *being desirous of*; ;
+ adv. (see p. 7); governing a partitive gen.
8 ἐν τῷ ἔμπροσθεν: *in the (time) before*
πολὺν χρόνον: *for...*; acc. of duration
b1 ἐπτοημένη: pf. pass. pple πάσχω
πολλὰ: *much*; inner acc.
2 πολλὰ: *many things*; inner acc.
παθοῦσα: aor. pple πάσχω
βίᾳ: *by violence*; dat. of means
ὑπό...: *by...*; gen. of agent
3 προστεταγμένου: pf. pass.
οἴχεται: governs a complementary pple,
here pass. pple (S 2099)
4 αἱ ἄλλαι (ψυχαί): add noun

τὴν μὲν (ψυχὴν): *the soul...*
πεποιηκυῖαν: pf. act. pple ποιέω
5 ἤ...ἤ...: *either...or*
ἡμμένων: i.e. having committed; pf. mid.
ἅπτω + partitive gen.
ἄττα: *some*; alternate form of neuter τινα
εἰργασμένην: pf. mid. pple
ἀδελφά, ἀδελφῶν: adjectives, not nouns
7 τυγχάνει: + pple, see p. 20
8 αὐτὴ δὲ: *but (the soul) itself...*; i.e. by itself
c1 ἐν πάσῃ ἀπορίᾳ ἐχομένη: pass. pple, note
the word order
ἕως ἂν δή τινες...γένωνται: *while certain
fixed times come to pass*; ἂν + aor. subj.,
indefinite temporal clause; intensive δή
2 ὧν ἐλθόντων: *these coming to pass*; abs.

αὐτῇ πρέπουσαν οἴκησιν· ἡ δὲ καθαρῶς τε καὶ μετρίως τὸν
βίον διεξελθοῦσα, καὶ συνεμπόρων καὶ ἡγεμόνων θεῶν
5 τυχοῦσα, ᾤκησεν τὸν αὐτῇ ἑκάστη τόπον προσήκοντα. εἰσὶν
δὲ πολλοὶ καὶ θαυμαστοὶ τῆς γῆς τόποι, καὶ αὐτὴ οὔτε οἵα
οὔτε ὅση δοξάζεται ὑπὸ τῶν περὶ γῆς εἰωθότων λέγειν, ὡς
ἐγὼ ὑπό τινος πέπεισμαι.

d    καὶ ὁ Σιμμίας, πῶς ταῦτα, ἔφη, λέγεις, ὦ Σώκρατες;
περὶ γάρ τοι γῆς καὶ αὐτὸς πολλὰ δὴ ἀκήκοα, οὐ μέντοι
ταῦτα ἃ σὲ πείθει· ἡδέως οὖν ἂν ἀκούσαιμι.

αλλὰ μέντοι, ὦ Σιμμία, οὐχ ἡ Γλαύκου τέχνη γέ μοι
5 δοκεῖ εἶναι διηγήσασθαι ἅ γ' ἐστίν· ὡς μέντοι ἀληθῆ,
χαλεπώτερόν μοι φαίνεται ἢ κατὰ τὴν Γλαύκου τέχνην, καὶ

---

Γλαύκων, ὁ: Glaucon, 2
δι-εξ-έρχομαι: to pass through, go through 5
δι-ηγέομαι: set out in detail, relate, narrate, 3
δοξάζω: to think, opine, suppose, imagine, 3
εἴωθα: to be accustomed, 12
ἡγεμών, ὁ: leader, commander, guide, 5
ἡδέως: sweetly, pleasantly, gladly, 6
θαυμαστός, -ή, -όν: wonderful, marvelous,
strange, 11

μέτριος, -α, -ον: moderate, in due measure, 7
οἰκέω: to inhabit, dwell, live, 15
οἴκησις, ἡ: dwelling, 5
πρέπει: it is fitting, it is suitable (impers.) 8
προσ-ήκει: it belongs, it is fitting, befits 15
συν-έμπορος ὁ: fellow-traveller, companion 1
τέχνη, ἡ: craft, art, 6
χαλεπός, -ά, -όν: difficult, hard, harmful, 5

3 αὐτῇ: *to it*; i.e. soul, dat. of interest with
the pple
ἡ δὲ: *but the soul...*
5 τυχοῦσα: aor. pple + partitive gen., see
p. 20
ᾤκησεν: aor. οἰκέω
εἰσὶν: 3p pres. εἰμί
6 καὶ αὐτὴ οὔτε οἵα οὔτε ὅση: *and (the
earth) itself (is) neither the sort nor the
size...*; add a linking verb
7 εἰωθότων: pf. pple εἴωθα, present in
sense; gen. of agent
8 πέπεισμαι: pf. pass. πείθω
d1 λέγεις: i.e. what do you mean by these?
δὴ: *quite*
2 ἀκήκοα: 1s pf. ἀκούω
3 πείθει: *persuades you*; neuter pl. ἃ is the

subject
ἂν ἀκούσαιμι: *would...*; potential opt.
4 ἀλλὰ μέντοι: *well, certainly*; ἀλλὰ as often
in replies, μέντοι is confirmatory (GP 411)
ἡ Γλαύκου τέχνη...ἐστίν: *it does not seem
to me to be the art of Glaucus at least to
explain what indeed it is*; i.e. it does not
take a genius to explain...; ἡ...τέχνη is an
idiom of unclear, though speculated, origin
5 ὡς...ἀληθῆ: *that (these things are) true,
however,...*; ἀληθέα is predicate, add verb
6 χαλεπώτερόν (διηγήσασθαι): supply an
epexegetic inf. with this comparative
ἢ κατὰ τὴν Γλαύκου τέχνην: *than
compared to the art of Glaucus*; 'than
according to...' for κατά, see S 1690c

ἄμα μὲν ἐγὼ ἴσως οὐδ᾽ ἂν οἷός τε εἴην, ἄμα δέ, εἰ καὶ
ἠπιστάμην, ὁ βίος μοι δοκεῖ ὁ ἐμός, ὦ Σιμμία, τῷ μήκει
τοῦ λόγου οὐκ ἐξαρκεῖν. τὴν μέντοι ἰδέαν τῆς γῆς οἵαν
πέπεισμαι εἶναι, καὶ τοὺς τόπους αὐτῆς οὐδέν με κωλύει  e
λέγειν.

ἀλλ᾽, ἔφη ὁ Σιμμίας, καὶ ταῦτα ἀρκεῖ.

πέπεισμαι τοίνυν, ἦ δ᾽ ὅς, ἐγὼ ὡς πρῶτον μέν, εἰ ἔστιν
ἐν μέσῳ τῷ οὐρανῷ περιφερὴς οὖσα, μηδὲν αὐτῇ δεῖν μήτε  5
ἀέρος πρὸς τὸ μὴ πεσεῖν μήτε ἄλλης ἀνάγκης μηδεμιᾶς  109
τοιαύτης, ἀλλὰ ἱκανὴν εἶναι αὐτὴν ἴσχειν τὴν ὁμοιότητα
τοῦ οὐρανοῦ αὐτοῦ ἑαυτῷ πάντῃ καὶ τῆς γῆς αὐτῆς τὴν
ἰσορροπίαν· ἰσόρροπον γὰρ πρᾶγμα ὁμοίου τινὸς ἐν μέσῳ

---

ἀήρ, ἀέρος m.: air, mist 16
ἀρκέω: to suffice, be enough, ward off, 1
ἐξ-αρκέω: be enough for, suffice for (dat.), 1
ἐπίσταμαι: know, know how, understand, 13
ἰδέα, ἡ: idea, character; appearance, form, 8
ἰσό-ρροπία, ἡ: equilibrium, balance, 1
ἰσό-ρροπος, -ον: balanced, well-balanced, 1
ἴσχω: to have, hold back, check, restrain, 3
κωλύω: to hinder or prevent, 5

μέσος, - η, -ον: middle, in the middle of, 8
μῆκος, τό: length, 1
ὁμοιότης, -τητος, ἡ: similarity, resemblance, 3
οὐρανός, ὁ: sky, heaven, 10
πάντῃ: in every way, on every side, 1
περι-φερής, -ές: rounded, circular 1
πίπτω: to fall, 3
πρᾶγμα, -ατος τό: deed, act; matter, affair 18

7 ἄμα μὲν...ἄμα δέ: i.e. both...and
  οἷος τε εἴην: οἷος τε εἰμί, 'I am the sort to'
  is a common idiom for 'I am able'; here as,
  an potential opt.
  εἰ καὶ ἠπιστάμην: even if I had the
  knowledge; aor. as a protasis of a mixed
  contrafactual
8 τῷ μήκει: for...; obj. of compound verb
9 τοῦ λόγου: of the argument
  τὴν μέντοι...εἶναι: what sort of character of
  the earth I have been persuaded that there
  is; 'the character of the earth, what sort I
  have been persuaded that (it) is' pf. pass. ,
  proleptic use of ἰδέαν
e1 τόπους: regions
  οὐδέν: nom. subject
3 ἀλλὰ: well
4 ἦ δ᾽ ὅς: see note on p. 9
  ὡς: that; begins ind. disc. but is abandoned

for acc + inf. in what follows
πρῶτον: adverbial acc.
ἔστιν: (the earth) is; add ἡ γῆ as subject
οὖσα: pple εἰμί
5 μηδὲν αὐτῇ δεῖν: that for it there is not at
  all a need for...; + partitive gen.; ind. disc.
  (ignoring ὡς) + πέπεισμαι, for μή, S 2726
109a1 πρὸς...πεσεῖν: with regard to...;
  articular inf. πίπτω
  ἀνάγκης: force
2 ἱκανὴν εἶναι αὐτὴν ἴσχειν: ...are sufficient
  to hold it (in place); i.e. the earth; though
  ἱκανήν is sg., there are two acc. subjects
3 ἑαυτῷ: to...; dat. with ὁμοιότητα
  πάντῃ: on every side
4 πρᾶγμα: object
  ὁμοίου τινὸς...μέσῳ: in the middle of
  something of this sort sort; i.e. something
  homogenous like the sky

5 τεθὲν οὐχ ἕξει μᾶλλον οὐδ' ἧττον οὐδαμόσε κλιθῆναι,
ὁμοίως δ' ἔχον ἀκλινὲς μενεῖ. πρῶτον μὲν τοίνυν, ἦ δ' ὅς,
τοῦτο πέπεισμαι.

καὶ ὀρθῶς γε, ἔφη ὁ Σιμμίας.

ἔτι τοίνυν, ἔφη, πάμμεγά τι εἶναι αὐτό, καὶ ἡμᾶς οἰκεῖν
b τοὺς μέχρι Ἡρακλείων στηλῶν ἀπὸ Φάσιδος ἐν σμικρῷ
τινι μορίῳ, ὥσπερ περὶ τέλμα μύρμηκας ἢ βατράχους περὶ
τὴν θάλατταν οἰκοῦντας, καὶ ἄλλους ἄλλοθι πολλοὺς ἐν
πολλοῖσι τοιούτοις τόποις οἰκεῖν. εἶναι γὰρ πανταχῇ περὶ
5 τὴν γῆν πολλὰ κοῖλα καὶ παντοδαπὰ καὶ τὰς ἰδέας καὶ τὰ
μεγέθη, εἰς ἃ συνερρυηκέναι τό τε ὕδωρ καὶ τὴν ὁμίχλην
καὶ τὸν ἀέρα· αὐτὴν δὲ τὴν γῆν καθαρὰν ἐν καθαρῷ κεῖσθαι

---

ἀ-κλινής, -ές: unbending, leaning either side, 1
ἀήρ, ἀέρος m.: air, mist 16
ἄλλο-θι: in another place, elsewhere, 7
βάτραχος, ὁ: frog, 1
Ἡράκλειος, -α, -ον: of Heracles, 1
ἥττων, -ον: less, weaker, inferior, 16
θάλαττα, ἡ: the sea, 12
ἰδέα, ἡ: idea, character; appearance, form, 8
κεῖμαι: to lie, lie down 4
κλίνω: to bend, swerve; incline, lean, 1
κοῖλος, -η, -ον: hollow, hollowed, 5
μέγεθος, -εος, τό: size, magnitude, height, 17
μένω: to stay, remain, 8
μέχρι: up to; until, as long as (+ gen.), 5
μόριον, τό: piece, portion, 2

μύρμηξ, μύρμηκος, ὁ: ant, 2
οἰκέω: to inhabit, dwell, live, 15
ὁμίχλη, ἡ: mist, fog, 1
οὐδαμό-σε: to no place, to nowhere, 2
πάμ-μεγας, -άλη, -α: very great, immense, 1
παντα-χῇ: everywhere, in every way, 3
παντο-δαπός, -ή, -όν: of every kind, of all sorts 3
σμικρός, -ά, -όν: small, little, 19
στήλη, ἡ: pillar; slab, stele, 1
συρ-ρέω: to flow together, 4
τέλμα, τέλματος, τό: pond, 1
τίθημι: to set, put, place, arrange, 10
ὕδωρ, ὕδατος, τό: water, 14
Φάσις, Φάσιδος, ἡ: Phasis (River),1

5 τεθὲν: neut. sg. aor. pass. pple τίθημι
  ἕξει: *will be able*; fut. ἔχω
  ἧττον: *less*; compartive adverb
  κλιθῆναι: aor. pass. inf.
6 ὁμοίως ἔχον: neut. pple modifying
  πρᾶγμα, for ἔχω + adv., see p. 7
  ἦ δ' ὅς: see note on p. 9
7 πέπεισμαι: pf. pass. πείθω
8 καὶ...γε: *and rightly*; emphasing the intervening word
9 πάμμεγά...αὐτό (πέπεισμαι): *(I am persuaded that it...)*; supply verb
b1 τοὺς μέχρι...στηλῶν...οἰκοῦντας: *those...*;

in apposition to ἡμᾶς; Phasis lies on the eastern shore of the Black sea and the pillars on the western end of the Mediterranean
3 ἄλλους ἄλλοθι: *some in some places, others in other places*; S 1274
5 καὶ τὰς ἰδέας... μεγέθη: *both in...and in...*; acc. respect
6 εἰς ἅ: *into which...*
  συνερρυηκέναι: pf. inf. συρρέω, ind. disc. still governed by πέπεισμαι
7 ἐν καθαρῷ...τῷ οὐρανῷ: καθαρῷ modifies οὐρανῷ

τῷ οὐρανῷ ἐν ᾧπέρ ἐστι τὰ ἄστρα, ὃν δὴ αἰθέρα ὀνομάζειν
τοὺς πολλοὺς τῶν περὶ τὰ τοιαῦτα εἰωθότων λέγειν· οὗ δὴ   c
ὑποστάθμην ταῦτα εἶναι καὶ συρρεῖν ἀεὶ εἰς τὰ κοῖλα τῆς
γῆς. ἡμᾶς οὖν οἰκοῦντας ἐν τοῖς κοίλοις αὐτῆς λεληθέναι
καὶ οἴεσθαι ἄνω ἐπὶ τῆς γῆς οἰκεῖν, ὥσπερ ἂν εἴ τις ἐν
μέσῳ τῷ πυθμένι τοῦ πελάγους οἰκῶν οἴοιτό τε ἐπὶ τῆς   5
θαλάττης οἰκεῖν καὶ διὰ τοῦ ὕδατος ὁρῶν τὸν ἥλιον καὶ τὰ
ἄλλα ἄστρα τὴν θάλατταν ἡγοῖτο οὐρανὸν εἶναι, διὰ δὲ
βραδυτῆτά τε καὶ ἀσθένειαν μηδεπώποτε ἐπὶ τὰ ἄκρα τῆς   d
θαλάττης ἀφιγμένος μηδὲ ἑωρακὼς εἴη, ἐκδὺς καὶ ἀνακύψας
ἐκ τῆς θαλάττης εἰς τὸν ἐνθάδε τόπον, ὅσῳ καθαρώτερος καὶ
καλλίων τυγχάνει ὢν τοῦ παρὰ σφίσι, μηδὲ ἄλλου

---

αἰθήρ, -έρος ὁ: aether, air, sky, 4
ἄκρος, -η, -ον: topmost, excellent, 3
ἀνα-κύπτω: to lift up one's head, 3
ἄνω: up, above, 6
ἀ-σθένεια, ἡ: weakness, feebleness, 4
ἄστρον, τὸ: a star, 5
βραδυτής, -τῆτος, ἡ: slowness, 2
εἴωθα: to be accustomed, 12
ἐκ-δύω: to come out; take off, strip, 1
ἐν-θάδε: here, hither, thither, 17
ἥλιος, ὁ: the sun, 7
θάλαττα, ἡ: the sea, 12
καλλιων, -ον: more noble or beautiful, 7
κοῖλος, -η, -ον: hollow, hollowed, 5

λανθάνω: to escape notice of; forget, 7
μέσος, - η, -ον: middle, in the middle of, 8
μηδε-πώποτε: not yet ever, never in the
world 1
οἰκέω: to inhabit, dwell, live, 15
ὄνομα, -ατος, τό: name, 7
οὐρανός, ὁ: sky, heaven, 10
πελάγος, ὁ: sea, 1
πυθμήν, -ένος ὁ: bottom, base, 2
συρ-ρέω: to flow together, 4
σφεῖς: they, 4
ὕδωρ, ὕδατος, τό: water, 14
ὑπο-στάθμη, ἡ: sediment, 1

8 τῷ οὐρανῷ: supply ἐν καθαρῷ
  ὃν δὴ: the very one which, precisely what…
7 εἰωθότων: of those accustomed; partitive
gen., pf. pple εἴωθα
c1 οὗ δὴ: of which very thing
2 ταῦτα: acc. subject, i.e. the water, mist,
and air from b6-7
3 ἡμᾶς…οἰκοῦντας…λεληθέναι: pf. act. inf.
λανθάνω + complementary pple; often, the
pple acts as main verb and λανθάνω is
translated as 'unawares' or 'unknowingly'
4 ἄνω ἐπὶ τῆς γῆς: above on the earth
  ὥσπερ ἂν εἴ: just as if…; ὥσπερ εἴ, the ἂν
suggests a suppressed (missing) apodosis
  οἰκῶν: nom. sg. pple οἰκέω
5 οἴοιτο…ἡγοῖτο: should…should…; opt. in

protasis of a future less vivid; οἴομαι
d2 ἀφιγμένος (εἴη): should have arrived; opt.
periphrastic pf. (pple + εἰμί) in same
protasis, ἀφικνέομαι
  ἑωρακὼς εἴη: periphratic pf., see above
ὁράω
  ἐκδὺς: by…; i.e. of the water; nom. sg. aor.
pple, causal in sense
  ἀνακύψας: aor. pple
3 ὅσῳ…: how much…; 'by how much,' the
clause is governed by ἀκήκοὼς εἴη, a dat.
of degree of difference
4 τυγχάνει: pple εἰμί, see p. 20
τοῦ παρὰ σφίσι: than (the place) where
they live; gen. of comparison, dat. place
where, παρὰ is similar to apud or chez

5 ἀκηκοὼς εἴη τοῦ ἑωρακότος. ταὐτὸν δὴ τοῦτο καὶ ἡμᾶς
πεπονθέναι· οἰκοῦντας γὰρ ἔν τινι κοίλῳ τῆς γῆς οἴεσθαι
ἐπάνω αὐτῆς οἰκεῖν, καὶ τὸν ἀέρα οὐρανὸν καλεῖν, ὡς διὰ
τούτου οὐρανοῦ ὄντος τὰ ἄστρα χωροῦντα· τὸ δὲ εἶναι ταὐ-
e τόν, ὑπ' ἀσθενείας καὶ βραδυτῆτος οὐχ οἵους τε εἶναι ἡμᾶς
διεξελθεῖν ἐπ' ἔσχατον τὸν ἀέρα· ἐπεί, εἴ τις αὐτοῦ ἐπ' ἄκρα
ἔλθοι ἢ πτηνὸς γενόμενος ἀνάπτοιτο, κατιδεῖν ⟨ἂν⟩ ἀνακύ-
ψαντα, ὥσπερ ἐνθάδε οἱ ἐκ τῆς θαλάττης ἰχθύες ἀνακύ-
5 πτοντες ὁρῶσι τὰ ἐνθάδε, οὕτως ἄν τινα καὶ τὰ ἐκεῖ κατιδεῖν,
καὶ εἰ ἡ φύσις ἱκανὴ εἴη ἀνασχέσθαι θεωροῦσα, γνῶναι ἂν
ὅτι ἐκεῖνός ἐστιν ὁ ἀληθῶς οὐρανὸς καὶ τὸ ἀληθινὸν φῶς
110 καὶ ἡ ὡς ἀληθῶς γῆ. ἥδε μὲν γὰρ ἡ γῆ καὶ οἱ λίθοι καὶ

---

ἀ-σθένεια, ἡ: weakness, feebleness, 4
ἀήρ, ἀέρος m.: air, mist 16
ἄκρος, -η, -ον: topmost, excellent, 3
ἀληθινός, -ή, -όν: truthful, true, real, 1
ἀν-έχω: to hold up; uphold, hold out, 1
ἀνα-κύπτω: to lift up one's head, 3
ἀνα-πέτομαι: to fly up, fly away, 1
ἄστρον, τό: a star, 5
βραδυτής, -τῆτος, ἡ: slowness, 2
γιγνώσκω: learn to know, to learn, realize 12
δι-εξ-έρχομαι: to pass through, go through 5
ἐκεῖ: there, in that place, 17
ἐν-θάδε: here, hither, thither, 17
ἐπ-άνω: above (+ gen.), 1

ἔσχατος, -η, -ον: extreme, last, furthest, 5
θάλαττα, ἡ: the sea, 12
θεωρέω: to see, watch, look at, 3
ἰχθύς, -ύος, ὁ: fish, 1
καθ-οράω: to look (down), perceive, 4
κοῖλος, -η, -ον: hollow, hollowed, 5
λίθος, ὁ: a stone, 8
οἰκέω: to inhabit, dwell, live, 15
οὐρανός, ὁ: sky, heaven, 10
πτηνός, -ή, -όν: winged, feathered, , 1
φύσις, -εως, ἡ: nature, character; form, 11
φῶς (φάος), φάεος, τό: light, 1
χωρέω: to go, come; have room for, 4

5 ἀκηκοὼς εἴη: *should…*; same fut. less
  vivid, a periphrastic pf., ἀκούω
  ἄλλου…τοῦ ἑωρακότος: *from another*
  *haviny…*; pf. act. pple ὁράω, a gen. of
  source, common with the verb ἀκούω
  ταὐτὸν δὴ τοῦτο: *this very same thing*;
  τὸ αὐτόν, inner acc.
  καί: *also, too*
6 πεπονθέναι: pf. inf. πάσχω
7 οἴεσθαι: *that we…*; add acc. subj. ἡμᾶς
  ὡς…ἄστρα χωροῦντα: *on the grounds*
  *that…*; 'since…', ὡς + pple expresses an
  alleged cause from a non-speaker's view
e1 τὸ δὲ εἶναι ταὐτόν: *but this is the same…*;
  τὸ αὐτόν, either τὸ is a demonsrative, the
  acc. subj. or this is an impers. inf. absolute;

assume πέπεισμαι in a7 as the main verb
ὑπό: *because of…*; gen. of cause
οἵους τε εἶναι ἡμᾶς: *that we…*; acc. subject
  + inf. in apposition to the demonstrative τό;
  οἷος τε εἰμί, is an idiom for 'I am able'
2 ἐπὶ ἔσχατον τὸν ἀέρα: *to the upper air*
  ἐπεί: *since*
  αὐτοῦ: *of it*; i.e of the air
3 ἔλθοι…ἀνάπτοιτο: *should go, should fly up*
  γενόμενος: aor. γίγνομαι + nom. predicate
  κατίδειν: *then he would see*; inf. καθοράω
5 τὰ ἐνθάδε: *things here*
  οὕτως…: *so one could see things there also*
6 εἴη…: *were sufficient to sustain seeing*
  γνῶναι ἄν…: *he would know*; aor. inf.
  ὡς ἀληθῶς: *in reality*

ἅπας ὁ τόπος ὁ ἐνθάδε διεφθαρμένα ἐστὶν καὶ καταβεβρω-
μένα, ὥσπερ τὰ ἐν τῇ θαλάττῃ ὑπὸ τῆς ἅλμης, καὶ οὔτε
φύεται ἄξιον λόγου οὐδὲν ἐν τῇ θαλάττῃ, οὔτε τέλειον ὡς
ἔπος εἰπεῖν οὐδέν ἐστι, σήραγγες δὲ καὶ ἄμμος καὶ πηλὸς   5
ἀμήχανος καὶ βόρβοροί εἰσιν, ὅπου ἂν καὶ [ἡ] γῆ ᾖ, καὶ
πρὸς τὰ παρ' ἡμῖν κάλλη κρίνεσθαι οὐδ' ὁπωστιοῦν ἄξια.
ἐκεῖνα δὲ αὖ τῶν παρ' ἡμῖν πολὺ ἂν ἔτι πλέον φανείη δια-
φέρειν· εἰ γὰρ δὴ καὶ μῦθον λέγειν καλόν, ἄξιον ἀκοῦσαι, ὦ   b
Σιμμία, οἷα τυγχάνει τὰ ἐπὶ τῆς γῆς ὑπὸ τῷ οὐρανῷ ὄντα.

ἀλλὰ μήν, ἔφη ὁ Σιμμίας, ὦ Σώκρατες, ἡμεῖς γε τούτου
τοῦ μύθου ἡδέως ἂν ἀκούσαιμεν.

---

ἀ-μήχανος, -ον: impossible, inconceivable, 5
ἅλμη, ἡ: sea-water, brine, 2
ἄμμος, ὁ: sand, 1
ἄξιος, -α, -ον: worthy of, deserving of, 15
βορβορός, ὁ: mire, filth, 2
δια-φέρω: to differ, surpass, carry over, 8
δια-φθείρω: to destroy, corrupt, kill, 6
ἐν-θάδε: here, hither, thither, 17
ἔπος, εος, τό: a word, 4
ἡδέως: sweetly, pleasantly, gladly, 6
θάλαττα, ἡ: the sea, 12
κάλλος, -εος, τό: beauty, 2

κατα-βιβρώσκω: corrode, eat up, devour, 1
κρίνω: to choose, pick out; judge, decide, 2
μῦθος, ὁ: story, word, speech, 7
ὅπου: where, 1
ὁπωστιοῦν: in any way whatever, 5
οὐρανός, ὁ: sky, heaven, 10
πηλός, ὁ: mud, clay, earth, 4
πλέων, -ον: more, greater, 17
σῆραγξ, υῆραγγος, ἡ: hollow rock, cave, 1
τέλειος, -α, -ον: perfect, completed, 1
φύω: to bring forth, beget, engender; am by
nature, 14

2 ὁ ἐνθάδε: modifying ὁ τόπος
διεφθαρμένα ἐστὶν: periphratic pf. pass. (pf.
pple + εἰμί), διαφθείρω ; the use of neuter
pl. following plural subjects of different
genders is not uncommon
καταβεβρωμένα (ἐστὶν): see above,
3 τὰ...θαλάττῃ: things...; supply verb
ὑπό...: gen. of cause
4 ἄξιον λόγου: worthy of mention
ὡς ἔπος εἰπεῖν: so to speak; an inf. absolute
6 ἀμήχανος: i.e. inconceivably immense
εἰσιν: 3rd pl. pres. εἰμί
ὅπου ἂν...ᾖ: wherever...; 3s pres. subj.
εἰμί + ἄν in an indefinite relative clause
7 πρὸς τὰ παρὰ ἡμῖν κάλλη: in comparison
to beautiful things where we live they (are)
in no way at all worthy to be judged;
κάλλεα; παρὰ is similar to apud or chez,
see 109d4; κρίνεσθαι is an epexegetic inf.

8 ἐκεῖνα δὲ: but those things...; i.e. real earth
τῶν παρ(ὰ) ἡμῖν: than those where we
live...; gen. of comparison with διαφέρειν,
for παρὰ ἡμῖν, see a7
πολὺ: i.e. inconceivably immense
ἂν φανείη: would appear; 3s aor. pass. opt.
φαίνω
b1 εἰ γὰρ δὴ...καλόν (ἐστι): if indeed (it is)
right also...; καλόν is impersonal, γὰρ
is anticipatory, 'since' or 'for,' but here
left untranslated
ἄξιον (ἐστί): (it is)...; predicate, supply
a linking verb
2 οἷα: the things which...; the missing
antecedent is obj. of ἀκοῦσαι
τυγχάνει: + pple, see p. 20
3 ἀλλὰ μήν: well certainly; a strong assent
τούτου τοῦ μύθου: gen. of source, object
of potential aor. opt. ἀκούσαιμεν

5    λέγεται τοίνυν, ἔφη, ὦ ἑταῖρε, πρῶτον μὲν εἶναι τοιαύτη
ἡ γῆ αὐτὴ ἰδεῖν, εἴ τις ἄνωθεν θεῷτο, ὥσπερ αἱ δωδεκάσκυ-
τοι σφαῖραι, ποικίλη, χρώμασιν διειλημμένη, ὧν καὶ τὰ
ἐνθάδε εἶναι χρώματα ὥσπερ δείγματα, οἷς δὴ οἱ γραφῆς

c    καταχρῶνται. ἐκεῖ δὲ πᾶσαν τὴν γῆν ἐκ τοιούτων εἶναι, καὶ
πολὺ ἔτι ἐκ λαμπροτέρων καὶ καθαρωτέρων ἢ τούτων· τὴν
μὲν γὰρ ἁλουργῆ εἶναι [καὶ] θαυμαστὴν τὸ κάλλος, τὴν δὲ
χρυσοειδῆ, τὴν δὲ ὅση λευκὴ γύψου ἢ χιόνος λευκοτέραν,

5    καὶ ἐκ τῶν ἄλλων χρωμάτων συγκειμένην ὡσαύτως, καὶ ἔτι
πλειόνων καὶ καλλιόνων ἢ ὅσα ἡμεῖς ἑωράκαμεν. καὶ γὰρ
αὐτὰ ταῦτα τὰ κοῖλα αὐτῆς, ὕδατός τε καὶ ἀέρος ἔκπλεα

d    ὄντα, χρώματός τι εἶδος παρέχεσθαι στίλβοντα ἐν τῇ τῶν

---

ἀήρ, ἀέρος m.: air, mist 16
ἁλουργής, -ές: purple, of purple dye, 1
ἄνω-θεν: from above, from on high, 2
γραφεύς, -έως, ὁ: painter, 1
γύψος, ὁ: chalk, 1
δεῖγμα, ατος, τό: sample, pattern, sketch, 1
δια-λαμβάνω: receive separately, divide,
seize by the middle (wrestling metaphor), 2
δωδεκά-σκυτος, -ον: of 12 strips of leather, 1
εἶδος, -εος, τό: form, shape, figure, 17
ἔκ-πλεος. -ον: quite full, complete, (gen), 1
ἐκεῖ: there, in that place, 17
ἐν-θάδε: here, hither, thither, 17
ἑταῖρος, ὁ: a comrade, companion, mate, 11
θαυμαστός, -ή, -όν: wonderful, marvelous, 11
θεάομαι: to see, watch, look at; consider, 3
καλλιων, -ον: more noble or beautiful, 7

κάλλος, -εος, τό: beauty, 2
κατα-χράομαι: use, employ (+ dat.), 1
κοῖλος, -η, -ον: hollow, hollowed, 5
λαμπρός, -ή, -όν, ὁ: bright, brilliant, 1
λευκός, -ή, -όν: white, bright, brilliant, 3
παρ-έχω: to provide, furnish, supply, 16
πλέων, -ον: more, greater, 17
ποικίλος, -η, -ον: varied; many-colored, 2
στίλβω: to gleam, flash, be bright, 1
συγ-κείμαι: be composed, be compounded, 6
σφαῖρα, ἡ: ball, sphere, globe, 1
ὕδωρ, ὕδατος, τό: water, 14
χιών, χιόνος, ἡ: snow, 7
χρυσο-ειδής, -ές: of gold, like gold, 1
χρῶμα, -ατος, τό: color, complexion, 9
ὡσ-αύτως: in the same manner, just so, 4

5 λέγεται: subject ἡ γῆ αὐτὴ
   πρῶτον: adverbial acc.
   τοιαύτη...ἰδεῖν: *this sort to look upon*; pred.
   + epexegetic inf., aor. inf. ὁράω
6 θεῷτο: *one should...*; pres. mid. opt.
7 αἱ...σφαῖραι: i.e. balls stitched together
   χρώμασιν: dat. pl. of means
   διειλημμένη: *divided*; i.e. separated; pf. pass
   ὧν...τὰ...χρώματα: *of which the colors
   here*; the antecedent is σφαῖραι
8 ὥσπερ δείγματα: *just as samples*; i.e. paint
   samples
   οἷς δὴ: *the very ones which...*

   γραφῆς: γραφέ-ες, nom. pl. γραφεύς
c1 τοιούτων: i.e. varied colors
2 πολύ: *much, far*; adv. acc. (acc. of extent
   of degree) modifying the comparative
   (ἐκ) τούτων: supply missing preposition
3 τὴν μὲν ἁλουρῆ: *one part is purple*;
   ἁλουρέ-α
   τὸ κάλλος: *in...*; acc. of respect
4 τὴν δὲ χρυσοειδῆ: *another part (is) golden*
   τὴν δὲ ὅση: *and another part is as...as*
   χιόνος: *than...*; gen. of comparaiston
6 ἑωράκαμεν: 1p pf. ὁράω
d1 χρώματός...: *the appeararance of color*

198

ἄλλων χρωμάτων ποικιλία, ὥστε ἕν τι αὐτῆς εἶδος συνεχὲς
ποικίλον φαντάζεσθαι. ἐν δὲ ταύτῃ οὔσῃ τοιαύτῃ ἀνὰ
λόγον τὰ φυόμενα φύεσθαι, δένδρα τε καὶ ἄνθη καὶ τοὺς
καρπούς· καὶ αὖ τὰ ὄρη ὡσαύτως καὶ τοὺς λίθους ἔχειν ἀνὰ 5
τὸν αὐτὸν λόγον τήν τε λειότητα καὶ τὴν διαφάνειαν καὶ τὰ
χρώματα καλλίω· ὧν καὶ τὰ ἐνθάδε λιθίδια εἶναι ταῦτα τὰ
ἀγαπώμενα μόρια, σάρδιά τε καὶ ἰάσπιδας καὶ σμαράγδους
καὶ πάντα τὰ τοιαῦτα· ἐκεῖ δὲ οὐδὲν ὅτι οὐ τοιοῦτον εἶναι καὶ e
ἔτι τούτων καλλίω. τὸ δ᾽ αἴτιον τούτου εἶναι ὅτι ἐκεῖνοι οἱ
λίθοι εἰσὶ καθαροὶ καὶ οὐ κατεδηδεσμένοι οὐδὲ διεφθαρμένοι
ὥσπερ οἱ ἐνθάδε ὑπὸ σηπεδόνος καὶ ἅλμης ὑπὸ τῶν δεῦρο
συνερρυηκότων, ἃ καὶ λίθοις καὶ γῇ καὶ τοῖς ἄλλοις ζῴοις τε 5

---

ἀγαπάω: to love, be fond of; satisfy, 1
αἴτιος, -α, -ον: responsible, blameworthy, 8
ἅλμη, ἡ: sea-water, brine, 2
ἄνθη, -ης, ἡ: full bloom, 1
δένδρον, τό: tree, 1
δεῦρο: here, to this point, hither, 7
δια-φάνεια, ἡ: transparency, 1
δια-φθείρω: to destroy, corrupt, kill, 6
εἶδος, -εος, τό: form, shape, figure, 17
ἐκεῖ: there, in that place, 17
ἐν-θάδε: here, hither, thither, 17
ζῶον, τό: a living being, animal, 6
ἴασπις, ἰάσπιδος, ἡ: jasper, 1
καλλιων, -ον: more noble or beautiful, 7
καρπός, ὁ: crop, fruit, benefit, 1
κατ-εσθίω: to eat up, corrode, devour, 1
λειότης, -ητος, ἡ: smoothness, 1

λιθίδιον, τό: pebble, 1
λίθος, ὁ: a stone, 8
μόριον, τό: piece, portion, 2
ὄρος, -εος, τό: a mountain, hill, 2
ποικιλία, ἡ: variation, varied aspect, 1
ποικίλος, -η, -ον: varied; many-colored, 2
σάρδιον, τό: sard, the Sardian stone, 1
σηπεδών, -όνος, ἡ: decay, putrefication, 2
σμάραγδος, ὁ: emerald, 1
συν-εχής, -ές: continuous, contiguous to, 1
συρ-ρέω: to flow together, 4
φαντάζομαι: appear, seem, become visible 1
φύω: to bring forth, beget, engender; am by
nature, 14
χρῶμα, -ατος, τό: color, complexion, 9
ὡσ-αύτως: in the same manner, just so, 4

---

2 ὥστε…: *so as to…*; result clause + inf.
  ἕν τι…εἶδος…ποικίλον: neuter object, εἶδος
  αὐτῆς: *of it*; i.e. of the earth
3 ἐν…οὔσῃ τοιαύτῃ: *on this (earth) being this
  sort*; pple εἰμί, ταύτῃ refers to earth
  ἀνὰ λόγον: *correspondingly, in the same
  way, in proportion*; acc. of manner
4 τὰ φυόμενα: *things growing*
5 ἀνά…λόγον: *correspondingly, in the same
  way, in the same proportion*; acc. manner
7 καλλίω: καλλίο(ν)α, neuter acc. pl.
  ὧν καὶ …εἶναι…μόρια: *of which in fact…
  are fragments*; all other neuters modify acc.

subj. λιθίδια; i.e. our precious stones are
but fragments of theirs
8 σάρδια…τοιαῦτα: in apposition to λιθίδια
e1 ὅ τι οὐ τοιοῦτον: *which (is) not this sort*
2 τούτων: gen. comparison
  καλλίω: καλλίο(ν)α, neuter acc. pl.
  τούτου: *for this*; subjective gen.
3 εἰσὶ: 3p pres. εἰμί
  κατεδηδεσμένοι: pf. pass. κατ-εσθίω 110a2
  διεφθαρμένοι: pf. pass. διαφθείρω, 110a2
4 ὑπὸ…: *because of…*; gen. cause
5 συνερρυηκότων: pf. pple συρρέω
  λίθοις…ζῴοις…: *to…*; dat. ind. object

καὶ φυτοῖς αἴσχη τε καὶ νόσους παρέχει. τὴν δὲ γῆν αὐτὴν
κεκοσμῆσθαι τούτοις τε ἅπασι καὶ ἔτι χρυσῷ τε καὶ ἀργύρῳ καὶ
111 τοῖς ἄλλοις αὖ τοῖς τοιούτοις. ἐκφανῆ γὰρ αὐτὰ πεφυκέναι,
ὄντα πολλὰ πλήθει καὶ μεγάλα καὶ πανταχοῦ τῆς γῆς, ὥστε
αὐτὴν ἰδεῖν εἶναι θέαμα εὐδαιμόνων θεατῶν. ζῷα δ᾽ ἐπ᾽
αὐτῇ εἶναι ἄλλα τε πολλὰ καὶ ἀνθρώπους, τοὺς μὲν ἐν
5 μεσογαίᾳ οἰκοῦντας, τοὺς δὲ περὶ τὸν ἀέρα ὥσπερ ἡμεῖς
περὶ τὴν θάλατταν, τοὺς δ᾽ ἐν νήσοις ἃς περιρρεῖν τὸν ἀέρα
πρὸς τῇ ἠπείρῳ οὔσας· καὶ ἑνὶ λόγῳ, ὅπερ ἡμῖν τὸ ὕδωρ τε
καὶ ἡ θάλαττά ἐστι πρὸς τὴν ἡμετέραν χρείαν, τοῦτο ἐκεῖ
b τὸν ἀέρα, ὃ δὲ ἡμῖν ἀήρ, ἐκείνοις τὸν αἰθέρα. τὰς δὲ ὥρας
αὐτοῖς κρᾶσιν ἔχειν τοιαύτην ὥστε ἐκείνους ἀνόσους εἶναι καὶ

---

ἀήρ, ἀέρος m.: air, mist 16
αἰθήρ, -έρος ὁ: aether, air, sky, 4
αἴσχος, -εος, τό: ugliness; shame, disgrace, 1
ἄ-νοσος, -ον: without sickness or disease, 1
ἄργυρος, ὁ: silver, 1
ἐκ-φανής, -ές: showing itself, manifest, clear, 1
ἐκεῖ: there, in that place, 17
εὐ-δαίμων, -ον: happy, fortunate, blessed, 5
ζῷον, τό: a living being, animal, 6
ἡμέτερος, -α, -ον: our, 5
ἤπειρος, ἡ: land, mainland,
θάλαττα, ἡ: the sea, 12
θέαμα, -ατος, τό: sight, spectacle, 1
θεατής, ὁ: spectator, one who sees, 1
ἰδέα, ἡ: idea, character; appearance, form, 8
κοσμέω: to order, arrange, adorn, 5

κρᾶσις, -εως, ἡ: mixing, blending, 4
μεσο-γαία, ἡ: inland, interior (land), 1
νῆσος, ἡ: an island, 1
νόσος, ὁ: illness, sickness, 5
οἰκέω: to inhabit, dwell, live, 15
παντα-χοῦ: everywhere, in all places, 3
παρ-έχω: to provide, furnish, supply, 16
περι-ρρέω: to flow around, 1
πλῆθος, ἡ: number, multitude; size, crowd, 3
ὕδωρ, ὕδατος, τό: water, 14
φυτόν, τό: a plant, tree, 1
φύω: to bring forth, beget, engender; am by
nature, 14
χρεία, ἡ: use, advantage, service; need, want 2
χρυσός, ὁ: gold, 1
ὥρα, ἡ: season, time, 3

---

6 αἴσχη: αἴσχε-α, neuter acc. pl.
  τὴν δὲ γῆν...κεκοσμῆσθαι: *that the earth
itself is adorned*...; in extended ind. disc.
  τούτοις ἅπασι..: *by*...; dat. means; ἅπας
111a1 αὐτὰ πεφυκέναι: *that they are by
nature*...; pf. φύω, is often 'be by nature'
2 πλήθει: *in*...; dat. of respect with πολλὰ
  ὥστε αὐτὴν ἰδεῖν εἶναι: *so that to look
upon it is*...; result clause, αὐτὴν refers to
earth
  ἐπ(ὶ) αὐτῇ: *upon it*; i.e. upon earth
4 τοὺς μὲν...τοὺς δὲ...τοὺς δὲ: *some...
others...and others*

7 πρός: *near*...; dat. place where
  οὔσας: pple εἰμί
  ἑνὶ λόγῳ : *in a word;* dat. of manner, εἷς
  ἡμῖν...ἐστι: *we have*; 'there is to us,' dat.
of possession
  ἡμῖν...ἐστι *we have, is to us*; dat. possession
8 τοῦτο (ἐστί)...: *this (is)*...; add linking verb
b1 ὃ δὲ ἡμῖν...αἰθέρα *but what (is)*...; dative of
  reference (point of view); add verbs
2 αὐτοῖς.: *for them*; dat. of interest
  ὥστε...εἶναι.: *so that*...; result; acc. + inf.

χρόνον τε ζῆν πολὺ πλείω τῶν ἐνθάδε, καὶ ὄψει καὶ ἀκοῇ καὶ
φρονήσει καὶ πᾶσι τοῖς τοιούτοις ἡμῶν ἀφεστάναι τῇ αὐτῇ
ἀποστάσει ἧπερ ἀήρ τε ὕδατος ἀφέστηκεν καὶ αἰθὴρ ἀέρος 5
πρὸς καθαρότητα. καὶ δὴ καὶ θεῶν ἄλση τε καὶ ἱερὰ αὐτοῖς
εἶναι, ἐν οἷς τῷ ὄντι οἰκητὰς θεοὺς εἶναι, καὶ φήμας τε καὶ
μαντείας καὶ αἰσθήσεις τῶν θεῶν καὶ τοιαύτας συνουσίας
γίγνεσθαι αὐτοῖς πρὸς αὐτούς· καὶ τόν γε ἥλιον καὶ σελήνην c
καὶ ἄστρα ὁρᾶσθαι ὑπ' αὐτῶν οἷα τυγχάνει ὄντα, καὶ τὴν
ἄλλην εὐδαιμονίαν τούτων ἀκόλουθον εἶναι.

κ̓αὶ ὅλην μὲν δὴ τὴν γῆν οὕτω πεφυκέναι καὶ τὰ περὶ
τὴν γῆν· τόπους δ' ἐν αὐτῇ εἶναι κατὰ τὰ ἔγκοιλα αὐτῆς 5
κύκλῳ περὶ ὅλην πολλούς, τοὺς μὲν βαθυτέρους καὶ ἀνα-

---

ἀήρ, ἀέρος m.: air, mist 16
αἰθήρ, -έρος ὁ: aether, air, sky, 4
αἴσθησις, -εως, ἡ: sensation, perception, 19
ἀκοή, ἡ: hearing, 1
ἀκολουθέω: to follow, 1
ἄλσος, -εος, τό: grove, sacred grove, 1
ἀναπετάννυμι: to spread out, unfold, 1
ἀπό-στασις, -εως, ἡ: distance, separation, 1
ἄστρον, τό: a star, 5
ἀφ-ίστημι: to stand away from, remove; to make revolt, 3
βαθύς, -εῖα, -ύ: deep, tall, 3
ἔγ-κοιλος, -ον: hollow, sunken, 1
ἐν-θάδε: here, hither, thither, 17
εὐ-δαιμονία, ἡ: happiness, good fortune, 2

ἥλιος, ὁ: the sun, 7
ἱερός, -ή, -όν: holy, divine; temple 2
καθαρότης, ὁ: purity, cleanliness, 1
κύκλος, ὁ: a circle, round, ring, 10
μαντεία, ἡ: oracle, prophecy, 1
οἰκητής, ὁ: inhabitant, dweller, 1
ὅλος, -η, -ον: whole, entire, complete, 9
πλέων, -ον: more, greater, 17
σελήνη, ἡ: the moon, 2
συν-ουσία, ἡ: association, company, 4
ὕδωρ, ὕδατος, τό: water, 14
φήμη, ἡ: utterance or saying (of the gods), 1
φρόνησις, -εως, ἡ: intelligence, wisdom, 15
φύω: to bring forth, beget, engender; am by nature, 14

3 χρόνον...πολὺ πλείω: for...; acc.
 duration, πλείο(ν)α is acc. sg
 τῶν ἐνθάδε: gen. comparison
 ὄψει...τοιούτοις: in...; acc. of respect
4 ἡμῶν: gen. of separation
 ἀφεστάναι τῇ αὐτῇ ἀποστάσει: that (they)
 are separated by the same distance; i.e. are
 superior in the same way, pf. inf. ἀφ-
 ίστημι and dat. of degree of difference
5 ἧπερ: by which (distance); dat., degree
 ὕδατος, ἀέρος: from... gen. of separation
 ἀφέστηκεν: is separated; pf. ἀφ-ίστημι
6 πρός...: in regard to...
 καὶ δὴ καί: especially; 'and indeed also'

αὐτοῖς εἶναι: they have; dat. of possession
7 τῷ ὄντι: really, actually; pple as adv.
c1 αὐτοῖς: dat. of interest, the inhabitants
 πρὸς αὐτούς: to them; i.e. to the gods
 καὶ...γε...καὶ...καί: yes, and...and...and
 τυγχάνει ὄντα: they happen to (really) be
3 ἀκόλουθον: the following; predicate
4 μὲν δή: certainly in fact; S 2900
 πεφυκέναι: are by nature thus; pf. φύω
 τὰ περί...γῆν: things around the earth
5 κατά...: in...; 'over' distributive sense
6 κύκλῳ...: in a circle round the whole
 τοὺς μέν...: some (are)...; add verb
 ἀνα-πεπταμένους: pf. pass. pple, i.e. wider

---

πεπταμένους μᾶλλον ἢ ἐν ᾧ ἡμεῖς οἰκοῦμεν, τοὺς δὲ βαθυ-
τέρους ὄντας τὸ χάσμα αὐτοὺς ἔλαττον ἔχειν τοῦ παρ' ἡμῖν
d τόπου, ἔστι δ' οὓς καὶ βραχυτέρους τῷ βάθει τοῦ ἐνθάδε
εἶναι καὶ πλατυτέρους. τούτους δὲ πάντας ὑπὸ γῆν εἰς
ἀλλήλους συντετρῆσθαί τε πολλαχῇ καὶ κατὰ στενότερα καὶ
εὐρύτερα καὶ διεξόδους ἔχειν, ᾗ πολὺ μὲν ὕδωρ ῥεῖν ἐξ
5 ἀλλήλων εἰς ἀλλήλους ὥσπερ εἰς κρατῆρας, καὶ ἀενάων
ποταμῶν ἀμήχανα μεγέθη ὑπὸ τὴν γῆν καὶ θερμῶν ὑδάτων
καὶ ψυχρῶν, πολὺ δὲ πῦρ καὶ πυρὸς μεγάλους ποταμούς,
πολλοὺς δὲ ὑγροῦ πηλοῦ καὶ καθαρωτέρου καὶ βορβορωδε-
e στέρου, ὥσπερ ἐν Σικελίᾳ οἱ πρὸ τοῦ ῥύακος πηλοῦ ῥέοντες
ποταμοὶ καὶ αὐτὸς ὁ ῥύαξ· ὧν δὴ καὶ ἑκάστους τοὺς τόπους

---

ἀ-μήχανος, -ον: impossible, inconceivable, 5
ἀέ-ναος, -ον: ever-flowing, 1
βαθύς, -εῖα, -ύ: deep, tall, 3
βάθος, βάθεος, τό: depth, 1
βορβορ-ώδης, -ες: muddy, miry, filthy
βραχύς, -εῖα, -ύ: short, shallow, 3
δι-εξ-όδος, ἡ: outlet; passage, passageway, 1
ἐν-θάδε: here, hither, thither, 17
εὐρύς, -εῖα, -ύ: wide, broad, 1
θερμός, -ή, -όν: hot, warm; subst. heat, 11
κρατήρ, -ῆρος, ἡ: mixed bowl; hollow, 1
μέγεθος, -εος, τό: size, magnitude, length, 17
οἰκέω: to inhabit, dwell, live, 15
πηλός, ὁ: mud, clay, earth, 4

πλατύς, -εῖα, -ύ: wide, broad, flat, 3
πολλα-χῇ: in many places; many times, 1
ποταμός, ὁ: river, stream 8
πρό: before, in front; in place of (+ gen.), 13
πῦρ, πυρός, τό: fire, 14
ῥέω: to flow, run, stream, 10
ῥύαξ, ῥύακος, ὁ: lava flow, rushing stream, 3
Σικελία, ἡ: Sicily, 1
στενός, -ή, -όν: narrow, 1
συν-τετραίνω: to join by channels, 1
ὑγρός, -ά, -όν: moist, wet, 4
ὕδωρ, ὕδατος, τό: water, 14
χάσμα, -ατος, τό: chasm, hollow, gulf 3
ψυχρός, -ά, -όν: cold, chill, frigid, 10

6 τοὺς δὲ...ὄντας: *others being...*; pple εἰμί
7 τὸ χάσμα...ἔλαττον: in contrast to
  ἀναπεπταμένους above
  αὐτοὺς: *themselves*; intensive with τοὺς δὲ
  τοῦ παρ(ὰ) ἡμὶν: *than the place where we
  live*; gen. of comparison; παρὰ is similar
  to *apud* or *chez*, see 109d4, 110a7, 110a8
d1 ἔστι δ'οὓς: *and there are (those) whom*; or
  just 'some,' a common idiom (S 2514)
  τῷ βάθει: *in...*; dat. of respect
  τοῦ ἐνθάδε: *than...*; gen. comparison
2 ὑπὸ γῆν: *beneath...*; acc. place to which
3 συντετρῆσθαι: pf. pass. συντέτραινω
  καὶ κατὰ...καῖ κατὰ...: *both through and

*through...*; i.e. channels
4 ᾗ: *where*; or 'by which way,' relative adv.
6 καὶ θερμῶν...καὶ: *both of...and of...*; gen. of
  quality (or material) with ποταμῶν
8 πολλοὺς (ποταμούς): *and many (rivers)...
  καὶ...καὶ...: *both...and*; i.e. some rivers
  had purer mud and others were muddier
e1 πρὸ τοῦ ῥύακος: *before the lava flow*
  πηλοῦ: gen. of quality with οἱ...ποταμοὶ
2 ὧν δὴ...τόπους πληροῦσθαι: *of which very
  things (i.e. water, fire, mud) in fact each
  region are filled*; relative pronoun is a
  partitive gen. of the passsive infinitive
  πληροῦσθαι

πληροῦσθαι, ὡς ἂν ἑκάστοις τύχῃ ἑκάστοτε ἡ περιρροὴ γιγνο-
μένη. ταῦτα δὲ πάντα κινεῖν ἄνω καὶ κάτω ὥσπερ αἰώραν
τινὰ ἐνοῦσαν ἐν τῇ γῇ· ἔστι δὲ ἄρα αὕτη ἡ αἰώρα διὰ φύσιν
τοιάνδε τινά. ἔν τι τῶν χασμάτων τῆς γῆς ἄλλως τε
μέγιστον τυγχάνει ὂν καὶ διαμπερὲς τετρημένον δι᾽ ὅλης τῆς    112
γῆς, τοῦτο ὅπερ Ὅμηρος εἶπε, λέγων αὐτό

"τῆλε μάλ᾽, ἧχι βάθιστον ὑπὸ χθονός ἐστι βέρεθρον·
ὃ καὶ ἄλλοθι καὶ ἐκεῖνος καὶ ἄλλοι πολλοὶ τῶν ποιητῶν Τάρ-
ταρον κεκλήκασιν. εἰς γὰρ τοῦτο τὸ χάσμα συρρέουσί τε    5
πάντες οἱ ποταμοὶ καὶ ἐκ τούτου πάλιν ἐκρέουσιν· γίγνονται
δὲ ἕκαστοι τοιοῦτοι δι᾽ οἵας ἂν καὶ τῆς γῆς ῥέωσιν. ἡ δὲ
αἰτία ἐστὶν τοῦ ἐκρεῖν τε ἐντεῦθεν καὶ εἰσρεῖν πάντα τὰ    b
ῥεύματα, ὅτι πυθμένα οὐκ ἔχει οὐδὲ βάσιν τὸ ὑγρὸν τοῦτο.

---

αἰώρα, ἡ: swing, halter, oscillation, 2
ἄλλο-θι: in another place, elsewhere, 7
ἄλλως: otherwise, in another way, 14
ἄνω: up, above, 6
βαθύς, -εῖα, -ύ: deep, tall, 3
βάσις, ἡ: bottom, foundation, pedestal, 1
βέρεθρον, τό: pit, gulf, 1
δι-αμπερές: right through; continuously, 1
εἰσ-ρέω: to stream into, flow in, 4
ἐκ-ρέω: to flow out, 2
ἑκάστ-οτε: on each occasion, each time, 4
ἔν-ειμι: to be in or within, 8
ἐντεῦθεν: from here, from there, 3
ἧ-χι: where, whither, 1
κάτω: downwards, below, beneath, 6
κινέω: to set in motion, move, 3
μάλα: very, very much, exceedingly, 10
μέγιστος, -η, -ον: very big, greatest, 6

ὅλος, -η, -ον: whole, entire, complete, 9
Ὅμηρος, ὁ: Homer, 3
περι-ρροή, ἡ: a circling stream, 1
πληρόω: to fill, fill up of (gen.) 4
ποιητής, οῦ, ὁ: maker, creator, poet, 6
ποταμός, ὁ: river, stream 8
πυθμήν, -ένος ὁ: bottom, base, 2
ῥεῦμα, -ατος, τό: stream, current, 5
ῥέω: to flow, run, stream, 10
συρ-ρέω: to flow together, 4
Τάρταρος, ὁ: Tartarus, 7
τετραίνω: to bore or pierce through, 1
τῆλε: at a distance, far off, 1
τύχη, ἡ: chance, luck, fortune, 5
ὑγρός, -ά, -όν: liquid, moist, wet, 4
φύσις, -εως, ἡ: nature, character; form, 11
χάσμα, -ατος, τό: chasm, hollow, gulf 3
χθών, χθονός, ἡ: earth, ground, 1

3 ὡς ἂν...γιγνομένη: as the circling stream
   happens to come to each on each occasion
4 ὥσπερ αἰώραν: as if some oscillation...;
   αἰώραν denotes a swinging rope but here
   the activity itself: oscillation or fluctuation
5 διὰ: according to...; 'on account of...'
6 ἄλλως τε...καὶ...τετρημένον: both in other
   respects and (by) being bored...; pf. pass.
112a1 τυγχάνει ὄν: pple. εἰμί, see p. 20
3 τῆλε...βέρεθρον: Iliad 8.14

βάθιστον: superlative adj. βαθύς
4 ὃ καὶ ἄλλοθι: which in fact elsewhere; i.e.
   in other poetry; καὶ is adverbial
5 κεκλήκασιν: pf. καλέω with a double acc.
7 τοιοῦτοι δι(ὰ) οἵας...: the sort through
   whatever sort of earth they actually flow;
   i.e. they assume the qualities of the earth,
b1 τοῦ ἐκρεῖν...εἰσρεῖν: of....both flowing out
   and flowing in; ῥεύματα is acc. subject
2 τὸ ὑγρὸν τοῦτο: this liquid matter; subj.

αἰωρεῖται δὴ καὶ κυμαίνει ἄνω καὶ κάτω, καὶ ὁ ἀὴρ καὶ τὸ
πνεῦμα τὸ περὶ αὐτὸ ταὐτὸν ποιεῖ· συνέπεται γὰρ αὐτῷ καὶ
5 ὅταν εἰς τὸ ἐπ᾽ ἐκεῖνα τῆς γῆς ὁρμήσῃ καὶ ὅταν εἰς τὸ ἐπὶ
τάδε, καὶ ὥσπερ τῶν ἀναπνεόντων ἀεὶ ἐκπνεῖ τε καὶ ἀναπνεῖ
ῥέον τὸ πνεῦμα, οὕτω καὶ ἐκεῖ συναιωρούμενον τῷ ὑγρῷ τὸ
πνεῦμα δεινούς τινας ἀνέμους καὶ ἀμηχάνους παρέχεται καὶ
c εἰσιὸν καὶ ἐξιόν. ὅταν τε οὖν ὑποχωρήσῃ τὸ ὕδωρ εἰς τὸν
τόπον τὸν δὴ κάτω καλούμενον, τοῖς κατ᾽ ἐκεῖνα τὰ ῥεύματα
διὰ τῆς γῆς εἰσρεῖ τε καὶ πληροῖ αὐτὰ ὥσπερ οἱ ἐπαν-
τλοῦντες· ὅταν τε αὖ ἐκεῖθεν μὲν ἀπολίπῃ, δεῦρο δὲ ὁρμήσῃ,
5 τὰ ἐνθάδε πληροῖ αὖθις, τὰ δὲ πληρωθέντα ῥεῖ διὰ τῶν
ὀχετῶν καὶ διὰ τῆς γῆς, καὶ εἰς τοὺς τόπους ἕκαστα ἀφικνού-
μενα, εἰς οὓς ἑκάστοις ὡδοποίηται, θαλάττας τε καὶ λίμνας

---

ἀήρ, ἀέρος m.: air, mist 16
αἰωρέω: to oscillate; hang, swing up, raise, 2
ἀ-μήχανος, -ον: impossible, inconceivable, 5
ἀνα-πνέω: draw breath, breathe in, recover, 2
ἄνεμος, -ου, ὁ: wind, 4
ἄνω: up, above, 6
ἀπο-λείπω: leave behind, abandon, forsake, 7
αὖθις: back again, later, 9
δεινός, -ή, -όν: terrible; wondrous, clever, 6
δεῦρο: here, to this point, hither, 7
εἰσ-έρχομαι: to go in, enter, 6
εἰσ-ρέω: to stream into, flow in, 4
ἐκεῖ-θεν: thence, from that place, 3
ἐκεῖ: there, in that place, 17
ἐκ-πνέω: to breathe out, 1
ἐν-θάδε: here, hither, thither, 17
ἐξ-έρχομαι: to go out, come out, 5
ἐπαντλέω: to pump or pour over, irrigate, 2

θάλαττα, ἡ: the sea, 12
κάτω: downwards, below, beneath, 6
κυμαίνω: rise in waves, swell, 1
λίμνη, ἡ: a lake, 8
ὁρμάω: to set in motion; move, begin, 5
ὀχετός, ὁ: water channel or conduit, 1
παρ-έχω: to provide, furnish, supply, 16
πληρόω: to fill, 4
πνεῦμα, -ατος, τό: breath, wind, blast, 5
ῥεῦμα, -ατος, τό: stream, current, 5
ῥέω: to flow, run, stream, 10
συν-αιωρέομαι: oscillate or swing with, 1
συν-έπομαι: follow along with (dat.) 1
ὑγρός, -ά, -όν: liquid, moist, wet, 4
ὕδωρ, ὕδατος, τό: water, 14
ὑπο-χωρέω: to go back, retire, withdraw, 1
ὡδο-ποιέω: to make passable, make a way, 1

3 δή: *accordingly*; 'then,' resumptive, S 2846
4 τὸ περὶ αὐτο: i.e. ὑγρόν, modifies πνεῦμα
 ταὐτὸν ποιεῖ: *do the same*; plural subject
 αὐτῷ: *it*; the liquid, τὸ ὑγρόν
5 ὁρμήσῃ: *it moves*; ἄν + aor. subj. ὁρμάω
 εἰς τὸ..εἰς τὸ ἐπὶ...: *to that (part) of the earth
 over there and to that (part) over here*
6 τῶν ἀναπνεόντων: *of those breathing in*
7 ῥέον: neuter pple
8 καὶ εἰσιὸν καὶ ἐξιόν: *both...and...*; neut. pple

c 1 ὅταν...ὑποχωρήσῃ: *whenever...*; ἄν +
 3s aor. subj., indefinite temporal
2 τὸν...κάτω καλούμενον: *called 'the lower'*
 τοῖς κατὰ ἐκεῖνα τὰ ῥεύματα εἰσρεῖ: *it
 flows through the earth into those (parts)
 in the streams there*; dat. of compound
 verb, compare l. 5 above
5 τὰ ἐνθάδε (ῥεύματα): *streams here*; see c2
7 εἰς οὓς...ὡδοποίηται *into which it is made
 passable for each river*; antecedent τόπους

καὶ ποταμοὺς καὶ κρήνας ποιεῖ· ἐντεῦθεν δὲ πάλιν δυόμενα
κατὰ τῆς γῆς, τὰ μὲν μακροτέρους τόπους περιελθόντα καὶ   d
πλείους, τὰ δὲ ἐλάττους καὶ βραχυτέρους, πάλιν εἰς τὸν
Τάρταρον ἐμβάλλει, τὰ μὲν πολὺ κατωτέρω ⟨ἢ⟩ ᾗ ἐπην-
τλεῖτο, τὰ δὲ ὀλίγον· πάντα δὲ ὑποκάτω εἰσρεῖ τῆς ἐκροῆς,
καὶ ἔνια μὲν καταντικρὺ ⟨ἢ⟩ ᾗ εἰσρεῖ ἐξέπεσεν, ἔνια δὲ   5
κατὰ τὸ αὐτὸ μέρος· ἔστι δὲ ἃ παντάπασιν κύκλῳ περιελ-
θόντα, ἢ ἅπαξ ἢ καὶ πλεονάκις περιελιχθέντα περὶ τὴν γῆν
ὥσπερ οἱ ὄφεις, εἰς τὸ δυνατὸν κάτω καθέντα πάλιν ἐμβάλλει.
δυνατὸν δέ ἐστιν ἑκατέρωσε μέχρι τοῦ μέσου καθιέναι, πέρα   e
δ᾽ οὔ· ἄναντες γὰρ ἀμφοτέροις τοῖς ῥεύμασι τὸ ἑκατέρωθεν
γίγνεται μέρος.

---

ἀμφότερος, -α, -ον: each of two, both, 5
ἀν-άντης. -ες: sloping, up-hill, steep, 1
ἅπαξ: once, once only, once for all, 2
βραχύς, -εῖα, -ύ: short, 3
δυνατός, -ή, -όν: capable, strong, possible, 8
δύω: enter, make sink, sink, plunge, 3
εἰσ-ρέω: to stream into, flow in, 4
ἑκατέρω-θεν: from each side or both sides, 1
ἑκατέρω-σε: on each side, to each side, 1
ἐκ-πίπτω: to fall out, be driven out, 3
ἐκ-ροή, ἡ: an outflow, exit, 1
ἐμ-βάλλω: throw in, put in; attack, 5
ἔνιοι, -αι, -α: some, 7
ἐντεῦθεν: from here, from there, 3
ἐπαντλέω: to pour over, pump upon, 2
καθ-ίημι: to rush down, let or send down, 3
καταντικρύ: right opposite, opposite, 4
κάτω: downwards, below, beneath, 6
κατωτέρω: lower, further, downwards, 2

κρήνη, ἡ: spring, fountain, 1
κύκλος, ὁ: a circle, round, ring, 10
μακρός, ά, όν: long, far, distant, large, 4
μέρος, -έος, τό: a part, share, portion, 4
μέσος, - η, -ον: middle, in the middle of, 8
μέχρι: up to; until, as long as (+ gen.), 5
ὀλίγος, -η, -ον: few, little, small, 15
ὄφις, ὄφεως, ὁ: serpent, snake, 1
παντά-πασι: all in all, absolutely 15
πέρα: further, beyond, 1
περι-ελίττω: to wind, roll around, 4
περι-έρχομαι: to go around, 6
πλεονάκις: more often or frequently, 1
πλέων, -ον: more, greater, 17
ποταμός, ὁ: river, stream 8
ῥεῦμα, -ατος, τό: stream, current, 5
Τάρταρος, ὁ: Tartarus, 7
ὑπο-κάτω: below, under (+ gen.), 1

8 δυόμενα: supply τὰ ῥεύματα
κατά...: *below...*
d1 τὰ μὲν (ῥεύματα)...τὰ δὲ: *some...others...*
2 πλείους, ἐλάττους: πλείο(ν)ες, ἐλάττονες
3 τὰ μὲν (ῥεύματα) πολύ...τὰ δὲ: *some much below where they were pumped up and others a little (below)*; πολύ, ὀλίγον are acc. of extent by degree; ᾗ is a relative adv.
5 ἔνια μὲν...ἔνια δὲ: *some streams ...others*
ᾗ εἰσρεῖ: *right opposite where*; relative adv.

ἐξέπεσεν: aor. ἐκπίπτω
6 κατὰ τὸ αὐτὸ μέρος: *over the same side*
ἔστι δὲ ἃ...: *there are (those) which*; S 2513
7 περιελιχθέντα: aor. pass. pple. περιελίττω
8 εἰς τὸ δυνατὸν καθέντα: *rushing below as far as possible*; aor. pple καθίημι
e1 δυνατὸν ἐστιν: *and it is possible...*
καθιέναι: *to rush down*; inf. καθίημι
2 ἄναντες...μέρος: *for a steep part rises from each side (of the earth) for both streams*

    τὰ μὲν οὖν δὴ ἄλλα πολλά τε καὶ μεγάλα καὶ παντοδαπὰ

5 ῥεύματά ἐστι· τυγχάνει δ' ἄρα ὄντα ἐν τούτοις τοῖς πολλοῖς
τέτταρ' ἄττα ῥεύματα, ὧν τὸ μὲν μέγιστον καὶ ἐξωτάτω ῥέον
περὶ κύκλῳ ὁ καλούμενος Ὠκεανός ἐστιν, τούτου δὲ καταν-
τικρὺ καὶ ἐναντίως ῥέων Ἀχέρων, ὃς δι' ἐρήμων τε τόπων

113 ῥεῖ ἄλλων καὶ δὴ καὶ ὑπὸ γῆν ῥέων εἰς τὴν λίμνην ἀφικνεῖται
τὴν Ἀχερουσιάδα, οὗ αἱ τῶν τετελευτηκότων ψυχαὶ τῶν
πολλῶν ἀφικνοῦνται καί τινας εἱμαρμένους χρόνους μείνασαι,
αἱ μὲν μακροτέρους, αἱ δὲ βραχυτέρους, πάλιν ἐκπέμπονται

5 εἰς τὰς τῶν ζῴων γενέσεις. τρίτος δὲ ποταμὸς τούτων κατὰ
μέσον ἐκβάλλει, καὶ ἐγγὺς τῆς ἐκβολῆς ἐκπίπτει εἰς τόπον

---

Ἀχερουσιάς, -άδος: Acherusian (fem. adj.), 4
Ἀχέρων, Ἀχέροντος ὁ: Acheron (river), 2
βραχύς, -εῖα, -ύ: short, 3
γένεσις, -εως, ἡ: coming-to-be, generation, 16
ἐγγύς: near (+ gen.); adv. nearby, 5
εἱμαρμένος, -η, -ον: destined, allotted, 3
ἐκ-βάλλω: to throw out of, cast away, 2
ἐκ-βολή, ἡ: outlet; issue, ejection, 1
ἐκ-πέμπω: to send out, 1
ἐκ-πίπτω: to fall out, be driven out, 3
ἐξωτάτω: outermost (superlative of ἔξω), 1
ἔρημος, -ον: alone, desolate, bereft of (gen) 2
ζῷον, τό: a living being, animal, 6

καταντικρύ: right opposite, 4
κύκλος, ὁ: a circle, round, ring, 10
λίμνη, ἡ: a lake, 8
μακρός, ά, όν: long, far, distant, large, 4
μένω: to stay, remain, 8
μέσος, - η, -ον: middle, in the middle of, 8
παντο-δαπός, -ή, -όν: of every kind or sort, 3
ποταμός, ὁ: river, stream 8
ῥεῦμα, -ατος, τό: stream, current, 5
ῥέω: to flow, run, stream, 10
τέτταρες, -α: four, 2
τρίτος, -η, -ον: the third, 1
Ὠκεανός, ὁ: Oceanus, 1

4 μὲν οὖν δή: *certainly then*; resumptive use of οὖν δή (GP 470), μέν corresponds to δέ
5 τυγχάνει: pple εἰμί, see p. 20
  ἄττα: *some*; alternate to indefinite τινά
6 ῥέον: neut. sg. pple
7 περὶ κύκλῳ: *around in a circle*
  καλούμενος: *what is called*; or 'so-named'
  τούτου δ(ὲ) καταντικρὺ: *opposite this*
  ἐναντίως: i.e. in the opposite direction
113a1 καὶ δὴ καί: *especially, in particular*; 'and indeed also'

ὑπό: *beneath*...; acc. place to which
τὴν Ἀχερουσιάδα: modifying ἡ λίμνη
2 οὗ: *where*; a relative adverb
  τῶν τετελευτηκότων: pf. pple τελευτάω (*die*) modified by πολλῶν
3 τινας...χρόνους: *for*...; acc. of duration
  μείνασαι: aor. pple μένω
4 αἱ μὲν...αἱ δὲ: *some (souls)...other (souls)...*
  μακροτέρους (χρόνους): *for*...; duration
5 τούτων...μέσον: *in the middle of these*

μέγαν πυρὶ πολλῷ καόμενον, καὶ λίμνην ποιεῖ μείζω τῆς
παρ' ἡμῖν θαλάττης, ζέουσαν ὕδατος καὶ πηλοῦ· ἐντεῦθεν δὲ
χωρεῖ κύκλῳ θολερὸς καὶ πηλώδης, περιελιττόμενος δὲ τῇ   b
γῇ ἄλλοσέ τε ἀφικνεῖται καὶ παρ' ἔσχατα τῆς Ἀχερουσιάδος
λίμνης, οὐ συμμειγνύμενος τῷ ὕδατι· περιελιχθεὶς δὲ πολλάκις
ὑπὸ γῆς ἐμβάλλει κατωτέρω τοῦ Ταρτάρου· οὗτος δ' ἐστὶν
ὃν ἐπονομάζουσιν Πυριφλεγέθοντα, οὗ καὶ οἱ ῥύακες ἀπο-   5
σπάσματα ἀναφυσῶσιν ὅπῃ ἂν τύχωσι τῆς γῆς. τούτου δὲ
αὖ καταντικρὺ ὁ τέταρτος ἐκπίπτει εἰς τόπον πρῶτον δεινόν
τε καὶ ἄγριον, ὡς λέγεται, χρῶμα δ' ἔχοντα ὅλον οἷον ὁ
κυανός, ὃν δὴ ἐπονομάζουσι Στύγιον, καὶ τὴν λίμνην ἣν   c
ποιεῖ ὁ ποταμὸς ἐμβάλλων, Στύγα· ὁ δ' ἐμπεσὼν ἐνταῦθα

---

ἄγριος, -α, -ον: wild, fierce, 2
ἄλλο-σε: to another place, to elsewhere, 2
ἀνα-φυσάω: to blow up, spout up, 1
ἀπό-σπασμα, ατος, τό: torn-off piece, shred 1
Ἀχερουσιάς, -άδος: Acherusian (fem. adj.), 4
δεινός, -ή, -όν: terrible; wondrous, clever, 6
ἐκ-πίπτω: to fall out, be driven out, 3
ἐμ-βάλλω: throw in, put in; attack, 5
ἐμ-πίπτω: to fall in, fall upon; attack, 3
ἐνταῦθα: here, hither, there, thither, then, 5
ἐντεῦθεν: from here, from there, 3
ἐπ-ονομάζω: to name after, 3
ζέω: to boil up with, seethe with (gen.) 1
θάλαττα, ἡ: the sea, 12
θολερός, -α, -ον: turbid (of water), muddy, 1
κάω (καίω): kindle, set on fire, burn, 2
καταντικρύ: right opposite, 4
κατωτέρω: lower, further, downwards, 2
κύανος, -η, -ον: dark-blue; noun lapis lazuli, 1
κύκλος, ὁ: a circle, round, ring, 10

λίμνη, ἡ: a lake, 8
ὅλος, -η, -ον: whole, entire, complete, 9
ὅπῃ: where; in what way, how, 11
περι-ελίττω: to wind, roll around, 4
πηλός, ὁ: mud, clay, earth, 4
πηλώδης, -ες: of clay, muddy with clay, 1
πολλάκις: many times, often, frequently, 11
ποταμός, ὁ: river, stream 8
πῦρ, πυρός, τό: fire, 14
Πυριφλεγέθων, -οντος, ὁ: Pyriphlegethon, 4
ῥύαξ, ῥύακος, ὁ: rushing stream, torrent, 3
Στύγιος, -η, -ον: Stygian, of Styx, 1
Στύξ, Στύγος ἡ: Styx (river), 1
συμ-μίγνυμι: mix with, commingle with 1
Τάρταρος, ὁ: Tartarus, 7
τέταρτος, -η, -ον: fourth, 1
ὕδωρ, ὕδατος, τό: water, 14
χρῶμα, -ατος, τό: color, complexion, 9
χωρέω: to go, come; have room for, 4

7 μείζω: μείζο(ν)α, acc. sg.
  τῆς θαλάττης: than...; gen. comparison
  παρ(ὰ) ἡμῖν: where we live; i.e. the
  Mediterranean sea; see 109d4 and 110a7-8
b1 κύκλῳ: in a circle; dat. of manner
  τῇ γῇ: around in the earth; dat. compound
2 παρὰ ἔσχατα: to...; place to which
  συμμειγνύμενος: mid. συμ-μίγνυμι
3 περιελιχθεὶς: aor. pass. pple περι-ελίττω

4 κατωτέρω τοῦ Ταρτάρου: lower down in
  Tartarus; partitive gen., not comparison
5 οὗ καί: whose...in fact; καί is adverbial
  ἀποσπάσματα: fragments (of it); acc. pl.
6 τύχωσι: they happen (to sprout up)
  τούτου: with κατατικρύ
8 οἷον ὁ κυανός (ἔχει): which sort...
c2 ἐμπεσὼν: aor. pple ἐμπίπτω

καὶ δεινὰς δυνάμεις λαβὼν ἐν τῷ ὕδατι, δὺς κατὰ τῆς γῆς,
περιελιττόμενος χωρεῖ ἐναντίος τῷ Πυριφλεγέθοντι καὶ
5 ἀπαντᾷ ἐν τῇ Ἀχερουσιάδι λίμνῃ ἐξ ἐναντίας· καὶ οὐδὲ τὸ
τούτου ὕδωρ οὐδενὶ μείγνυται, ἀλλὰ καὶ οὗτος κύκλῳ περιελ-
θὼν ἐμβάλλει εἰς τὸν Τάρταρον ἐναντίος τῷ Πυριφλεγέθοντι·
ὄνομα δὲ τούτῳ ἐστίν, ὡς οἱ ποιηταὶ λέγουσιν, Κωκυτός.

d     τούτων δὲ οὕτως πεφυκότων, ἐπειδὰν ἀφίκωνται οἱ τετε-
λευτηκότες εἰς τὸν τόπον οἷ ὁ δαίμων ἕκαστον κομίζει,
πρῶτον μὲν διεδικάσαντο οἵ τε καλῶς καὶ ὁσίως βιώσαντες
καὶ οἱ μή. καὶ οἳ μὲν ἂν δόξωσι μέσως βεβιωκέναι, πορευ-
5 θέντες ἐπὶ τὸν Ἀχέροντα, ἀναβάντες ἃ δὴ αὐτοῖς ὀχήματά
ἐστιν, ἐπὶ τούτων ἀφικνοῦνται εἰς τὴν λίμνην, καὶ ἐκεῖ

---

ἀνα-βαίνω: to go up, climb, mount, 1
ἀπ-αντάω: to meet, encounter, 1
Ἀχερουσιάς, -άδος: Acherusian (fem. adj.), 4
Ἀχέρων, Ἀχέροντος ὁ: Acheron (river), 2
βιόω: to live, 4
δαίμων, -ονος, ὁ: a divine being or spirit, 3
δεινός, -ή, -όν: terrible; wondrous, clever, 6
δια-δικάζω: give judgment, submit for trial, 2
δύναμις, -εως, ἡ: power, wealth, strength, 3
δύω: enter, make sink, sink, plunge, 3
ἐκεῖ: there, in that place, 17
ἐμ-βάλλω: throw in, put in; attack, 5
καλῶς: well; beautifully, 11
κομίζω: to carry, convey; travel, journey, 2
κύκλος, ὁ: a circle, round, ring, 10
Κωκυτός, ὁ: Cocytus, 2
λίμνη, ἡ: a lake, 8

μέσως: moderately, in a middle way, 1
μίγνυμι: to mix, mix up, mingle, 1
ὄνομα, -ατος, τό: name, 7
ὅσιος, -α, -ον: hallowed, sacred, ordained, 4
ὄχημα, -ατος, τό: vehicle, raft, 2
περι-ελίττω: to roll, roll around, 4
περι-έρχομαι: to go around, 6
ποιητής, οῦ, ὁ: maker, creator, poet, 6
πορεύομαι: to travel, journey, march, 7
Πυριφλεγέθων, -οντος, ὁ: Pyriphlegethon, 4
Τάρταρος, ὁ: Tartarus, 7
τελευτάω: to end, complete, finish; die, 31
ὕδωρ, ὕδατος, τό: water, 14
φύω: to bring forth, beget, engender; am by
nature, 14
χωρέω: to go, come; have room for, 4

---

3 λάβων: nom. sg. aor. pple. λαμβάνω
   δύς: nom. sg. aor. pple δύω
4 ἐναντίος: i.e. in an opposite direction
5 ἀπαντᾷ: *meets (the Pyriphlegethon)*
   ἐξ ἐναντίας: *from the opposite (direction)*
6 οὐδενὶ: *with any other (river)*; dat. of
   association (S 1523)
   ἀλλὰ καὶ: *but also*
8 ὄνομα...τούτῳ: *the name of this (river)*;
   dat. of possession
   ὡς...: *as...*
d1 τούτων...πεφυκότων: gen. abs., pf. pple
   φύω, the pf is translated 'be by nature'

ἀφίκωνται: aor. subj. in an indefinite
   relative clause
τετελευτηκότες: pf. pple τελευτάω (die)
2 οἷ: *to where*; relative adverb
3 διεδικάσαντο: *offer themselves for
   judgment*; aor. mid.
   καλῶς: *well*
4 οἱ μή (καλῶς...βιώσαντες): add pple
   καὶ οἳ μὲν: *those who...*; answered in 113e1
   ἂν δόξωσι: *they seem*; aor. subj. δοκέω
   βεβιωκέναι: pf. inf. βιόω
   πορευθέντες: aor. deponent pple
6 ἐπὶ τούτων: *upon these (rafts)*

οἰκοῦσί τε καὶ καθαιρόμενοι τῶν τε ἀδικημάτων διδόντες
δίκας ἀπολύονται, εἴ τίς τι ἠδίκηκεν, τῶν τε εὐεργεσιῶν
τιμὰς φέρονται κατὰ τὴν ἀξίαν ἕκαστος· οἳ δ᾽ ἂν δόξωσιν  e
ἀνιάτως ἔχειν διὰ τὰ μεγέθη τῶν ἁμαρτημάτων, ἢ ἱερο-
συλίας πολλὰς καὶ μεγάλας ἢ φόνους ἀδίκους καὶ παρανόμους
πολλοὺς ἐξειργασμένοι ἢ ἄλλα ὅσα τοιαῦτα τυγχάνει ὄντα,
τούτους δὲ ἡ προσήκουσα μοῖρα ῥίπτει εἰς τὸν Τάρταρον,  5
ὅθεν οὔποτε ἐκβαίνουσιν. οἳ δ᾽ ἂν ἰάσιμα μὲν μεγάλα δὲ
δόξωσιν ἡμαρτηκέναι ἁμαρτήματα, οἷον πρὸς πατέρα ἢ μη-
τέρα ὑπ᾽ ὀργῆς βίαιόν τι πράξαντες, καὶ μεταμέλον αὐτοῖς  114
τὸν ἄλλον βίον βιῶσιν, ἢ ἀνδροφόνοι τοιούτῳ τινὶ ἄλλῳ
τρόπῳ γένωνται, τούτους δὲ ἐμπεσεῖν μὲν εἰς τὸν Τάρταρον

---

ἀ-δικέω: to be unjust, do wrong, injure, 3
ἀ-δίκημα, -ατος, τό: injustice, wrongdoing, 1
ἄ-δικος, -ον: unrighteous, unjust, 6
ἁμαρτάνω: miss the mark, fail, do wrong, 1
ἁμάρτημα, -ατος, τό: wrong, failure, fault, 2
ἀνδρο-φόνος, -ον: man-slaying; homicide, 2
ἀν-ίατος, -ον: incurable, incorrigible, 1
ἄξιος, α, ον: worthy of, deserving of, 13
ἀπο-λύω: to loosen up or from, release, 2
βίαιος, -α, -ον: forcible, violent, 1
βιόω: to live, 4
δίδωμι: to give, offer, grant, provide, 15
δίκη, ἡ: justice; lawsuit, trial; penalty, 11
ἐκ-βαίνω: to step out, disembark, 5
ἐμ-πίπτω: to fall in, fall upon; attack, 3
ἐξ-εργάζομαι: accomplish, achieve, commit 1
εὐ-εργεσία, ἡ: good deed, kindness, 1
ἰάσιμος, -ον: curable, 1

ἱερό-συλια, ἡ, ὁ: temple-robbery, sacrilege, 1
καθ-αιρω: to cleanse, purify, 4
μέγεθος, -εος, τό: size, magnitude, height, 17
μετά-μελος, -ον: repenting for (+ dat), 1
μήτηρ, ἡ: a mother, 1
μοῖρα, ἡ: due measure, portion, one's lot, 2
ὅ-θεν: from where, from which, 4
οἰκέω: to inhabit, dwell, live, 15
ὀργή, ἡ: anger; temperment, passion, 2
οὔ-ποτε: never, 1
παρα-νόμος, -ον: lawless, contrary to law, 1
πατήρ, ὁ: a father, 3
πράττω: to do, accomplish, make, act, 12
προσ-ήκει: it belongs, it is fitting, befits 15
τιμή, ἡ: honor; state offices, 1
τρόπος, ὁ: a manner, way; turn, direction, 17
φόνος, ὁ: murder, slaughter, 2

---

7 καθαιρόμενοι: passive pple
  τῶν ἀδικημάτων: from...; gen. separation
  τε...τε...: both...and
  διδόντες δίκας: paying the penalties; idiom
8 ἠδίκηκεν: pf., τι is an inner acc.
e1 φέρονται: they carry off; mid. i.e. gain
  κατὰ τὴν ἀξίαν ἕκαστος: each according
  to merit; sg. though verb is plural
  οἳ δ(ὲ): but others who; in reply to 113d4
2 ἀνιάτως ἔχειν: ἔχω + adv., see p. 7
4 ἐξειργασμένοι: pf. mid. ἐξ-εργάζομαι

τυγχάνει: pple εἰμί; see p. 20
5 τούτους: i.e these bad souls
  οἳ δ(ὲ): but others who; in reply to 113d4,e1
7 ἡμαρτηκέναι ἁμαρτήματα: to have
  committed wrongs; pf. inf. and cognate acc.
  οἷον: for example; 'in respect to such'
  πρὸς...: against
114a1 ὑπ(ὸ): gen. of cause
2 τοιούτῳ...τρόπῳ: in...; dat. of manner
3 τούτους: i.e these souls
  ἐμπεσεῖν: aor. inf. ἐμπίπτω

ἀνάγκη, ἐμπεσόντας δὲ αὐτοὺς καὶ ἐνιαυτὸν ἐκεῖ γενομένους

5 ἐκβάλλει τὸ κῦμα, τοὺς μὲν ἀνδροφόνους κατὰ τὸν Κωκυτόν,

τοὺς δὲ πατραλοίας καὶ μητραλοίας κατὰ τὸν Πυριφλεγ-

έθοντα· ἐπειδὰν δὲ φερόμενοι γένωνται κατὰ τὴν λίμνην τὴν

Ἀχερουσιάδα, ἐνταῦθα βοῶσί τε καὶ καλοῦσιν, οἱ μὲν οὓς

ἀπέκτειναν, οἱ δὲ οὓς ὕβρισαν, καλέσαντες δ᾽ ἱκετεύουσι

b καὶ δέονται ἐᾶσαι σφᾶς ἐκβῆναι εἰς τὴν λίμνην καὶ δέξασθαι,

καὶ ἐὰν μὲν πείσωσιν, ἐκβαίνουσί τε καὶ λήγουσι τῶν

κακῶν, εἰ δὲ μή, φέρονται αὖθις εἰς τὸν Τάρταρον καὶ

ἐκεῖθεν πάλιν εἰς τοὺς ποταμούς, καὶ ταῦτα πάσχοντες οὐ

5 πρότερον παύονται πρὶν ἂν πείσωσιν οὓς ἠδίκησαν· αὕτη γὰρ

ἡ δίκη ὑπὸ τῶν δικαστῶν αὐτοῖς ἐτάχθη. οἳ δὲ δὴ ἂν δόξωσι

---

ἀ-δικέω: to be unjust, do wrong, injure, 3
ἀνδρο-φόνος, -ον: man-slaying; homicide, 2
ἀπο-κτείνω: to kill, slay, 5
αὖθις: back again, later, 9
Ἀχερουσιάς, -άδος: Acherusian (fem. adj.), 4
βοάω: to cry aloud, to shout, 3
δέομαι: lack, need, want; ask for (+ gen.) 7
δικαστής, οῦ, ὁ: a juror, judge, 5
δίκη, ἡ: justice; lawsuit, trial; penalty, 11
ἐάω: to permit, allow, let be, suffer, 9
ἐκ-βαίνω: to step out, disembark, 5
ἐκ-βάλλω: to throw out of, cast away, 2
ἐκεῖ: there, in that place, 17
ἐκεῖ-θεν: thence, from that place, 3
ἐμ-πίπτω: to fall in, fall upon; attack, 3
ἐνιαυτός, ὁ: long period of time, year, 1

ἐνταῦθα: here, hither, there, thither, then, 5
ἱκετεύω: to beseech, beg, 1
κῦμα, -ατος, τό: wave, billow; flood, 1
Κωκυτός, ὁ: Cocytus, 2
λήγω: to leave off, cease, 1
λίμνη, ἡ: a lake, 8
μητρ-αλοίης, -ου, ὁ: matricide, 1
πατρ-αλοίης, -ου, ὁ: patricide, 1
παύω: to stop, make cease, 6
ποταμός, ὁ: river, stream 8
Πυριφλεγέθων, -οντος, ὁ: Pyriphlegethon, 4
σφεῖς: they (reflexive), 4
ταράττω: to trouble, stir, agitate, 6
Τάρταρος, ὁ: Tartarus, 7
τάττω: to post, arrange, marshall, 2
ὑβρίζω: assault, outrage (against), maltreat, 1

4 ἀνάγκη: *(it is) necessary*
ἐμπεσόντας: aor. pple ἐμπίπτω
ἐνιαυτὸν: *for…*; acc. duration of time
5 τοὺς μέν…τοὺς δὲ: *those…but those…*
κατὰ: *down the…*; acc. place to which
7 φερόμενοι γένωνται: *they come to be carried along*; indefinite temporal clause (ἄν + aor. subj.), pple as predicate (S 2091)
8 οἱ μὲν…οἱ δὲ…: *some (calling)…others (calling)…*
οὓς…: *(those) whom…*; supply an antecedent as object of calling
b1 δέονται: *ask (them) to…*

ἐᾶσαι: aor. inf.
ἐκβῆναι: aor. inf.
2 καὶ ἐὰν…: *and if…*
πείσωσιν: 3p aor. subj. πείθω, indefinite temporal clause
τῶν κακῶν: neut. pl. gen. separation
3 εἰ δὲ μή: i.e. they do not persuade
5 πρότερον: comparative adv.
πρὶν…πείσωσιν: *until…*; aor. subj. πείθω
6 ἐτάχθη: 3s aor. pass. τάττω
οἳ δὲ δὴ: *but the very ones who…*
ἂν δόξωσι: 3p aor. subj. δοκέω

διαφερόντως πρὸς τὸ ὁσίως βιῶναι, οὗτοί εἰσιν οἱ τῶνδε μὲν
τῶν τόπων τῶν ἐν τῇ γῇ ἐλευθερούμενοί τε καὶ ἀπαλλαττό-
μενοι ὥσπερ δεσμωτηρίων, ἄνω δὲ εἰς τὴν καθαρὰν οἴκησιν c
ἀφικνούμενοι καὶ ἐπὶ γῆς οἰκιζόμενοι. τούτων δὲ αὐτῶν οἱ
φιλοσοφίᾳ ἱκανῶς καθηράμενοι ἄνευ τε σωμάτων ζῶσι τὸ
παράπαν εἰς τὸν ἔπειτα χρόνον, καὶ εἰς οἰκήσεις ἔτι τούτων
καλλίους ἀφικνοῦνται, ἃς οὔτε ῥᾴδιον δηλῶσαι οὔτε ὁ χρόνος 5
ἱκανὸς ἐν τῷ παρόντι. ἀλλὰ τούτων δὴ ἕνεκα χρὴ ὧν διεληλύ-
θαμεν, ὦ Σιμμία, πᾶν ποιεῖν ὥστε ἀρετῆς καὶ φρονήσεως ἐν
τῷ βίῳ μετασχεῖν· καλὸν γὰρ τὸ ἆθλον καὶ ἡ ἐλπὶς μεγάλη.

τὸ μὲν οὖν ταῦτα διισχυρίσασθαι οὕτως ἔχειν ὡς ἐγὼ d
διελήλυθα, οὐ πρέπει νοῦν ἔχοντι ἀνδρί· ὅτι μέντοι ἢ ταῦτ᾽
ἐστὶν ἢ τοιαῦτ᾽ ἄττα περὶ τὰς ψυχὰς ἡμῶν καὶ τὰς οἰκήσεις,

---

ἆθλον, τό: prize of a contest, 1
ἄνευ: without, 9
ἄνω: up, above, 6
ἀπ-αλλάττω: escape, release; set free, 15
ἀρετή, ἡ: excellence, goodness, virtue, 9
βιόω: to live, 4
δεσμωτήριον, τό: prison, 6
δηλόω: to make clear, show, reveal, 3
δια-φερόντως: exceptionally; differently, 4
δι-έρχομαι: to go or pass through (gen) 5
δι-ισχυρίζομαι: affirm confidently; rely on, 5
ἐλευθερόω: to set free, release from (gen), 1
ἐλπίς, -ίδος, ἡ: hope, expectation, 9

ἕνεκα: for the sake of, because of, for (gen) 13
καθ-αιρω: to cleanse, purify, 4
καλλιων, -ον: more noble or beautiful, 7
μετ-έχω: to partake of, have share in (gen) 13
νοῦς, ὁ: mind, intention, attention, thought, 14
οἴκησις, ἡ: dwelling, 5
οἰκίζω: to found a colony, settle, 1
ὅσιος, -α, -ον: hallowed, sacred, ordained, 4
παρά-παν: altogether, absolutely, 3
πρέπει: it is fitting, it is suitable (impers.) 8
ῥᾴδιος, -α, -ον: easy, ready, 9
φιλο-σοφία, ἡ: pursuit or love of wisdom, 13
φρόνησις, -εως, ἡ: intelligence, wisdom, 15

---

7 διαφερόντως (βιῶναι): *(to have lived)
exceptionally*; supply aor. inf.
πρὸς...βιῶναι: *with regard to...*; governing
an articular aor. inf.
τῶνδε...τόπων: *from...*; gen. of separation
τῶν ἐν τῇ γῇ: modifying τόπων
c1 δεσμωτηρίων: gen. of separation
2 ἐπὶ γῆς: *upon the earth*
τούτων...αὐτῶν: *among...*; partitive gen.
οἱ...καθηράμενοι: *those having purified
themselves*; aor. mid. is reflexive in sense
3 ζῶσι: 3p pres. ζάω
τὸ παράπαν: *altogether*
4 εἰς τὸν ἔπειτα χρόνον: *for future time*; 'for
time thereupon'

5 καλλίους: καλλίο(ν)ες, comparative
ῥᾴδιον (ἐστί): *it is...*; impersonal + aor. inf.
6 ἐν τῷ παρόντι (χρόνῳ): pple πάρειμι
τούτων δὴ: *these very things*; + ἕνεκα
ὧν...: *which*; gen. object of pf. διέρχομαι
8 μετασχεῖν: aor. inf. μετ-έχω
τὸ ἆθλον (ἐστί)...ἡ ἐλπὶς (ἐστί): add verbs
d1 μὲν οὖν: *certainly indeed*; as a correction
τὸ...διισχυρίσασθαι: *that to...*; articular inf.
is subject of οὕτως ἔχειν (see p. 7)
2 διελήλυθα: pf. δι-έρχομαι
νοῦν ἔχοντι: *having sense*
ὅτι μέντοι: *however that...*; in contrast
3 ἐστὶν: *are the case*; i.e. are true
ἄττα: *some*; alternative to neut. pl. τινά

ἐπείπερ ἀθάνατόν γε ἡ ψυχὴ φαίνεται οὖσα, τοῦτο καὶ
5 πρέπειν μοι δοκεῖ καὶ ἄξιον κινδυνεῦσαι οἰομένῳ οὕτως
ἔχειν‒καλὸς γὰρ ὁ κίνδυνος‒καὶ χρὴ τὰ τοιαῦτα ὥσπερ
ἐπᾴδειν ἑαυτῷ, διὸ δὴ ἔγωγε καὶ πάλαι μηκύνω τὸν μῦθον.
ἀλλὰ τούτων δὴ ἕνεκα θαρρεῖν χρὴ περὶ τῇ ἑαυτοῦ ψυχῇ
e ἄνδρα ὅστις ἐν τῷ βίῳ τὰς μὲν ἄλλας ἡδονὰς τὰς περὶ τὸ
σῶμα καὶ τοὺς κόσμους εἴασε χαίρειν, ὡς ἀλλοτρίους τε
ὄντας, καὶ πλέον θάτερον ἡγησάμενος ἀπεργάζεσθαι, τὰς δὲ
περὶ τὸ μανθάνειν ἐσπούδασέ τε καὶ κοσμήσας τὴν ψυχὴν
5 οὐκ ἀλλοτρίῳ ἀλλὰ τῷ αὐτῆς κόσμῳ, σωφροσύνῃ τε καὶ
115 δικαιοσύνῃ καὶ ἀνδρείᾳ καὶ ἐλευθερίᾳ καὶ ἀληθείᾳ, οὕτω
περιμένει τὴν εἰς Ἅιδου πορείαν ὡς πορευσόμενος ὅταν ἡ

---

ἀ-θάνατος, -ον: undying, immortal, 28
Ἅιδης, -ου ὁ: Hades, 15
ἀλήθεια, ἡ: truth, 7
ἀλλότριος, -α, -ον: of another, alien, foreign 3
ἀνδρεία, ἡ: manliness, bravery, courage, 5
ἄξιος, -α, -ον: worthy of, deserving of, 15
ἀπ-εργάζομαι: produce, complete, finish, 2
δικαιοσύνη, ἡ: justice, righteousness, 4
διό: δι' ὅ, on account of which, 4
ἐάω: to permit, allow, let be, suffer, 9
ἐλευθερία, ἡ: freedom, liberty, 1
ἕνεκα: for (the sake of), because of, (gen.) 13
ἐπ-ᾴδω: to chant, sing as a charm, 2
ἐπεί-περ: (the very time) when, since, 1
ἡδονή, ἡ: pleasure, enjoyment, delight, 17
θαρρέω: be confident, take courage; be bold 9

κινδυνεύω: to risk, venture; it is likely, 7
κίνδυνος, ὁ: risk, danger, venture, 2
κοσμέω: to order, arrange, adorn, 5
κόσμος, ὁ: good order, world; adornments 2
μανθάνω: to learn, understand, 12
μηκύνω: to lengthen, prolong; delay, 1
μῦθος, ὁ: story, word, speech, 7
περι-μένω: to wait for, await, 6
πλέων, -ον: more, greater, 17
πορεία, ἡ: march, journey, way, 3
πορεύομαι: to travel, journey, march, 7
πρέπει: it is fitting, it is suitable (impers.) 8
σπουδάζω: to be serious, be eager, hasten 2
σωφροσύνη, ἡ: temperence, prudence, 8
χαίρω: to rejoice, be glad, enjoy; fare well 12

4 ἀθάνατον: *(something) immortal*; neuter
   nom. sg., predicate
   καί...καί...: *both...and*
5 κινδυνεῦσαι: explanatory inf. with ἄξιον
   οἰομένῳ οὕτως ἔχειν: *to one thinking*
   *that...*; dat. of interest, pple οἴομαι
6 ὁ κίνδυνος: *risk, venture*
7 διὸ δὴ: *for which very reason; for precisely*
   *which reason*
7 καὶ πάλαι: *for a very long time* ; καὶ is
   adverbial (S 2882)
   μηκύνω: *I have been lengthening*; πάλαι +
   pres. is often pf. progressive in sense
8 τούτων δὴ: *these very things*; + ἕνεκα

e1 ἄνδρα: *that a man...*; acc. subj. of θαρρεῖν
2 εἴασε χαίρειν: *dismissed*; aor., ἐάω χαίρειν,
   'I allow...to say farewell' is an idiom that
   relies on the fact that χαῖρε, 'fare well' is a
   common way for saying goodbye
   τοὺς κόσμους: *adornments*
   ὡς...ὄντας: *on the grounds that they...*; ὡς
   + pple εἰμί expresses alleged cause
3 πλέον θάτερον: *more harm than good*; an
   idiom, 'more other,' θάτερον = τὸ ἕτερον
   τὰς δὲ (ἡδονὰς): *but pleasures concerning..*
5 ἀλλοτρίῳ: *not by another's but one's own*
   *adornment*; dat. means
115b2 ὡς: *so as going...*; expressing purpose

εἰμαρμένη καλῇ. ὑμεῖς μὲν οὖν, ἔφη, ὦ Σιμμία τε καὶ
Κέβης καὶ οἱ ἄλλοι, εἰς αὖθις ἔν τινι χρόνῳ ἕκαστοι πορεύ-
σεσθε· ἐμὲ δὲ νῦν ἤδη καλεῖ, φαίη ἂν ἀνὴρ τραγικός, ἡ 5
εἰμαρμένη, καὶ σχεδόν τί μοι ὥρα τραπέσθαι πρὸς τὸ λουτρόν·
δοκεῖ γὰρ δὴ βέλτιον εἶναι λουσάμενον πιεῖν τὸ φάρμακον
καὶ μὴ πράγματα ταῖς γυναιξὶ παρέχειν νεκρὸν λούειν.

ταῦτα δὴ εἰπόντος αὐτοῦ ὁ Κρίτων, εἶεν, ἔφη, ὦ b
Σώκρατες· τί δὲ τούτοις ἢ ἐμοὶ ἐπιστέλλεις ἢ περὶ τῶν
παίδων ἢ περὶ ἄλλου του, ὅτι ἄν σοι ποιοῦντες ἡμεῖς ἐν
χάριτι μάλιστα ποιοῖμεν;

ἅπερ ἀεὶ λέγω, ἔφη, ὦ Κρίτων, οὐδὲν καινότερον· ὅτι 5
ὑμῶν αὐτῶν ἐπιμελούμενοι ὑμεῖς καὶ ἐμοὶ καὶ τοῖς ἐμοῖς
καὶ ὑμῖν αὐτοῖς ἐν χάριτι ποιήσετε ἅττ' ἂν ποιῆτε, κἂν μὴ

---

αὖθις: back again, later, 9
βελτίων, -ον (-ονος): better, 7
γυνή, γυναικός, ἡ: a woman, wife, 6
εἱμαρμένος, -η, -ον: destined, allotted, 3
ἐμός, -ή, -όν: my, mine, 7
ἐπι μελέομαι: take care of, take care that, 4
ἐπι-στέλλω: to bid, instruct, send to, 2
καινός, -ή, -όν: new, novel, strange, 2
λουτρόν, τό: bath, 1
λούω: to wash, 5
νεκρός, ὁ: corpse, dead body, 3
παῖς, παιδός, ὁ, ἡ: child, boy, girl; slave, 6

παρ-έχω: to provide, furnish, supply, 16
πίνω: to drink, 16
πορεύομαι: to travel, journey, march, 7
τραγικός, -ή, -όν: tragic, of tragedy,1
πρᾶγμα, -ατος τό: deed, act; matter, affair 18
σχεδόν: nearly, almost, just about, 8
τραγικός, -ή, -όν: tragic, 1
τρέπω: to turn, 4
φάρμακον, τό: medicine, remedy, drug, 10
χάρις, χάριτος, ἡ: gratitude, thanks, favor, 2
ὥρα, ἡ: season, time, 3

---

3 ἡ εἱμαρμένη (μοῖρα): *destined fate*
καλῇ: 3s subj. καλέω, indefinite temporal
clause
μὲν οὖν: *certainly indeed*; here, a strong
affirmation
4 εἰς αὖθις: *hereafter*; idiom for future time
5 φαίη ἂν: *would said*; potential opt. φημί
ἀνὴρ τραγικός: *tragedian*; i.e. τραγῳδὸς
not a 'tragic man'
ἡ εἱμαρμένη (μοῖρα): add noun
6 σχεδόν τι...ὥρα: *(it is) just about time*
τραπέσθαι: aor. mid. τρέπω
7 γὰρ δή: *for of course*
πιεῖν: aor. πίνω
8 πράγματα....παρέχειν: *cause trouble for...*;
'make trouble for...' a common idiom

νεκρὸν λούειν: epexegetic (explanatory)
inf. with πράγματα
b1 ταῦτα...αὐτοῦ: gen. abs., aor. λέγω
εἶεν: *well then*
3 ἄλλου του: *something else*; ἄλλου τινὸς
ὅτι: *which...*; ὅ τι, obj. of ποιοῦντες
ποιοῦντες: *by...*; pple is causal in sense
5 ἅπερ: *(the things) which...*
καινότερον (ἐστί): add a verb
ὅτι...: *(namely) that...*; in apposition to
ἅπερ...λέγω
6 ὑμῶν αὐτῶν: *yourselves*; reflexive
7 ἅττ(α)...: *whatever you do*; alternative to
neut. pl. interrogative τίνα
κἂν: *even if...*; καὶ εἰ ἂν

213

νῦν ὁμολογήσητε· ἐὰν δὲ ὑμῶν μὲν αὐτῶν ἀμελῆτε καὶ
μὴ 'θέλητε ὥσπερ κατ' ἴχνη κατὰ τὰ νῦν τε εἰρημένα
10 καὶ τὰ ἐν τῷ ἔμπροσθεν χρόνῳ ζῆν, οὐδὲ ἐὰν πολλὰ ὁμολο-
c γήσητε ἐν τῷ παρόντι καὶ σφόδρα, οὐδὲν πλέον ποιήσετε.

ταῦτα μὲν τοίνυν προθυμησόμεθα, ἔφη, οὕτω ποιεῖν·
θάπτωμεν δέ σε τίνα τρόπον;

ὅπως ἄν, ἔφη, βούλησθε, ἐάνπερ γε λάβητέ με καὶ
5 μὴ ἐκφύγω ὑμᾶς. γελάσας δὲ ἅμα ἡσυχῇ καὶ πρὸς ἡμᾶς
ἀποβλέψας εἶπεν· οὐ πείθω, ὦ ἄνδρες, Κρίτωνα, ὡς
ἐγώ εἰμι οὗτος Σωκράτης, ὁ νυνὶ διαλεγόμενος καὶ δια-
τάττων ἕκαστον τῶν λεγομένων, ἀλλ' οἴεταί με ἐκεῖνον εἶναι
d ὃν ὄψεται ὀλίγον ὕστερον νεκρόν, καὶ ἐρωτᾷ δὴ πῶς με
θάπτῃ. ὅτι δὲ ἐγὼ πάλαι πολὺν λόγον πεποίημαι, ὡς,

---

ἀμελέω: to have no care for, neglect (gen) 5
ἀπο-βλέπω: to look at, see, 1
γελάω: to laugh, 6
δια-λέγομαι: to converse with, discuss, 13
δια-τάττω: to arrange, appoint, 1
ἐάν-περ: εἰ ἄν, if, if really (+ subj.), 3
ἐθέλω: to be willing, wish, desire, 17
ἐκ-φεύγω: to flee out away, escape, 1
ἔμ-προσθεν: before, former; earlier, 7
ἐρωτάω: to ask, inquire, question, 10
ἡσυχῇ: gently, softly, 1
θάπτω: to honor with funeral rites, 4

ἴχνος, -εος, τό: track, footprint, 1
νεκρός, ὁ: corpse, dead body, 3
νυνί: now; as it is, 2
ὀλίγος, -η, -ον: few, little, small, 15
ὅπως: how, in what way; in order that, that 10
πάλαι: for some time, long ago, of old, 13
πλέων, -ον: more, greater, 17
προ-θυμέομαι: to be eager, zealous, ready, 12
σφόδρα: very much, exceedingly, 18
τρόπος, ὁ: a manner, way; turn, direction, 17
ὕστερος, -α, -ον: later, last; adv. later 17

8 ὁμολογήσητε: aor. subj. as protasis in a
  future more vivid (εἰ ἄν + subj., fut.)
  ἐὰν...ἀμελῆτε,...ποιήσετε: a lengthy fut.
  more vivid
  ὑμῶν μὲν αὐτῶν: yourselves for your part;
  reflexive and a solitary μέν (S 2896)
9 (ἐ)θέλητε...ζῆν: from ἐθέλω, inf. ζάω
  κατ(ὰ) ἴκνη: step by step; 'by steps'
  κατὰ τὰ...: according to...
  εἰρημένα: pf. pass. pple λέγω (ἐρ)
10 τὰ...χρόνῳ (εἰρημένα): supply participle
  οὐδὲ: not even
  πολλὰ: many times, often; adverbial acc.
  or inner acc., e.g. 'agree with many things'
c1 ἐν τῷ παρόντι (χρόνῳ): pple πάρειμι

καὶ: and; joining adverbial πολλὰ with
  the adverb σφόδρα
οὐδὲν πλέον: i.e. nothing good; compare
  πλέον θάτερον in 114e3
3 θάπτωμεν: let us...; hortatory subj.
  τίνα τρόπον: in what...?; interrogative
4 ὅπως ἄν: however...; relative, in reply
  ἐάνπερ γε: if at any rate; or 'if, that is,...'
6 πείθω: I am persuading; pres. progressive
7 ὁ...διαλεγόμενος: the one just now...;
d1 ὄψεται: 3s fut. dep. ὁράω
  ὀλίγον: a little; acc. extent by degree
  δὴ πῶς: just how, precisely how; πῶς δὴ
2 θάπτῃ: he is to...; 3s deliberative subj.
  ὅτι δὲ: but that...

214

ἐπειδὰν πίω τὸ φάρμακον, οὐκέτι ὑμῖν παραμενῶ, ἀλλ᾽
οἰχήσομαι ἀπιὼν εἰς μακάρων δή τινας εὐδαιμονίας, ταῦτά
μοι δοκῶ αὐτῷ ἄλλως λέγειν, παραμυθούμενος ἅμα μὲν 5
ὑμᾶς, ἅμα δ᾽ ἐμαυτόν. ἐγγυήσασθε οὖν με πρὸς Κρίτωνα,
ἔφη, τὴν ἐναντίαν ἐγγύην ἢ ἣν οὗτος πρὸς τοὺς δικαστὰς
ἠγγυᾶτο. οὗτος μὲν γὰρ ἦ μὴν παραμενεῖν· ὑμεῖς δὲ ἦ μὴν
μὴ παραμενεῖν ἐγγυήσασθε ἐπειδὰν ἀποθάνω, ἀλλὰ οἰχή-
σεσθαι ἀπιόντα, ἵνα Κρίτων ῥᾷον φέρῃ, καὶ μὴ ὁρῶν μου τὸ  e
σῶμα ἢ καόμενον ἢ κατορυττόμενον ἀγανακτῇ ὑπὲρ ἐμοῦ
ὡς δεινὰ πάσχοντος, μηδὲ λέγῃ ἐν τῇ ταφῇ ὡς ἢ προτίθεται
Σωκράτη ἢ ἐκφέρει ἢ κατορύττει. εὖ γὰρ ἴσθι, ἦ δ᾽ ὅς, ὦ
ἄριστε Κρίτων, τὸ μὴ καλῶς λέγειν οὐ μόνον εἰς αὐτὸ τοῦτο  5
πλημμελές, ἀλλὰ καὶ κακόν τι ἐμποιεῖ ταῖς ψυχαῖς. ἀλλὰ

---

ἀγανακτέω: to be annoyed, be troubled at, 12
ἄλλως: otherwise, in another way; in vain, 14
ἀπ-έρχομαι: to go away, depart, 14
ἄριστος, -η, -ον: best, most excellent, 6
δεινός, -ή, -όν: terrible; wondrous, clever, 6
δικαστής, οῦ, ὁ: a juror, judge, 5
ἐγγυάω, ὁ: pledge, give guarantee for, 3
ἐγγύη, ἡ: pledge, guarantee, 1
ἐκ-φέρω: to carry out, bring forth, produce, 2
ἐμ-ποιέω: to create in, produce in, cause, 2
εὐ-δαιμονία, ἡ: happiness, good fortune, 2
ἦ: in truth, truly (begins open question), 5
ἵνα: in order that (+ subj.); where (+ ind.), 7
καίω: kindle, set on fire, burn, 2
καλῶς: well; beautifully, 11

κατ-ορύττω: bury in the earth, bury, 2
μάκαρος, -α, -ον: blessed, happy, 1
οἴχομαι: to go, go off, depart, 14
οὐκ-έτι: no more, no longer, no further, 4
παρα-μένω: to abide, remain, 2
παρα-μυθέομαι: exhort, encourage, 1
πίνω: to drink, 16
πλημμελής -ές: in discord, faulty, out of tune 1
προ-τίθημι: to set out, set forth, propose, 2
ῥᾷον: more easily, 2
ταφή, ἡ: burial, funeral, 1
ὑπέρ: above, on behalf of (gen.); over, beyond (acc.), 6
φάρμακον, τό: medicine, remedy, drug, 10

3 πίω: aor. subj. πίνω, indefinite relative
ὡς...παραμενῶ: that...; assume ὡς is from d2, 1s fut.in the indirect discourse
οἰχήσομαι ἀπιών: fut.. οἴχομαι, governs a complementary pple (S 2099); ἀπέρχομαι
4 εἰς μακάρων δή τινας εὐδαιμονίας: to certain happinesses of the blessed; 'certain joys'; τινας δή, δή is intensive (see 107d7)
5 αὐτῷ: myself; intensive pronoun with μοι
ἄλλως: in vain
6 ἐγγυήσασθε...: give a pledge for me to Crito; i.e. on my behalf
7 τὴν ἐναντίαν ἐγγύην ἢ ἣν: the opposite pledge than (the one) which; a cognate acc.

8 ἠγγυᾶτο: tried to...; conative impf. ἐγγυάω; Crito tried but failed to secure a pledge on Socrates' behalf
οὗτος μὲν...ὑμεῖς...ἐγγυήσασθε: this one (pledged)...and you pledged...; ellipsis
ἦ μὴν: truly indeed that (I)...; ἦ μήν introduces oaths, here in ind. disc.
ἀποθάνω: aor. subj. ἀποθνήσκω
e1 ἵνα...: so that...; purpose + 3s subj. verbs
3 ὡς...: that...
προτίθεται...: set out, lay out; i.e. the body
4 Σωκράτη: Σωκράτε-α, acc. sg.
ἴσθι: imperative οἶδα
5 εἰς αὐτὸ τοῦτο: in regard to this itself

θαρρεῖν τε χρὴ καὶ φάναι τοὐμὸν σῶμα θάπτειν, καὶ θάπτειν
116 οὕτως ὅπως ἄν σοι φίλον ᾖ καὶ μάλιστα ἡγῇ νόμιμον εἶναι.
     ταῦτ' εἰπὼν ἐκεῖνος μὲν ἀνίστατο εἰς οἴκημά τι ὡς λουσό-
μενος, καὶ ὁ Κρίτων εἵπετο αὐτῷ, ἡμᾶς δ' ἐκέλευε περιμένειν.
περιεμένομεν οὖν πρὸς ἡμᾶς αὐτοὺς διαλεγόμενοι περὶ τῶν
5 εἰρημένων καὶ ἀνασκοποῦντες, τοτὲ δ' αὖ περὶ τῆς συμφορᾶς
διεξιόντες ὅση ἡμῖν γεγονυῖα εἴη, ἀτεχνῶς ἡγούμενοι ὥσπερ
πατρὸς στερηθέντες διάξειν ὀρφανοὶ τὸν ἔπειτα βίον. ἐπειδὴ
b δὲ ἐλούσατο καὶ ἠνέχθη παρ' αὐτὸν τὰ παιδία–δύο γὰρ αὐτῷ
υἱεῖς σμικροὶ ἦσαν, εἷς δὲ μέγας–καὶ αἱ οἰκεῖαι γυναῖκες
ἀφίκοντο ἐκεῖναι, ἐναντίον τοῦ Κρίτωνος διαλεχθείς τε καὶ
ἐπιστείλας ἅττα ἐβούλετο, τὰς μὲν γυναῖκας καὶ τὰ παιδία
5 ἀπιέναι ἐκέλευσεν, αὐτὸς δὲ ἧκε παρ' ἡμᾶς. καὶ ἦν ἤδη

---

ἀνα-σκοπέω: to examine over again, 1
ἀν-ίστημι: to make stand up, raise up, 1
ἀπ-έρχομαι: to go away, depart, 14
ἀ-τεχνῶς: simply, absolutely, really, 6
γυνή, γυναικός, ἡ: a woman, wife, 6
δι-άγω: to live, pass, go through, 2
δια-λέγομαι: to converse with, discuss, 13
δι-εξ-έρχομαι: to pass through, go through 5
ἐμός, -ή, -όν: my, mine, 7
ἐπι-στέλλω: to bid, instruct, send to, 2
ἕπομαι: to follow, accompany, escort, 9
ἥκω: to have come, be present, 14
θάπτω: to honor with funeral rites, 4
θαρρέω: be confident, take courage; be bold 9

λούω: to wash, 5
νόμιμος, -η, -ον: customary, lawful, 2
οἰκεῖος, -α, -ον: of the family, one's own, 4
οἴκημα, -ατος, τό: room; storeroom, 1
ὅπως: how, in what way; in order that, that 10
ὀρφανός, -ή, -όν: orphan, fatherless, bereft 1
παιδίον, τό: a little or young child, child, 3
πατήρ, ὁ: a father, 3
περι-μένω: to wait for, await, 6
σμικρός, -ά, -όν: small, little, 19
στερέω: to deprive of or from, rob, defraud, 5
συμ-φορά, ἡ: misfortune, mishap, 3
υἱός (υἱος), ὁ: son, 2
φίλος -η -ον: dear, friendly; *noun* friend, kin 8

7 **φάναι**: *to say that (you)*; inf. φημί
   **τοὐμὸν**: τὸ ἐμὸν
116a1 **ὅπως ἄν...ᾖ...ἡγῇ**: *however...*;
   indefinite relative clause, 3s subj. εἰμί and
   2s pres. subj. ἡγέομαι
2 **εἰπὼν**: nom. sg. aor. pple λέγω
   **ἀνίστατο**: *was rising to go*; impf.
   ἀνίστημι
   **ὡς...**: *so as..*; purpose, ὡς + fut. pple, best
   translated as an inf. in English
3 **εἵπετο**: impf. ἕπομαι
4 **ἡμᾶς αὐτοὺς**: *ourselves*
5 **εἰρημένων**: pf. pass. pple λέγω (stem εῥ)
6 **διεξιόντες**: pple διεξέρχομαι

**ὅση**: *how great (a misfortune)...*
**γεγονυῖα εἴη**: periphastic pf. opt. (pf. pple
   + εἰμί) fem. sg. pple γίγνομαι
7 **πατρὸς**: *from/of...*; gen. of separation
   **στερηθέντες**: aor. pass. pple
   **διάξειν**: *that (we)...*; add acc. subj. ἡμᾶς
   **τὸν ἔπειτα βίον**: *life hereafter*
b1 **ἠνέχθη**: 3s pass. φέρω, plural subject
   **αὐτῷ**: dat of possession
2 **αἱ...γυναῖκες**: *the women of the family*
   **ἐναντίον..Κρίτωνος**: *in Crito's presence*
3 **διαλεχθείς, ἐπιστείλας**: aor pass & act. pple
   talking to the women, giving instructions
4 **ἄττ(α)...**: *what...*; neuter pl. pronoun, τίνα

ἐγγὺς ἡλίου δυσμῶν· χρόνον γὰρ πολὺν διέτριψεν ἔνδον.
ἐλθὼν δ' ἐκαθέζετο λελουμένος καὶ οὐ πολλὰ ἄττα μετὰ
ταῦτα διελέχθη, καὶ ἧκεν ὁ τῶν ἕνδεκα ὑπηρέτης καὶ στὰς
παρ' αὐτόν, ὦ Σώκρατες, ἔφη, οὐ καταγνώσομαί γε σοῦ   c
ὅπερ ἄλλων καταγιγνώσκω, ὅτι μοι χαλεπαίνουσι καὶ κατα-
ρῶνται ἐπειδὰν αὐτοῖς παραγγείλω πίνειν τὸ φάρμακον
ἀναγκαζόντων τῶν ἀρχόντων. σὲ δὲ ἐγὼ καὶ ἄλλως
ἔγνωκα ἐν τούτῳ τῷ χρόνῳ γενναιότατον καὶ πρᾳότατον   5
καὶ ἄριστον ἄνδρα ὄντα τῶν πώποτε δεῦρο ἀφικομένων, καὶ
δὴ καὶ νῦν εὖ οἶδ' ὅτι οὐκ ἐμοὶ χαλεπαίνεις, γιγνώσκεις γὰρ
τοὺς αἰτίους, ἀλλὰ ἐκείνοις. νῦν οὖν, οἶσθα γὰρ ἃ ἦλθον
ἀγγέλλων, χαῖρέ τε καὶ πειρῶ ὡς ῥᾷστα φέρειν τὰ ἀναγκαῖα.   d
καὶ ἅμα δακρύσας μεταστρεφόμενος ἀπῄει.

---

ἀγγέλλω: to announce, proclaim, report, 3
αἴτιος, -α, -ον: responsible, blameworthy, 8
ἄλλως: otherwise, in another way, 14
ἀναγκάζω: to force, compel, require, 10
ἀπ-έρχομαι: to go away, depart, 14
ἄριστος, -η, -ον: best, most excellent, 6
ἄρχων, οντος, ὁ: archon, leader, 1
γενναῖος, -α, -ον: noble, well-bred, 4
γιγνώσκω: learn to know, to learn, realize 12
δακρύω: to weep, shed tears, 4
δεῦρο: here, to this point, hither, 7
δια-λέγομαι: to converse with, discuss, 13
δια-τρίβω: to spend time, waste time, 5
δυσμή, ἡ: setting, 2
ἐγγύς: near (+ gen.); adv. nearby, 5
ἕν-δεκα: eleven, 3
ἔν-δον: within, 1

ἥλιος, ὁ: the sun, 7
ἵστημι: to make stand, set up, stop, establish 3
καθ-έζομαι: to sit down, 2
κατ-αράομαι: to curse, call curses upon, 1
κατα-γιγνώσκω: find fault with, judge gen 2
λούω: to wash, 5
μετα-στρέφω: to turn about, turn around, 1
παρ-αγγέλλω: to pass word along, order 4
πειράω: to try, attempt, endeavor, 11
πίνω: to drink, 16
πρᾷος, -ον: mild, gentle, soft, 3
πώ-ποτε: ever yet, ever, 6
ῥᾷστα: most easily, 1
ὑπηρέτης, ὁ: attendant, subordinate, servant, 1
φάρμακον, τό: medicine, remedy, drug, 10
χαίρω: to rejoice, be glad, enjoy; fare well 12
χαλεπαίνω: to be sore, angry, grievous, 3

7 ἐλθών: pple ἔρχομαι
8 λελουμένος: pf. mid.. λούω, reflexive
  ἄττα: *other things*; alternative to τινα
9 διελέχθη: aor. pass. deponent διαλέγομαι
  τῶν ἕνδεκα: *of the Eleven*; the officials
  στάς: aor. pple ἵστημι
c1 παρ(ὰ)...: *alongside...*
  καταγνώσομαι: fut. + σοῦ gen. sg. σύ
2 ὅπερ: *just as...*; 'which (fault)', inner acc.
  ὅτι...: *namely that...*
3 παραγγείλω: aor. subj.

4 ἀναγκαζόντων...ἀρχόντων: gen. abs.
5 ἔγνωκα: 1s pf. γιγνώσκω
6 ὄντα: pple εἰμί, modifies σὲ
  τῶν...ἀφικομένων: *than...* ; comparison
  καὶ δὴ καί: *in particular*; 'and indeed also'
8 τοὺς αἰτίους: *those responsible*
  οἶσθα: 2s pf. οἶδα, pres. in sense
d1 πειρῶ: πειρα(σ)ο, sg. pres. imperative
  ὡς...: *as...as possible*; + superlative
2 δακρύσας: *bursting into tears*; inceptive
  ἀπῄει: *began to go away*; inchoative impf.

καὶ ὁ Σωκράτης ἀναβλέψας πρὸς αὐτόν, καὶ σύ, ἔφη,
χαῖρε, καὶ ἡμεῖς ταῦτα ποιήσομεν. καὶ ἅμα πρὸς ἡμᾶς,
5 ὡς ἀστεῖος, ἔφη, ὁ ἄνθρωπος· καὶ παρὰ πάντα μοι τὸν
χρόνον προσῄει καὶ διελέγετο ἐνίοτε καὶ ἦν ἀνδρῶν λῷστος,
καὶ νῦν ὡς γενναίως με ἀποδακρύει. ἀλλ᾽ ἄγε δή, ὦ
Κρίτων, πειθώμεθα αὐτῷ, καὶ ἐνεγκάτω τις τὸ φάρμακον, εἰ
τέτριπται· εἰ δὲ μή, τριψάτω ὁ ἄνθρωπος.

e    καὶ ὁ Κρίτων, ἀλλ᾽ οἶμαι, ἔφη, ἔγωγε, ὦ Σώκρατες, ἔτι
ἥλιον εἶναι ἐπὶ τοῖς ὄρεσιν καὶ οὔπω δεδυκέναι. καὶ ἅμα
ἐγὼ οἶδα καὶ ἄλλους πάνυ ὀψὲ πίνοντας, ἐπειδὰν παραγγελθῇ
αὐτοῖς, δειπνήσαντάς τε καὶ πιόντας εὖ μάλα, καὶ συγγενο-
5 μένους γ᾽ ἐνίους ὧν ἂν τύχωσιν ἐπιθυμοῦντες. ἀλλὰ μηδὲν
ἐπείγου· ἔτι γὰρ ἐγχωρεῖ.

---

ἄγω: to lead, bring, carry, convey, 12
ἀνα-βλέπω: to look at, 1
ἀπο-δακρύω: to weep away, lament, 1
ἀστεῖος, -ον: of the town; urbane, refined, 1
γενναῖος, -α, -ον: noble, well-bred, 4
δειπνέω: to make dinner, eat dinner, 1
δια-λέγομαι: to converse with, discuss, 13
δύω: enter, make sink, sink, plunge, 3
ἐγ-χωρεῖ: *impers.* there is time or room, 1
ἔνιοι, -αι, -α: some, 7
ἐνί-οτε: sometimes, 7
ἐπείγω: urge on; *mid.* hurry, make haste, 1
ἐπι-θυμέω: to desire, long for, 10

ἥλιος, ὁ: the sun, 7
λῷστος, -α, -ον: most agreeable, best, 1
μάλα: very, very much, exceedingly, 10
ὄρος, -εος, τό: a mountain, hill, 2
οὔ-πω: not yet, 3
ὀψέ: late, 1
παρ-αγγέλλω: to pass word along, order 4
πίνω: to drink, 16
προσ-έρχομαι: to come or go to, approach, 4
συγ-γίγνομαι: to be with, associate with, 2
τρίβω: to grind, rub, knead; wear out, 5
φάρμακον, τό: medicine, remedy, drug, 10
χαίρω: to rejoice, be glad, enjoy; fare well 12

3 καὶ: *too, also*; adverbial
χαῖρε: *farewell*!; imperative
πρὸς ἡμᾶς: *(he said) to us*
5 ὡς ἀστεῖος....ὁ ἄνθρωπος: *how...*!; in
exclamation, i.e. the prison attendant
παρὰ πάντα...τὸν χρόνον: *throughout...*;
acc. duration of time
6 προσῄει...διελέγετο: *was accustomed
to...and accustomed to...*; customary impf..
προσέρχομαι, διαλέγομαι
ἦν: impf. εἰμί
7 ἄγε δή: *come now*; the imperative ἄγω
draws attention to the following imperative
8 πειθώμεθα: *let us...*; hortatory subj.

ἐνεγκάτω τις: *let someone...*; 3rd pers. aor.
imperative φέρω
9 τέτριπται: pf. pass. τρίβω i.e. the drug has
been ground and prepared
τριψάτω: *let...*; 3rd pers. aor. imperative
τρίβω; the missing obj. is τὸ φάρμακον
e2 ἐπί...: *over*
δεδυκέναι: pf. act. inf. δύω with οἴομαι
3 καὶ ἄλλους: *others also*
παραγγελθῇ: *it was...*; impersonal, aor.
pass. subj. παραγγέλω
5 ὧν ἂν: *whomever they happened to love*
μηδὲν: *not at all*; inner acc.
6 ἐπείγου: ἐπείγε(σ)ο, pres. mid. imperative

καὶ ὁ Σωκράτης, εἰκότως γε, ἔφη, ὦ Κρίτων, ἐκεῖνοί τε
ταῦτα ποιοῦσιν, οὓς σὺ λέγεις—οἴονται γὰρ κερδαίνειν ταῦτα
ποιήσαντες—καὶ ἔγωγε ταῦτα εἰκότως οὐ ποιήσω· οὐδὲν γὰρ
οἶμαι κερδανεῖν ὀλίγον ὕστερον πιὼν ἄλλο γε ἢ γέλωτα    117
ὀφλήσειν παρ' ἐμαυτῷ, γλιχόμενος τοῦ ζῆν καὶ φειδόμενος οὐ-
δενὸς ἔτι ἐνόντος. ἀλλ' ἴθι, ἔφη, πείθου καὶ μὴ ἄλλως ποίει.
    καὶ ὁ Κρίτων ἀκούσας ἔνευσε τῷ παιδὶ πλησίον ἐστῶτι.
καὶ ὁ παῖς ἐξελθὼν καὶ συχνὸν χρόνον διατρίψας ἧκεν ἄγων    5
τὸν μέλλοντα δώσειν τὸ φάρμακον, ἐν κύλικι φέροντα τετριμ-
μένον. ἰδὼν δὲ ὁ Σωκράτης τὸν ἄνθρωπον, εἶεν, ἔφη, ὦ
βέλτιστε, σὺ γὰρ τούτων ἐπιστήμων, τί χρὴ ποιεῖν;

---

ἄγω: to lead, bring, carry, convey, 12
ἄλλως: otherwise, in another way, 14
βέλτιστος, -η, -ον: best, 14
γέλως, -ωτος, ὁ: laughter, 1
γλιχόμαι: to cling to, long for, (gen) 1
δια-τρίβω: to spend (time), waste (time), 5
δίδωμι: to give, offer, grant, provide, 15
εἰκότως: reasonably, suitably, fairly, 5
ἔν εἰμι: to be in or within, 8
ἐξ-έρχομαι: to go out, come out, 5
ἐπιστήμων, -ονος: wise in, skilled in, (gen) 1
ἥκω: to have come, be present, 14
ἵστημι: to make stand, set up, stop, establish 3

κερδαίνω: to gain, make a profit, 2
κύλιξ, κύλικος, ἡ: cup, kylix, 2
νεύω: to nod, beckon, incline, 1
ὀλίγος, -η, -ον: few, little, small, 15
ὀφλισκάνω: to owe, be liable for; incur, 1
παῖς, παιδός, ὁ, ἡ: child, boy, girl; slave, 6
πίνω: to drink, 16
πλησίος, -η, -ον: near, close to; neighbors, 4
συχνός, -ή, -όν: long, much, great, 4
τρίβω: to rub, grind, knead; wear out, 5
ὕστερος, -α, -ον: later, last; adv. later 17
φάρμακον, τό: medicine, remedy, drug, 10
φείδομαι: to use sparingly, spare 2

7 καί...γε: and...indeed; καί...γε, as often,
   emphasizes the intervening word
   ἐκεῖνοι: i.e. prisoners delaying execution
8 κερδαίνειν: that (they)....; add acc. subject
9 ποιήσαντες: by...; pple is causal
   ποιήσω: fut. ποιέω
117a1 κερδαίνειν: that (I)....; add acc. subject
   ὀλίγον ὕστερον πιὼν: by...; causal, πίνω;
   ὀλίγον, 'little,' is an acc. extent by degree
   ἄλλο γε ἤ: other at any rate than...
   γέλωτα ὀφλήσειν παρ(ὰ) ἐμαυτῷ: that (I)
   will incur laughter in my own mind; fut.
   inf.ὀφλισκάνω
2 τοῦ ζῆν: articular inf. ζάω
   φειδόμενος: using sparingly, being thrifty
   intransitive

οὐδενὸς...ἐνόντος: nothing still being
within; Rowe sees an allusion to Hesiod
Works and Days ll. 368-9
3 ἴθι: sg. imperative ἔρχομαι
   πείθε(σ)ο: pres. mid. imperative
   ποίει: ποιε-ε, sg. imperative ε-contract verb
4 τῷ παιδί: to...; dat. of interest, ὁ παῖς can
   denote a slave
   πλησίον: adverbial acc.
   ἐστῶτι: dat. sg. pf. pple, ἵστημι
   ἄγων τὸν μέλλοντα δώσειν: bringing the
   one intending to give...; fut. inf. δίδωμι
6 τετριμμένον: ground; pf. pass. τρίβω
7 ἰδών: nom. sg. aor. pple. ὁράω (εἶδον)
   εἶεν: well then
8 σύ: you (are); add linking verb

οὐδὲν ἄλλο, ἔφη, ἢ πιόντα περιιέναι, ἕως ἄν σου βάρος

b ἐν τοῖς σκέλεσι γένηται, ἔπειτα κατακεῖσθαι· καὶ οὕτως αὐτὸ
ποιήσει. καὶ ἅμα ὤρεξε τὴν κύλικα τῷ Σωκράτει.

καὶ ὃς λαβὼν καὶ μάλα ἵλεως, ὦ Ἐχέκρατες, οὐδὲν
τρέσας οὐδὲ διαφθείρας οὔτε τοῦ χρώματος οὔτε τοῦ προσ-
5 ώπου, ἀλλ᾽ ὥσπερ εἰώθει ταυρηδὸν ὑποβλέψας πρὸς τὸν
ἄνθρωπον, τί λέγεις, ἔφη, περὶ τοῦδε τοῦ πώματος πρὸς τὸ
ἀποσπεῖσαί τινι; ἔξεστιν ἢ οὔ;

τοσοῦτον, ἔφη, ὦ Σώκρατες, τρίβομεν ὅσον οἰόμεθα
μέτριον εἶναι πιεῖν.

---

ἀπό-σπένδω: pour out wine (as a libation), 1
βάρος, τό: weight, burden, heaviness, 1
δια-φθείρω: to destroy, corrupt, kill, lose, 6
εἴωθα: to be accustomed, 12
ἔξ-εστι: it is allowed, it is possible, 3
ἕως: until, as long as, 15
ἵλαος, -ον: propitious; gentle, (Ion. ἵλεος) 2
κατα-κεῖμαι: to lie down, 1
κύλιξ, κύλικος, ἡ: cup, kylix, 2
μάλα: very, very much, exceedingly, 10
μέτριος, -α, -ον: moderate, in due measure, 7
ὀρέγω: to stretch out, reach for, extend, 4

περι-έρχομαι: to go around, 6
πίνω: to drink, 16
προσώπον, τό: expression, face, 1
πῶμα, -ατος, τό: drink, 1
σκέλος, -εος, τό: leg, 6
ταυρ-ηδόν: like a bull, savagely, 1
τοσοῦτος, -αύτη, -οῦτο: so great, so many, 3
τρέω: to flee from fear, flee away, 1
τρίβω: to grind, rub, knead; wear out, 5
ὑπο-βλέπω: to look from under the brow,
look askance at, 1
χράομαι: to use, employ, enjoy, (+ dat.) 11

9 πιόντα: acc. sg. aor. pple πίνω
περιίεναι (χρή): i.e. to walk around
ἕως ἄν...γένηται: until...; ἄν + aor. subj.
in an indefinite temporal clause
b1 αὐτὸ: it; nom. subject
3 ὃς: and this one; demonstrative, i.e. the
attendant
λαβὼν: supply τὴν κύλικα as object
ἵλεως: gently; when referring to people,
'propitiously' when referring to the gods

οὐδὲν: not at all; inner acc. with pple
4 διαφθείρας: losing; aor. pple
τοῦ χρώματος: (any) color; partitive gen.
τοῦ προσώπου: (any) expression; partitive
6 πρὸς τὸ ἀποσπεῖσαι: with regard to...;
8 τοσοῦτον...ὅσον: as much as; correlatives,
demonstrative and relative pronouns
τινι: for someone; dat. of interest
9 πιεῖν: epexegetic (explanatory) aor. inf.
πίνω governed by μέτριον

μανθάνω, ἦ δ' ὅς· ἀλλ' εὔχεσθαί γέ που τοῖς θεοῖς ἔξεστί c
τε καὶ χρή, τὴν μετοίκησιν τὴν ἐνθένδε ἐκεῖσε εὐτυχῆ γενέ-
σθαι· ἃ δὴ καὶ ἐγὼ εὔχομαί τε καὶ γένοιτο ταύτῃ. καὶ ἅμ'
εἰπὼν ταῦτα ἐπισχόμενος καὶ μάλα εὐχερῶς καὶ εὐκόλως
ἐξέπιεν. καὶ ἡμῶν οἱ πολλοὶ τέως μὲν ἐπιεικῶς οἷοί τε 5
ἦσαν κατέχειν τὸ μὴ δακρύειν, ὡς δὲ εἴδομεν πίνοντά τε καὶ
πεπωκότα, οὐκέτι, ἀλλ' ἐμοῦ γε βίᾳ καὶ αὐτοῦ ἀστακτὶ ἐχώρει
τὰ δάκρυα, ὥστε ἐγκαλυψάμενος ἀπέκλαον ἐμαυτόν—οὐ
γὰρ δὴ ἐκεῖνόν γε, ἀλλὰ τὴν ἐμαυτοῦ τύχην, οἵου ἀνδρὸς
ἑταίρου ἐστερημένος εἴην. ὁ δὲ Κρίτων ἔτι πρότερος ἐμοῦ, d
ἐπειδὴ οὐχ οἷός τ' ἦν κατέχειν τὰ δάκρυα, ἐξανέστη.

---

ἀπο-κλάω (κλαίω): to weep aloud, wail for, 1
ἀ-στακί: not in drops, in floods, 1
βία, βίας, ἡ: bodily strength, force, might, 2
δάκρυον, τό: tear, 3
ἐγ-καλύπτω: to veil, wrap up, 1
ἐκεῖ-σε: thither, to that place, 10
ἐκ-πίνω: to drink completely, drink dry, 1
ἐν-θένδε: hence, from here, 3
ἐξ ανίστημι: to stand up and go out, 1
ἔξ-εστι: it is allowed, is possible, 3
ἐπιεικῶς: suitably, reasonably, 2
ἐπ-ίσχω: hold up, restrain; wait, stop, 4
ἑταῖρος, ὁ: a comrade, companion, mate, 11

εὔ-κολος, -ον: easily contented; cheerful, 1
εὐ-τυχής, -ές: fortunate, successful, well off, 1
εὐ-χερής, -ές: cool, indifferent, unconcerned, 1
εὔχομαι: to pray, vow; boast, 3
κατ-έχω: hold fast, hold back possess, 5
μανθάνω: to learn, understand, 12
μετ-οίκησις, ἡ: departure, migration, 1
οὐκ-έτι: no more, no longer, no further, 4
πίνω: to drink, 16
στερέω: to deprive from, rob, defraud, 5
τέως: for a while, for a time, 1
τύχη, ἡ: chance, luck, fortune, 5
χωρέω: to go, come; have room for, 4

---

c1 ἦ δ' ὅς: Socrates is speaking, see p. 9
2 τὴν μετοίκησιν...: that the departure...; ind.
   disc. governed by εὔχεσθαι
   εὐτυχῆ: εὐτυχέ-α, acc. sg. predicate
3 ἃ δὴ καὶ: which very things in fact...
   γένοιτο: may it...!; opt. of wish, this is part
   of the actual prayer
   ταύτῃ: in this way; dat. of manner
4 εἰπὼν ταῦτα: aor. pple λέγω
   ἐπισχόμενος: holding it up to (his lips)
5 ἐξέπιεν: aor. ἐκ-πίνω
   οἷοί τε ἦσαν: οἷος τε εἰμί, 'I am the sort to'
   is an idiom for 'I am able,' here impf.
6 τὸ μὴ δακρύειν: from...; articular inf.;
   verbs of hindering—including κατέχω—
   often govern μή + inf. (S 2739-40)
6 ὡς δὲ: but as, but when

εἴδομεν: aor. ὁράω
πίνοντά...πεπωκότα: (him)...; pres. and
   pf. pple πίνω; modifying a missing acc. sg.
7 οὐκέτι: i.e. no longer were able to withold...
   ἐμοῦ γε βίᾳ καὶ αὐτοῦ: against my own
   will and...; dat. of manner βίᾳ + gen. often
   means 'against one's will'
9 γὰρ δὴ: for accordingly, for of course
   ἐκεῖνον γε: i.e. for that one; i.e. Socrates
   τὴν...τύχην: also obj. of ἀπέκλαον
   οἵου ἀνδρὸς: from...; gen. of separation
d1 ἑταίρου: as a companion
   ἐστερημένος εἴην: I had been...; 1st opt.,
   pf. pass. periphrastic (pf. pass. pple + εἰμί),
   the opt. suggests implied indirect discourse
   ἐμοῦ: gen. of comparison
2 ἐξανέστη: plpf. act. ἐξ-ανίστημι

Ἀπολλόδωρος δὲ καὶ ἐν τῷ ἔμπροσθεν χρόνῳ οὐδὲν ἐπαύετο
δακρύων, καὶ δὴ καὶ τότε ἀναβρυχησάμενος κλάων καὶ
5 ἀγανακτῶν οὐδένα ὅντινα οὐ κατέκλασε τῶν παρόντων πλήν
γε αὐτοῦ Σωκράτους.

   ἐκεῖνος δέ, 'οἷα, ἔφη, ποιεῖτε, ὦ θαυμάσιοι. ἐγὼ μέντοι
οὐχ ἥκιστα τούτου ἕνεκα τὰς γυναῖκας ἀπέπεμψα, ἵνα μὴ
e τοιαῦτα πλημμελοῖεν· καὶ γὰρ ἀκήκοα ὅτι ἐν εὐφημίᾳ χρὴ
τελευτᾶν. ἀλλ' ἡσυχίαν τε ἄγετε καὶ καρτερεῖτε.'

   καὶ ἡμεῖς ἀκούσαντες ᾐσχύνθημέν τε καὶ ἐπέσχομεν τοῦ
δακρύειν. ὁ δὲ περιελθών, ἐπειδή οἱ βαρύνεσθαι ἔφη τὰ
5 σκέλη, κατεκλίνη ὕπτιος—οὕτω γὰρ ἐκέλευεν ὁ ἄνθρωπος—
καὶ ἅμα ἐφαπτόμενος αὐτοῦ οὗτος ὁ δοὺς τὸ φάρμακον,

---

ἀγανακτέω: be distressed, be troubled at, 12
ἄγω: to lead, bring, carry, convey, 12
αἰσχύνω: make ugly; *pass.* be/feel ashamed 1
ἀνα-βρυχάομαι: to roar aloud, wail aloud, 1
ἀπο-πέμπω: to send away, to dismiss, 1
Ἀπολλόδωρος, ὁ: Apollodorus, 3
βαρύνω: to weigh down, oppress, 2
γυνή, γυναικός, ἡ: a woman, wife, 6
δακρύω: to weep, shed tears, 4
δίδωμι: to give, offer, grant, provide, 15
ἔμ-προσθεν: before, former; earlier, 7
ἕνεκα: for the sake of, ( + preceding gen.) 13
ἐπ-ίσχω: hold up, restrain; wait, stop, 4
εὐ-φημία, ἡ: (religious) silence, without
inauspicious words, 1
ἐφ-άπτω: lay hold of, grasp onto (gen.), 5
ἥκιστος, -η, -ον: least; not at all, 3

ἡσυχία, ἡ: silence, quiet, stillness, rest, 1
αἰσχύνομαι: to be ashamed, feel shame, 1
θαυμάσιος, -α, -ον: wonderful, strange, 3
ἵνα: in order that (+ subj.); where (+ ind.), 7
καρτερέω: to be steadfast, patient, staunch, 1
κατα-κλάω: to make break down in wailing 1
κατα-κλίνω: to lie down, recline, 1
κελεύω: to bid, order, command, exhort, 8
κλαίω (κλάω): to weep for, cry, wail, 1
παύω: to stop, make cease, 6
περι-έρχομαι: to go around, 6
πλημμελέω: make a false note, err, offend 1
πλήν: except, but (+ gen.), 7
σκέλος, -εος, τό: leg, 6
ὕπτιος, -α, -ον: on one's back, prone, 1
φάρμακον, τό: medicine, remedy, drug 10

3 καί: *also*
  οὐδέν: *not at all*; inner acc.
4 καὶ δὴ καί: *in particular*; 'and indeed also'
  ἀναβρυχησάμενος: *bursting to wailing*
  οὐδένα ὅντινα οὐ κατέκλασε: *(there is) no
one whom he did not make break down*;
οὐδείς (ἐστιν) ὅντινα οὐ...; nom. οὐδείς
is attracted into acc. of ὅντινα (S 2534)
  τῶν παρόντων: partitive, pple πάρειμι
7 οἷα: i.e. what sort of conduct...!; in
exclamation
  μέντοι: *certainly*
8 ἥκιστα: superlative adverb

ἵνα μή...: *so that...might...*; purpose, + opt.
in secondary seq.; τοιαῦτα is an inner acc.
e1 ἀκήκοα: 1s pf. ἀκούω
  ἄγετε: *keep*; pl. imperative
3 ᾐσχύνθημεν: 1p aor. pass. αἰσχύνω
  ἐπέσχομεν: aor.. ἐπ-ίσχω
  τοῦ δακρύειν: *from...*; gen. separation
4 περιελθών: i.e. walking around
  οἱ: *his*; 'to him' dat. of possession, ἕ
5 κατεκλίνη: 3s aor. pass. dep.
  ὁ ἄνθρωπος: i.e. the prison attendant
6 αὐτοῦ: *him*; partitive with verb of touching
  ὁ δοὺς...: *the one...*; aor. pple δίδωμι

διαλιπὼν χρόνον ἐπεσκόπει τοὺς πόδας καὶ τὰ σκέλη,
κἄπειτα σφόδρα πιέσας αὐτοῦ τὸν πόδα ἤρετο εἰ αἰσθάνοιτο,
ὁ δ' οὐκ ἔφη. καὶ μετὰ τοῦτο αὖθις τὰς κνήμας· καὶ ἐπανιὼν 118
οὕτως ἡμῖν ἐπεδείκνυτο ὅτι ψύχοιτό τε καὶ πήγνυτο. καὶ
αὐτὸς ἥπτετο καὶ εἶπεν ὅτι, ἐπειδὰν πρὸς τῇ καρδίᾳ γένηται
αὐτῷ, τότε οἰχήσεται.

ἤδη οὖν σχεδόν τι αὐτοῦ ἦν τὰ περὶ τὸ ἦτρον ψυχόμενα, 5
καὶ ἐκκαλυψάμενος—ἐνεκεκάλυπτο γάρ—εἶπεν—ὃ δὴ τελευ-
ταῖον ἐφθέγξατο— 'ὦ Κρίτων, ἔφη, τῷ Ἀσκληπιῷ ὀφείλομεν
ἀλεκτρυόνα· ἀλλὰ ἀπόδοτε καὶ μὴ ἀμελήσητε.'

ἀλλὰ ταῦτα, ἔφη, ἔσται, ὁ Κρίτων· ἀλλ' ὅρα εἴ τι ἄλλο
λέγεις. 10

---

αἰσθάνομαι: perceive, feel, learn, realize, 11
ἀλεκτρυών, -όνος, ὁ: rooster, cock, 1
ἀμελέω: to have no care for, neglect, 5
ἀπο-δίδωμι: to give back, return, render, 5
ἅπτω: fasten, grasp (gen); kindle, set fire; 11
Ἀσκληπιός, ὁ: Asclepius, 1
αὖθις: back again, later, 9
δια-λείπω: to leave (an interval) between, 2
ἐγ-καλύπτω: cover over, wrap up, 1
ἐκ-καλύπτω: uncover, disclose, 2
ἐπαν-έρχομαι: to go back, return, 2
ἐπι-δείκνυμι: to indicate, point out, prove, 5
ἐπι-σκοπέω: to examine, inspect, 3
ἔρομαι: to ask, enquire, question, 12

ἦτρον, -ου, τό: lower abdomen, abdomen, 1
καρδία, ἡ: the heart, 1
κνήμα, ἡ: shin (tibia), lower leg, 1
οἴχομαι: to go, be gone, depart, 14
ὀφείλω: to owe, 1
πήγνυμι: freeze, stiffen; pass. grow stiff, 1
πιέζω: to squeeze, pinch, press down on, 1
πούς, ποδός, ὁ: a foot, 2
σκέλος, -εος, τό: leg, 6
σφόδρα: very much, exceedingly, 18
σχεδόν: nearly, almost, just about, 8
τελευταῖος, -α, -ον: last, final, 5
φθέγγομαι: to utter a sound, voice, speak, 2
ψύχω: to make cold; pass. grow cold, 2

7 διαλιπὼν χρόνον: aor. pple
8 κἄπειτα: καὶ ἔπειτα
εἰ αἰσθάνοιτο: pres. opt. in secondary seq.
118a1 ὁ δ'οὐκ ἔφη: and he said "No."
κατὰ μετά...κνήμας: parallel to l. 8 above
ἐπανιὼν: aor. pple ἐπανέρχομαι
2 ψύχοιτο...πήγνυτο: pres. pass. opt. in ind.
disc. in secondary seq.; for πήγνυτο rather
than πήγνυιτο, see S 750d, cf. 77b4
3 αὐτός: he himself; i.e. the attendant
ἥπτετο: kept holding (him); impf. ἅπτω
πρός: near...; dat. of place where
γενήται: it...; aor. subj. γίγνομαι in an

indefinite temporal clause
4 οἰχήσεται: a euphemism for death
5 σχεδόν τι: just about; τι, extent of degree
αὐτοῦ...τὰ περὶ τὸ ἦτρον: those (regions)
around his lower abdomen
ἦν ψυχόμενα: periphrasic impf. pass. (pres.
pass. pple + impf. εἰμί)
6 ἐνεκεκάλυπτο: plpf. ἐγκαλύπτω
8 ἀπόδοτε: pl. aor. imperative, ἀποδίδωμι
μὴ ἀμελήσητε: Don't...; prohibitive subj.
(μη + aor. subj.), ἀμελέω
9 ἔσται: fut. εἰμί
ὅρα: ὅρα-ε, sg. α-contract imperative

ταῦτα ἐρομένου αὐτοῦ οὐδὲν ἔτι ἀπεκρίνατο, ἀλλ᾽ ὀλίγον χρόνον διαλιπὼν ἐκινήθη τε καὶ ὁ ἄνθρωπος ἐξεκάλυψεν αὐτόν, καὶ ὃς τὰ ὄμματα ἔστησεν· ἰδὼν δὲ ὁ Κρίτων συνέλαβε τὸ στόμα καὶ τοὺς ὀφθαλμούς.

15    ἥδε ἡ τελευτή, ὦ Ἐχέκρατες, τοῦ ἑταίρου ἡμῖν ἐγένετο, ἀνδρός, ὡς ἡμεῖς φαῖμεν ἄν, τῶν τότε ὧν ἐπειράθημεν ἀρίστου καὶ ἄλλως φρονιμωτάτου καὶ δικαιοτάτου.

---

ἄλλως: otherwise, in another way, 14
ἀπο-κρίνομαι: to answer, reply, 13
ἄριστος, -η, -ον: best, most excellent, 6
δια-λείπω: to leave (an interval) between, 2
δίκαιος, -α, -ον: just, right(eous), fair, 13
ἐκ-καλύπτω: to uncover, disclose, 2
ἔρομαι: to ask, enquire, question, 12
ἑταῖρος, ὁ: a comrade, companion, mate, 11
ἵστημι: to make stand, fix, set up, stop, 3

κινέω: to set in motion, move, agitate, 3
ὄμμα, -ατος, τό: the eye, 5
ὀφθαλμός, ὁ: the eye, 3
πειράω: to try, test, make trial of (gen.), 11
στόμα, -ατος, τό: mouth, 1
συλ-λαμβάνω: hold together, close; help, 1
τελευτή, ἡ: an end, completion; death, 1
φρόνιμος, -ον: sensible, wise, prudent, 8

11 ταῦτα...αὐτοῦ: gen. abs., αὐτοῦ refers to Crito
12 διαλιπὼν: aor. pple, see 117e7
ἐκινήθη: 3s aor. pass., the poison creates violent convulsions, which Plato, likely out of respect, does not emphasize in the narrative
13 ὃς: *this one*; demonstrative, i.e. Socrates
ἔστησεν: transitive aor. ἵστημι

ἰδὼν: nom. sg. aor. pple ὁράω (εἶδον)
16 ὡς: *as…*; parenthentical remark
φαῖμεν ἄν: *could…*; potential opt. φημί
τῶν τότε: *of those (men) at that time*; partitive gen.
ὧν ἐπειράθημεν: *whom we made trial of, whom we experienced*; aor. pass. deponent, πειράω
καὶ ἄλλως: *and otherwise*; i.e. and also

# Glossary

## Declensions

ἡ κρήνη, τῆς κρήνης - spring        ὁ ἀγρός, τοῦ ἀγροῦ - field        ὁ παῖς, τοῦ παιδός - child

| | | | | | |
|---|---|---|---|---|---|
| Nom. ἡ κρήνη | αἱ κρῆναι | ὁ ἀγρός | οἱ ἀγροί | ὁ παῖς | οἱ παῖδ-ες |
| Gen. τῆς κρήνης | τῶν κρηνῶν | τοῦ ἀγροῦ | τῶν ἀγρῶν | τοῦ παιδ-ός | τῶν παίδ-ων |
| Dat. τῇ κρήνῃ | ταῖς κρήναις | τῷ ἀγρῷ | τοῖς ἀγροῖς | τῷ παιδ-ί | τοῖς παι-σί(ν) |
| Acc. τὴν κρήνην | τὰς κρήνᾱς | τὸν ἀγρόν | τοὺς ἀγρούς | τὸν παῖδ-α | τοὺς παῖδ-ας |
| Voc. ὦ κρήνη | ὦ κρῆναι | ὦ ἀγρέ | ὦ ἀγροί | | |

## Personal Pronouns

| | | | | | |
|---|---|---|---|---|---|
| Nom. | ἐγώ | I | ἡμεῖς | we | |
| Gen. | ἐμοῦ μου | my | ἡμῶν | our | |
| Dat. | ἐμοί μοι | to me | ἡμῖν | to us | |
| Acc. | ἐμέ | me | ἡμᾶς | us | |

| | | | | | |
|---|---|---|---|---|---|
| Nom. | σύ | you | ὑμεῖς | you | |
| Gen. | σοῦ σου | your | ὑμῶν | your | |
| Dat. | σοί σοι | to you | ὑμῖν | to you | |
| Acc. | σέ | you | ὑμᾶς | you | |

| | | | | | |
|---|---|---|---|---|---|
| Nom. | αὐτός | (himself) | αὐτή | (herself) | αὐτό | (itself) |
| Gen. | αὐτοῦ | his | αὐτῆς | her | αὐτοῦ | its |
| Dat. | αὐτῷ | to him | αὐτῇ | to her | αὐτῷ | to it |
| Acc. | αὐτόν | him | αὐτήν | her | αὐτό | it |

| | | | | | |
|---|---|---|---|---|---|
| Nom. | αὐτοί | (themselves) | αὐταί | (themselves) | αὐτά | (themselves) |
| Gen. | αὐτῶν | their | αὐτῶν | their | αὐτῶν | their |
| Dat. | αὐτοῖς | to them | αὐταῖς | to them | αὐτοῖς | to them |
| Acc. | αὐτούς | them | αὐτάς | them | αὐτά | them |

## Relative Pronoun – who, which, that

| | m. | f. | n. | m. | f. | n. |
|---|---|---|---|---|---|---|
| Nom. | ὅς | ἥ | ὅ | οἵ | αἵ | ἅ |
| Gen. | οὗ | ἧς | οὗ | ὧν | ὧν | ὧν |
| Acc. | ᾧ | ᾗ | ᾧ | οἷς | αἷς | οἷς |
| Abl. | ὅν | ἥν | ὅ | οὕς | ἅς | ἅ |

## Indefinite Relative Pronoun – whoever, anyone who; whatever, anything which

| | | | |
|---|---|---|---|
| Nom. | ὅστις | ἥτις | ὅ τι |
| Gen. | οὗτινος (ὅτου) | ἧστινος | οὗτινος (ὅτου) |
| Dat. | ᾧτινι (ὅτῳ) | ᾗτινι | ᾧτινι (ὅτῳ) |
| Acc. | ὅντινα | ἥντινα | ὅ τι |

| | | | |
|---|---|---|---|
| Nom. | οἵτινες | αἵτινες | ἅτινα |
| Gen. | ὧντινων (ὅτων) | ὧντινων | ὧντινων (ὅτων) |
| Dat. | οἷστισιν (ὅτοις) | αἷστισιν | οἷστισιν (ὅτοις) |
| Acc. | οὕστινας | ἅστινας | ἅτινα |

## Correlative Adverbs

| Interrogative | Indefinite | Demonstrative | Relative | Indefinite Relative |
|---|---|---|---|---|
| ποῦ *where?* | που *somewhere* | ἐνθάδε *here* <br> ἐκεῖ *there* | οὗ *where* | ὅπου *where(ver)* |
| ποῖ *to where?* | ποι *to somewhere* | δεῦρο *to here* <br> ἐκεῖσε *to there* | οἷ *to where* | ὅποι *to where(ver)* |
| πόθεν *from where?* | ποθεν *from anywhere* | ἐνθένδε *from here* <br> (ἐ)κεῖθεν *from there* | ὅθεν *from where* | ὁπόθεν *from where(ver)* |
| πότε *when?* | ποτέ *at some time ever, then* | τότε *at that time, then* | ὅτε *when* | ὁπότε *when(ever)* |
| πῶς *how?* | πως *somehow* | ὧδε, οὕτως *thus, so in this way* | ὡς *how, as* | ὅπως *how(ever)* |

## Correlative Pronouns

| Interrogative | Indefinite | Demonstrative | Relative | Indefinite Relative |
|---|---|---|---|---|
| τίς, τί *who, what?* | τις, τι *someone/thing anyone/thing* | ὅδε οὗτος *this* <br> (ἐ)κεῖνος *there* | ὅς, ἥ, ὅ *who, which* | ὅστις, ἥτις, ὅ τι *anyone who, whoever* |
| πότερος *which of two?* | ποτερος *one of two* | ἕτερος *one (of two)* | ὁπότερος *which of two* | |
| πόσος *how much?* | ποσός *of some amount* | τοσόσδε *so much/many* | ὅσος *as much/ many as* | ὁπόσος *of whatever size/ number* |
| ποῖος *of what sort?* | ποιός *of some sort* | τοιόσδε *such* <br> τοιοῦτος *such* | οἷος *of which sort, such as, as* | ὁποῖος *of whatever sort* |
| πηλίκος *how old/large?* | πηλικος *of some age* | τηλικόσδε <br> τηλικοῦτος *so old/young/ of such an age* | ἡλίκος *of which age* | ὁπηλίκος *of whatever age/ size* |

λύω, λύσω, ἔλυσα, λέλυκα, λέλυμαι, ἐλύθην: loosen, ransom

| | PRESENT | | FUTURE | | |
|---|---|---|---|---|---|
| | Active | Middle/Pass. | Active | Middle | Passive |
| **Primary Indicative** | λύω<br>λύεις<br>λύει<br>λύομεν<br>λύετε<br>λύουσι(ν) | λύομαι<br>λύε(σ)αι<br>λύεται<br>λυόμεθα<br>λύεσθε<br>λύονται | λύσω<br>λύσεις<br>λύσει<br>λύσομεν<br>λύσετε<br>λύσουσι(ν) | λύσομαι<br>λύσε(σ)αι<br>λύσεται<br>λυσόμεθα<br>λύσεσθε<br>λύσονται | λυθήσομαι<br>λυθήσε(σ)αι<br>λυθήσεται<br>λυθησόμεθα<br>λυθήσεσθε<br>λυθήσονται |
| **Secondary Indicative** | ἔλυον<br>ἔλυες<br>ἔλυε(ν)<br>ἐλύομεν<br>ἐλύετε<br>ἔλυον | ἐλυόμην<br>ἐλύε(σ)ο<br>ἐλύετο<br>ἐλυόμεθα<br>ἐλύεσθε<br>ἐλύοντο | | | |
| **Subjunctive** | λύω<br>λύῃς<br>λύῃ<br>λύωμεν<br>λύητε<br>λύωσι(ν) | λύωμαι<br>λύῃ<br>λύηται<br>λυώμεθα<br>λύησθε<br>λύωνται | | | |
| **Optative** | λύοιμι<br>λύοις<br>λύοι<br>λύοιμεν<br>λύοιτε<br>λύοιεν | λυοίμην<br>λύοιο<br>λύοιτο<br>λυοίμεθα<br>λύοισθε<br>λύοιντο | λύσοιμι<br>λύσοις<br>λύσοι<br>λύσοιμεν<br>λύσοιτε<br>λύσοιεν | λυσοίμην<br>λύσοιο<br>λύσοιτο<br>λυσοίμεθα<br>λύσοισθε<br>λύσοιντο | λυθησοίμην<br>λυθήσοιο<br>λυθήσοιτο<br>λυθησοίμεθα<br>λυθήσοισθε<br>λυθήσοιντο |
| **Imp** | λῦε<br>λύετε | λύε(σ)ο<br>λύεσθε | | | |
| **Pple** | λύων,<br>λύουσα,<br>λύον | λυόμενος,<br>λυομένη,<br>λυόμενον | λύσων,<br>λύσουσα,<br>λῦσον | λυσόμενος,<br>λυσομένη,<br>λυσόμενον | λυθησόμενος,<br>λυθησομένη,<br>λυθησόμενον |
| **Inf.** | λύειν | λύεσθαι | λύσειν | λύσεσθαι | λυθήσεσθαι |

2<sup>nd</sup> sg. mid/pass -σ is often dropped except in pf. and plpf. tenses:   ε(σ)αι → ῃ,ει   ε(σ)ο → ου

| AORIST | | | PERFECT | | |
|---|---|---|---|---|---|
| Active | Middle | Passive | Middle ~~Act~~ | Passive | |
| | | | λέλυκα<br>λέλυκας<br>λέλυκε<br>λελύκαμεν<br>λελύκατε<br>λελύκασι(ν) | λέλυμαι<br>λέλυσαι<br>λέλυται<br>λελύμεθα<br>λέλυσθε<br>λελύνται | **Primary Indiative** |
| ἔλυσα<br>ἔλυσας<br>ἔλυε(ν)<br>ἐλύσαμεν<br>ἐλύσατε<br>ἔλυσαν | ἐλυσάμην<br>ἐλύσα(σ)ο<br>ἐλύσατο<br>ἐλυσάμεθα<br>ἐλύσασθε<br>ἐλύσαντο | ἐλύθην<br>ἐλύθης<br>ἐλύθη<br>ἐλύθημεν<br>ἐλύθητε<br>ἐλύθησαν | ἐλελύκη<br>ἐλελύκης<br>ἐλελύκει<br>ἐλελύκεμεν<br>ἐλελύκετε<br>ἐλελύκεσαν | ἐλελύμην<br>ἐλέλυσο<br>ἐλέλυτο<br>ἐλελύμεθα<br>ἐλέλυσθε<br>ἐλέλυντο | **Secondary Indiative** |
| λύσω<br>λύσῃς<br>λύσῃ<br>λύσωμεν<br>λύσητε<br>λύσωσι(ν) | λύσωμαι<br>λύσῃ<br>λύσηται<br>λυσώμεθα<br>λύσησθε<br>λύσωνται | λυθῶ<br>λυθῇς<br>λυθῇ<br>λυθῶμεν<br>λυθῆτε<br>λυθῶσι(ν) | λελύκω<br>λελύκῃς<br>λελύκῃ<br>λελύκωμεν<br>λελύκητε<br>λελύκωσι(ν) | λελυμένος ὦ<br>—— ᾖς<br>—— ᾖ<br>—— ὦμεν<br>—— ἦτε<br>—— ὦσιν | **Subjunctive** |
| λύσαιμι<br>λύσαις<br>λύσαι<br>λύσαιμεν<br>λύσαιτε<br>λύσαιεν | λυσαίμην<br>λύσαιο<br>λύσαιτο<br>λυσαίμεθα<br>λύσαισθε<br>λύσαιντο | λυθείην<br>λυθείης<br>λυθείη<br>λυθεῖμεν<br>λυθεῖτε<br>λυθεῖεν | λελύκοιμι<br>λελύκοις<br>λελύκοι<br>λελύκοιμεν<br>λελύκοιτε<br>λελύκοιεν | λελυμένος εἴην<br>—— εἴης<br>—— εἴη<br>—— εἴημεν<br>—— εἴητε<br>—— εἴησαν | **Optative** |
| λῦσον<br>λύσατε | λῦσαι<br>λύσασθε | λύθητι<br>λύθητε | | λέλυσο<br>λέλυσθε | **Imp** |
| λύσᾱς,<br>λύσᾱσα,<br>λῦσαν | λυσάμενος,<br>λυσαμένη,<br>λυσάμενον | λυθείς, λογος<br>λυθεῖσα,<br>λυθέν | λελυκώς,<br>λελυκυῖα<br>λελυκός | λελυμένος,<br>λελυμένη<br>λελυμένον | **Pple** |
| λῦσαι | λύσασθαι | λυθῆναι | λελυκέναι | λελύσθαι | **Inf** |

Adapted from a handout by Dr. Helma Dik (http://classics.uchicago.edu/faculty/dik/niftygreek)

ἵημι, ἥσω, ἧκα, εἷκα, εἷμαι, εἵθην: send, release, let go

|        | Present | | Imperfect | | Aorist | |
|--------|---------|---|-----------|---|--------|---|
| **Active** | ἵημι | ἵεμεν | ἵην | ἵεμεν | ἧκα | εἷμεν |
|        | ἵης | ἵετε | ἵεις | ἵετε | ἧκας | εἷτε |
|        | ἵησιν | ἱᾶσι | ἵει | ἵεσαν | ἧκεν | εἷσαν |
| **Imp** | ἵει | ἵετε | | | ἕς | ἕτε |
| **Pple** | ἱείς, ἱεῖσα, ἱέν | | | | εἵς, εἷσα, ἕν | |
|        | ἱέντος, ἱείσης, ἱέντος | | | | ἕντος, εἵσης, ἕντος | |
| **Inf.** | ἱέναι, epic ἱέμεναι | | | | εἷναι | |
| **Middle** | ἵεμαι | ἱέμεθα | ἱέμην | ἱέμεθα | εἵμην | εἵμεθα |
|        | ἵεσαι | ἵεσθε | ἵεσο | ἵεσθε | εἷσο | εἷσθε |
|        | ἵεται | ἵενται | ἵετο | ἵεντο | εἷτο | εἷντο |
| **Imp** | ἵεσο | ἵεσθε | | | οὗ | ἕσθε |
| **Pple** | ἱέμενος, η, ον | | | | ἕμενος, η, ον | |
| **Inf.** | ἵεσθαι | | | | ἕσθαι | |

ἵστημι, στήσω, ἔστην, ἔστηκα, ἔσταμαι, ἐστάθην: stand, stop, set

|        | Present | | 1st Aorist (transitive) | | Aorist (intransitive) | |
|--------|---------|---|--------------------------|---|------------------------|---|
| **Active** | ἵστημι | ἵσταμεν | ἔστησα | ἐστήσαμεν | ἔστην | ἔστημεν |
|        | ἵστης | ἵστατε | ἔστησας | ἐστήσατε | ἔστης | ἔστητε |
|        | ἵστησιν | ἱστᾶσιν | ἔστησε | ἔστησαν | ἔστη | ἔστ(ησα)αν |
| **Imp** | ἵστη | ἵστατε | στῆσον | στήσατε | στῆθι | στῆτε |
| **Pple** | ἱστάς, ἱστᾶσα, ἱστάν | | στήσας, ᾶσα, άν | | στάς, στᾶσα, στάν | |
|        | ἱστάντος, ἱστᾶσα, ἱστάντος | | | | στάντος στάσης στάντος | |
| **Inf.** | ἱστάναι | | στῆσαι | | στῆναι, στήμεναι | |
| **Middle** | ἵσταμαι | ἱστάμεθα | | | ἐστησάμην | ἐστησάμεθα |
|        | ἵστασαι | ἵστασθε | | | ἐστήσω | ἐστήσασθε |
|        | ἵσταται | ἵστανται | | | ἐστήσατο | ἐστήσαντο |
| **Imp** | ἵστασο | ἵστασθε | | | στῆσαι | στήσασθε |
| **Pple** | ἱστάμενος, η, ον | | | | στησάμενος, η, ον | |
| **Inf.** | ἵστασθαι | | | | στήσασθαι | |

δίδωμι, δώσω, ἔδωκα, δέδωκα, δέδομαι, ἐδόθην: give

|  | Present | Imperfect | Aorist |
|---|---|---|---|
| **Active** | δίδωμι δίδομεν<br>δίδως δίδοτε<br>δίδωσιν διδόᾱσιν | ἐδίδουν ἐδίδομεν<br>ἐδίδους ἐδίδοτε<br>ἐδίδου ἐδίδοσαν | ἔδωκα ἔδομεν<br>ἔδωκας ἔδοτε<br>ἔδωκεν ἔδοσαν |
| **Imp** | δίδου δίδοτε |  | δός δότε |
| **Pple** | διδούς, διδοῦσα, διδόν<br>διδόντος, -ούσης, -όντος |  | δούς, δοῦσα, δόν<br>δόντος, δούσης, δόντος |
| **Inf.** | διδόναι |  | δοῦναι, δόμεναι |
| **Middle** | δίδομαι διδόμεθα<br>δίδοσαι δίδοσθε<br>δίδοται δίδονται | ἐδιδόμην ἐδιδόμεθα<br>ἐδίδοσο ἐδίδοσθε<br>ἐδίδοτο ἐδίδοντο | ἐδόμην ἐδόμεθα<br>ἔδου ἔδοσθε<br>ἔδοτο ἔδοντο |
| **Imp** | δίδου δίδοσθε |  | δοῦ δόσθε |
| **Pple** | διδόμενος, η, ον |  | δόμενος, η, ον |
| **Inf.** | δίδοσθαι |  | δόσθαι |

τίθημι, θήσω, ἔθηκα, τέθηκα, τέθειμαι, ἐτέθην: put, place; make

|  | Present | Imperfect | Aorist |
|---|---|---|---|
| **Active** | τίθημι τίθεμεν<br>τίθης τίθετε<br>τίθησιν τιθέᾱσιν | ἐτίθην ἐτίθεμεν<br>ἐτίθεις ἐτίθετε<br>ἐτίθει[75] ἐτίθεσαν | ἔθηκα ἔθεμεν<br>ἔθηκας ἔθετε<br>ἔθηκεν ἔθεσαν |
| **Imp** | τίθει τίθετε |  | θές θέτε |
| **Pple** | τιθείς, τιθεῖσα, τιθέν<br>τιθέντος, -είσης, -έντος |  | θείς, θεῖσα, θέν<br>θέντος, θεῖσα, θέντος |
| **Inf.** | τιθέναι |  | θεῖναι |
| **Middle** | τίθεμαι τιθέμεθα<br>τίθεσαι τίθεσθε<br>τίθεται τίθενται | ἐτιθέμην ἐτιθέμεθα<br>ἐτίθεσο ἐτίθεσθε<br>ἐτίθετο ἐτίθεντο | ἐθέμην ἐθέμεθα<br>ἔθου ἔθεσθε<br>ἔθετο ἔθεντο |
| **Imp** | τίθεσο τίθεσθε |  | θοῦ θέσθε |
| **Pple** | τιθέμενος, η, ον |  | θέμενος, η, ον |
| **Inf.** | τίθεσθαι |  | θέσθαι |

οἶδα: to know (pf. with pres. sense)

|  | Perfect | | Pluperfect | |  |
|---|---|---|---|---|---|
| **Active** | οἶδα ἴσμεν | | ἤδη ᾔσμεν | | |
| | οἶσθα ἴστε | | ᾔδησθα ᾖστε | | |
| | οἶδε ἴσᾱσι | | ᾔδει ᾖσαν | | |
| **Imp** | ἴσθι ἴστε | | | | |
| **Pple** | εἰδώς, εἰδυῖα, εἰδός | | | | |
| | εἰδότος, εἰδυίᾱς, εἰδότος | | | | |
| **Inf.** | εἰδέναι | | | | |
| **subj/opt** | εἰδῶ εἰδῶμεν | | εἰδείην εἰδεῖμεν | | |
| | εἰδῇς εἰδῆτε | | εἰδείης εἰδεῖτε | | |
| | εἰδῇ εἰδῶσι | | εἰδείη εἰδεῖεν | | |

εἰμί (to be)

|  | Present | | Imperfect | |  |
|---|---|---|---|---|---|
| **Active** | εἰμί ἐσμέν | | ἦ, ἦν ἦμεν | | |
| | εἶ ἐστέ | | ἦσθα ἦτε | | |
| | ἐστίν εἰσίν | | ἦν ἦσαν | | |
| **Imp** | ἴσθι ἔστε | | | | |
| **Pple** | ὤν, οὖσα, ὄν | | | | |
| | ὄντος, οὔσης, ὄντος | | | | |
| **Inf.** | εἶναι | | | | |
| **subj/opt** | ὦ ὦμεν | | εἴην εἶμεν | | |
| | ᾖς ἦτε | | εἴης εἶτε | | |
| | ᾖ ὦσιν | | εἴη εἶεν | | |

εἶμι (will go; present is employed as the fut. of ἔρχομαι)

|  | Present | | Imperfect | |  |
|---|---|---|---|---|---|
| **Active** | εἶμι ἴμεν | | ᾖα ᾖμεν | | |
| | εἶ ἴτε | | ᾔεισθα ᾖτε | | |
| | εἶσι ἴᾱσιν | | ᾔειν ᾖσαν | | |
| **Imp** | ἴθι ἴτε | | | | |
| **Pple** | ἰών, ἰοῦσα, ἰόν | | | | |
| | ἰόντος, ἰούσης, ἰόντος | | | | |
| **Inf.** | ἰέναι | | | | |
| **subj/opt** | ἴω ἴωμεν | | ἴοιμι ἴοιμεν | | |
| | ἴῃς ἴητε | | ἴοις ἴοιτε | | |
| | ἴῃ ἴωσιν | | ἴοι ἴοιεν | | |

## φύω

φύω is transitive or intransitive depending on the form. The present active, future active, and 1st aorist forms are transitive (produce, beget), while the present middle, future middle, 2nd aorist active, and perfect active are intransitive (be, be born). As the superscripts reveal below, the forms of φύω and its compounds ἐμφύω and ἐκφύω are employed once each is in the present and future but numerous times in the 1st aorist, 2nd aorist, and perfect tenses.

transitive (*bring forth, beget, produce*):  φύω, φύσω, ἔφυσα
intransitive (*be (by nature), be born*):    φύομαι, φύσομαι, ἔφυν, πέφυκα

| 1st aorist (*begat*) | | 2nd aorist (formed as -μι verb) (*be, be born*) | |
|---|---|---|---|
| ἔφυσα | ἐφύσαμεν | ἔφυν | ἔφυμεν |
| ἔφυσας | ἐφύσατε | ἔφυς | ἔφυτε |
| ἔφυσε | ἔφυσαν | ἔφυ | ἔφυσαν |

pple  φύσας, φύσασα, φύσαν        φύς, φῦσα, φύν

There are two additional points worth noting: (1) The 2nd aorist ἔφυν and its participle are employed often in the tragedy and follow the paradigm of 2nd aorist -μι verb, as above. (2) The 2nd aorist ἔφυν and perfect πέφυκα are very often translated with the present tense of the verb "to be" and govern nominative predicates.

## φαίνω

φαίνω is also transitive or intransitive depending on the form. The 1st aorist active, 1st perfect, and 1st aorist passive are transitive (*show, reveal*), while the 2nd aorist active, 2nd perfect, and 2nd aorist passive are intransitive (*appear*). Some forms, such as the future passive and perfect passive, can be translated either way depending on the context. As the superscripts reveal, the forms of φαίνω and its compounds ἐκφαίνω and προφαίνω are employed with the following frequencies:

transitive (*show, reveal*):
  φαίνω, φανέω (φανέομαι), ἔφηνα, πέφαγκα, πέφασμαι, ἐφάνθην
  show, will show, showed, have shown, have been shown, were shown

intransitive (*appear*):
  φαίνομαι, φανήσομαι (φανέομαι), ---, πέφηνα, πέφασμαι, ἐφάνην
  appear, will appear, appeared, have appeared, have appeared, appeared

In some instances, it is difficult to decide between "was shown (to be)" and "appeared," and so the frequencies above are but approximations. Note that both the future φανέω and aorist pass. ἐφάνην, which employs the stem φαν- in participles and subjunctives, share a similar stem. Since both forms are found somewhat frequently, readers must be careful to distinguish the future from the perfect passive stem by the endings and context

# Plato's *Phaedo*
## Alphabetized Vocabulary (20 or more times)

The following is an alphabetized list of all words that occur twenty or more times in *Phaedo*. These words are not included in the commentary and therefore must be reviewed as soon as possible. The number of occurrences, indicated at the end of the dictionary entry, were tabulated by the author. A .doc file of these core words and a "10 to 19 times" list may be downloaded from the website.

ἀ-θάνατος, -ον: undying, immortal, 28 *indestructable*

ἀγαθός, -ή, -όν: good, brave, capable, 28

ἀεί: always, forever, in every case, 47

αἰτία, ἡ: cause, responsibility, blame, 31

ἀκούω, ἀκούσομαι, ἤκουσα, ἀκήκοα, ἠκούσθην: to hear, listen to, 42

ἀληθής, -ές: true, 63

ἀλλά: but; well, 217

ἀλλήλος, -α, -ον: one another, 28

ἄλλος, -η, -ο: othother, 200 *τἄλλα*

ἅμα: at once, at the same time; along with, 26

ἄν: modal adv., 264

ἀναγκαῖος, -α, -ον: necessary, inevitable, 20

ἀνάγκη, ἡ: necessity, force, constraint, 36

ἀνήρ, ἀνδρός, ὁ: a man, 31

ἄνθρωπος, ὁ: human being, 66

ἀπ-όλλυμι, -ολῶ, -ώλεσα, -όλωλα: to destroy, lose; *mid.* perish, die, 16

ἀπο-θνῄσκω, -θανοῦμαι, -έθανον, -τέθνηκα: to die off, perish, 39

ἀπό: from, away from. (+ gen.), 31 *ἀπο θνῄσκει*

ἄρα: introduces a yes/no question, 37

ἄρα: then, therefore, it seems, it turns out, 51

ἁρμονία, ἡ: harmony, a fastening, joint, 44

αὖ: again, once more; further, moreover, 42 *in turn*

αὐτός, -ή, -ό: -self; he, she, it; the same, 455

αὐτοῦ (ἑαυτοῦ), -ῆς, -οῦ: himself, herself, itself, themselves, 37

ἀφ-ικνέομαι, ἀφίξομαι, ἀφικόμην, —, ἀφῖγμαι, —: to come, arrive, 32

βίος, ὁ: life, 28

βούλομαι: to wish, be willing, desire, 28

γάρ: for, since, 322

γε: at least, at any rate; indeed, 172

γῆ, γῆς ἡ: earth, land, ground, 44

γίγνομαι, γενήσομαι, ἐγενόμην, γέγονα: come to be, be born, 143

δέ: but, and, on the other hand, 474

δεῖ: it is necessary, must, ought (+ inf.), 37

δέχομαι, δέξομαι, ἐδεξάμην, δέδεγμαι, ἐδέχθην: to receive, accept, 26 δή: indeed, surely, really, certainly, just, 169

διά: through (gen), on account of, because of (acc), 89

δοκέω, δόξω, ἔδοξα, δέδογμαι: to seem (good), think, imagine, 109

δύο: two, 23

ἐάν: εἰ ἄν, if (+ subj.), 30

ἑαυτοῦ, -ῆς, -οῦ: himself, herself, itself, themselves, 24 (see also αὐτοῦ)

ἔγω-γε: I for my part, 39

ἐγώ: I, 201

εἴ-περ: if really, if that is to say (to imply doubt), 20

εἰ: if, whether, 138

εἰμί, ἔσομαι: to be, exist, 680

εἶπον: *aor.* said, spoke, 41

εἷς, μία, ἕν: one, single, alone, 25        *εἷς*

εἰς: into, to, in regard to (+ acc.), 102

ἐκ, ἐξ: out of, from (+ gen.), 106

ἕκαστος, -η, -ον: each, every one, 42

ἐκεῖνος, -η, -ον: that, those, 109

ἐλάττων, -ον: smaller, fewer; less, 26

ἐμαυτοῦ, -ῆς, -οῦ: myself, 20

ἐν: in, on, among. (+ dat.), 179

ἐναντίος, -α, -ον: opposite, contrary, 63        *ἐναντίως*

ἔοικα: to be like, seem likely (dat.), 24

ἔπ-ειτα: then, next, secondly, 20        *with πρῶτον; For that reason  Subsequent*

ἐπειδάν: whenever, 29

ἐπειδή: when, since, after, 24

ἐπί: near, at (gen.), to (acc), near, at (dat.), 51

ἐπιστήμη, ἡ: knowledge, understand, 20

ἐρέω: will speak (fut. λέγω), 24

ἔρχομαι, εἶμι, ἦλθον, ἐλήλυθα, —, —: to come or go, 31

ἕτερος, -α, -ον: one of two, other, different, 58

ἔτι: still, besides, further, 56

Ἐχεκράτης, ὁ: Echecrates, 24

ἔχω, ἕξω, ἔσχον, ἔσχηκα: have, hold, possess; be able; be disposed, 161

ζάω: to live, 35

ἤ: or (either...or); than, 265        *rather*

ἡγέομαι, ἡγήσομαι, ἡγησάμην,, ἡγήθην: lead, consider, believe (dat), 23

ἡμεῖς: we, 139

ἡμέρα, ἡ: day,        *vs ἥμερος, ον : Tame*

ἡμί: to say, (ἦ δ' ὅς – 'he said'), 57

θάνατος, ὁ: death, 35

θεός, ὁ: a god, divinity, 32

θνήσκω, θανοῦμαι, ἔθανον, τέθνηκα: to die, 31        *τεθνάναι*

ἱκανός, -ή, -όν: enough, sufficient, capable, 27 *+ infinitive*

ἴσος, -η, -ον: equal to, the same as, like, 30

καθαρός, -ά, -όν: clean, pure, spotless, 22

καί: and; also, even, too, in fact, 1371

κακός, -ή, -όν: bad, base, cowardly, evil, 20

καλέω, καλέω, ἐκάλεσα, κέκληκα, κέκλημαι, ἐκλήθην: to call, summon, 24

καλός, -ή, -όν: beautiful, fair, noble, fine, 32

κατά: down from (gen), down along (acc), 78 *Inasmuch as κατά ὅσον*

Κέβης, Κέβητος ὁ: Cebes, 90

Κρίτων, Κρίτωνος ὁ: Crito, 22

λαμβάνω, λήσω, ἔλαθον, λέληθα: to take, receive, catch, grasp, 29

λέγω, λέξω (ἐρέω), ἔλεξα (εἶπον), εἴλοχα, ἐλέγην: to say, speak, tell, 214

λόγος ὁ: word, speech, discourse, account 115

μάλιστα: most of all; certainly, especially, 28

μᾶλλον: more, rather, 38

μέγας, μεγάλη, μέγα: big, great, important, 25 *haughty words*

μείζων, μείζον: larger, greater, 26 *μεῖζον κακόν*

μέλλω: to be about to, intend to (fut. inf.) 19

μέν: on the one hand, 214

μέντοι: however, nevertheless; certainly, 37

μετά: with (+ gen.); after (+ acc.), 30

μη-δέ: and not, but not, nor, 20

μή: not, lest, 151

μηδ-είς, μηδ-εμία, μηδ-έν: no one, nothing, 24

μήν: truly, surely, certainly, 22

μόνος, -η, -ον: alone, only, solitary, 28

νῦν: now; as it is, 55

ὁ, ἡ, τό: the, 2279

ὅδε, ἥδε, τόδε: this, this here, 45

οἶδα: to know, 38

οἴομαι (οἶμαι), οἰήσομαι, ᾠήθην: to suppose, think, imagine, 71

οἷος, -α, -ον: of what sort, as, 56

ὁμο-λογέω: to agree, acknowledge, 25

ὁμοῖος, -α, -ον: similar, resembling, 24

ὅπως: how, in what way; in order that, that 10 *ὅπως μὴ : fear that...*

ὁράω, ὄψομαι, εἶδον, ἑώρακα, ἑώραμαι, ὤφθην: to see, behold, 135

ὀρθός, -ή, -όν: straight, upright, right, 25

ὅς, ἥ, ὅ: who, which, that, 360

ὅσος -η -ον: as many as; all who, all which 22

ὅσπερ, ἥπερ, ὅπερ: the very one who, very thing which, 42

ὅστις, ἥτις, ὅ τι: whoever, whichever, whatever, 30

ὅστις, ἥτις, ὅ τι: whoever, whichever, whatever, 30
ὅταν: ὅτε ἄν, whenever, 28
ὅτι: that; because, 116
οὐ-δέ: and not, but not, nor, not even, 73
οὔ-τε: and not, neither...nor, 34
οὐ, οὐκ, οὐχ: not, 306
οὐδ-είς, οὐδε-μία, οὐδ-έν: no one, nothing, 94
οὐκοῦν: therefore, then, accordingly, 42
οὖν: and so, then; at all events, 130
οὗτος, αὕτη, τοῦτο: this, these, 459
οὕτως: in this way, thus, so, 104

πάλιν: again, once more; back, backwards, 26
πάνυ: quite, entirely, exceedingly, 70
πάρ-ειμι: to be near, be present, be at hand, 29
παρά: from, beside, alongside; in respect to 36
πᾶς, πᾶσα, πᾶν: every, all, the whole, 122
πάσχω, πείσομαι, ἔπαθον, πέπονθα: to suffer, experience, 43
πείθω, πείσω, ἔπεισα, πέποιθα, πέπεισμαι, ἐπείσθην: persuade, win over, trust; *mid* obey, 29
περί: around, about, concerning, 123
ποιέω, ποιήσω, ἐποίησα, πεποίηκα, πεποίημαι, ἐποιήθην: do, make, 64
πολύς, πολλά, πολύ: much, many, 102
ποτέ: ever, at some time, once, 27
πού: somewhere, I suppose, 48
πρίν: until, before, 28
πρός: to (acc), near, in addition to (dat), 62
πρότερος, -α, -ον: before, previous; earlier, 29
πρῶτος, -η, -ον: first, earliest, 25
πῶς: how? in what way?, 34
Σιμμίας, Σιμμίου, ὁ: Simmias, 85
σκοπέω (for ther tenses, use σκέπτομαι): to look at, examine, consider, 30
σύ: you, 112
σφόδρα: very much, exceedingly, earnestly 18
Σωκράτης, -ους, ὁ: Socrates, 117
σῶμα, -ατος, τό: the body, 104

τε: and, both, 152
τελευτάω, τελευτήσω, ἐτελεύτησα, τετελεύτηκα,: to end, finish; die, 31
τις, τι: anyone, anything, someone, -thing, 283
τίς, τί: who? which? 117
τοί-νυν: well then; therefore, accordingly, 21
τοιόσδε, -άδε, -όνδε: such, 20
τοιοῦτος, -αύτη, -οῦτο: such, 103

τόπος, ὁ: a place, region, 22
τότε: then, at that time, 30
τυγχάνω, τεύξομαι, ἔτυχον, τετύχημα: chance upon, meet, get; happen 51
ὑμεῖς: you, 28
ὑπό: by, because of, from (gen), under (dat)50

Φαίδων, -ωνος, ὁ: Phaedo, 31
φαίνω, φανῶ, ἔφηνα, ἐφάνθην (ἐφάνην): show; *mid.* appear, seem, 46
φέρω, οἴσω, ἤνεγκα, ἐνήνοχα, ἠνέχθην: to bear, carry, bring, convey, 20
φημί, φήσω, ἔφησα: to say, claim, assert, 304

χρή: it is necessary, is fitting; must, ought, 23
χρόνος, ὁ: time, 47

ψυχή, ἡ: breath, life, spirit, soul, 138

ὦ: O! oh! 164
ὡς: as, thus, so, that; when, since, 166
ὥσπερ: as, just as, as if, 81
ὥστε: so that, that, so as to, 23

Made in the USA
Middletown, DE
07 August 2015